La Sainte Bible: Avec Des Explications & Reflexions Qui Regardant La Vie Int#rieure, Volume 1

Jeanne Marie Bouvier de La Motte Guyon

L A
SAINTE BIBLE,
OU LE VIEUX
ET LE
NOUVEAU TESTAMENT,
AVEC DES EXPLICATIONS
ET RÉFLEXIONS QUI REGARDENT
LA VIE INTÉRIEURE.

Divisée en XX Volumes.

LA SAINTE BIBLE

AVEC DES

EXPLICATIONS & REFLEXIONS

QUI REGARDENT

LA VIE INTERIEURE,

PAR MADAME J. M. B. DE LA

MOTHE-GUYON.

NOUVELLE ÉDITION, EXACTEMENT CORRIGÉE.

TOME I.

CONTENANT

LA GENESE ET L'EXODE.

A PARIS.

Chez les LIBRAIRES ASSOCIÉS.

M. DCC. XC.

PRÉFACE
GÉNÉRALE.

I. *Sur le sujet, le but & les motifs de la publication de cet Ouvrage.*

II. *De quelques difficultés, touchant l'interprétation de l'Ecriture Sainte, selon le sens allégorique, & par rapport aux choses intérieures & mystiques.*

III. *Autres difficultés sur les très-profonds & inépuisables sens des Saintes Ecritures.*

IV. *Réponse aux lâches & aux tièdes, sur les difficultés qu'ils objectent contre la matiere & la doctrine de la perfection.*

V. *Que toutes les Communions peuvent se servir de cet Ouvrage.*

VI. *De l'autorité universellement reconnue de la Théologie mystique, de même que de ses termes & de ses expressions.*

VII. *Sur l'Auteur, avec quelques avis particuliers touchant ce Commentaire & sa publication.*

IL y a peu de Lecteurs qui, avánt que d'entreprendre la lecture d'un Ouvrage, ne soient bien aises d'en savoir en gros le sujet & le but; d'en connoître l'Auteur & ce qu'il peut y avoir de remarquable touchant la publication de son livre; & enfin d'être prémunis contre certaines

*

préventions qui pourroient détourner l'efprit de confidérer & de goûter ce qui mérite de l'être. Celui qui a foin de la publication de cet ouvrage, fe croit obligé de fatisfaire, autant qu'il lui eft poffible à des prétentions fi raifonnables; & c'eft à quoi il a deftiné cette PRÉFACE GÉNÉRALE.

§. I.

Le *fujet* dont il s'agit ici, eft fans contredit la chofe du monde la plus recommandable de toutes, pour quiconque ne porte pas indignement le titre de Chrétien : car c'eft le livre des livres, les écrits du vieux & du nouveau Teftament qui forment l'affemblage de ce qu'il a plû à l'Efprit de DIEU de nous manifefter en divers tems de fes deffeins & de fa volonté. L'ancien Teftament donné avant le nouveau, pour lui fervir de préparation, pour annoncer à l'avance, figurer le grand ouvrage de la rédemption, y préparer les efprits, y difpofer les cœurs, & applanir ainfi l'étonnant fpectacle d'un DIEU, revêtu de la nature humaine pour la ramener à l'ordre de fa création, & témoigner de cet événement fi admirable & fi digne du DIEU des miféricordes. Auffi JÉSUS-CHRIST y provoque fouvent dans le Nouveau, comme à un témoignage divin, qui confirme ce qu'il enfeignoit, qui le renferme en maillot, & dont

les écrits des Evangeliftes & des Apôtres ne
font que le développement dicté par le même
efprit & dans les mêmes vues. Voilà pourquoi
les Auteurs du nouveau Teftament proteftent
fouvent ne dire autre chofe *que ce qu'on trouve
prédit dans Moïfe & les Prophêtes* (a), & que l'Efprit (b)
de Jéfus-Chrift qui *les infpiroit* avoit déja fait
le même office dans le vieux Teftament & avoit
conduit & dirigé fes Ecrivains. Chacun fait que
les uns annoncent un événement qu'ils voyoient
de loin, & les autres l'événement arrivé. C'eft
donc le même ouvrage, c'eft le même DIEU
qui parle, c'eft le même efprit qui dicte & qui
inftruit. Dans l'un on voit l'hiftoire de l'origine
du monde, de l'élection d'un peuple que DIEU
a choifi pour être le dépofitaire de fes oracles,
de fes volontés, jufques à ce que le *défiré des
nations* étant donné, il renverfe *le mur mitoyen*,
pour appeller à lui toutes les nations & de tous
les peuples n'en faire qu'un. Dans l'autre, je
veux dire le nouveau Teftament, on voit l'hiftoire de la venue du Rédempteur promis, c'eft-
à-dire, la vie du Verbe-DIEU & Homme, Jésus-CHRIST, fa doctrine, ce qu'il a fait, ce qu'il
fait & ce qu'il a promis contenu dans les Ecrits
facrés des faints Evangeliftes & des faints Apôtres: c'eft affez de dire fimplement pour tout

(a) Act. 26. v. 22.
(b) 1. Pier. 1. v. 11, 12.

éloge, que ce font des (*a*) *paroles de vie*, & de *vie éternelle*, felon la déclaration du Saint Efprit. Or cela doit fuffire pour nous les recommander fouverainement, auffi bien que pour nous convaincre de la néceffité de nous informer de ce qu'ils contiennent par préférence à tous les autres livres, quelques bons d'ailleurs qu'ils puiffent être. Il y a même des perfonnes également favantes & pieufes qui venant à confidérer combien le monde eft maintenant accablé de livres fur les matieres foit de religion, foit de fpiritualité & de dévotion, qui cependant ne font pour la plupart qu'étouffer & fupprimer le plus effentiel du Chriftianifme par la fubftitution & la recommandation d'une infinité de pratiques toutes fuperficielles & de fpéculations vaines & litigieufes, ont quelquefois fouhaité tout de bon, qu'il n'y eût point d'autres livres au monde que les livres de la Sainte Ecriture, ou pour le moins, qu'on ne lût que ceux-là, comme devant fuffire à tout le monde. Le fondement de leur fouhait étoit bon ; mais ce fouhait alloit trop loin, étant indubitable que l'Efprit de Dieu, qui a dicté les faintes Ecritures pour en donner l'intelligence falutaire aux ames bien difpofées, n'a point incliné en vain celles qui l'ont obte-

----

(*a*) Jean 6. v. 69. 1. Epit. de S. Jean. 1. v. 2.

nue de fa grace, à nous repréfenter par écrit les mêmes Ecritures, en y joignant l'intelligence qu'il leur en a donnée. Si bien que nuls Lecteurs, pour difficiles qu'ils puiffent être, ne fauroient ufèr de femblables fubterfuges quand on ne leur met en main que les mêmes paroles de l'Efprit de Dieu dans l'Ecriture, accompagnées de la mefure d'intelligence dont il peut avoir gratifié quelque ame éclairée de fon Efprit & de bonne difpofition, qui les ayant mis par écrit felon le mouvement qu'il lui en donnoit, n'aura cherché en cela que la gloire de Dieu & le falut des ames.

Il eft d'ailleurs inconteftable, que les ames qui font touchées comme on le doit être de refpect, d'amour & d'eftime pour ce divin livre, ne fauroient fe difpenfer d'en défirer l'intelligence, ou du moins celle de fa fubftance principale, & du bùt auquel il vife par tout, & où Dieu a deffein de nous conduire par fon entremife. Toutes les perfonnes qui ont véritablement ce défir, avoueront fans peine, que c'eft vouloir leur procurer le plus grand de tous les biens, que de leur mettre en main les moyens les plus propres à les avancer dans cette intelligence des paroles de Dieu.

C'eft dans ce but & dans cette intention que l'on publie ici Les Livres de l'Ancien et du Nouveau Testament, accompagnés *d'explica-*

tions & de réflexions qui regardent la vie intérieure,
& le culte de DIEU en esprit & en vérité.

Le *but* que s'est proposé l'Auteur de ces *explications* & *réflexions* qui accompagnent par tout
le Texte Sacré, paroît manifestement, pour
peu qu'on s'applique à les lire avec attention,
n'avoir été que d'expliquer ces divines PARO-
LES DE VIE selon l'*intention* de Dieu & de Jésus-
Christ, & d'en faire voir l'usage & l'application
d'une maniere qui revienne à la même *vie* véritable, qui aille au *but* de toutes les Ecritures,
& qui nous ramene à l'essentiel du *vrai culte* que
Dieu demande de nous & de tous ses adorateurs.

Or l'*intention* de Dieu & de Jésus-Christ, c'est
l'AMOUR DIVIN : c'est qu'on *aime Dieu de tout le
cœur*, *de toute l'ame*, *de toute l'intelligence & de toutes les forces*, dit Jésus-Christ lui-même.

Il nous assure aussi dans (*a*) le même endroit,
que ce même Amour *est le grand commandement
de Dieu*, & qu'il est le *but de la Loi & des Prophé-
tes*, c'est-à-dire, de toutes les Ecritures.

Il nous apprend encore, que le *culte* & l'adoration que le Pere demande de nous, c'est que
comme (*b*) *Dieu est esprit*, il soit *adoré en esprit &
en vérité*. Et cela revient manifestement au même
Amour de Dieu ; puisqu'adorer Dieu en esprit
& en vérité, ou bien, offrir & soumettre à Dieu
son esprit & son cœur selon la vérité, ne diffé-

(*a*) Matth. 22. v. 40. (*b*) Jean 4. v. 24.

rent que de mots; & qu'aimer Dieu, & lui confacrer toutes les inclinations & toutes les affections de fon cœur, de fon efprit & de toutes
fes puiffances, eft évidemment une feule & même chofe.

La *vie* auffi, la vie véritable & la fource de
toutes les actions & de toutes les œuvres de vie,
n'eft que le même amour & le même culté de
Dieu dans un cœur & dans un efprit qui lui font
confacrés, c'eft-à-dire, dans un cœur animé &
vivant de l'amour. Et comme Dieu eft auffi la
vie & la fource de la vie, & qu'il *vient* (a) *faire
fa demeure dans les ames qui l'aiment*, felon l'affertion de Jéfus-Chrift; il eft évident qu'il ne peut
y venir qu'en même tems il ne leur apporte &
ne leur redouble la véritable vie accompagnée
de toutes les œuvres de vie, ce même hôte adorable (b) *faifant en elles* comme dit S. Paul, *ce
qui lui eft agréable par Jéfus-Chrift, & les rendant
parfaites pour tout bien :* de là vient par conféquent, que toute la gloire lui en appartient, &
qu'avec juftice elle lui fera rendue pleinement
dans l'éternité, lorfqu'il fera devenu (c) *toutes
chofes en tout*, comme s'exprime encore le même
Apôtre.

Voilà en fubftance à quoi reviennent & à
quoi nous menent les *explications & les réflexions*

(a) Jean 14. v. 23. (b) Hébr. 13. v. 21. (c) 1. Cor.
15. v. 28

fuivantes *qui regardent la vie intérieure*, ou la vie
de l'efprit. Elles font, en général, animées par-
tout de cet efprit & de cette vie : & ce feroit
leur faire tort que de vouloir anticiper ici, par
un détail un peu particulier, fur ce qu'on en
trouvera fi bien déduit & fi bien expliqué dans
les livres que l'on en tient en main.

§. I I.

L'aveuglement, enfant de l'orgueil & d'une
raifon corrompue, ofera fans doute élever
des difficutés & de vaines objections contre cet
ouvrage. C'eft le perfonnage que ne manquent
jamais de faire ceux d'entre les hommes, qui
font vides de l'expérience des Divines vérités
qui y font expofées, de maniere à exciter la
plus haute & la plus vive admiration dans tous
les vrais connoiffeurs. Cependant comme on
fouhaite en le publiant qu'il puiffe être falutai-
rement utile à toutes les ames de bonne volonté; nous allons lever les moins futiles de ces
objections, & effayer d'applanir les obftacles
capables d'en défendre les approches dans l'efprit des perfonnes fimples & bien intentionnées.

. La premiere objection eft celle que des perfonnes peu éclairées & encore moins expéri-
mentées dans les voies de Dieu, font dans leur
aveuglement, contre les interprêtations allégoriques, myftiques & qui regardent l'intérieur;

que l'Auteur donne dans ce commentaire aux paroles de l'Ecriture, auffi bien à ce qui y eft hiftorique, & qui a rapport aux chofes extérieures & phyfiques de ce préfent monde, qu'à ce qui regarde le dogmatique. On fait qu'il y en a qui en font des railleries facrileges : mais ce font des profanes & des moqueurs, à qui il fuffit de dire, qu'il y a longtems que le St. Efprit a prononcé leur condamnation (a), par la bouche de fes Saints Prophêtes & Apôtres. Après que l'Efprit de Dieu s'eft déclaré fi manifeftement pour ces fortes d'explications par le fréquent ufage qu'il en a fait lui-même dans le nouveau Teftament, où l'on voit que les Evangeliftes, les Apôtres & fpécialement St. Paul, dans prefque toutes les Epîtres, donnent aux faits & aux dogmes de l'ancien Teftament des fens allégoriques & des interprêtations toutes fpirituelles, il faudroit renoncer au refpect qu'on doit & à Dieu & aux livres fondamentaux de la Religion, pour condamner cette maniere d'interprêter les Saintes Ecritures, confidérée en elle-même & dans l'ufage qu'on peut en faire pour l'avancement des ames dans l'amour de Dieu, & dans la vie & la perfection Chrétienne à quoi Dieu nous appelle.

Il eft bien vrai que comme les hommes naturels & corrompus, & même entre les bons ceux

(a) Pf. 1. & 2. Pier. 3.

qui font commençans & peu encore avancés,
ne fauroient bien entendre les Ecritures, fur-
tout en ces fortes de chofes intérieures, s'ils
ne font gratifiés de la lumiere de l'Efprit de
Dieu; il arrive de là, que fi ceux qui n'ont
pour lumiere que la morte, obfcure & ténébreufe lueur de leur raifon corrompue, ou ceux
de qui les connoiffances font encore dans les
bornes des rudimens communs, prétendent cependant interprêter les Saintes Lettres par maniere d'allégorie, ou dans un fens myftique,
ils ne produiront rien pour l'ordinaire que des
imaginations ou fauffes, ou ridicules & toujours
ftériles de leur propre fabrique; comme en
effet on n'en voit que trop d'exemples; parce
qu'ils ne s'y prennent que felon leurs préjugés
puérils de parti, ou par des principes d'entê-
tement qui ne vifent qu'à fe faire diftinguer,
ou à favorifer leur intérêt. Mais il n'en eft pas
de même lors qu'une ame divinement éclairée
ne cherche & ne propofe dans l'explication
des divines Ecritures que le véritable but de
l'Efprit de Dieu, c'eft-à-dire, comme on l'a
déja remarqué ci-deffus, rien que l'amour de
Dieu & fon culte en efprit & en vérité, qui
par l'aveu de tous ceux qui ont le fens ordinaire, font des chofes *fpirituelles* & *intérieures* s'il y
en a.

Ceci nous fait voir, que toute explication de la parole de Dieu, auſſi longtems qu'elle n'eſt pas ramenée juſqu'à l'INTÉRIEUR, à l'eſprit, au cœur, à l'amour divin, n'eſt pas encore complette ni achevée, bien que véritable pour ce qui regarde l'hiſtorique, le dogmatique, le moral & la correction des mœurs du commun des Chrétiens. Cela fait voir encore, que pour des perſonnes dont l'eſprit eſt véritablement éclairé par la lumiere de Dieu, & de qui le fond du cœur eſt pleinement animé de ſon divin amour, l'interprêtation littérale de l'Ecriture & ſon interprêtation intérieure & myſtique, ne ſont qu'une même choſe. Ils vont par la lettre à l'intérieur tout directement, & pour ainſi dire, comme ſans y penſer : le ſens intérieur leur eſt ſens littéral, & doit en porter le nom à leur égard. La raiſon de cela eſt, que toute interprêtation qui exprime l'intention & la penſée que nous a voulu communiquer par paroles ou par lettres une perſonne ſage & ſincere, eſt viſiblement interprêtation de ſa lettre ou de ſes paroles ; c'eſt une interprêtation marquée & ſignifiée par les lettres & par les paroles dont elle s'eſt ſervie, & par conſéquent, interprêtation littérale. Or l'intention de Dieu en ſe ſervant des paroles ou des lettres de l'Ecriture, a été de marquer & de communiquer à notre eſprit & à notre cœur, des penſées & des diſpoſitions faintes, des impreſſions & des ſentimens divins & ſpirituels de vérité & d'amour : c'eſt donc en prendre le ſens littéral ou ſelon la lettre, que d'en tirer & d'en donner une interprêtation ſpirituelle de cette ſorte.

Et je ne ſais pourquoi les Savans au lieu de pluſieurs autres diſtinctions frivoles qu'ils ont faites ſur ce ſujet, n'ont pas dit ſimplement : Dieu eſt ESPRIT : il eſt AMOUR : il eſt auſſi le principe d'où toutes choſes procédent ; de même qu'il eſt le but & la fin de tout. Donc tout ce qui procéde directement de lui, toute opération de Dieu, quoi qu'extérieure, particulierement celle par laquelle il a conduit la langue, la plume, ou les actions de quelques perſonnes qui ſont ſpécialement à lui comme ſes organes, exprime directement & principalement de la part de Dieu l'eſprit & l'amour, & y doit revenir. Cependant comme l'homme avec qui Dieu veut avoir communication par ſa parole, n'eſt pas eſprit tout pur, ni pur intérieur ; mais qu'il eſt partie corps & partie eſprit, qui tous deux doivent être rapportés à Dieu, & du bonheur deſquels Dieu veut auſſi avoir ſoin ; de là vient que ſes paroles divines, ou les Saintes Lettres, regardent le corporel auſſi bien que le ſpirituel : de plus, comme dans les uns le corps ou l'extérieur prédomine plus ou moins ſur l'intérieur & ſur l'eſprit ; dans les au-

tres au contraire, quoique bien rarement, l'efprit ou l'intérieur a l'avantage fur le déhors &
fur le matériel; il a plû à Dieu en communiquant avec les hommes, de condefcendre tellement à leurs difpofitions différentes, que quand
il leur parle, le fens propre & véritable de fes
paroles, ou des faintes lettres, par rapport à
l'homme en qui le corporel & l'extérieur prédomine encore, eft directement une interprêtation extérieure & conforme à fon état, moyen-
nant que par elle il tâche d'en revenir à l'amour
& au fpirituel : mais par rapport à l'homme dans
lequel l'intérieur a déja le deffus, & qui a été
introduit dans un domaine plus haut, le fens
véritable des mêmes paroles de Dieu eft tout
premierement l'amour divin & l'état fpirituel
en qualité de but principal ; puis auffi l'extérieur & le matériel en qualité de moyen, pour
revenir à la fin principale.

Il y a donc deux ou trois fortes de fens propres & littéraux des paroles de Dieu, à favoir;
1°. le fens littéral extérieur, 2°. le fens littéral
intérieur, & 3°. le fens littéral intérieur & extérieur tout enfemble, qui comprend l'extérieur
comme moyen, & l'intérieur comme but où
tout doit fe terminer & s'accomplir. Et c'eft ce
fens là, le compofé des deux, qu'ont ordinairement les perfonnes intérieures de qui l'efprit
eft éclairé de Dieu, particulierement celles

dont il plaît à Dieu de se servir pour ramener les hommes *à leur cœur*, comme (*a*) s'exprime le Prophête Isaïe, c'est-à-dire, à leur *intérieur*, afin qu'ils y apprennent *à aimer Dieu de tout leur cœur & de toutes les puissances de leurs ames, & à l'adorer en esprit & en vérité*, ainsi que Dieu l'exige de ceux qui veulent être ses véritables adorateurs.

Aussi voyons-nous que cette méthode & cette maniere d'interprêter les Ecritures, a été familiere non-seulement à Jésus-Christ & à ses Sts. Apôtres, mais aussi aux premiers des Sts. Peres de l'Eglise primitive, à leurs successeurs, & aux docteurs les plus considérés dans le Christianisme par leur savoir & par leur piété. Il y en a plusieurs traits remarquables dans l'Epître de S. Clément aux Corinthiens. Celle qu'on a de l'Apôtre S. Barnabé en fait son principal, aussi bien que le livre de S. Hermas. Les autres Peres s'en sont servis plus ou moins, selon qu'ils étoient obligés de s'accommoder à la capacité soit des lecteurs, soit des auditeurs plus ou moins éclairés & propres à être ou introduits, ou avancés dans l'état intérieur. Chacun peut se convaincre par la lecture du dernier livre des Confessions de S. Augustin, que le sens spirituel de la parole de Dieu lui étoit également précieux & familier : ce qui se voit

(*a*) Isa. 46. v. 8.

auſſi dans ſes autres ouvrages & dans ceux de tant d'autres Sts. Peres, qu'on paſſe ſous ſilence pour éviter la longueur, quoiqu'on ne puiſſe ne point faire mention des excellentes Homélies du divin S. Macaire, où le doigt de Dieu ſe fait ſi bien ſentir par ces ſortes d'expoſitions ſprituelles, qui ont fait dire au grand S. Bernard, (a) *Quant à moi, je chercherai toujours mon bien dans le ſein profond des ſacrées paroles de Dieu,* L'ESPRIT ET LA VIE, *comme le Seigneur même me l'a enſeigné; & ce ſera là ma portion en qualité de perſonne qui croit en Jéſus-Chriſt.* Ceux qui voudront prendre la peine de conſulter tant ſoit peu les écrits des plus reſpectés & des plus autoriſés d'entre les Auteurs myſtiques, ne pourront douter qu'ils ne ſe déclarent unanimément pour cette ſorte d'interprêtation.

§. III.

Une autre objection qu'on prévoit que des perſonnes peu éclairées avanceront contre les interprêtations allégoriques & myſtiques de notre Auteur; quoique pourtant on croie que ce qu'on vient de dire devroit ſuffire à ceux qui, ſans prévention, aiment ſolidement la vérité, eſt qu'il ſemble qu'il *aye donné des ſens & outrepaſſé en bien des ſujets la penſée même des Écrivains ſacrés.*

(a) In Cant. Serm. LXXIII.

Nous allons les fatisfaire & lever le plus briévement qu'il nous fera poffible cette difficulté, quelque futile d'ailleurs qu'elle paroiffe.

Suppofons que quelque grand efprit, qu'un génie angélique & doué de folide fageffe, ait fait deffein de dicter à fes écrivains, un difcours rempli non-feulement d'inftructions communes & utiles à toutes fortes de perfonnes; mais auffi où il ait voulu renfermer des fens d'une fageffe fi profonde, que perfonne ne puiffe les découvrir, fi lui-même n'en donne la clef, & s'il ne communique les lumieres néceffaires pour pénétrer la profondeur & l'étendue des penfées qu'il a eu dans l'efprit, & qu'il a voulu marquer & cacher fous l'écorce de fes expreffions. Il eft certain que ceux qui écriroient fous lui fe formeroient fans doute quelques conceptions véritables & utiles de fes paroles; mais que nul d'eux pourtant ne pourroit en épuifer les fens les plus profonds, finon ceux à qui il lui plairoit de les leur découvrir plus ou moins, felon les deffeins qu'il auroit fur eux ou fur ceux à qui il voudroit les communiquer par leur moyen. Cet Efprit doué de fageffe, eft le Saint Efprit. Il a dicté aux Ecrivains facrés les Saintes Ecritures pour l'inftruction commune de tous les hommes & de tous les tems. Ces Ecrivains de Dieu en ont fans doute eu des con-

ceptions

ceptions & une mesure d'intelligence proportionnée à leur capacité & au besoin qu'ils en
avoient alors pour l'avancement de leur salut
& de celui de leurs contemporains : mais sau-
roit-on se persuader que pour cela ils ayent tellement saisi & compris toute l'étendue des pensées de Dieu , que dans ses paroles il ne soit rien
resté à l'Esprit de la Sagesse infinie pour en
faire une plus grande & une plus profonde découverte, soit à ceux-là mêmes , soit à ceux qui
devoient venir après eux jusqu'à la fin du monde ? Non sans doute ; puisque le Roi-Prophête
David nous assure, que (*a*) *la loi & les préceptes
de Dieu sont d'une très-grande étendue ;* puisque lui-
même, tout Prophête qu'il étoit, en demande
à Dieu tant de fois & avec tant de soupirs &
d'ardeur, une intelligence plus grande que celle
qu'il en avoit eue jusques là ; qu'il déclare (*b*)
*heureux ceux qui employeront les jours & les nuits à
l'obtenir du Seigneur :* puisque le Prophête Daniel
nous fait entendre, (*c*) qu'il n'avoit pas l'intelligence des paroles que Dieu lui révéla par son
Ange, lesquelles il écrivit sans les entendre, &
sans devoir les entendre, leur signification étant
réservée pour les tems à venir. Nous voyons
dans l'Evangile que les Apôtres, qui connois-
soient Jésus-Christ, tant par la lumiere de Dieu

(*a*) Pf. 118. (119.) v. 96. &c.
(*b*) Pf. 1. v. 2. (c) Dan. 12. v. 8 , 9.

** **

que par le moyen des Ecritures dont Dieu leur avoit donné une intelligence proportionnée à leur état & à leur befoin d'alors, étoient pourtant fi éloignés de comprendre encore l'étendue & la profondeur de leur fens, qu'il fallut que le Seigneur (a) leur ouvrit l'efprit pour ce même fujet après fa Réfurrection, & plus encore après fon Afcenfion & au jour de la Pentecôte. Après cela, fauroit-on douter qu'il foit refté encore dans les livres facrés des fens à découvrir jufques à l'infini, pour ainfi dire, fur-tout dans le genre des fens intérieurs & fpirituels qui font des plus profonds, des plus dignes de l'Etre Suprême & des plus conformes à la nature d'un *Dieu* (b) qui *eft efprit*, dont *les paroles font efprit & vie*, dont l'intention eft que ceux qui les écoutent deviennent *un même efprit avec* le fien, & qu'ils le fervent *en efprit & en vérité*, comme il le dit lui-même ?

Il ne nous faut donc point trouver étrange que lorfque l'Ecriture nous décrit des hiftoires & des faits qui femblent purement extérieurs, les ames qui font éclairées de Dieu, y découvrent par-tout des traits de cette divine Sageffe, qui ayant créé l'homme pour Dieu, & entrepris de ramener l'homme à Dieu, ne peut qu'elle n'ait laiffé en tout ce qu'elle a fait pour ce fujet,

(a) Luc 24. v. 45.

(b) Jean 4. v. 24. Et ch. 6. v. 64. 1. Cor. 6. v. 17.

des veſtiges & des caractères inſtructifs de ſon adorable deſſein, & par conſéquent, capables de ramener l'homme à ſa fin & à ſa source, qui eſt ſpirituelle & toute intérieure. Cette divine Sageſſe, qui a régi ſi ſpécialement les ames des amis de Dieu & toute leur conduite, qui a gouverné tout ce qui eſt arrivé aux Saints Patriarches, aux autres Saints de l'ancien Teſtament, à tout le peuple d'Iſraël, honoré de la qualité de ſon peuple de choix; elle qui a régi & inſpiré les Saints Ecrivains qui nous ont décrit ces hiſtoires & ces événemens, auroit-elle pû ne pas exprimer dans la conduite des uns & par la plume des autres, quelques traces de ſon intention principale? auroit-elle pû manquer d'y laiſſer des marques de ſes voies, de ſa méthode, & du deſſein qui lui eſt tant à cœur, de ramener toutes choſes, & ſpécialement les hommes à la perfection & à leur derniere fin pour laquelle ils ſont créés?

C'eſt ce qu'on ne ſauroit ſoutenir ſans démentir les mêmes Ecrivains ſacrés, qui nous font voir tout manifeſtement la vérité de ce que nous ſoutenons. S. Paul fait remarquer, que ce qui ſe paſſa dans la premiere création eſt un emblême de ce qui ſe fait dans la ſeconde, quand il nous dit: (a) *Celui qui a fait ſortir la lumiere des ténèbres, a fait luire ſa clarté dans nos*

(a) 2. Cor. 4. v. 6.

cœurs. S. Pierre nous affure, (*a*) que ce qui arriva dans *le déluge*, lorfque fes eaux foutinrent l'arche où furent confervés Noé & fa famille, fut *une figure* de ce qui fe paffe dans *l'intérieur d'une confcience que l'on conferve pure*, felon la promeffe qu'on en fait à Dieu dans le Baptême. Le même St. Paul nous montre à l'œil dans toutes fes Epîtres, que les hiftoires & la conduite extérieure d'Abraham, de Sara & d'Agar, d'Ifmaël, d'Ifaac, de Jacob & d'Efaü, de Moïfe, & des facrifices qu'il a établis, du peuple Ifraëlite, de fes Juges & de fes Saints, nous fignifient & nous repréfentent non-feulement ce qui regarde l'Eglife du nouveau Teftament en général; mais auffi ce qu'il y a ou qu'il doit y avoir de plus fpirituel & de plus intérieur dans l'ame de chaque vrai Chrétien, le dégagement du monde, l'abnégation de foi-même, l'abandon & la fidélité à Dieu, la foi, l'efpérance, la charité, l'amour de la croix, la patience dans les perfécutions & dans les afflictions, la parfaite purification de la confcience, la préférence de la volonté de Dieu, de fes intérêts, de fa gloire, de fon pur amour, à foi-même & à toutes chofes, enfin le parfait rétabliffement de l'image de Dieu dans l'ame, & la *parfaite liberté des enfans de Dieu.* Pour les Prophêtes, quand ils parlent fi fouvent, par exemple, de la ville de *Jérufalem*, il

(*a*) 1. Pier. 3. v. 20, 21.

eſt facile de s'appercevoir qu'ils ne marquent pas ſeulement la Jéruſalem terreſtre, mais la ſpirituelle, mais l'ame de chaque vrai fidele où Dieu doit habiter ici & éternellement, ſans quoi, l'on ne pourroit ſouvent donner à leurs paroles que des ſens vides, diſcordans du ſujet & même inintelligibles. En effet, comment *David* auroit-il pû dire à Dieu dans un de ſes Pſaumes, (*a*) *Bâtiſſez*, Seigneur, *les murailles de Jéruſalem*, s'il l'avoit entendu de la Jéruſalem extérieure, puiſqu'elle étoit alors dans un état floriſſant & ſes murailles ſans brêche & ſans rupture? N'eſt-il pas tout viſible, que Dieu venant alors de lui ouvrir les yeux du cœur ſur un crime qu'il s'étoit diſſimulé trop longtems, & par lequel il avoit fait une grande brêche à ſon ame & donné entrée au péché, c'eſt ſur cela qu'il tourne ſa penſée quand il demande à Dieu, qu'il rebâtiſſe les murailles de Jéruſalem, leſquelles ſon crime venoit de renverſer, & qu'il répare la triſte brêche qu'il venoit de faire à ſon ame? L'Eſprit de Dieu pourroit-il bien ne lui point avoir ouvert les yeux ſur une choſe ſi palpable, auſſi bien qu'aux Prophêtes *Eſdras*, *Néhémie* & aux autres ames éclairées, lorſque conſidérant les ruines de la Jéruſalem extérieure, ils témoignoient tant de douleur ſur ſes funeſtes dégâts & tant d'empreſſement pour

(*a*) Pſ. 50. v. 20.

leur réparation ? Cela nous doit faire comprendre combien juftes & combien folides font les réflexions intérieures de cette nature, que notre auteur éclairé de la lumiere de Dieu même, propofe dans la fuite de cet Ouvrage, fur ce qu'on trouve dans ces deux Prophêtes touchant la défolation de la ville de *Jérufalem*, la vifite & la revue qu'ils font de nuit de fes ruines, les obftacles qu'ils rencontrent de toutes parts à fon rétabliffement, & les moyens qu'ils mettent en ufage pour la redreffer & la remettre à leur poffible en fon premier état. Ce qu'on remarque ici doit s'étendre pareillement aux autres interprêtations & réflexions fpirituelles qui règnent en tout l'ouvrage, fur tous les fujets que nous a propofé l'Efprit de la Sageffe divine dans les livres facrés des divines Ecritures.

Rien ne nous doit rendre fufpeéts les fens allégoriques & fpirituels, (fi autorifés d'ailleurs par Jéfus - Chrift & par tous fes Saints,) rien, dis-je, ne nous doit les rendre fufpeéts, lorfque 1°. on y fuppofe le fens extérieur & littéral, qu'on y explique même affez fouvent: 2°. lorfqu'on répand par tout des explications & inftruétions morales, qui font d'ufage à toutes fortes de perfonnes. 3°. Lorfqu'on reconnoît que le fens de l'allégorie eft véritablement applicable au général de l'Eglife de Dieu & de ce qui la regarde, & qu'on le fait voir aux lecteurs plus d'une fois. 4°. Lorsqu'on ne donne point dans des explications & des applications tournées sur des événemens purement extérieurs, qui ont fait l'écueil de plus d'un allégoriste, & qui ont décrédité, ou peu s'en faut, toutes sortes d'allégories considérées en elles-mêmes. 5°. Lors qu'enfin ce sujet là est manié par des personnes éclairées de Dieu, qui ont une connoissance fonciere de toutes les voies de l'INTÉRIEUR, & qui par ce moyen rappellent l'homme au-dedans de lui-même où la réalité & l'expérience de tout ce que l'on propose se peut & se doit trouver, si tant est qu'on veuille être fidele à la grace de Dieu, & à la vocation à quoi il nous a destinés par notre création & par notre Rédemption, qui est, de rendre chacun de nous *intérieur, spirituel, un même esprit avec son Esprit saint;* afin qu'étant dans nous &, avec nous, il y manifeste sa gloire & ses opérations merveilleuses & infinies durant toute l'Eternité. Tout esprit raisonnable & médiocrement éclairé s'appercevra sans peine par la lecture des explications & des réflexions suivantes, tant sur l'ancien que sur le nouveau Testament, que l'Auteur y a donné lieu à toutes les précautions & à tous les avantages dont on vient de faire mention.

** 4

Et cependant à bien confidérer la conftitution de l'efprit humain, tel qu'il eft à préfent dans la plupart des hommes, & même des bons d'entr'eux, inconftant, changeant, penché vers le déhors, il eft bien à craindre que nonobftant toutes les vérités qu'on fauroit lui repréfenter, il ne fe trouve que trop encore d'efprits qui fe laiffent aller au dégoût de fe voir continuellement rappeller en eux-mêmes, qui ne fe plaignent d'être toujours renvoyés à l'intérieur, toujours fervis de mets fpirituels, & de ne rencontrer par tout que des inftructions, des explications & interprêtations qui ne propofent, qui n'inculquent, qui ne preffent que cela, qui infiftent toujours fur l'efprit, fur le cœur, fur l'homme du dedans & fur la créature nouvelle & invifible, & fur ce qui y a du rapport. Chofe étrange ! mais pourtant triftement anticipée & mife devant nos yeux par maniere de figure & de prédiction dans la conduite des enfans d'Ifraël, lors qu'autrefois étant nourris dans le défert d'un pain que la bonté de Dieu leur faifoit defcendre tous les jours du ciel, d'une manne célefte, qui n'ayant rien en foi que d'agréable au goût, faifoit la force & le foutien de leur vie, cependant la feule continuation journaliere & fréquente de ce bienfait divin leur en donnoit de l'averfion, & les faifoit (a)

(a) Nomb. 11. v. 6.

murmurer & dire en fe plaignant : *Manne, manne ! nos yeux ne voyent rien que de la manne ;*
& cela nous ennuie. Ils préferoient à la nourriture du ciel celle de la terre d'Egypte, lieu &
fource de leur efclavage. Hélas ! c'eft ce que
font encore les hommes qui fe laffent & qui fe
plaignent de la doctrine de l'INTÉRIEUR , &
des *paroles qui font efprit & vie toute divine !* La
chûte du genre-humain, fon efclavage fous la
corruption, le grand mal de tous les hommes,
ne vient uniquement que d'avoir quitté & abandonné l'intérieur & le fpirituel : Adam & tous
fes defcendans font tombés fur le déhors , fur
le terreftre & le vifible, & ils y font encore
tous attirés continuellement par l'ennemi de
leur falut, qui fait tous fes efforts pour les tenir éloignés du lieu où doit fe trouver *la fource
de la vie*, que Salomon nous affure être (*a*) *le
cœur*. Dieu, touché d'un égarement fi funefte,
a la bonté de venir les en rappeller & leur dire
fi bénignement : (*b*) *Transgreffeurs, revenez à votre
cœur.* (*c*) *Mon fils, donne-moi ton cœur, & que tes
yeux prennent garde à mes voies.* (*d*) *Penfez aux
chofes d'enhaut. Votre vie eft cachée en Dieu avec
Jéfus-Chrift.* Il y doit (*e*) *vivre en* vous, & *non*
vous-mêmes. *Regardez* (*f*) *aux chofes invifibles :* &

(*a*) Prov. 4. v. 23. (*b*) Ifa. 46. v. 8. (*c*) Prov. 23. v. 26.
(*d*) Col. 3. v. 2, 3. (*e*) 2. Cor. 13. v. 5. Gal. 2. v. 20.
(*f*) 2. Cor. 4. v. 18.

pour remercîment, on se plaint & se lasse de ses admonitions ! Quelques-uns néanmoins se laissent toucher à ses exhortations : mais les meilleurs pourtant , quelque bonne volonté qu'ils ayent de s'y rendre & de les pratiquer , trouvent qu'ils ont encore mille peines à le faire & à s'y habituer : ils se sentent malgré eux échapper à toute heure & à tout moment la pensée de Dieu & des choses intérieures ; ils se voient chaque jour & à toute occasion retomber sans y penser sur ce qui est visible, en oubliant l'invisible & le spirituel. Dieu redouble ses soins sur cela : il renouvelle les effets de ses compassions envers nous : il revient à nous avertir, & souvent & par toutes sortes de moyens, de nous ressouvenir de lui , de ne pas oublier *l'unique nécessaire* , *la perle de grand prix* , *le trésor éternel caché dans le champ* de notre *intérieur* : il nous tourne en avertissement de ce devoir la nature toute entiere, les saintes Ecritures & tout ce qu'elles contiennent, les exemples, les paroles , les écrits des ames éclairées qui ont donné lieu en elles à ce grand bien , auquel il les incite de nous rappeller , & de nous en rendre participans. Et voilà qu'au lieu de lui rendre des actions de graces éternelles de l'excès de sa grande charité , au lieu de recevoir ses divines faveurs avec reconnoissance ; & de les estimer comme elles le méritent ; au lieu de le prier fans ceffe de nous graver profondément dans le cœur ce qu'il défire fi ardemment de nous pour notre bien éternel; nous nous en dégoûtons, de nouveau, nous en renouvellons nos plaintes ; quelques-uns mêmes en vont jufqu'à l'infulte & à la raillerie. O monftrueufe ingratitude, & aveuglement étrange ! témoignage funefte & bien inconteftable qu'on n'eft gueres éloigné de l'état des perfonnes dont S. Paul dit, (*a*) qu'ils ne *fuivent que la vanité de leurs penfées ; & qu'ayant l'efprit plein de ténèbres, ils font entierement éloignés de* LA VIE DE DIEU, *à caufe de leur ignorance & de l'aveuglement de leur cœur !*

Cet aveuglement doit être bien extrême dans les Chrétiens qui lifent l'Evangile, s'ils ne reconnoiffent par fa lecture, que *la vie* du DIEU fait chair, du Verbe incarné, tant l'intérieure que l'extérieure, n'étoit que la pratique & la ratification des mêmes chofes dont il eft queftion. Sa vie intérieure étoit toute oraifon, toute contemplation, toute occupation aux chofes invifibles & fpirituelles : fa vie extérieure n'étoit employée qu'à ramener à toute occafion les hommes au-dedans d'eux-mêmes, aux chofes intérieures & qui regardent principalement l'efprit, malgré qu'ils retombaffent inceffamment fur ce qui eft vifible. Voyez fon entrétien avec Nicodeme. (*b*) Celui-ci lui parle d'abord de fes

(*a*) Eph. 4. v. 17. 18. (*b*) Jean 3. v. 2. &c.

miracles extérieurs, comme d'une marque que *le Royaume de Dieu* étoit fans doute à la porte, & qu'apparemment il pourroit bien venir par cette forte de moyens vifibles ; & Jéfus-Chrift le ramene de là à la *naiſſance* fpirituelle & *nouvelle*, pour avoir part à ce royaume là, & pour le bien connoître. Nicodeme retombe fur le déhors, fur une naiſſance toute extérieure & toute de la nature : *Comment peut naître un homme qui eſt déja vieux ? Peut-il rentrer dans le ſein de ſa mere pour en naître encore ?* Jéfus-Chrift le ramene de nouveau au fpirituel & à la naiſſance de l'Efprit de Dieu, duquel il faut renaître & devenir efprit. De même envers (a) la Samaritaine, qui venoit puifer de l'eau pour fatisfaire au befoin de la foif naturelle : Jéfus-Chrift lui dit à ce fujet, qu'elle devoit lui demander, & qu'il lui donnèroit de l'eau vive, marquant ainfi fon efprit faint & fa grace divine. Cette femme tombe, comme Nicodeme, (b) fur le déhors, & replique au Sauveur : *Ce puits eſt profond*, Seigneur,

(a) Jean, chap. 4.

(b) Il y a des perfonnes éclairées qui donnent aux paroles de la Samaritaine des fens plus intérieurs : mais c'eſt qu'ils la confiderent comme une figure à laquelle ils fubſtituent mentalement une ame qui a des difpofitions fpirituelles correfpondantes à cette même figure. Voyez les Expl. fur S. Jean, Ch. 4. v. 15. Cette remarque peut être d'ufage fur plufieurs fujets de perfonnalités.

& *vous n'avez pas dequoi y puiser : d'où auriez-vous
cette eau ?* Jéfus-Chrift la relève au fens fpirituel,
& lui fait entendre, qu'il lui parle d'une eau
intérieure, qui deviendra *dans le cœur* une fontaine d'où jaillira une *vie éternelle :* la femme retombe derechef fur le déhors ; & lui demande,
qu'il lui faffe part d'une eau qui l'exempte de
la peine de revenir au puits pour y étancher
fa foif ; & le Seigneur la ramene encore de telle
forte au fens intérieur, qu'il lui déclare enfin,
que Dieu étant efprit, veut déformais des perfonnes *qui le fervent & l'adorent en efprit & en vérité.*
Les difciples viennent là-deffus, & lui préfen-
tent à manger la viande matérielle qu'ils venoient d'acheter. Jéfus - Chrift les rappelle de là
à une nourriture qui eft toute intérieure, à quoi
ils ne penfóient pas encore : *J'ai,* leur dit - il,
une viande à manger que vous ne favez pas. Ils en
reviennent, ainfi que Nicodeme & la Samaritaine, à ce qui eft feulement extérieur ; & s'en-
tredifent l'un à l'autre ; *quelqu'un lui auroit-il apporté à manger ?* Mais le Fils de Dieu les remet
fur le fens fpirituel : *ma nourriture eft que je faffe
la volonté de celui qui m'a envoyé.* Ce procédé du
Sauveur fe peut encore remarquer en plufieurs
autres rencontres, particulierement en celle du
lavement des pieds, que S. Pierre entendoit
d'abord d'une maniere purement extérieure,
mais que Jéfus-Chrift ramene à un fens intérieur

& tout fpirituel. Tous les Saints en ont fait de même, & fe font fervi de cette méthode que nous venons de remarquer dans le Fils de Dieu. *Nous ne touchons qu'en peu de mots* dit (a) S. Grégoire de Nazianze, *ce qui regarde le vifible & le littéral : mais notre affaire principale eft ce qui concerne* L'HOMME INTÉRIEUR *& que nous attirions les yeux à ce qui eft. intelligible & fpirituel : quoi faifant, nous en inftruifons beaucoup mieux grand nombre de perfonnes.* On a déja remarqué plus haut, comment ce que ce Saint dit ici, eft une chofe de fait que tous les SS. Peres & les Docteurs les plus fpirituels & les plus approuvés de l'Eglife Chrétienne ont effectivement pratiquée dans prefque tous les ouvrages que nous avons d'eux. Un des plus folides & des plus eftimés de ces derniers fiecles, le divin Jean de la Croix, coadjuteur de Ste. Thérèfe, a renfermé tout ce qu'il y a de plus fubftantiel en la vie intérieure dans trois Cantiques purement allégoriques, que l'on diroit n'être prefque que des chanfons de l'amour naturel, s'il n'y avoit ajouté des explications admirables qui découvrent les fens profonds & très-fpirituels qu'il avoit entendus & cachés fous cette forte d'emblême. Chacun fait que c'eft là le caractère du Cantique de Salomon; & voici le témoignage que Dieu rendit à une grande Sainte, touchant d'autres matie-

(a) Orat. III.

res de l'Ecritures : (*a*) *dans l'ancienne loi j'ai dit
quantité de chofes qui doivent s'entendre bien plus
fpirituellement que corporellement, comme ce qui regarde le Temple, David, Jérufalem ; afin que les hommes
charnels puiffent apprendre de là à défirer & à recher-
cher les chofes fpirituelles.* Voilà où va auffi le but
conftant de cet Ouvrage, lequel nous apprend
à voir & à goûter Dieu en toutes chofes, fon
efprit, fes divines opérations, tout ce qui regarde le monde invifible, & toutes les chofes
que Dieu a préparées à ceux qui l'aiment, &
que fon Efprit, qui fonde jufqu'aux profondeurs
de Dieu même, a révélées à fes Saints (*b*) felon
l'affertion de S. Paul.

§. IV.

Ceux là décelent leur lâcheté, qui fe récrient,
comme font quelques-uns, à la vue de pareilles
Explications ; que l'on y exige des hommes une
trop grande PERFECTION, que les états qu'on
y propofe, ne font point de cette vie, & qu'en
un mot ces divins objets ne font pas pour le
commun. Non, affurément ; ils ne font pas pour
ceux qui aiment plus le relâchement commun &
ordinaire, que de bien prendre à cœur la vocation à quoi Dieu & fon Fils Jéfus-Chrift avec
le S. Efprit ont pourtant appellé tous les Chré-

(*a*) Ste. Brigitte. Liv. 5. Révél. 10.
(*b*) 1. Cor. 2. v. 9. 10.

tiens, la vocation à être (*a*) *parfaits comme le Pere céleste est parfait*, à se conduire & à faire (*b*) *comme* Jésus-Christ en a *donné l'exemple*, à être (*c*) *rendus conformes à l'image du Fils* de Dieu, à être (*d*) *saints comme celui qui nous a appellés est saint, à participer*, en un mot, *à la nature divine*, qui sont tous des termes & des assertions de la S. Ecriture, & par conséquent de Dieu même. S'en dispense qui voudra, pour imiter ceux qui étant appellés au banquet nuptial, (*e*) s'en excuserent sur des occupations de ce monde qui leur étoient plus à cœur que l'affaire de leur vocation à l'éternité. Dieu ne force personne : il laisse chacun libre d'écouter plutôt, si l'on veut, la voix & le penchant de sa propre lâcheté, que l'appel de Dieu même. Ces gens là ont raison de dire, pour aussi longtems qu'ils voudront prendre le parti du relâchement que leur inspire le monde, Satan, & leur nature corrompue, que les matieres de ces Explications ne sont pas pour eux, celles du moins qui regardent les états les plus avancés : car, au reste, il y en a aussi pour toutes sortes de personnes : on y trouve par-tout un mêlange agréable de salutaires instructions qui sont de la portée & pour le besoin, non-seulement des

(*a*) Matth. 5. v. 48. (*b*) Jean 13. v. 15. 1. Cor. 11. v. 1. 1. Pier. 2. v. 21. (*c*) Rom. 8. v. 29. (*d*) 1. Pier. 1. v. 15. & 2. Pier. 1. v. 3, 4. (*e*) Luc 14. v. 17, 18.

personnes

perfonnes d'un avancement médiocre , mais auffi des commençans les plus foibles, & même de ceux qui font encore engagés malheureufe-ment dans les liens du péché. Tous ceux-là peuvent profiter très-falutairement de ces inf-tructions , fi feulement ils ont quelque droiture de cœur , une étincelle de bonne volonté & de défir fincère de s'avancer vers Dieu & de fe dégager des liens dont ils font encore retenus : mais fans cette difpofition , il n'y a rien au monde qui puiffe leur être d'un ufage folide & falutaire , & leur tourner à bien.

Mais pour les perfonnes qui, loin de fe plain-dre des graces que Dieu veut faire & de fe défendre du bonheur où il les appelle, y don-nent leur confentement de tout leur cœur, & y afpirent avec fon affiftance qu'ils implorent; ceux-là, quelque fublimes que foient les chofes que Dieu leur propofe & leur fait déclarer , pour grande auffi que puiffe être la foibleffe où ils fe voient encore, fi cependant ils veu-lent bien s'abandonner fincèrement à Dieu, ils trouveront par effet que fa divine force accom-plira en eux ce qui eft autrement au-delà de leur propre force & de leur foible pouvoir. *Il fera en* eux, pour me fervir des termes de St. Paul, (a) *plus que tout ce que nous faurions deman-der ni penfer,* pourvu toutefois, que fe laiffant

(a) Ephef. 3. v. 20.

à lui avec fidélité & avec perſévérance, on ne lui preſcrive ſur rien ni maniere, ni tems : puiſque Dieu quelquefois, pour des raiſons qu'il ſait, trouve à propos de différer la perfection de ſon ouvrage dans quelques-uns juſqu'à leurs derniers jours, quelquefois juſqu'au jour de leur mort. Mais alors, bien loin de ſe trouver confondus dans leurs déſirs & dans leur eſpérance, ils expérimentent par effet, que c'eſt-là proprement le tems où rien n'empêche plus la main du tout-puiſſant, auquel ils s'étoient confiés & abandonnés, d'accomplir en eux divinement, même dans un clin-d'œil, pour ainſi dire, toute la perfection à laquelle il les avoit deſtinés. C'eſt ce qui faiſoit dire à S. Paul, qui avoit exhorté les Hébreux (a) à la perfection : (b) *Ne perdez pas la confiance que vous avez, qui doit être récompenſée d'un grand prix. Vous avez beſoin de patience. Mais encore un peu de tems, & celui qui doit venir, viendra, & ne tardera plus.* On ne ſauroit exprimer le profit ſalutaire que des cœurs de cette bonne conſtitution, pourront tirer de l'Ouvrage qu'on leur préſente ici, l'expérience qu'ils en feront, les en convaincra mieux que tout ce qu'on leur en ſauroit dire.

§. V.

Comme on déſire en publiant cet Ouvrage,

(a) Hébr. 6. v. 1. (b) Hébr. 10. v. 35. &c.

qu'il puiſſe être d'une ſainte édification à toutes
les ames qui déſirent ſincèrement de s'avancer
dans la perfection à laquelle tous les hommes
ſont appellés, en quelque parti du Chriſtianiſ-
me qu'elles ſe trouvent diſperſées ; & que cependant l'auteur a quelquefois réfléchi, & même inſiſté, ſur des ſentimens & pratiques propres à la ſeule Egliſe Catholique-Romaine, qui
eſt celle de ſa naiſſance & de ſa profeſſion ; il
ne ſe peut que pluſieurs des Lecteurs qui ne
ſont point de cette Egliſe-là, ne ſe faſſent
d'abord quelque peine ſur ces ſortes d'endroits.
Mais on prie les eſprits modérés & équitables
de conſidérer, s'il faut s'étonner, & ſi l'on a
juſte ſujet de ſe formaliſer, de voir qu'une perſonne pieuſe, élevée dès ſon enfance dans des
ſentimens & dans des pratiques qui lui ont ſervi
de moyens de chercher & de trouver Dieu, &
de vivre dans l'accroiſſement de ſa grace ; ſi,
dis-je, on doit s'étonner & ſe chagriner de voir
qu'une telle perſonne eſtime & recommande à
ſes ſemblables (pour qui elle a écrit) ces mêmes
moyens pratiqués par elle ſi ſalutairement ; &
qu'elle cherche à appuyer le bon uſage qu'elle
en a fait, par les paroles de la Ste. Ecriture,
quelquefois directement, & quelquefois à la
ſimple occaſion que ces paroles lui en préſen-
tent. Les plus difficiles ſouffrent bien cela dans

plufieurs Commentateurs Catholiques - Romains, dans les livres d'un S. Bernard, de Taulere, de Ste. Thérèfe, du Cardinal Bona, & de tant d'autres auteurs de piété, principalement dans l'excellent & incomparable livret de l'*Imitation de Jéfus-Chrift*, ou de Thomas à Kempis, qui n'a mécontenté nulle ame de folide piété. Tous bons efprits fans doute en uferont ici de la même maniere : & pour ceux qui auront la foibleffe de ne pouvoir y acquiefcer, ils n'auront qu'à paffer ces endroits là, qui font fort peu en nombre en comparaifon de ce qu'ils trouveront d'inconteftablement folide, effentiel & d'une merveilleufe édification dans le refte & le principal de l'ouvrage. Voilà à quoi il nous faut adhérer : & quand on y fera un peu habitué, on fouffrira fans peine que Dieu fe ferve de tels moyens qu'il lui plaira, & de la maniere qu'il lui plaira, pour fécourir toutes les créatures pour lefquelles fon Fils eft mort, quelque divifées qu'elles foient encore fur quantité de pratiques extérieures & de fentimens différens. Dieu a mille moyens & mille manieres d'attirer les hommes à lui, & d'avancer le progrès fpirituel des ames : & les perfonnes qu'il emploie pour cet effet font redevables, comme parle S. Paul, aux Juifs & aux Grecs, aux fages & aux égarés, aux foibles & aux forts, mais particulierement & en premier chef à ceux entre lef-

quels fa divine direction les a placés par leur
naiſſance, par leur demeure & par d'autres engagemens de fa providence. Si avant que le
monde finiſſe, fa divine bonté veut faire un
grand falut, comme on doit l'efpérer & le défirer, n'eſt-il pas juſte que dans fes moyens &
fes préparatifs il y ait dequoi fubvenir à tous,
& gagner le cœur de toutes fortes de perfonnes? Ce Dieu infini en miféricorde, connoît
parfaitement les lieux, les tems, les ames à qui
chaque moyen convient ou difconvient. Il voit
que ce qui eſt convenable ou néceſſaire à la
difpoſition & à l'état des uns, indifpoferoit les
autres & les feroit reculer en arriere. Pour être
de fecours à tous, il leur fait propofer & aux
uns & autres, en divers lieux & par plus d'un
canal le même eſſentiel accompagné de différens acceſſoires, qui pourtant acheminent tous
à un même but. Celui qui n'a befoin que des
uns feulement, ne fe fervent que de ceux-là,
laiſſant le reſte pour ceux à qui Dieu fait qu'il
fera fructueux ou de néceſſité. Il ne faut regarder qu'à la gloire de Dieu & au falut des ames
en toutes chofes. Celle qui eſt eſſentielle à ce
point capital, c'eſt, que le péché, le mal, tout
ce qui ne vient point de Dieu, difcontinue &
prenne fin dans l'homme; & que l'ouvrage de
Dieu, la motion de fon Efprit faint, & le règne

de Jéfus-Chrift, reviennent s'établir au-dedans de nos cœurs. On ne fauroit difconvenir que l'Ouvrage que voici ne tende uniquement à cela, & qu'il n'y achemine puiffamment quiconque voudra le lire dans ce même deffein. Ceci doit fatisfaire tout efprit équitable.

§. VI.

Pour ce qui regarde les matieres fpirituelles & myftiques confidérées en elles-mêmes, auffi bien que leurs termes & leurs expreffions, qui fe trouveront répandues en plufieurs endroits des explications fuivantes ; bien loin que le Lecteur, s'il a l'efprit folide & jufte, doive s'en rebuter, ce font tout au contraire, pour ce qui eft des chofes, ceux de tous les fujets qui méritent le plus & fon eftime & toute fon attention ; puifque ces mêmes chofes ne font rien moins que les objets éternels, divins, fpirituels, & tout qui regarde la liaifon heureufe & confommée des uns avec les autres. Ce font Dieu le Pere, le Fils & le S. Efprit : ce font les efprits créés fufceptibles de Dieu, particulierement ceux des hommes, que cette Trinité adorable a produits pour fe communiquer & fe donner à eux & pour prendre fes délices avec eux, pour faire, comme s'expriment Jéfus-Chrift, S. Paul & S. Jean, qu'ils (a) *foient* tous *affociés*

(a) 1. Jean 1. v. 3.

enfemble avec le Pere & avec le Fils ; qu'ils (a) foient un avec le Pere & le Fils par l'Efprit de vérité & de fainteté ; qu'ils deviennent (b) un même Efprit avec le Seigneur. Ce font encore les moyens, les voies, les états par où il faut paffer pour fe difpofer & pour parvenir à cette heureufe union & au but éternel des deffeins de Dieu fur l'homme, que (c) *Dieu foit tout en tous*. Peut-il fe trouver, fe penfer, fe défirer au monde rien de plus grande importance, rien de plus eftimable que cela ?

Auffi eft-ce la chofe UNIQUE que les ames de choix & les plus grands Saints ont prife conftamment pour l'objet le plus digne de leur recherche & de leur occupation, & comme leur *unique néceffaire*. Les Ecrivains facrés le font voir très-fouvent dans les Saintes Ecritures, comme ces Explications le remarquent bien des fois. Dieu a permis que les Sts. Peres dont on vient de parler, & fur-tout S. Macaire, & une infinité de Solitaires admirables de ce tems-là, dans l'Egypte & dans la Paleftine, ayent continué à rendre témoignage à cette vérité, encore plus par leurs vies & par leurs pratiques, que par les écrits de quelques-uns d'entr'eux. Sa divine bonté ne s'eft pas bornée là ; mais comme il a déclaré plus d'une fois dans fa paro-

(a) Jean 17. 21 , 22. (b) 1. Cor. 6. v. 17. (c) 1. Cor. 15. v. 28.

le, que vers les derniers jours il vouloit être &
feroit effectivement *adoré en efprit & en vérité*,
& qu'il en répandroit par-tout la connoiffance
folide & la véritable pratique, auffi nous a-t-il
fufcité par fa divine Providence, depuis un fiecle ou deux plus de ces Saints Docteurs de
l'INTÉRIEUR, plus d'Ecrivains éclairés des chofes fpirituelles, qu'il ne s'en étoit vû durant je
ne fais combien de fiecles auparavant. Combien
de faints Myftiques depuis le célèbre Taulère
jufques à maintenant, à ne parler que de ceux
qui ont été goûtés & approuvés des plus fages ?
L'énumération en feroit ennuyeufe, fi par maniere d'exemple on ne fe bornoit à quelques-uns,
qu'il fuffira de nommer fimplement : comme
Joh. Rusbroc, Henri Sufo, S. Jean de la Croix,
Ste. Thérèfe, Angele de Foligni, Ste. Cathé-
rine de Gênes, S. François de Sales, Jean de
S. Samfon, & tout récemment le P. J. Jofeph
de Surin, Mr. de Berniere, le Frere Laurent
de la Réfurrection, la bonne Armelle & la véné-
rable M. Marie de l'Incarnation. On laiffe à ju-
jer aux ames éclairées qui liront les Ecrits qu'on
leur préfente ici, fi la perfonne de l'Auteur ne
mérite pas infiniment & du tout au tout, de
tenir le premier rang en ce nombre. Car pour
ce qui eft de fes incomparables Ecrits, on ofe
le dire hardiment & avec affurance, fans pourtant préjudicier à ceux des autres, qu'on n'en

trouvera jamais aucun, non pas même dans le plus divin d'entr'eux, qui puiſſe entrer en comparaiſon avec ceux-ci par le détail, par la profondeur, par la ſublimité, par la clarté & par la facilité avec laquelle ils déduiſent les choſes les plus divinement ſolides, les plus céleſtes & les plus intérieures. Toutes les difficultés conſidérables que l'on fait ordinairement ſur les matieres myſtiques & ſpirituelles, faute de les bien entendre, y ſont éclaircies & pleinement réſolues en pluſieurs endroits, que le Lecteur pourra trouver ſans peine par le moyen des Indices ou Tables alphabétiques qu'on a fait ſur chacun des volumes, tant pour ce même ſujet, que pour lui faire remarquer ce qui mérite d'être pris en conſidération.

§. VII.

Nous ne pouvons nous diſpenſer de dire ici un mot de l'Auteur de cet ineſtimable, incomparable & unique Ouvrage, de la maniere dont il eſt parvenu juſqu'à nous, & des moyens que la divine Providence nous a fournis pour le publier & éviter ainſi une perte qui eut été à jamais irréparable.

Tout le monde ſait combien les conteſtations, les écrits & faits religieux de feu M. l'Evêque de Meaux, qui ont tant fait de bruit en France, ont rendu la perſonne & les écrits de MADAME GUYON célèbre par toute l'Europe. Ce Prélat s'avifa, fans doute, par une direction fecrette de la Providence, & fans qu'il fe doutât lui-même d'en être l'inftrument, d'informer le public que cette DAME, outre fes petits livres du *Moyen court & facile pour faire oraifon*, de l'Explication du *Cantique de Salomon*, & encore quelques autres traités, avoit auffi (a) *écrit des Commentaires fur les cinq livres de Moïfe, fur Jofué, fur les Juges, fur les Evangiles, fur les Epîtres de S. Paul, fur l'Apocalypfe & fur beaucoup d'autres livres de l'Ecriture.* Un fait auffi peu commun que celui-là ne manqua pas de réveiller la curiofité de tous ceux qui avoient trouvé du goût aux livres du *Moyen Court* & de l'*Explication du Cantique.* Ils défirerent de voir ces autres livres que M. de Meaux leur avoit annoncés. Nous fûmes du nombre des curieux ; & même notre défir n'étoit pas tout-à-fait fans efpérance de fe voir accompli d'une maniere ou d'autre, felon qu'il plairoit à la Providence tôt ou tard d'en procurer quelques occafions. Nous avions appris par l'information publique du même Evêque, & de celui de Chartres, qu'il y avoit quantité de copies de ces écrits là difperfées entre les mains de plufieurs, qui les lifoient avec admiration, & qui les communiquoient à d'autres. On favoit que le même

(a) Relat. de l'Ev. de M. Pag. 11.

Evêque de Meaux ne les refufoit point aux perfonnes de confidération, quand on lui en demandoit, foit avant que l'on eût enlevé à l'auteur tous fes originaux, foit après qu'on les lui eût ôtés, & que n'étant plus maîtreffe de fes écrits, non plus que de fa liberté, il ne dépendit plus d'elle que plufieurs autres Prélats de France & de Savoie, comme ceux de Paris, de Geneve, de Vercelles, (de qui cette DAME fut connue & eftimée avant fa difgrace, & qui avoient des copies de fes livres,) n'en fiffent part à plufieurs mains amies, qui les communiquoient enfuite à d'autres, & celles-ci à de nouvelles, qui n'étoient pas plus difficiles que les autres fur cette même communication. Cela nous fit regarder comme affez poffible le recouvrement au moins de quelques-unes de tant de copies fi multipliées & fi difperfées, pourvu feulement qu'on voulût fe donner la peine d'entreprendre cette recherche. On fe réfolut à en faire l'effai. On pria & on fit prier des perfonnes de divers lieux de vouloir s'y appliquer. On donna même cet avis au public, que fi quelques-uns avoient entre leurs mains quelques traités manufcrits de l'Auteur, & qu'ils en fouhaitaffent la publication, on étoit difpofé à feconder leurs bonnes intentions. Tout cela ne fut pas inutile & fans fuccès. De tems à autre il nous eft venu de diverfes perfonnes & de plufieurs lieux & pays étrangers, ce que chacun en avoit pu recouvrer. Il nous en eft venu d'Angleterre, où des perfonnes de diftinction en confervoient en leurs Bibliothéques. C'étoient au refte (& cela ne fe pouvoit autrement) des copies de toutes fortes de mains, les unes plus, les autres moins correctes; les unes fur un fujet, fur un livre de l'Ecriture, & les autres fur d'autres : de forte qu'après les avoir exactement revues & afforties, il s'eft trouvé qu'il y avoit ce qu'il faut pour l'Ouvrage complet des Explications fur le vieux & le nouveau Teftament, que nous préfentons ici, & que nous affurons être de Madame Guyon, non-feulement fur le témoignage que nous ont donné ceux de qui nous les avons, mais particulierement par la confidération de ces mêmes écrits, où les moins pénétrans peuvent facilement s'appercevoir d'une conformité fenfible de principes, de penfées, de termes & de ftyle avec les traités du *Moyen Court*, du *Cantique* & des *Torrens*, ci-devant rendus publics, & qui font inconteftablement de cette Dame. Ajoutez à cela la maniere de parler de foi au féminin, dont ufe la perfonne qui écrit, & qui fait voir ainfi que l'Auteur étoit femme : elle le dit même expreffément en deux ou trois endroits. Il n'y a pas jufqu'aux dates qui fe font trouvées à la fin de quelques-uns de nos manufcrîts, qui ne s'accordent avec le tems que l’on parloit le plus de la même Dame & de ses compositions.

De plus , nous sommes persuadés que personne, pour peu d’équité qu’elle posséde , ne trouvera mauvais, que pour la gloire de Dieu , & pour le bien commun & salutaire de tous, on ait rendu publics par l’impression, des écrits qui , d’ailleurs étoient déja si répandus par d’autres , & qui depuis longtems étoient hors du pouvoir & de la disposition de leur Auteur. Le train qu’ils avoient pris jusqu’à présent de ne se communiquer que par le moyen de-la plume, leur devenoit préjudiciable, par la négligence ou par l’ignorance des copistes , qui en multiplioient les fautes à mesure qu’ils en multiplioient les copies ; inconvénient auquel on a cru ne pouvoir donner de meilleur remède que par le moyen d’une bonne impression , telle que nous avons tâché que fût celle que voici : & encore, après tous les soins que nous y avons mis, n’oserions-nous tout-à-fait garantir qu’il n’y ait point de fautes ; puisque les copies même n’en étoient pas exemptes, & qu’il y avoit en plusieurs endroits des omissions sensibles de quelques mots , & peut-être de quelques lignes ; des mots mis les uns pour les autres ; des périodes visiblement défectueuses, par la faute sans doute des écrivains, qui les transcrivoient mal. Et c’est pour cela qu’on s’est vu

obligé pour fubvenir à ces fortes de manquemens, d'avoir recours tantôt à quelques notes
marginales, plus fouvent encore à des infertions
ou additions d'un ou de plufieurs mots qu'on
a cru néceffaires, tantôt pour l'intégrité du fens,
& quelquefois pour la clarté du difcours. Ces
mots-là font ceux qu'ordinairement on a renfermés entre deux crochets [], afin de les faire
difcerner du texte. Si l'on s'y eft mépris, on
efpère des Lecteurs qu'ils auront l'équité de
ne point imputer à l'auteur de ces livres cette
forte de fautes, non plus que les variations,
ou la diffemblance que ceux qui ont d'autres
copies manufcrites pourroient trouver entre
cet imprimé & entre leurs manufcrits. Chacun
a pu voir par les deux éditions différentes qui
fe font faites du traité des *Torrens*, combien ce
livre-là s'eft trouvé tronqué & imparfait en quantité d'endroits, dans les différentes copies que
diverfes perfonnes en avoient. Il n'eft que trop
poffible que dans la diverfité des copies que plufieurs peuvent avoir de ces Commentaires fur
l'Ecriture, il fe rencontre auffi des fautes de
cette nature, des changemens, des omiffions,
des additions qu'on ne trouveroit pas dans les
originaux. Cet avis nous a paru néceffaire pour
empêcher que la droiture & l'intégrité des fentimens de l'Auteur ne fouffre point pour les

erreurs des copiſtes, tant entre ſes amis qu'entre ceux qui ne le ſont point.

Ce n'eſt pas au reſte, qu'il faille s'imaginer que ces ſortes de manquemens ſoient de telle importance que l'eſſentiel en ſouffre le moins du monde. Chacun ſait qu'il n'y a point de livre, pour conſidéré ou pour ſacré qu'il ſoit, pas même les divines Ecritures, où l'on ne trouve cette diverſité que les Savans appellent *variantes lectiones*, qui ſont des fautes de copiſtes plus ou moins conſidérables les unes que les autres. Les perſonnes de bon ſens & de cœur droit regardent à l'eſſentiel en toute choſe : & quand ils voient cet eſſentiel exprimé & repris bien clairement en pluſieurs autres endroits du livre, comme on le trouvera ici plus d'une fois, le reſte ne leur fait point de peine, & ils ne chicannent perſonne pour cela.

On croit encore devoir avertir le Lecteur, que quelque recherche qu'on ait pu faire depuis aſſez longtems, des copies manuſcrites ſur leſquelles s'eſt fait cet imprimé, il ne s'eſt rien trouvé ſur le ſecond des Paralypomenes, ſur le Cantique des Cantiques, ſur le Prophête Abdias, ſur le troiſieme & le quatrieme livre d'Eſdras, ni ſur l'Oraiſon de Manaſſé. On croit que l'Auteur n'aura point travaillé ſur ces trois derniers, tant par la raiſon qu'ils ne ſont point compris dans le Canon de l'Ecriture, tel que l'a dreffé le Concile de Trente, que parce qu'ils n'ont point été mis en françois dans la verfion de la Bible qui étoit à fon ufage, comme en effet ils ne fe trouvent point non plus dans les nouvelles éditions de Liege, des années 1700, & 1702. Comme la fubftance du fecond des Paralypomenes eft une répétition de ce qui eft déja dans le dernier livre des Rois, & que le Prophête Abdias étant très-court, ce que notre Auteur avoit à remarquer fur fon fujet, étoit apparemment déja compris dans fes Explications fur les autres Prophêtes, cela, fans doute, l'aura fait paffer fur ces deux livres là, comme nous voyons qu'on a auffi paffé fur quantité de verfets & quelquefois de chapitres des autres livres facrés par la même raifon. Pour ce qui regarde le Cantique de Salomon, nous n'avons point fait difficulté d'avoir recours à l'Explication qui en fut publiée à Lyon en 1688, avec approbation & privilége, & de l'inférer toute entiere dans l'endroit qui lui convient, puifqu'il eft inconteftable que cette piece eft venue de la même plume que tout le refte, comme il paroît affez clair par la conformité du ftyle & des penfées. La traduction des Pfaumes, fur quoi notre Auteur a travaillé, n'eft pas celle qui s'eft faite fur l'hébreu, mais fur la vulgate latine, qui elle-même a été faite fur le grec des Septante & non pas fur l'hébreu.

Il

Il s'eſt trouvé avec les copies de cet Ouvrage, deux pieces, qui ſans doute ſont de notre Auteur, dont la premiere eſt une ſorte de préface générale, & que pour ce ſujet nous allons faire ſuivre immédiatement, avec une adition qui y étoit jointe : l'autre (*a*) tend à prévenir en peu de mots quelques difficultés qui pourroient ſe préſenter, ſoit ſur les expreſſions, ſoit ſur la doctrine de l'INTÉRIEUR, aux perſonnes à qui elles ne ſont pas encore aſſez familières ; laquelle doctrine on auroit pu appuyer par un grand nombre d'autorités des Myſtiques les plus approuvés & les plus ſolides, vu que ces ſaints Auteurs les ont effectivement enſeignées en ſubſtance, quelques-uns d'eux en termes encore plus forts ou plus durs, & plus ſuſceptibles des mêmes difficultés que l'eſprit de contention pourroit ſuſciter à notre Auteur : mais cela nous auroit mené plus loin qu'on ne voudroit. On s'eſt contenté de n'en uſer ainſi que très-rarement, par quelques peu de notes marginales que le ſujet paroiſſoit exiger. Ceux qui s'occupent de ces matieres ne peuvent ignorer que (*b*) des perſonnes religieuſes & ſavantes

(*a*) On a mis cette ſeconde préface à la tête du nouveau Teſtament, place qu'elle occupoit déja dans la premiere édition.

(*b*) Max. Sandæus, in Onomaſtico. Jaques de Jeſus. Nicolas de Jeſ. M.

****

n'ayent publié depuis longtems des traités entiers fur ce fujet en faveur des Myftiques en
général, & fpécialement du divin Jean de la
Croix. Depuis peu même on a renouvellé &
imité ces fortes de recueils (a), qui bien que
produits en faveur de tout autre que de notre
Auteur, ne laiffent pas pourtant de pouvoir
fervir d'apologie à tous ceux qui fe font ren-
contrés dans ces fentimens là, & qui fe font
exprimés de la même manière. Les pourra confulter qui en aura la volonté & la commodité.

Pour le préfent, il nous fuffira pour conclu-
fion d'alléguer les paroles de deux grands Saints,
S. Macaire & l'auteur du livret de l'Imitation
de Jéfus-Chrift, ou Thomas à Kempis, qui
appuye divinement par fon autorité ce qui regarde le plus éffentiel des matieres myftiques
touchant le pur amour & fes dures épreuves,
comme fait S. Macaire l'interprêtation fpirituelle & intérieure des paroles & des faits de la
Ste. Ecriture. Dieu veuille en ratifier la réalité
au-dedans de nos cœurs, & que de la forte nous
portions auffi dans nous-mêmes les témoignages vivans de la folidité de fa vérité, à la gloire du même Dieu béni éternellement. Amen !

(a) Voyez auffi les juftifications de *Madame Guyon*
3. vol. 8. nouvel édit. Paris 1790.

S. Macaire Homelie XXXIII.

„ Envifagez tout ce qui fe préfente à vos yeux
„ comme autant d'ombres & de repréfentations
„ palpables des grandes chofes qui fe doivent
„ trouver réellement au-dedans de votre ame.
„ Car outre l'homme extérieur & vifible, il y a
„ dans nous un autre homme tout INTÉRIEUR :
„ il y a d'autres yeux, que Satan a aveuglés,
„ & d'autres oreilles qu'il a rendues fourdes.
„ Or le Seigneur Jésus eft venu pour la gué-
„ rifon & pour le rétabliffement de cet HOMME
„ INTÉRIEUR.

IMIT. DE JÉSUS-CHRIST. LIV. III. CH. XXV.

„ Ne croyez pas avoir trouvé la véritable
„ paix, quand votre efprit ne fe fent point acca-
„ blé de peines ni de pefanteur : & ne penfez
„ pas que tout vous aille bien lorfque vous ne
„ reffentez aucune oppofition de la part de per-
„ fonne. Ne penfez pas non plus que votre
„ perfection confifte en ce que toutes chofes
„ s'accompliffent felon vos fouhaits. Ne vous
„ croyez pas quelque chofe, & encore moins
„ grand ami de Dieu, parce que vous avez
„ beaucoup de dévotion & de douceurs fenfi-
„ bles. Ce n'eft point par cela que l'on connoît
„ les ames folidement vertueufes : & le vrai
„ progrès ni la perfection de l'homme ne con-

» fifte point en ces fortes de chofes. Et en
» quoi donc, Seigneur? En ce que vous vous
» offriez & facrifiiez entierement & de tout
» votre cœur à la volonté divine, de forte que
» vous ne recherchiez point votre propre, ni
» dans ce qui eft grand, ni dans ce qui eft petit,
» ni dans le tems, ni dans l'éternité : mais que
» pefant tout au poids de la juftice, vous rece-
» viez avec égalité d'efprit, & en béniffant
» Dieu, ce qui vous eft contraire comme
» ce qui vous eft favorable. Si dénué de tou-
» te confolation intérieure, votre efpérance
» en moi eft fi forte & fi conftamment patiente
» que de vous préparer encore à fouffrir davan-
» tage, fans chercher à vous juftifier comme
» fi vous n'aviez point mérité de fi rigoureux
» traitemens ; mais qu'en toutes chofes vous
» reconnoiffiez avec louanges la juftice & la
» fainteté de Dieu ; c'eft alors que vous ferez
» dans le droit & véritable chemin de la paix.

*Ne cherchons que Dieu : & ne le cherchons que pour fon
intérêt.* **Lett. Spirit. du P. Seurin, Tom. III. Lett. 37.
pag. 179. Edition de Paris 1709.**

PRÉFACE
GÉNÉRALE
DE L'AUTEUR.

I. *Que l'essence de la* RELIGION *est intérieure & spirituelle, fondée qu'elle est sur l'esprit de simplicité, de vérité & de justice. L'Ange en étant déchu, & ayant fait déchoir l'homme pour le précipiter dans la mort,* JÉSUS-CHRIST *est venu pour le rétablir dans la vie & dans l'innocence par cet esprit de vérité, de justice & de simplicité qui, avec ce qui en dépend, fait l'essence & l'intérieur de la Religion Chrétienne.*

II. *Les obstacles opposés à l'essentiel de la Religion ne s'ôtent que par le dépouillement, l'abandon, la foi, l'espérance, la charité, qui reviennent à l'esprit intérieur de la Religion, manifesté en Jésus-Christ, proposé dans toute l'Ecriture, & que l'on a eu pour but de découvrir & d'inspirer à tous dans cet Ouvrage.*

III. *Précautions pour ne pas se méprendre en donnant des sens sinistres à quelques endroits, soit de l'Ecriture, soit des livres suivans sur de certains sujets. Exhortation, priere & protestation de l'Auteur.*

§. I.

Tous les maux qui se commettent dans le monde ne sont causés que par l'irréligion. On ignore la beauté & les principes de la RELIGION CHRÉTIENNE, Religion si admirable, que si elle étoit bien comprise, elle attireroit le respect & l'amour de tous les hommes.

**** 3

Mais comment feroit-elle connue de ceux qui ne la pratiquent pas & qui n'y ont nulle entrée, puifque ceux qui paroiffent en faire une profeffion particuliere, l'ignorent fi abfolument, qu'ils la font confifter, non en ce qu'elle eft, mais en ce qu'elle n'eft pas, négligeant l'ESSENTIEL pour ne s'arrêter qu'à l'accident, & laiffant *le* FONDS & L'ESPRIT pour ne s'attacher qu'à fon corps & à fon extérieur.

La RELIGION CHRÉTIENNE, felon ce qui nous en a été enfeigné par JÉSUS-CHRIST & par fes difciples, n'a rien que de grand, de fublime & de divin, quoique caché fous les chofes les plus *fimples* & les plus communes. Ce qui eft le plus fimple & le plus commun en apparence, eft ce qui a le plus de l'Efprit de Dieu, & par conféquent, ce qui eft le plus relevé ; puifque les chofes ne font grandes qu'autant que leur principe eft élevé, non felon le caprice de ceux qui donnent le nom de grandeur & de baffeffe à ce qui leur plait, appellant grand & digne d'honneur ce qui eft le moins digne, & qui eft le plus vil ; & ayant honte & confufion de ce qu'il y a de plus honorable.

JÉSUS-CHRIST ne s'eft pas contenté de renverfer par fes paroles ces vaines opinions des hommes : il l'a fait de plus par fes exemples. Il a réhauffé la nobleffe de la pauvreté par le choix qu'il en a fait, & il a découvert la baffeffe des richeffes par le mépris qu'il a marqué avoir pour elles. Il a fait voir que ce que les hommes trompés par leurs fauffes imaginations appellent baffeffe, étoit une véritable grandeur ; & que ce qu'ils regardent comme quelque chofe de grand, ne devoit être que l'objet de notre mépris. Enfin pour établir la vérité fur la terre, il a fallu renverfer toutes chofes, ou plutôt les rétablir dans leur premier ordre, que le menfonge & la vanité avoient ruiné.

Dieu en créant le monde établit véritablement la RELIGION, qui étoit le culte de VÉRITÉ & de JUSTICE, & qui n'étoit dû qu'à lui feul : mais l'Ange dans le ciel par la vanité commença de devenir ufurpateur & idolâtre en même tems, voulant dérober à Dieu ce qui lui étoit dû pour fe l'attribuer. La vanité n'eût pas plutôt féduit l'Ange fuperbe, qu'elle le renverfa ; & le faifant fortir de fon ordre naturel, lui donna un autre ordre, ou plutôt, le mit dans un défordre, oppofé à fa nature, qui eft pour lui un état violent, lequel doit durer autant que fa vanité & fa révolte. Si Dieu avoit voulu rétablir fa vérité dans cet Ange rebelle, en qui la vanité règne, il auroit renverfé fon faux être de vanité pour le remettre dans fa vérité ; & alors il feroit rentré dans fon être naturel, hors de toute violence ; & cet état ne feroit autre qu'un état de vérité, qui le dépouillant de fes ufurpations, reftitueroit à Dieu ce qui lui étoit dû, & l'Ange feroit rétabli dans fon état de Religion.

A peine la vanité eût-elle renverfé l'ordre fimple & naturel de l'Ange dans le ciel, que ce même Ange, devenu Diable, fils de la vanité & pere du menfonge, vint l'apporter fur la terre, y vomiffant ce monftre, dont le violent poifon infecta tout le monde un peu après fa création.

DIEU créa l'homme dans la vérité & dans la fimplicité. C'étoit une communication qu'il faifoit à l'homme de lui-même, & une participation de fon être. Cet homme fut créé dans la

Religion, inséparable de la vérité, qui consis-
toit dans le culte dû à un seul Dieu, & dans
la parfaite innocence, qui est un effet de la simplicité & de la vérité, qui lui avoit été communiquée dans sa création. Cette Vérité & cette
Simplicité étoient le principe fondamental de
la Religion d'Adam, par laquelle il rendoit un
culte continuel à Dieu, & un culte de Justice,
tel que Dieu le pouvoit exiger de lui. Le culte
de justice, fondé sur la simplicité & sur la vérité, le tenoit dans l'innocence ; parce qu'il
est impossible de subsister dans la simplicité &
dans la vérité, que l'on ne demeure dans l'innocence ; & celui qui perd l'innocence, doit perdre nécessairement la vérité & la simplicité.

La Religion n'est donc qu'*un culte respec-
tueux de justice & de vérité, qui nous fait traiter
Dieu en Dieu, & la créature en créature*, demeurant
dans la place qui nous est propre : & cet état
est nécessairement accompagné de *l'innocence ;*
parce qu'il maintient l'homme dans l'ordre où
Dieu l'a placé, & dans l'assujettissement absolu
à toutes ses volontés ; ce qui est la véritable
innocence, & qui exclud toute malice & tout
péché, qui ne peut être causé que par la révolte
& le désordre.

L'homme étoit dans cet état de Religion &
d'innocence, de vérité & de simplicité, lorsque
l'Ange envieux de son bonheur voulut le rendre
compagnon de son supplice, le rendant compli-
ce de son crime : c'est pourquoi il lui inspira le
mensonge, qui ne fût pas plutôt entré dans
l'homme qu'il en bannit la vérité & la simplicité,
renversa la Religion & l'innocence. Et ce fût
cette perte de la vérité & de la simplicité qui a
été la source de tout péché, qui a renversé la

Religion, & a introduit dans le monde l'idolatrie & tant de pernicieuses sectes, a banni l'innocence; enfin a tiré l'homme de son ordre naturel pour le mettre dans un état violent, qui est une perpétuelle mort; parce que la vie n'est que dans la vérité & dans la simplicité.

Dieu, qui n'a pas voulu laisser l'homme dans ce désordre, a envoyé dans la plénitude des tems son Fils unique, dont il avoit inspiré l'Esprit à l'homme en le créant : il a envoyé, dis-je, ce Fils pour rétablir l'homme dans son ordre naturel de vérité & de simplicité, ordre de justice, qui faisoit tenir l'homme dans sa place; & qui le dépouillant de toutes ses usurpations, bannissant le mensonge & la multiplicité, lui fait rendre à Dieu tout ce qu'il lui doit, & rétablit en lui le culte de Religion & d'innocence, le remettant dans son ordre naturel, & lui faisant heureusement perdre cet état de violence & de mort, pour entrer dans un état de liberté & de vie.

Ce grand principe étant ainsi posé, il est aisé de voir, que tout ce qui nous simplifie & nous met dans la vérité, nous met nécessairement dans le fondement de la Religion & dans l'innocence. Toute autre route n'est qu'égarement. C'est pourquoi JÉSUS-CHRIST venant au monde, ne nous a enseigné rien autre chose, & par ses paroles & par ses exemples, que la SIMPLICITÉ & la VÉRITÉ. Ne l'a-t-il pas dit lui-même, qu'il étoit venu apporter cet (a) *Esprit de vérité*, mais *que le monde ne le pouvoit recevoir ?* Le monde, comme monde, ne peut recevoir la vérité ni la simplicité; parce qu'il est dans le désordre & dans la confusion, & qu'il faut nécessairement qu'il soit détruit, afin que l'homme par la vérité

(a) S. Jean 14. v. 17.

foit rétabli dans fon ordre naturel , dans fa Religion & dans fon innocence. Que l'on cherche tant que l'on voudra de rafinement dans la dévotion ; tout ce qui n'eft pas fimplicité & vérité , ne peut être ni la véritable Religion , ni la parfaite innocence.

La Religion & l'innocence eft donc fondée fur la fimplicité & fur la vérité ; & la vérité ne fe trouve que dans la RELIGION CHRÉTIENNE , qui n'eft autre chofe que vérité & fimplicité. Elle n'eft que VÉRITÉ en elle-même ; puifqu'elle nous tient dans l'ordre de notre création , & dans la volonté de Dieu , nous faifant rendre à Dieu le culte de JUSTICE , & nous dépouillant de toutes les ufurpations du menfonge , pour nous faire tenir dans l'innocence par le dépouillement de tout ce qui n'eft point à nous. Car que pouvons-nous avoir & qu'avons-nous de nous , fi ce n'eft le néant ? Et tout le refte n'eft-il pas à Dieu & de Dieu ? Elle n'eft auffi que SIMPLICITÉ ; puifque fon but eft de nous retirer de nos occupations trop multipliées , pour nous attacher à notre *unique néceffaire* ; & de faire , que calmant nos agitations naturelles , nous entrions dans le repos & dans l'unité de Dieu , fans qnoi nous ne pourrions lui reffembler , ni par conféquent lui être unis.

§. II.

Si l'on examine ce que je dis ici , l'on n'aura pas de peine à comprendre la raifon pour laquelle il eft parlé fi au long dans l'Ecriture fainte des *dépouillemens*. C'eft pourquoi je me fuis fi fort étendue à en traiter , & décrire *l'abandon* , *la foi* , & *l'efprit intérieur* , cet état de la volonté de Dieu fous ces différens paffages de l'ame. Quoique cela femble inutile à qui ne le connoît pas, c'eſt pourtant l'eſprit de la Religion Chrétienne.

C'eſt ce chemin de DÉPOUILLEMENT qui conduit l'ame dans la vérité & dans l'eſſentiel de la Religion Chrétienne, qui empêche toutes les illuſions, tromperies, héréſies, tous les péchés, qui ne ſont que des détours; enfin c'eſt ce qui met l'ame dans la vérité, la mettant dans un entier dépouillement de tout ce qui l'empêche d'être à Dieu dans l'ordre de ſa création & de l'entiere innocence.

Il faut ici remarquer que la grace de Rédemption, que Jéſus-Chriſt nous a méritée, nous met dans la vérité & dans la ſimplicité, & nous rend (a) *les vrais adorateurs du Pere* éternel, *en eſprit & en vérité;* adoration en eſprit & en vérité qui eſt le premier culte de la Religion. C'eſt là l'eſprit de la Priere, ſur lequel tout doit rouler. Ce dépouillement eſt auſſi un eſprit de ſacrifice qui tend à nous détruire nous-mêmes par l'hommage que nous rendons à la grandeur du ſeul & ſouverain Etre. C'eſt pour ce ſujet que Jéſus-Chriſt s'eſt immolé une fois ſur la croix, & qu'il s'immole ſans ceſſe ſur nos autels. De ſorte que le ſacrifice, l'eſprit de la religion, uni à l'adoration en eſprit & en vérité, fait le culte religieux, qui ne s'opére que par le dépouillement, par lequel l'homme eſt mis dans la vérité & dans la ſimplicité.

On prie de remarquer qu'il eſt impoſſible d'aller à la vérité que par la perte des préventions, des raiſonnemens, & des penſées qui nous cachent la vérité, qui doit être ſi nue, qu'on ne ſauroit la couvrir ou l'orner ſans la faire méconnoitre. On ne peut aller non plus à l'unité par

(a) Jean 4. v. 23. 24.

la multiplicité; il faut donc y aller par la simplicité : or cette simplicité entre dans notre ame non par le difcours ou raifonnement, qui font multipliés : mais par le fimple exercice des trois vertus Théologales, qui lorfqu'elles s'emparent des trois puiffances de l'ame, la fimplifient : la FOI fimplifie l'entendement ; l'ESPÉRANCE, la mémoire ; & la CHARITÉ, la volonté : & ce font ces trois vertus qui font admirablement exercées par *l'adoration* qui fe fait *en efprit & en vérité*, par le facrifice de Religion, par l'Oraifon fimple, qui nous fait adorer l'Efprit fimple de Dieu.

Voilà ce que c'eft que l'efprit de la Religion Chrétienne, qui n'eft autre que l'Efprit de JÉSUS-CHRIST ; & c'eft ce que l'on appelle l'ESPRIT INTÉRIEUR ; & je dis, que tous ceux qui n'entrent pas dans l'intérieur, dans l'efprit de la Religion & de Jéfus-Chrift, ne font que des corps de Chrétiens inanimés, & n'ont pas l'efprit & la vie de Chrétien. Jéfus-Chrift étoit inceffamment occupé dans fon intérieur : il étoit dans l'unité parfaite; & il a prié fon Pere pour nous, afin de nous faire participans de cette unité; (*a*) *Mon Pere*, dit-il, *qu'ils foient un comme nous fommes un, & que tout foit confommé dans l'unité.* On ne peut arriver à cette unité que par la fimplicité & par la perte de la multiplicité : car l'unité caufe la fimplicité, & la fimplicité porte à l'unité.

Il eft d'une extrême conféquence de faire connoître aux Chrétiens cet efprit de Religion, fi évident dans toutes les faintes Ecritures, que toute perfonne qui les lira fans aucune prévention, avec l'explication qui en a été faite, connoîtra qu'elles ne tendent qu'à nous y établir

(*a*) Jean 17. v. 21. 23.

folidement par la vérité & la fimplicité, qui s'o-
pérent par le dépouillement total & par l'abandon à la conduite de Jéfus-Chrift, qui eft venu
comme notre *voie*, notre *vérite* & notre *vie.*

Tout cet Ouvrage roule fur ces trois principes, & tout ce qu'il renferme n'eft que pour
nous faire fuivre ce Sauveur comme *voie*, l'écouter comme *vérité*, & nous en laiffer animer comme de notre *vie.*

Ce qui doit donc nous animer davantage à
nous appliquer à la lecture des faintes Ecritures,
c'eft qu'elles nous apprennent cet efprit de Religion & toute fa perfection, dans fon commencement, dans fon progrès, & dans fa confommation, comme on le pourra voir par l'explication que j'en donnerai fans faire aucune violence au texte, & fans lui donner un fens, ni un
efprit étranger. Il ne fera pas difficile d'y découvrir l'effentiel du culte qui n'eft dû qu'à Dieu
feul dans la vérité & la fimplicité, que l'on ypuife
comme dans leur fource, foit que nous ayons
égard à l'ancien ou au nouveau Teftament.

D'ailleurs nous y trouvons auffi heureufement tous les moyens d'y entrer & d'y avancer.
Nous y admirons les exemples & la conduite
des anciens Patriarches & Prophêtes, qui nous
ont laiffé leurs veftiges pour les fuivre : nous y
lifons les paróles de Jéfus-Chrift, des Evangeliftes & des Apôtres. C'eft là où nous apprenons
l'excellence des facrifices de notre Religion, &
particulierement de celui de la fainte Euchariftie, qui renferme éminemment tous les autres ;
la néceffité de la priere, la maniere de la faire
avec efficace, l'efprit de la vraie adoration, la
totalité du dépouillement & de l'abandon, en
un mot, tout ce qui eft renfermé dans la fimpli-

cité & dans la vérité, & tout ce qui peut y contribuer. Mais ce qui est de plus important, c'est que nous y apprenons à faire un juste discernement de *l'extérieur* & de *l'intérieur* de notre Religion, pour ne point séparer l'un d'avec l'autre.

La principale partie de la Religion Chrétienne est son esprit, ou son intérieur, qui est un esprit de vérité & de simplicité, & qui bannit également la multiplicité & le mensonge ; parce que comme cet esprit est sorti de Dieu même, qui est simple, sans mêlange, & sans division ; il faut qu'il soit simple, un & droit ; qu'il mette l'homme dans la vérité du tout de Dieu & du rien de la créature : qu'il rende l'ame si droite pour Dieu, qu'elle ne peut sortir de cette droiture tant qu'elle demeure dans sa vérité ; ensorte qu'il n'y a pas le moindre détour ni de l'ame sur Dieu, ni de Dieu sur l'ame ; & c'est ce qui fait son innocence. Cette droiture pour Dieu est accompagnée de la droiture de cœur pour le prochain. C'est là ce que j'appelle le vrai esprit intérieur, qui n'est autre que l'esprit de la Religion Chrétienne.

Si l'on se sert de quantité de termes, d'abandon, de délaissement, de mort, de perte, d'anéantissement, & le reste, ce ne sont que des expressions des états où Dieu fait passer l'ame pour la réduire dans la parfaite simplicité & vérité, dans l'innocence & dans l'esprit de Religion : mais l'essentiel est, l'esprit d'unité & de simplicité, qui nous mettant dans l'ordre de la création & de la rédemption, nous unit à Dieu sans milieu comme à notre premier principe.

L'état d'adoration en esprit & en vérité, qui s'opère par la simplicité, est donc l'intérieur & l'esprit de la Religion Chrétienne. Il y a outre l'efprit de la Religion & l'état d'adoration, le culte religieux, qui eft non-feulement renfermé dans l'état d'adoration, mais il fuppofe l'état de facrifice & de deftruction continuelle, qui fe fait par l'entier dépouillement de toutes chofes : & c'eft ce qui compofe l'intérieur du Chrétien, comme il a fait, à proportion, celui de JÉSUS-CHRIST.

Il y a encore l'extérieur du Chrétien, qui a liaifon avec l'intérieur ; & qui eft le facrifice extérieur & l'adoration extérieure. Or cet extérieur, auffi bien que l'intérieur, met l'homme dans le dépouillement, lui faifant fouffrir également tout ce qui lui arrive en efprit de facrifice : & le détachant de tous les objets extérieurs, il lui fait faire des actes extérieurs d'adoration, mettant le corps auffi bien que l'efprit en état d'adoration. Ceci eft l'effentiel de notre Religion, le refte ne renferme que comme les accidens, auxquels on doit néanmoins fe foumettre & s'appliquer, par l'obligation que nous en impofent les loix naturelles & divines.

L'ouvrage que j'entreprends n'eft deftiné qu'à découvrir à tous ceux qui le liront les beautés de notre Religion, & à leur infpirer le défir de devenir *les adorateurs de Dieu en efprit & en vérité.*

§. III.

Je les prie par avance, de remarquer que quand je parle de la FOI en plufieurs endroits, fur-tout en S. Paul, je n'entends pas parler dans l'explication que j'en ai donnée, de la foi commune de l'Eglife, générale pour tous les Chrétiens ; mais de la foi qui eft cet efprit intérieur, exempt de toute opération multipliée de la part de l'efprit & du cœur, qui fe contente de recevoir d'une maniere paffive les mouvemens de fon divin moteur, & qui fouffre fes opérations gratifiantes & crucifiantes : mais par ces opérations multipliées (dont je dis que l'efprit de foi eft exempt,) je n'entends pas parler des bonnes œuvres, ni qu'elles foient inutiles, puifque la foi feroit vide fans elles. Je fuis bien éloignée de les exclure ; puifque je porte les ames dans les voies d'oraifon, de facrifice & de priere continuelle, qui font les BONNES ŒUVRES PRINCIPALES ; mais je veux feulement retrancher de l'exercice de la foi toute la multiplicité des *opérations* du raifonnement & de la réflexion de l'amour-propre. O foi, que tu ès pure, que tu ès nue & fimple, & que tu ès ainfi agréable aux yeux de Dieu !

Comme l'Ecriture n'eft point contraire à elle-même en prenant les chofes dans l'efprit que je viens de dire, il fera aifé de concilier la doctrine de S. Paul fur la Foi avec celle de S. Pierre & de S. Jacques, qui ont été obligés d'écrire à caufe du mauvais tour que l'on avoit donné aux Epîtres de S. Paul. Lors donc que j'ai relevé la Foi au-deffus des œuvres & des bonnes pratiques, je n'ai entendu parler que de la foi paffive, dénuée de l'actif du raifonnement, & de l'effectif de l'amour-propre, qui eft animée d'une pure charité.

Quand il eft parlé du *dépouillement* des vertus, je crois avoir affez fait connoître dans le corps de l'Ouvrage, que Dieu, qui veut dépouiller l'ame de la propriété dans le bien, la dépouille fouvent de l'ufage facile & de la pratique douce & aifée des vertus, & qu'il ôte même certaines pratiques extérieures, pour en faire perdre

l'attache,

l'attache, & faire entrer l'ame dans la parfaite (*a*) indifférence; mais il ne les lui ôte d'une maniere extérieure, apperçue & pour un tems feulement, qu'afin de les lui rendre dans la fuite fans nulle propriété, & dans un parfait dégagement.

Entrons donc, mes freres, dans l'efprit de cet ouvrage fans aucun air de prévention, ni de critique, & nous apprendrons à devenir de vrais Chrétiens, non-feulement en apparence, mais en effet.

O Dieu, imprimez ces vérités dans les cœurs de ceux qui les liront. Faites-leur voir, connoître & goûter la vérité, la beauté & la grandeur de la RELIGION CHRÉTIENNE; & en quoi elle confifte. Vous l'avez exprimée fi admirablement dans toutes vos Ecritures par vos Patriarches & Prophêtes, par vous-même, par vos Apôtres: que ce foit à préfent *que les vrais adorateurs adorent le Pere*, felon les promeffes que vous nous en avez faites, *en efprit & en vérité; car Dieu eft efprit; & il veut des adorateurs en efprit!* O vérité trop peu comprife, & encore moins pratiquée!

C'eft à vous, ô ENFANT-DIEU, fimple & innocent, qui êtes venu apporter la vérité & la fimplicité fur la terre lorfqu'elles en étoient entierement bannies, & vous faire de vrais adorateurs, & qui avez été vous-même la pierre fon-

____

(*a*) *C'eft-à-dire*, dans une indifférence par laquelle on foit également prêt à voir ou à ne pas voir, à faire ou à omettre felon qu'il plaira à Dieu, quoique ce foit qu'il puiffe vouloir de nous & en nous, tout ainfi qu'il lui plaira de nous le difpenfer. *Voyez l'Abrégé de la Perfection Chrétienne. Exercice III.* Item, les Chap. *IV & V de l'Abnégation intérieure*, qu'on tient être du Cardinal de Berule & qui fe trouve dans fes Oeuvres, imprimées à Paris, 1657.

*****

damentale de l'édifice spirituel de la Religion Chrétienne, dont vous êtes le légiſlateur & l'inſtituteur , c'eſt à vous, dis-je, à imprimer dans tous les cœurs de ceux qui liront cet Ouvrage l'eſprit intérieur de notre Religion. Faites-le, ô Divin Enfant ! Imprimez-leur vos caractères, & les ſcélez de votre ſceau. Inſpirez-leur votre eſprit & votre vie, qui conſiſte dans la vérité & dans la ſimplicité. Rendez-nous tous des enfans , vous qui nous avez dit, que ſi nous ne devenons comme des enfans, c'eſt-à-dire , ſimples & innocens, nous n'entrerons jamais dans le Royaume des Cieux. Vous le pouvez faire, ô Enfant adorable ; & j'eſpère que vous le ferez par cet Ouvrage, qui n'a rien que de ſimple, & qui pour cette raiſon ne ſera entendu que des ſimples & des petits ; & non pas des eſprits forts & élevés du ſiècle.

Cher Lecteur, ſi quelque choſe vous choque dans cet Ouvrage, ſoit pour les expreſſions , ſoit pour les ſentimens, ou qu'il y ait quelques endroits que vous n'entendiez pas, travaillez non à en faire la critique ; mais à devenir humble & petit : & vous entendrez & recevrez tout avec beaucoup de fruit. Excuſez d'ailleurs, les défauts d'une perſonne qui ne fait pas profeſſion de ſcience, ni de capacité ; mais qui a l'eſprit & le cœur entierement ſoumis à l'Egliſe, à la correction de laquelle elle a toujours ſoumis & ſoumettra toujours ſes écrits.

ADITION

Qui s'est trouvée jointe à la Préface, & qui est du même Auteur, & sur le même sujet.

LES Saintes Ecritures ont une profondeur infinie, & beaucoup de sens différens. Les grands hommes qui ont de la science se sont attachés au *sens littéral* & à d'autres sens : mais personne n'a entrepris, que je sache, d'expliquer *le sens mystique*, ou INTÉRIEUR, du moins entierement. C'est celui que notre Seigneur m'a fait expliquer ici, pour l'utilité des ames qui désirent de tout leur cœur d'entrer non-seulement dans l'extérieur du Christianisme, mais de participer à la grace la plus profonde du Chrétien, qui est L'INTÉRIEUR. Je suis obligée de déclarer que je n'ai fait que prêter ma main à celui qui me conduisoit intérieurement : ainsi ce qu'il y a de bon, lui doit être entierement attribué : s'il y a quelque chose qui ne soit pas estimé tel, c'est que sans le vouloir, j'aurois mêlé mes fausses lumieres à celles de l'Esprit Saint. Je prie néanmoins le Lecteur de ne s'attacher pas scrupuleusement à la lettre, & d'être persuadé, qu'il y aura beaucoup de choses qu'il n'entendra pas, parce qu'elles surpasseront son expérience : qu'il n'en juge pas pour cela : mais qu'en se servant des premiers moyens qui lui sont donnés, il travaille de tout son pouvoir à entrer dans l'amour parfait, dans un esprit de Foi, & un abandon total à la conduite de Jésus-Christ ; & alors il fera bientôt l'expérience des chofes qu'il ignore à préfent. Plus il croira la toute-puiffance de Dieu, & fon amour pour les hommes, plus il fe laiffera conduire à Dieu par un abandon aveugle, plus il aimera purement; plus auffi fera-t-il éclairé des vérités qui font renfermées dans le fens myftique des divines Ecritures. Il découvrira alors avec un plaifir infini que toutes ces expériences y font décrites d'une maniere fimple, mais claire: il fe trouvera heureux de trouver un Guide pour paffer la mer rouge, & le défert affreux qui la fuit; mais il ne comprendra fon parfait bonheur, que lorfqu'il fera arrivé à la terre promife, où tous fes travaux paffés ne lui paroîtront plus que des fonges. Tranfporté d'un bonheur fi grand, il ne croira pas de l'avoir trop acheté par toutes les peines qu'il a fouffertes, quand même il en auroit fouffert de beaucoup plus grandes.

Je prie auffi le Lecteur de remarquer, que d'un fi grand peuple qui fortit de la terre d'Egypte, il n'en arriva que deux perfonnes dans la terre promife. D'où vient cela? Du défaut de courage, regrettant fans ceffe ce qu'ils avoient quitté. S'ils avoient été courageux & fideles, il ne leur auroit fallu que peu de mois pour y arriver: mais le murmure & le découragement, les firent refter dans le chemin quarante années. Il en arrive autant aux perfonnes que Dieu veut conduire par l'intérieur. Ils regrettent, non les oignons d'Egypte; mais les douceurs fenfibles, lorfqu'on veut les faire marcher par une voie plus pure & plus nue: ils ne veulent point d'une viande auffi délicate que la manne: ils veulent quelque chofe de plus fenfible: ils fe foulevent contre leur conducteur; & loin de profiter de la bonté de Dieu, ils irritent sa colère, & allument sa fureur; de sorte qu'ils se font un chemin très-long & tournent autour de la montagne: s'ils avancent un pas, ils en reculent quatre, & la plupart n'arrivent point à la fin promise, par leur propre faute.

Prenons courage, mes chers freres: tâchons d'atteindre au but, sans nous décourager jamais par les difficultés que nous trouvons dans notre chemin. Nous avons un guide assuré, qui est cette *nuée* pendant le jour, qui en nous cachant le brillant du soleil, nous conduit plus sûrement: nous avons pendant la nuit la plus obscure de la foi *la Colonne de feu*, qui nous guide de même. Quelle est cette Colonne de feu, sinon l'Amour sacré, qui devient d'autant plus ardent que la Foi paroît plus obscure & plus ténébreuse? Contentons-nous de cette *manne* cachée de l'intérieur, qui nous nourrira bien mieux que toutes les viandes grossieres que nos sens désirent avec ardeur. Choisissons le *tombeau* mystique, & non celui de la *concupiscence.*

Outre toutes ces belles figures que l'ancien Testament nous propose pour nous conduire dans l'intérieur, JÉSUS-CHRIST est venu luimême nous montrer un chemin réel & assuré. Ce ne sont plus ces figures mystérieuses & admirables, c'est un modèle vivant, ce sont des paroles de vérité: Jésus-Christ est la *voie* par laquelle nous devons marcher; il est la *vérité* qui nous instruit, la *vie* qui nous anime: il nous a donné en réalité, ce que nos anciens Peres n'avoient qu'en figure. Si néanmoins ils ont suivi le chemin de *l'intérieur*, combien plus les Chrétiens, qui ont un exemple si palpable dans toute la vie de Jésus-Christ, doivent-ils y marcher? Il ne nous enseigne autre chose dans son Evangile, ainsi qu'on le verra. On peut dire, que *l'intérieur* est l'esprit de l'Evangile, comme les pratiques extérieures en sont la lettre. Les Apôtres ont continué de nous l'enseigner par leurs exemples & par leurs écrits. Marchons donc par cette voie si pure ; si simple, si assurée, quoique nous ne sentions pas l'assurance ; & nous marcherons selon la volonté de Dieu.

DIVISION

DE L'OUVRAGE

EN XX TOMES

& le contenu de chacun d'eux.

TOME I.

La Genese & l'Exode.

TOME II.

Le Lévitique, les Nombres & le Deuteronome.

Table des matieres du Tome I. & du Tome II.

TOME III.

Les Livres de Josué, des Juges & de Ruth.

Table des matieres du Tome III.

TOME IV.

Le premier Livre des Rois.

Table des matieres du Tome IV.

TOME V.

Les II, III & IV Livres des Rois.

Table des matieres du Tome V.

TOME VI.

Les Paralypomenes, Esdras, Néhémie, Tobie, Judith & Esther.

Table des matieres du Tome VI.

TOME XX.

LA

LA GENESE.

Avec des Explications *&* Réflexions *qui regardent la vie intérieure.*

CHAPITRE PREMIER.

v. 1. *Au commencement Dieu créa le ciel & la terre.*
2. *La terre étoit informe & nue, & les ténèbres couvroient la face de l'abîme, & l'esprit de Dieu étoit porté sur les Eaux.*

DIEU *créa le ciel & la terre au commencement*, & il les créa par le Verbe ; car c'est par lui que tout a été fait, & sans lui rien n'a été fait ; il étoit au commencement en Dieu. C'est une belle figure de la régénération, ou recréation de l'ame abîmée dans le néant du péché. C'est de ce chaos effroyable que Dieu tire l'homme pécheur pour le créer de nouveau, mais il ne le fait que par Jésus-Christ ; car comme dès le commencement, le premier pas pour la conversion est cette nouvelle création, & que S. Jean nous assure *(a)*, que dès le commencement étoit le Verbe, & que tout a été fait par lui, & que sans lui rien n'a été fait : il faut aussi dire, que dès le commencement de la vie Chrétienne & spirituelle, aussi-bien que dans son progrès & dans sa consommation, tout s'opére par Jésus-

____
(a) Jean 1. v. 3.

A

Chrift, qui eft (a) la voie, la vérité & la vie.
Dieu donc par fon Verbe reproduit & recrée
cette ame qui étoit comme anéantie par le péché.
Et de quelle maniere le fait-il ? En voici l'ordre
exprimé dans ce premier verfet de l'Ecriture,
laquelle en rapportant ce qui fe paffe au commencement des fiecles, nous défigne la conduite de
Dieu dans la converfion du pécheur, qui eft le
premier pas & l'entrée dans (*) la voie Chrétienne, fpirituelle & intérieure.

Premierement *Dieu crée le ciel & la terre.* Ce qui
marque les deux renouvellemens qui fe doivent
opérer par la pénitence, l'extérieur & l'intérieur ;
car nous devons quitter le péché, non feulement
de corps, mais auffi de cœur & d'efprit. Mais
comme la converfion extérieure doit toujours
dépendre de celle du dedans, c'eft-à-dire, de
celle du cœur & de l'efprit, repréfentés par *le
ciel*, il eft dit ici, que *Dieu créa le ciel & la terre.*
Il commence par le cœur & l'efprit ; puis il re-
forme le déhors. La premiere touche de la converfion fe fait par le dedans. Dieu crée cet efprit,
le tirant du cahos horrible où il étoit : puis il tire
le corps du péché. Il donne à ce cœur une pente
fecrete d'être dans celui qui eft, & fans lequel
il ne peut jamais être : puis il porte l'extérieur à
quitter les engagemens qui entretenoient le cœur
dans la mort & dans le non-être, le tirant du feul
& fouverain Etre pour le placer dans des néants
créés.

Cependant cette *terre*, après fa création, demeure *vide & informe*, c'eft-à-dire, privée de tout
bien, quel qu'il foit ; elle eft feulement revêtue
de quelque figure & apparence, & c'eft tout. Il
n'y a encore aucune plante, mais feulement un

(b) Jean 14. v. 6.   * Ou dans la vie.

grand *vide* & une extrême difette. Voilà l'état
extérieur de l'homme dans fa converfion. Il eft
ajouté, que *les ténèbres couvroient la face de l'abîme*,
c'eft-à-dire, que cet efprit & ce cœur, qui eft
comme un *abîme* impénétrable à tout autre qu'à
Dieu, eft fi environné de *ténèbres*, que la pauvre
ame ne fait alors que devenir : elle ne voit au-
dedans d'elle-même que ténèbres & horreurs que
le péché y a répandus : elle ne voit hors d'elle
que *vide* & que ftérilité : elle fe trouve privée de
tout bien, & environnée de tous maux.

Cependant quoique cela foit de la forte, *l'Ef-*
prit de Dieu ne laiffe pas d'être *porté fur les eaux.*
Quelles font ces *eaux*, finon les larmes de la pénitence, fur lefquelles la grace fe repofe & fe répand
malgré les *ténèbres* de l'ignorance (qui font les
reftes du péché,) & le *vide* horrible de tout bien?

v. 3. *Or Dieu dit : Que la lumiere foit faite, & la*
lumiere fut faite.

Cet efprit plein de bonté, qui eft porté fur les
eaux de la pénitence, voyant la douleur de ce
pécheur ignorant, lui envoie au milieu de fes
ténèbres un rayon de fa lumiere. *Dieu dit : que la*
lumiere foit faite, & la lumiere eft faite. Un certain
brillant qui fort de Dieu même, qui n'eft autre
chofe qu'un rayon de fa fageffe, vient frapper
cet efprit aveugle, qui fent peu à peu diffiper fes
ténèbres, & commence à comprendre que (*a*) la
parole de Dieu eft une parole efficace. C'eft parole & c'eft lumiere ; car la lumiere créée eft
l'expreffion de la Parole incréée, comme la Parole incréée eft la fource de la lumiere qui fe
communique à la créature. C'eft pourquoi le
divin Verbe eft appellé la fplendeur des Saints ;

(*a*) Hébr. 4. v. 12.

parce qu'il est une parole pleine de lumiere, qui se répand sur les Saints. Aussi Dieu, pour créer toutes choses de rien, ne fait que parler ; car sa parole est son Verbe, & son Verbe est sa lumiere. Dieu parle donc dans cette nouvelle créature. Et quelle est la premiere parole qu'il lui dit ? C'est : *Que la lumiere soit faite :* & cette parole n'est pas plutôt dite, que *la lumiere est faite* ; ces ténèbres de l'ignorance sont changées en une lumiere de vérité, qui augmente peu à peu, comme l'on voit le Soleil qui en se levant dissipe peu à peu les ténèbres de la nuit. Cette *lumiere* est une lumiere de grace, qui est la lumiere opérée par Jésus-Christ, & non encore la lumiere de Jésus-Christ. C'est alors que l'on peut dire dans un premier sens, que (*a*) ceux qui étoient dans les ténèbres du péché & de l'ignorance ont vu une grande lumiere, & que le soleil s'est levé sur ceux qui reposoient dans l'ombre de la mort du péché.

Il est aisé de voir que tout ceci s'opére par la grace du Rédempteur & par la bonté du Créateur.

v. 4. *Dieu vit que la lumiere étoit bonne ; & il divisa la lumiere des ténèbres.*

5. *Il appella la lumiere jour, & les ténèbres nuit ; & du soir & du matin fut fait un jour.*

L'Ecriture ajoute, que *Dieu vit que la lumiere étoit bonne ;* c'est-à-dire, que cette *lumiere* sortie de lui-même, & qui n'étoit pas mêlangée avec l'impureté de la créature, étoit bonne ; & qu'elle opéroit de bons effets dans cette nouvelle créature ; car c'est à sa faveur qu'elle commence à découvrir son premier principe, & qu'elle conçoit le desir de retourner à lui ; ainsi qu'une lumiere qui se répand dans un lieu fort obscur fait

(*a*) Isaï. 9. v. 2.

découvrir le lieu dont elle part, & que le même rayon qui manifeste la lumiere, manifeste en même tems le lieu de son principe.

Dieu n'a pas plutôt répandu ses lumieres de grace dans un cœur, & le cœur n'y a pas plutôt répondu par sa fidélité, que Dieu voyant le bon usage que l'ame en fait, & la bonté de cette lumiere répandue dans ces lieux ténébreux, commence à en *faire la division d'avec les ténèbres.* Jusques alors c'étoit un jour ténébreux, ou des ténèbres lumineuses : mais Dieu fait la division de sa lumiere d'avec nos ténèbres, afin que ce mêlange ne la gâte pas. Cette belle *lumiere* est la foi, don de Dieu, qui vient se saisir d'une ame. Dans le commencement ce ne sont qu'illustrations qui se distinguent fortement, à cause de la grande nuit où est l'ame. Ce n'est pas que cette belle lumiere ait plus de clarté & soit plus abondante dans ses premieres illustrations, que dans la suite, quoiqu'elle soit [d'abord] plus apperçue. C'est tout le contraire : mais les profondes ténèbres de l'ame font qu'elle la distingue mieux, bien qu'elle ne soit pas aussi vive que dans la suite.

Dieu divise donc sa lumiere de nos ténèbres ; & c'est alors que cette lumiere devient plus pure, plus étendue & plus éminente, quoiqu'elle semble s'obscurcir à l'égard de l'homme, qui à cause de la division qui vient d'être faite de ce qui est de Dieu d'avec ce qui est sien, n'appercevant plus que ses ténèbres, se croit dans une plus grande obscurité. Cependant il ne fut jamais plus éclairé ni plus lumineux dans sa suprême région : mais comme il est exposé devant Dieu, qui comme un soleil immortel lui envoie incessamment sa lumiere, & qu'il rend à Dieu cette même lumiere avec beaucoup de fidélité, tout paroît

obſcur de ſon côté ; comme l'on voit la lune lorſqu'elle eſt le mieux expoſée au ſoleil au tems de
ſa conjonction , répandre d'autant moins de lumieres ſur la terre que plus elle en reçoit, & pa-
ŕoître obſcurcie aux yeux lorſque ſon Soleil la
regarde de plus près & plus fortement ; & qu'au
contraire , elle rend d'autant plus de lumiere à la
terre lorſqu'elle eſt dans ſon plein , qu'elle en reçoit moins du Soleil. Il en eſt de même de l'ame
illuſtrée de la divine lumiere : lorſque le divin
Soleil répand ſur elle ſes rayons ardens & brû-
lans , elle eſt ſi fort correſpondante à ſon Dieu,
qu'elle n'apperçoit point ſon brillant ni ſa clarté :
au lieu que lorſque ſa lumiere eſt plus petite , &
qu'elle reçoit moins de ſon Soleil , c'eſt alors
qu'elle en répand davantage. C'eſt la différence
qu'il y a entre les connoiſſances diſtinctes & apperçues , (quelques ſublimes qu'elles paroiſſent,)
& la lumiere générale & indiſtincte de la foi.

Cependant il eſt ajouté, que *du matin & du ſoir
il n'eſt fait qu'un ſeul jour*. Cela s'entend en deux
manieres : l'une , que d'une alternative continuelle de lumiere & de ténèbres il ne ſe fait qu'un
ſeul jour, qui eſt le jour de la foi, en partie lumineuſe & en partie obſcure ; l'autre ; que de
la lumiere commençante en lumiere de vie , qui
eſt celle *du matin* de la vie intérieure, (laquelle
eſt toute brillante de clarté & pleine de vie) ; &
du ſoir , qui ſignifie l'état de mort, d'extinction
& de dépouillement, il ne ſe fait qu'un ſeul jour ,
qui eſt le jour de la foi & de l'intérieur Chrétien.

v. 6. *Enſuite Dieu dit : que le firmament ſoit fait au
milieu des eaux , & qu'il diviſe les eaux d'avec les
eaux.*

7. *Et Dieu fit le firmament , & diviſa les eaux qui*

étoient fous le firmament d'avec celles qui étoient au-
deſſus du firmament. Cela fut fait ainſi.

8. *Et Dieu donna au firmament le nom de ciel: & du*
foir & du matin ſe fit le ſecond jour.

Les jours de la pénitence étant paſſés, *Dieu*
dit : que le firmament ſoit fait au milieu des eaux,
c'eſt-à-dire, que le cours de ces larmes ſoit arrêté, que le cœur & l'eſprit ſoient affermis, &
que ces premieres tendreſſes ſoient ſéparées des
eaux, qui, quoique ſaintes, ſont pourtant pro-
curées par le ſenſible. Que ces *eaux ſoient diviſées*
d'avec celles de ma grace, afin qu'elles ſoient
pures & ſans mêlange.

Ces *eaux qui ſont ſur le firmament* ſont les eaux
de la grace, toutes pures, claires & nettes, qui
ſubmergent l'ame & l'inondent de telle ſorte ,
qu'elles la purifient dans un abîme de délices.
Alors les eaux de l'amertume & de la douleur
ſont miſes *deſſous ;* & la partie ſupérieure , repréſentée par la région qui eſt *au-deſſus du firma-*
ment , ſe trouve noyée dans un torrent de délices, durant que la partie inférieure , qui eſt la
terre , eſt inondée des eaux des amertumes & des
douleurs ; & c'eſt de ces deux eaux ainſi diviſées,
du *jour* de la conſolation & de l'obſcurité [du
ſoir] de la douleur, qu'eſt compoſé *le ſecond*
jour ſpirituel , qui n'eſt autre que le ſecond pé-
riode de l'intérieur Chrétien.

v. 9. *Dieu dit encore : Que les eaux qui ſont ſous le*
ciel ſoient aſſemblées en un ſeul lieu, & que ce qui
eſt aride paroiſſe. Cela fut fait de la ſorte.

10. *Et Dieu appella ce qui eſt aride, terre ; & donna*
aux amas d'eaux le nom de mer ; & Dieu vit que
cela étoit bon.

Ces *eaux* d'amertumes & de douleurs qui s'é-

toient répandues dans toute l'ame, *font ramaſſées
en un ſeul lieu* : elles viennent ſe retirer dans des
limites qui leur ſont marquées; & ces limites
environnent le cœur. Alors *ce qui eſt aride paroît*,
& l'ame commence d'entrer dans de nouveaux
pays qu'elle n'avoit point encore découverts
depuis ſa converſion. C'eſt que le ſec & l'*aride*
ſe découvrent : ce qui lui eſt bien plus difficile
à ſoutenir que les eaux d'amertume ; car ces
eaux, qui couvroient auparavant toute la terre,
étoient encore mêlées de douceur : mais elles ne
ſont pas plutôt renfermées dans leurs limites,
qu'elles deviennent *mer* , (c'eſt-à-dire, pleines
d'amertume,) & que tout ce qu'elles couvroient
auparavant, eſt réduit dans l'aridité.

Dieu donna le nom de mer à cet amas d'eaux ; parce
qu'il ſemble que dans la diviſion qui en eſt faite,
toute la douceur ſe ſoit retirée & ſoit montée
dans les eaux ſupérieures, & qu'il ne reſte plus
dans les inférieures que ce qu'il y a d'amer,
qui ſe trouve même ſi fort ramaſſé en un lieu,
que ces eaux ont beaucoup plus d'amertumes
dans ce lieu où elles ſont réunies, qu'elles n'en
avoient auparavant dans leur plus grande éten-
due. *Ce qui étoit ſec*, dit l'Ecriture, *fut appellé terre* :
cela ſignifie, que c'eſt ſeulement alors que l'homme commence d'entrer dans la connoiſſance de
ſoi-même & de la vileté & baſſeſſe de ſon origine. Or cela ſe fait à la faveur de cette grande
ſéchereſſe & aridité, qui n'eſt produite que parce
que Dieu a retiré toutes les eaux qui la couvroient, tant les eaux douces & céleſtes que les
eaux d'amertume & de douleur : & ayant retiré
à ſoi, dans la ſuprême région de l'ame les eaux
douces de la grace, ſans leur donner le pouvoir de deſcendre ſur la terre, c'eſt-à-dire,

dans les plus baſſes parties de nous-mêmes, où
réſide le ſenſible ; il faut néceſſairement que le ſec
& l'aride s'y découvre : mais cela ſe fait d'une
maniere pénible ; parce que les eaux de l'amertume y ſont auſſi, non pour humecter & rafraîchir
comme autrefois, mais pour communiquer leur
amertume ſans nul rafraîchiſſement, ſi ce n'eſt à
certains momens où il tombe une roſée céleſte,
que le Soleil de juſtice deſſéche preſque auſſi-tôt.
Cependant cette roſée fortifie, ſoutient & vivifie.

Il eſt ajouté, que *Dieu vit que cela étoit bon.*
Cela s'eſt dit de tous les ouvrages précédens ;
non ſeulement pour nous apprendre que tous les
ouvrages que Dieu fait ſeul ou ſans réſiſtance
de notre côté, ſont toujours bons, & que rien
ne peut être gâté dans ſes œuvres que par le mêlange de la créature propriétaire ; mais de plus,
que chaque état ou degré dans lequel Dieu met
l'ame, a une bonté qui lui eſt propre & particuliere ; & que cependant tous ont leur tems & leur
uſage bien différent. Car lorſque Dieu eût créé
les eaux, & qu'elles étoient répandues ſur toute
la terre, il dit, que cela étoit bon. Cependant,
peu de tems après il change les choſes, & dit encore de même ; que cela eſt bon. Ce qui étoit
bon & néceſſaire pour un tems, devient inutile
& dangereux pour un autre. Il eſt bon pour un
tems que cette terre ſeche & aride ſoit inondée
des eaux de la grace ; mais il eſt très-bon pour un
autre tems qu'elle en ſoit privée, & que ces eaux
ſe retirent en leur lieu, ſans quoi, le ſéjour
qu'elles feroient ſur la terre les corromproit, &
empêcheroit que la terre ne portât aucun fruit.
L'on voit de-là la néceſſité qu'il y a de laiſſer opérer Dieu dans les ames ſans y mêlanger l'opéra-

tion brouillante & précipitée de la créature,
qui veut ordinairement ou retenir les eaux par
efforts, lorſque Dieu veut les retirer; ou ſe deſ-
ſécher par ſoi-même, avant que Dieu le faſſe;
ſous prétexte, que l'état eſt plus pur. O main
toute-puiſſante de Dieu, c'eſt à vous à faire toutes choſes par votre divin Verbe. Vous (*a*) dites, & il ſe fait : votre dire eſt faire; & vous
(*b*) faites bien tout ce que vous faites. Il faut donc
laiſſer faire notre Dieu : il fera mieux que nous.
O pauvres créatures que nous ſommes! nous
croyons pouvoir faire ce que Dieu fait & même
ſouvent le mieux faire que lui. C'eſt pourquoi
nous nous mêlons de tout, & nous voulons toujours tenir toutes choſes entre nos mains : mais
nous n'y avançons de rien : au contraire, notre
empreſſement l'empêche de travailler. Dieu ne
fait les œuvres parfaites que ſur le néant, qui ne
lui réſiſte point.

*v. 11. Dieu dit encore : que la terre produiſe de
l'herbe verte, qui porte de la graine, & des arbres
fruitiers, qui portent du fruit chacun ſelon ſon eſpece, & qui renferment leur ſemence en eux-mêmes ſur
la terre. Et cela fut ainſi.*

12. — Dieu vit que cela étoit bon.

13. Et du ſoir & du matin fut fait le troiſieme jour.

Lorſque le tems eſt venu, le moment de la
volonté de Dieu, qui diſpoſe l'ame pour la remplir ou vider ſelon ſes deſſeins éternels, Dieu
commande à cette terre ſeche & aride, qui paroiſſoit entierement inutile, *de produire de l'herbe
verte.* C'eſt là ſa premiere production. Cette
perſonne eſt étonnée de voir que du milieu de
ſon aridité il lui eſt communiqué une qualité vi-

(*a*) Pſaum. 32. v. 9. (*b*) Marc 7. v. 37.

vifiante; par laquelle elle peut s'employer aux bonnes chofes avec facilité. Toutes ces plantes *portent avec elles des femences*, qui font qu'elles fe reproduifent & fe multiplient à l'infini. Cependant ce font encore de petites herbes, des actions foibles & peu de chofe, qui ne laiffe pas néanmoins de paroître très-grand à cette perfonne, qui ne connoît rien de plus grand; & qui ne s'attendoit pas même que cette étrange ftérilité lui dût produire un fi grand bien. Lors donc qu'elle croit poffeder ce qu'il y a de plus grand, elle eft encore plus furprife d'appercevoir que cette même parole qui a produit en elle de l'herbe, y *produit des arbres*, des feuilles & des *fruits*, ce qui eft bien une autre production que celle des fimples herbes. Ce font les vertus les plus héroïques, qui portent en elles *la femence* d'une infinité d'autres vertus qui fe doivent communiquer par fon organe.

Alors l'ame commence à découvrir fa grandeur & fa nobleffe, & ce à quoi elle eft propre, ce qu'elle peut prétendre, & à quoi elle peut parvenir : ce qu'elle ne voit cependant que confufement : mais il ne lui eft pas encore manifefté comment cela s'opére en elle, ni qui eft celui qui fait toutes ces chofes. Elle comprend feulement d'une vue confufe que c'eft Dieu qui en eft l'auteur, & en même tems elle s'imagine qu'il a fait tout cela en elle à caufe de fa fidélité.

Cependant il faudra qu'elle comprenne dans la fuite deux chofes. La premiere eft, que c'eft par le Verbe que tout s'opére en elle, & que, fans lui rien ne fe fait : c'eft pourquoi Dieu n'employe que fa *parole*, qui n'eft autre que fon Verbe, pour les opérer toutes : (a) *Ipfe dixit, &*

[a] Pfaum. 32. v. 9.

facta funt. Ce fut la faute de Moïfe à la pierre des eaux de contradiction. Il voulut frapper la pierre, & il ne falloit que lui parler : car il lui étoit donné alors d'agir non plus par la verge de fes propres opérations, mais d'agir par le Verbe, & de tout opérer en Dieu par le même Verbe. Les miracles des ames qui font fort avancées en Dieu, fe font par la parole, fans nul figne ni figure : ce que ne font pas les ames qui font encore dans les dons, lefquelles fe fervent d'actions extérieures, l'agir du Verbe ne leur étant pas donné ; parce que ce n'eft qu'en Dieu même & d'une maniere éminente que Jéfus-Chrift nous eft communiqué & qu'il eft formé en nous ; ce qui s'appelle Incarnation myftique. Or l'ame ne peut agir par le Verbe qu'après qu'il lui eft donné en la maniere qu'il a été dit ; & c'eft alors que la parole opére toutes chofes, & que le dire eft faire, & le faire eft dire. Mais lorfque l'on veut, par infidélité, fe fervir de la Verge & des fignes comme l'on faifoit autrefois, l'on déplaît beaucoup à Dieu.

La feconde chofe que cette ame doit apprendre eft, que ces opérations de grace ne fe font pas en vertu de nos mérites ; mais bien en vue de notre anéantiffement, comme le connoiffoit la divine Marie, lorfqu'en racontant les miféricordes de fon Dieu, elle dit, qu'il les lui a faites (*a*) *parce que Dieu a regardé la baffeffe de fa fervante.* Il a envifagé fon néant ; & ce regard a produit en elle le Verbe, qui eft l'image du Pere, qui ne fe produit en nous que par fes regards fur notre néant : & en nous regardant de la forte, il engendre en nous fon Verbe, qui eft fa parole : & en nous communiquant ce Verbe, il nous eft

(*a*) Luc 1. v. 48.

donné d'agir par lui avec la seule parole.

Cet état de production de toutes les vertus dans l'ame, fait le *troisieme jour* ou degré de la vie intérieure; mais ce qui est admirable, c'est que toutes les vertus viennent dans cette ame & s'y trouvent établies sans que l'on puisse comprendre comment cela s'est fait; parce que sans nul autre travail de la part de l'homme que celui de se laisser posséder à son Dieu, & de le laisser opérer en lui, il est étonné que Dieu fait toutes choses en lui & pour lui, & les fait chacune dans leur tems; mais avec un ordre si ravissant, que cette personne en étant surprise s'écrie, ô qu'il a bien fait toutes choses ! C'est à vous, ô Sagesse éternelle & incréée, de faire toutes choses afin qu'elles soient bien faites : car tout ce qui n'est pas vous, ou qui ne vient pas de vous, n'est que mensonge, erreur & tromperie.

Si l'on suit fidellement cette explication, l'on verra la suite de l'opération de Dieu dans les ames par Jésus-Christ dès le commencement de leur conversion, & la nécessité qu'il y a d'y correspondre; non, comme l'on s'imagine, seulement par une forte activité; mais beaucoup plus par une entiere dépendance de la conduite de la grace, qui ne laisse pas un moment l'ame qu'elle a prise en sa protection, qu'elle ne l'ait conduite dans sa fin. Il faut donc laisser agir en nous l'Esprit de Dieu. Mais il semble qu'au contraire l'homme ne travaille qu'à empêcher ce même Esprit d'agir en lui : car loin de suivre l'Esprit saint par le renoncement continuel de nous-mêmes & la résignation entiere à toutes ses volontés, il semble que nous voulions le précéder par la violence de nos opérations, & l'obliger, non à nous conduire, mais à nous suivre :

& comme notre propre conduite n'eſt que défaut & miſére, nous tâchons d'engager cet Eſprit
ſaint de Dieu à aller par le chemin que nous lui
traçons, ſans vouloir nous abandonner à lui,
afin qu'il nous conduiſe dans ſes voies. C'eſt ce
qui fait que nous contrarions inceſſamment ce
divin Eſprit; que nous le contriſtons même, ſelon les termes (a) de l'Ecriture, & qu'enfin nous
l'éteignons tout-à-fait. S. Paul (a) nous avertit
de prendre garde à n'en pas uſer de la ſorte.

v. 14. *Dieu dit auſſi : que des Luminaires ſoient faits*
   au firmament du ciel, afin qu'ils diviſent le jour de
   la nuit, & qu'ils ſervent de ſignes pour marquer les
   tems & les ſaiſons, les jours & les années.
15. *Qu'ils luiſent dans le ciel, & qu'ils éclairent la*
   terre. Cela fut fait ainſi.
16. *Dieu fit deux grands luminaires; l'un plus grand*
   pour préſider au jour ; & l'autre moins grand pour
   préſider à la nuit : il fit auſſi les étoiles.
17. *Et il les mit dans le firmament du ciel pour luire*
   ſur la terre.
18. *Pour préſider au jour & à la nuit, & pour diviſer*
   la lumiere d'avec les ténèbres.
19. *Et Dieu vit que cela étoit bon : & du ſoir & du*
   matin fut fait le quatrieme jour.

Après que le troiſieme jour ou degré de l'intérieur eſt paſſé, Dieu commence à produire en
l'ame un nouvel état, qui eſt la quatrieme marche de l'Intérieur Chrétien. C'eſt que cette ame,
en qui juſqu'ici tout s'étoit paſſé comme dans
les ténèbres & dans l'obſcurité, commence à
recevoir la lumiere & diverſes illuſtrations intérieures. Dans ſa ſuprême partie, ce n'eſt plus que

lumiere & chaleur : elle a quantité de *lumieres
diſtinctes*, outre la lumiere générale ; & ſon état
eſt ſi lumineux, que dans *la nuit* même, qui eſt
le tems de ſon obſcurité, mais d'une obſcurité
conforme à ſon degré, elle ne laiſſe pas d'avoir
encore de la lumiere, quoiqu'elle ſoit différente de celle *du jour*. La différence qu'il y a entre
la lumiere du jour, c'eſt-à-dire l'état le plus lumineux, & celle de la nuit, eſt, que la lumiere
du jour fait plus diſtinguer les objets à ſa faveur
qu'elle ne ſe fait diſtinguer elle-même ; quantité
de connoiſſances ſont données, & bien des vérités découvertes, quoique l'on ne voie pas
tant la nature de la lumiere, à cauſe que ſon
éclat éblouit : mais la lumiere *de la nuit* ne découvre preſque point les objets ; elle ſe manifeſte
ſeulement elle-même, & fort diſtinctement. C'eſt
ce qui trompe ſouvent les ames en ce degré, &
leur fait prendre le jour pour la nuit, & la nuit
pour le jour, faiſant bien plus de cas de ces lumieres des ténèbres, que de la lumiere générale, qui ſe cachant elle-même par ſon brillant,
découvre cependant les objets tels qu'ils ſont.

Cette lumiere du jour, qui eſt le Soleil éternel, n'eſt autre que la lumiere de la foi, qui ne
ſatisfait pas tant à cauſe de ſa généralité, quoiqu'elle ſoit infiniment plus lumineuſe que celle
des autres aſtres. Les autres lumieres de la nuit
ſont toutes les lumieres diſtinctes, viſions, illuſtrations, tout ce qui ſe diſtingue & s'apperçoit au
travers de la nuit de notre ignorance. Toutes
ces lumieres viennent cependant de Dieu, &
ſont des effets de ſa bonté & de ſon pouvoir, que
nous devons recevoir avec reſpect & humilité ;
mais elles ſont néanmoins bien différentes les
unes des autres. On eſt ſi fort aveugle, que l'on

préfére ordinairement la lumiere de la nuit à celle du jour; & pour trop s'amuſer à diſcerner *les étoiles du firmament*, c'eſt-à-dire, les lumieres diſtinctes, ces viſions, illuſtrations, & extaſes, on ne les outrepaſſe pas pour ſe perdre dans la lumiere générale de la foi; & l'on s'arrête de cette ſorte à diſcerner les objets par ces petites lueurs, qui nous trompent, groſſiſſant les objets, les changeant, & les faiſant ſouvent méconnoître. O perte étrange que celle que fait l'ame en ce degré! C'eſt l'un des points les plus importans de la vie ſpirituelle : car ſi l'ame n'eſt pas inſtruite de la différence de ces deux lumieres, elle s'arrête à celles-ci juſques à la mort, & n'entre jamais dans le plein jour de la foi, où la vérité eſt manifeſtée ſans erreur & ſans tromperie.

Or les degrés d'élévations ou d'abaiſſemens de ces lumieres font connoître *les ſaiſons de l'ame*, c'eſt-à-dire, l'état où elle eſt, ainſi que le Soleil diſtingue les tems & les ſaiſons par le différent ſéjour qu'il fait dans ſes ſignes : & de même auſſi la lune. En ſorte que la premiere approche du Soleil intérieur, fait le premier printems de la vie ſpirituelle, qui n'eſt pas encore de printems éternel : ſon avancement fait l'été, qui eſt un certain état qui n'eſt que lumiere & ardeur : & enfin il produit par ſa chaleur les fruits, qui paroiſſent dans l'automne : mais à meſure qu'il retourne ſur ſes pas, & qu'il s'éloigne de nous, il nous laiſſe un hiver d'autant plus affligeant, que les autres ſaiſons avoient été plus agréables : c'eſt-à-dire, le cours de ſes lumieres céleſtes, ſoit lorſqu'elles s'approchent, ou qu'elles s'en retournent, marque les ſaiſons & les états de l'ame. Et comme le Soleil retrouve toujours le figne de fon Zodiaque d’où il étoit parti, foit qu’il s’approche de nous, ou qu’il s’en éloigne; auffi l’ame retrouvé toujours fon Dieu, qui eft fa maifon & le lieu de fon origine, quoiqu’elle éprouve une effroyable obfcurité par l’éloignement de la même lumiere qui s’étoit avancée vers elle à pas de géant.

Dieu vit que cela étoit bon; c’eft-à-diré, [qu’il vit] l’avantage que l’ame tire de la conduite divine fur elle. C’eft ce qui l’oblige à terminer ce jour, ou ce quatrieme degré, pour la faire paffer dans un autre. Si l’ame étoit fidelle, quel chemin ne feroit-elle pas jufqu’à-ce qu’elle fut arrivée dans le feptieme jour, qui eft le repos de Dieu en lui-même? Mais, hélas! notre infidélité nous fait arrêter au premier jour, fans paffer outre : c’eft pourquoi nous demeurons toute notre vie dans un cahos effroyable.

Il faut remarquer qu’à tous les jours & degrés, il eft dit, que *du foir & du matin fut fait un jour :* cela marque comme du commencement ou de l’introduction dans un degré & de fa confommation; Dieu en compofe ce jour où cette marche, qui fe diftingue des autres; & que le commencement de chaque degré eft comme un nouveau jour qui s’éleve, & fa confommation comme un jour qui finit, mais qui ne finit que pour recommenter avec plus de force. Chaque changement de jour eft précédé d’une nuit, qui en terminant l’un fait renaître l’autre. O myftere admirable de la conduite de Dieu fur toutes les créatures! Si l’on avoit les yeux ouverts à la divine lumiere, l’on découvriroit avec un plaifir extrême qu’il ne fe paffe rien dans l’ordre naturel de toutes les créatures, qu’il ne fe trouve avec quelque proportion felon l’ordre de la gra

ce dans l'ame. C'eſt ce qui charme l'eſprit illu-
miné, & lui fait non ſeulement découvrir Dieu
dans toutes les créatures, mais même la ſage
conduite qu'il tient ſur les ames pour les achemi-
ner à lui ; enforte qu'il ne voit rien dans la nature, qui ne lui exprime quelque choſe de ce qui
s'eſt paſſé dans ſon intérieur : & il eſt très-vérita-
ble que l'homme eſt un petit monde, dans lequel tout ce qui ſe fait dans le grand univers,
s'exprime comme en abrégé : mais ce qui fait que
nous ne le découvrons pas, c'eſt que nous ne
ſommes pas entierement pénétrés de la lumiere
de Vérité.

℣. 20. *Dieu dit encore : que les eaux produiſent des
animaux vivans, qui nagent dans l'eau ; & des oiſeaux, qui volent ſous le ciel, ſur la terre.*

21. *Dieu créa donc les grands poiſſons, & tous les animaux qui ont la vie & le mouvement, que les eaux
produiſirent, ſelon leur eſpece ; & tous les oiſeaux ſelon leur eſpece. Et Dieu vit que cela étoit bon.*

22. *Et il les bénit, en diſant : croiſſez & multipliez,
& rempliſſez les eaux de la mer ; & que les oiſeaux
ſe multiplient ſur la terre.*

23. *Et du ſoir & du matin, fut fait le cinquieme
jour.*

Juſques à préſent les plantes avoient bien paru
ſur la terre ſéche & aride : l'on avoit vû naître
& lever les luminaires dans l'ame, c'eſt-à-dire,
tant les lumieres diſtinctes, que la lumiere de
foi générale, qui, quoiqu'indiſtincte en elle-même, ne laiſſe pas de manifeſter les vérités telles
qu'elles ſont, pourvu ſeulement que ſans s'a-
muſer à la regarder elle-même, nous nous en
ſervions pour voir les objets qui nous ſont dé-

couverts à sa faveur : car si nous nous amusions
à l'envisager elle-même, elle nous éblouiroit,
& donneroit aux yeux de l'esprit une qualité qui
quoique lumineuse en apparence, empêche de
découvrir les objets tels qu'ils sont, les faisant
voir tous affectés de cette qualité lumineuse. Il
en arrive autant à toutes les ames qui, au lieu de
se servir de cette lumiere de la foi pour découvrir
simplement ce qu'elle leur manifeste, veulent réfléchir sur elle & voir dans elle-même & ce qu'elle est, & ses différents effets. Alors l'œil s'éblouit,
faisant contre le dessein de Dieu, qui ne la donne que pour nous faire courir à lui par la voie
qu'elle nous découvre. C'est ce qui cause toutes
les illusions qui arrivent dans la voie de foi, laquelle est d'elle-même si pure, si droite, & si
assurée, qu'il n'y a jamais d'illusion à craindre
pour les ames qui s'en servent, comme il a été
dit. Il n'en est pas de même des autres sortes de
lumieres, qui ont quelque chose d'amusant en
elles; parce que se manifestant seulement elles-
mêmes sans découvrir que très-peu d'objets, &
encore d'une maniere fort bornée, elles ne peuvent se manifester selon ce qu'elles sont, mais
bien selon notre compréhension, qui par sa vi-
vacité se les représente souvent dans les especes
qui leur en restent, quoiqu'elles ne soient plus,
& l'on s'en forme soi-même, sans le vouloir,
par la réflexion de l'esprit. Les flambeaux de la
nuit se contrefont par des flambeaux artificiels.
Mais la lumiere de foi est d'une nature à ne pouvoir être contrefaite; parce qu'elle absorbe même dans sa vaste étendue toutes les autres lumieres distinctes, les outrepassant toutes par sa clarté. C'est le propre de la foi, d'outrepasser toutes choses pour ne s'arrêter qu'à Dieu; & c'est

en quoi confifte fa folidité exempte de tromperie, fi toutefois, comme il a été dit, l'on s'en fert
non pour la contempler elle-même, mais pour
marcher inceffamment à fa faveur.

L'ame jufques alors avoit bien éprouvé toutes
ces graces lumineufes; mais fes eaux n'avoient
point encore été vivantes ni vivifiantes. Pourquoi
croions-nous qu'il foit dit que *Dieu créa dans des
eaux des animaux différens* felon la qualité des eaux,
& felon leur efpece? C'eft que, comme nous l'avons
déja remarqué, il y a de deux fortes d'eaux, des
douces, & des ameres. Les ameres font rendues
vivantes : car c'eft feulement alors que l'ame commence à découvrir qu'il y a un germe de vie dans
l'amertume & dans la mort qui la ravit & l'enleve,
& qui lui fait aimer les amertumes mêmes, les
voyant bien d'une autre étendue & utilité que les
eaux douces. Ce font ces eaux ameres qui produifent ce qu'il y a de plus grand, de plus rare
& de plus précieux fur la terre ; c'eft alors que
l'ame ayant le parfait difcernement, elle préfere
par fon choix les amertumes aux plus grandes
douceurs.

Ces douceurs & ces graces cependant ne laiffent pas d'être vivantes & animées. Ce ne font
plus de fimples lumieres, qui découvrent la vérité des objets fans les donner : mais ce font des
écoulemens vivifians, qui mettent dans l'ame un
principe vivant. Alors elle fe fent animée d'une
vie fecrette & profonde qui ne la quitte pas d'un
moment, même dans fes emplois: cette vie n'eft
autre que la charité, qui eft dans cette ame déja
en degré éminent, & qui produit en elle un
germe d'immortalité. C'eft ce qui fait ce fonds
de vie, de grace & de préfence de Dieu fonciére
& intime. C'eft ce qui opère l'union intime, &
non encore l'effentielle.

Dieu outre cela *crée* dans le fonds du cœur, ou plutôt dans la suprême pointe de l'efprit, *des oifeaux qui volent* dans les airs facrés de la Divinité. Ces oifeaux font des conceptions fublimes & très-relevées; mais elles paffent fi vite, & arrêtent fi peu, qu'il n'en refte nulle trace: & c'eft la différence de ce qui s'opére en foi d'avec ce qui fe paffe dans les autres lumieres; que les autres fe difcernent, s'expliquent & demeurent diftinctes dant l'efprit; on les peut dire lorfqu'on le veut, & fe les rendre préfentes pour les raconter. Il n'en eft pas de même de celles-ci; elles paffent fi vite, qu'elles ne laiffent point de traces ni de reftes dans l'imagination: c'eft pourquoi l'on ne peut, ni fe les repréfenter, ni s'en former aucune efpece. Cependant, de même que ces oifeaux, ne fe manifeftant autrement que par leurs fuites, ne laiffent pas d'être réellement dans les airs, qu'ils occupent, & où ils fe font mieux entendre que voir; ainfi les ames éclairées de la lumiere de foi poffédent en elles ces connoiffances fans les diftinguer autrement que par leur chant, c'eft-à-dire, que dans le befoin, lorfqu'il faut ou en parler, ou en écrire, ou s'en fervir; l'on voit alors que l'on a ces chofes, fans croire feulement de les avoir; de même que les oifeaux demeurent cachés dans les lieux qu'ils habitent, & ne fe manifeftent que par leur voix.

Dieu commande à ces animaux vivans de *croître & multiplier*. Ils croiffent & fe multiplient jufques à l'infini: non felon la connoiffance de celui qui les poffede; parce que, ou ils font enfermés & cachés dans les eaux, ou ils font abîmés dans les airs, & fi fort avancés dans la fuprême région, que l'on les perd de vue dans la plus baffe.

C’eſt le commencement & la conſommation
de ce cinquieme état, qui fait le *cinquieme jour*,
ou le cinquieme degré de l’intérieur Chrétien.

v. 24 *Dieu dit auſſi : Que la terre produiſe des ani-*
　　maux vivans ſelon leur eſpece, les animaux domeſ-
　　tiques, les reptiles, les bêtes ſauvages de la terre
　　ſelon leur eſpece : & cela ſe fit ainſi.
25. *Dieu fit les bêtes de la terre ſelon leur eſpece, les*
　　animaux domeſtiques, & tous les reptiles chacun
　　ſelon ſon eſpece. Et Dieu vit que cela étoit bon.

Lorſque la partie ſupérieure eſt arrivée au
plus haut faîte des plus ſublimes connoiſſances,
que le cinquieme jour myſtique eſt dans ſa conſommation, & qu’il lui ſemble ne plus tenir à la
terre ; (car dans ces derniers jours il n’eſt plus
parlé d’elle, il n’eſt parlé que de lumiere, connoiſſance, ardeurs & amours ;) lorſqu’elle eſt,
ce ſemble, abîmée dans une mer de vie & dans
un dégagement parfait de tout le terreſtre &
matériel, elle eſt fort étonnée de voir qu’il naît de
ſa terre *des animaux de toutes eſpeces*, qui la foulent aux pieds & qui dérobent les belles verdures
dont elle étoit ornée, & en font leur pâture. Enfin après s’être vue le trône de Dieu, elle ſe voit
le marche-pied des animaux. O état bien différent des autres ! Cependant c’eſt le même Dieu
qui a fait les premiers, & qui opére auſſi celui-ci. Juſques alors on ne voit point l’utilité de
ces choſes ; au contraire elles paroiſſent ſalir la
terre & lui ravir une partie de ſa beauté : c’eſt
pourtant ſon principal ornement, & ces animaux
ſont quelque choſe de plus noble que les plantes
qui l’ornoient ſi fort, & qui leur ſervent de nourriture. C’eſt l’état de l’homme lorſqu’il plait à
Dieu de l’élever au plus haut faîte de la perfection,

qui lui dérobe pour un tems la vue des beautés
qu'il met en lui , pour ne lui laiffer voir que
des opérations terreftres & animales. Cependant
ce font des opérations vivantes & vivifiantes : il
faut *que la terre*, qui eft comme la partie inférieure, *produife* auffi des actions *de vie*. Mais, dira-
t-on, toutes ces plantes dont elle étoit ornée ,
n'étoient-elles pas animées ? Il eft vrai ; elles
avoient une vie végétale ; mais elles n'avoient
pas une vie fenfitive. C'eft cette vie qui doit être
imprimée dans l'ame intérieure, non plus pour
le mal, mais pour le bien ; car ici le fentiment
eft donné pour glorifier Dieu, n'y ayant rien en
nous de fi pauvre & de fi bas qui ne puiffe & ne
doive rendre quelque gloire à fon Dieu. Cet
homme donc qui depuis long-tems avoit été in-
fenfible, eft tout étonné qu'il redevient fenfible ;
& cela le furprend d'autant plus, qu'il fe croyoit
privé de fentiment pour toujours. Il faut cependant qu'il devienne fenfible : mais fon fentiment
dans la fuite deviendra tellement purifié, qu'il
lui fervira non contre la volonté de fon Créateur , mais dans fa même volonté.

   Ainfi donc *des animaux de toutes efpeces font créés*
fur cette terre. Il y a des *bêtes* carnaffieres & des
reptiles. Quoi ! Cette imagination qui ne repréfentoit auparavant que des chofes agréables, lumineufes & divines, cet efprit qui étoit rempli
de fi fublimes connoiffances, fe voit plein de
reptiles & de fales animaux ! Ne diroit-il pas volontiers comme un autre S. Pierre : (a) Je n'ai
jamais rien mangé de fouillé ni d'impur, & je ne
le ferai pas ? Mais il lui fut dit : n'appellez pas
impur ce que le Seigneur a purifié ; c'eft-à-dire,
que ces chofes font bonnes & faintes en tant

   (a) Actes 10. v. 14, 15.

qu'elles font forties de leur Créateur ; mais que
la feule impureté qui eft en nous, les rend im-
pures. Dieu fe fert pourtant de la peine que nous
caufent ces chofes, pour nous purifier de ce
qu'il y a en nous d'impur dans le fenfible, afin
de le fpiritualifer peu à peu ; & il ne le purifie
qu'en faifant femblant de le falir. *Les animaux
domeftiques* repréfentent notre (a) nous-même,
qui eft extrêmement incommode lorfqu'il eft
dans la révolte contre fon Créateur , mais qui
devient très-utile lorfqu'il eft entierement affu-
jetti à celui qui l'a fait. Il n'y a rien en nous, qui
dans l'ordre de notre création, ne foit très-excellent ; & il ne peut être nuifible que par l'abus que
le péché en a fait. Ces animaux fortant des mains
de Dieu, n'avoient rien que d'utile & d'agréable,
parce qu'ils étoient parfaitement foumis à l'homme , étant dans l'ordre de leur création : ils ne
lui font devenus contraires que par fa propre révolte qui les a foulevés contre lui : la révolte de
notre efprit fait la révolte de notre chair. Mais,
Dieu, dont la bonté eft infinie , fe fert de la révolte de cette même chair contre l'efprit , afin de
s'affujettir l'efprit : & l'efprit n'eft pas plutôt dans
la foumiffion parfaite à fon Dieu, que la chair
commence à lui être affujettie. Auffi *Dieu vit que
cela étoit bon*, étant infiniment utile à l'homme
pour l'anéantir, l'humilier & le détruire.

L'on s'étonnera fans doute que j'attribue à
l'homme des états & des paffages qui font arrivés
devant la formation de l'homme même : mais
l'on n'en fera nullement furpris fi l'on fait attention à deux chofes : l'une , que comme il a été
déja avancé, il ne s'eft rien paffé dans le monde
général qui ne fe paffe dans l'homme particulier ;

(a) *Peut-être*, notre corps même, notre partie fenfuelle.

de forte que la conduite que Dieu à tenue fur ce grand Univers pour fa création, s'obferve encore fur l'homme pour fa réformation dans l'ordre de la grace. L'autre eft, que tout ce qui s'eft paffé dans l'innocence de la nature avant la création de l'homme, qui la corrompit, fe paffe dans ce même homme pour le rétablir par le moyen de la grace dans une innocence abondamment réparée par fon Rédempteur. C'eft pourquoi, fans violenter les chofes, nous trouvons, que comme le monde a eu fept âges, y comprenant celui de fa confommation; de même l'homme a fept âges de grace, qui fe rapportent à l'état de l'innocence de la nature; & qui étant confommés dans l'homme, le rendent innocent par grace dans toute l'étendue qu'on le peut être en cette vie. On ne doit avoir nulle difficulté de le croire, puifque, felon S. Paul, [a] il n'eft pas de la grace comme du péché; parce qu'à la vérité plufieurs font morts par le péché d'un feul; mais la grace & le don de Dieu eft répandu beaucoup plus abondamment fur plufieurs par la grace d'un feul homme, qui eft Jéfus-Chrift. La Rédemption donc de Jéfus-Chrift ayant été furabondante, elle a rendu beaucoup plus à l'homme que le péché ne lui avoit ravi. Nous expliquerons ailleurs, s'il plaît à Dieu, la maniere dont cela fe fait, & comme il n'y a rien en cela qui foit contraire à la penfée commune de l'Eglife.

v. 26. *Et il dit: Faifons l'homme à notre image & reffemblance, afin qu'il préfide aux poiffons de la mer, aux oifeaux du Ciel, aux bêtes & à toute la terre, & à tous les reptiles qui fe remuent fur la terre.*

[a] Rom. 5. v. 15.

Lorfque l'homme eft arrivé jufqu'ici, que l'i-
mage de fon *Dieu* eft véritablement renouvellée en
lui; cette image, qui avoit été gâtée & défigurée
par le péché, fe trouve parfaitement rétablie.
Quelle eft cette image de Dieu? Il n'y en a point
d'autre que Jéfus-Chrift, qui étant la vive image
de fon Pere, prend plaifir de fe retracer dans
l'homme, & de s'y exprimer tout entier. De là
l'on peut voir quel fut le deffein de la création,
& quel eft celui de la Rédemption. Dieu dans
la création fit toutes chofes pour l'homme; mais
il fit l'homme pour foi. Et de même qu'il créa
l'homme après toutes les autres créatures, comme
leur couronnement & leur fin; auffi il n'y eut
plus que Dieu qui fut devant & après l'homme,
afin qu'il ne tendit point à une autre fin. L'homme
étoit la fin de tout le refte; mais il n'avoit point
d'autre fin que Dieu. *Dieu créa donc l'homme à fon
image;* c'eft-à-dire, il retraça en lui fon image,
qui eft fon Fils & fon Verbe, lui imprimant fon
Efprit : & comme (*a*) fes délices devoient être
d'habiter avec les enfans des hommes, & que (*b*)
fon Fils eft l'unique objet de fes complaifances,
fans qu'il puiffe fe plaire en autre chofe qu'en
lui; (car s'il fe plaît en quelque créature, ce
n'eft que par fon Fils;) il fallut néceffairement
qu'afin de prendre dans l'homme fes délices, il
le fit à fon *image*, lui imprimant le caractere de
fon Verbe, fans quoi il ne pouvoit fe plaire dans
l'homme. Ce fut donc la fin de la création que de
faire des images du Verbe dans tous les hommes,
dans lefquelles la Divinité fut exprimée, & qui
puffent la repréfenter, ainfi qu'une pure glace
repréfente l'objet qui lui eft expofé.

Mais l'homme, par le péché, ayant défiguré
(*a*) Prov. 8. v. 31. (*b*) Matth. 17. v. 5.

cette belle image, le deſſein de la Rédemption
fut, que Dieu, qui ſe plaît ſi uniquement dans
ſon Verbe, ne pouvant ſouffrir que ces hommes
en qui cette image avoit une fois été gravée, ſe
perdiſſent & perdiſſent en même tems pour toujours l'image de ſon Verbe & les caracteres de la
Divinité, voulut que ſon Verbe la vint reparer;
car le ſeul Verbe Dieu pouvoit ſe retracer lui-
même : nul que lui ne le pouvoit faire; & ce fut
pour cela qu'il ſe fit homme : comme l'on voit
qu'une glace ayant perdu l'objet qu'elle repré-
ſentoit, il faut que le même objet éloigné s'approche d'elle, ſans quoi elle ne le repréſen-
teroit jamais. Il falloit donc que Jéſus-Chriſt vint
dans l'homme, afin que l'homme ne ·perdant
plus jamais ce divin objet, ne perdit plus l'i-
mage & le caractere de la Divinité. Je ſais que
l'image de Dieu eſt gravée ſi profondément en
l'homme, qu'il ne la peut jamais perdre, quoique le péché la couvre, la défigure & ſaliſſe
infiniment : & c'eſt là ce qui cauſe la douleur de
Dieu dans la perte des hommes, & qui lui donne
un ſi grand déſir de leur ſalut. Tout ce qui s'o-
pere dans l'ame n'eſt que pour découvrir & renouveller cette image; & cette image n'eſt pas
plutôt achevée de réparer, que l'homme eſt
remis dans l'état d'innocence. C'eſt ce qui faiſoit
dire au Roi-Prophête : [a] Je me préſenterai
devant vous dans la juſtice; je ſerai raſſaſié lorſque votre gloire paroîtra. C'eſt comme s'il diſoit;
Je contemplerai votre viſage dans la juſtice que
j'aurai reçue de vous, & je ſerai raſſaſié lorſque
votre gloire paroîtra en moi par votre image qui
y ſera renouvellée.

Il faut remarquer, que Dieu en créant l'homme,

[a] Pſaum. 16. v. 15.

le fit Roi de tous les animaux , & *les lui affujettit tous ;* enforte que dans cet univers il dominoit tout ce qui n'étoit point Dieu , & il n'étoit dominé que de Dieu: mais dès que l'homme, par le péché, s'eft révolté contre fon Dieu, toutes les créatures que Dieu lui avoit affujetties, fe révolterent contre lui : ce qui fit que l'homme par fon péché ne changea pas feulement l'ordre particulier de fa création , mais l'ordre général auffi de ce grand univers, je veux dire en ce qu'il y avoit dans l'univers des créatures affujetties à l'homme.

v. 27. *Dieu créa donc l'homme à fon image : il le créa à l'image de Dieu ; il les créa mâle & femelle.*

Dieu créa l'homme à fon image , le rendant un & fimple comme lui. Il ne peut rentrer dans ce premier état d'innocence s'il ne revient à cette premiere reffemblance , en fimplicité & unité parfaite : ce qui ne fe peut opérer qu'en quittant la multiplicité de la créature & de fes propres opérations pour rentrer dans l'unité de Dieu, qui feule peut rendre l'homme parfaitement femblable à lui.

v. 28. *Il les bénit , & leur dit : Croiffez & multipliez, rempliffez la terre & affujettiffez-la : dominez fur les poiffons de la mer , fur les oifeaux du ciel , & fur tous les animaux qui fe meuvent fur la terre.*

29. *Dieu dit encore : Je vous ai donné toutes les herbes qui portent leurs graines fur la terre , & tous les arbres qui renferment en eux-mêmes la femence de leur efpece, afin qu'ils vous fervent de nourriture.*

30. *Et à tous les animaux de la terre , à tous les oifeaux du ciel , à tout ce qui fe meut fur la terre & qui eft vivant , afin qu'ils aient dequoi fe nourrir. Et cela fut fait ainfi.*

31. *Or Dieu vit toutes les choses qu'il avoit faites, &*
elles étoient très-bonnes : & du soir & du matin
fut fait le sixieme jour.

Dieu veut que cet homme *croisse & multiplie*,
c'est-à-dire, que cette image du Verbe se *répande*
dans toute la terre, afin qu'il n'y ait aucun lieu
où il ne puisse prendre ses délices par la vue de
son image, imprimée dans les créatures. Avant
que l'homme fût créé, il est dit, que la terre
étoit vide. Comment étoit-elle vide, puisqu'il
n'y a pas un endroit qui ne soit plein de l'im-
mensité de Dieu ? Ah, c'est que Dieu la trouve
vide, lorsqu'elle ne porte pas encore ces nobles
créatures qui sont les vives images de son Fils.
Il veut donc que cette image croisse & se multiplie dans toute la terre : & pourquoi cela, ô
mon grand Dieu? C'est, nous dit-il, afin de
multiplier mes délices ; car depuis que l'homme
porte mon image, & que mon Verbe s'est imprimé en lui, tous les hommes sont pour moi
des lieux de délices.

Dieu, comme il a été dit, avoit fait toutes
choses pour l'homme ; c'est pourquoi il lui en
donne la *domination*. Et d'où vient cette souveraineté de l'homme *sur tous les* autres *animaux ?*
C'est en vertu de l'image de la Divinité, qui
étoit en lui. Cette image est l'expression de son
Verbe en l'homme. Or comme Jésus-Christ dit :
[a] Toute puissance m'a été donnée au ciel & en
la terre ; de même l'homme, qui étoit sa figure
& son image vivante, avoit tout pouvoir sur la
terre ; & son pouvoir étoit d'autant plus grand,
que l'écoulement du Verbe étoit plus abondant
en lui. Quoique nous perdions ce pouvoir par le

[a] Matth. 28. v. 18.

péché, de même que l'image du Verbe est défigurée en nous par le crime; toutefois lorfque
l'image de Jéfus-Chrift eft parfaitement renouvellée en nous, il a un entier pouvoir fur nous,
& fi grand, que nous ne voulons plus, ni même
ne pouvons plus lui réfifter, non d'une impuiffance abfolue, mais d'une impuiffance caufée par
l'ordre rétabli en nous, qui ayant ôté à notre
volonté non-feulement la rebellion, mais même
la répugnance à faire les volontés de Dieu, nous
nous trouvons tellement affermis par la réfignation, par l'union & la transformation de notre
volonté en celle de Dieu, que nous ne pouvons
plus trouver en nous de volonté propre; mais
nous voulons uniquement ce que Dieu veut, &
la volonté de Dieu eft devenue la nôtre.

Que cela puiffe être dès cette vie, c'eft une
chofe inconteftable; puifque Jéfus-Chrift nous
a commandé de demander dans le *Pater*, que fa
volonté s'accomplît dans la terre comme au
ciel. Si l'on ne pouvoit pas avoir cette perte de
toute volonté dans celle de Dieu dès cette vie,
comme les bienheureux l'ont dans le ciel, Jéfus-
Chrift ne nous auroit pas commandé de le demander; car nous auroit-il fait demander une
chimere? ou l'auroit-il demandé lui-même pour
nous lorfqu'il fit cette admirable priere: (*a*) Mon
Pere, qu'ils foient un, comme nous fommes un?
Il eft certain que cette unité parfaite ne peut être
fans la perte totale de toute volonté oppofée à
Dieu. Or c'eft feulement dans celui qui n'a plus
de volonté ni de réfiftance que Jéfus-Chrift peut
dire dans un plus haut fens: toute puiffance
m'a été donnée au ciel & en la terre.

C'eft là un fruit de la rédemption de Jéfus-

_____
(*a*) Jean 17. v. 22.

Chrift. L'homme arrivé à cet état par l'application
de fon fang, rentre dans tous fes droits de domination fur les autres créatures, dont il eft la
fin; parce qu'il domine tout en Dieu, ainfi qu'il
poffede tout en lui-même. C'eft ce que Dieu a
voulu faire paroître, lorfque l'on a vu avec étonnement des Saints commander & fe faire obéïr
aux animaux les plus indomptables, & dans des
chofes mêmes oppofées à la nature des élémens,
comme lorfque le feu fervoit de bain & de rafraî-
chiffement, à ceux à qui l'amour de leur Dieu
faifoit perdre même leur vie plutôt que de vivre
hors de la volonté de Dieu; ou parce qu'ils ne
pouvoient vivre fans danger de lui devenir re-
belles; ou même parce qu'ils préféroient la mort
à ne lui pas affez plaire.

O grandeur! ô pouvoir de Jéfus-Chrift dans
l'homme & de l'homme en Jéfus-Chrift, que
vous êtes admirables, mais que vous êtes peu
connu! Nous portons tous le nom de Chrétiens;
& cependant nous ne fommes rien moins que
Chrétiens, parce que nous ignorons même ce que
c'eft que d'être Chrétiens. Chrétiens, qui portez
le plus beau nom qui fut jamais, apprenez à devenir Chrétiens, & vous apprendrez votre grandeur & votre nobleffe. Vous entrerez dans une
jufte ambition de ne rien faire d'indigne de votre
naiffance. O chevaliers Chrétiens, qui répandez
tant de fang pour un faux point d'honneur, fi vous
compreniez ce que c'eft que d'être Chrétiens,
combien de vies ne donneriez-vous point, fi vous
les aviez, pour conferver cette glorieufe qualité, & pour ne rien faire d'indigne d'elle? Mais
hélas, on n'eft point inftruit de la vérité & de
l'Efprit de la Religion Chrétienne; qui ne s'arrête qu'à la fuperficie, fans approfondir fon ef-

fence, & l'on perd des biens infinis. Ah, l'homme
eft créé Roi, & il feroit un roi infiniment heureux,
s'il favoit laiffer renouveller en lui l'image de
Jéfus-Chrift. Cependant il demeure toujours
efclave ; parce qu'il fait confifter fa royauté à fe
conduire foi-même, au lieu de la mettre dans la
dépendance qu'il doit à fon Dieu, dans la foumiffion à toutes fes volontés, dans l'obéiffance
à fa conduite, & enfin, à foutenir avec refpect
toutes fes opérations, foit gratifiantes ou crucifiantes ; car l'on a pu remarquer jufqu'à préfent
que ce qui a acheminé l'homme à un fi haut
état, n'a point été fa propre induftrie, mais la
feule bonté de Dieu, & la fidélité à ne pas lui
réfifter. Tout ce que nous pouvons faire par nous
même eft le mal, comme l'on verra dans la fuite,
& de réfifter à Dieu ; & la fidélité de l'homme
confifte à laiffer Dieu maître abfolu de tout ce
qu'il eft, foit intérieurement foit extérieurement.

Dieu vit que tout ce qu'il avoit fait, étoit très-bon ;
car il n'y a rien de meilleur pour l'homme que
de voir en lui l'image de fon Dieu, ni de plus
glorieux à Dieu hors de lui, que de fe voir exprimé dans l'homme. C'eft ce qui a fait l'ardent
amour que Dieu a eu pour l'homme ; car Dieu
prend fes délices à fe contempler hors de lui en
l'homme ; & comme toutes les délices de Dieu
en lui-même font de fe contempler, & qu'en fe
contemplant il engendre fon Verbe ; auffi tout
fon plaifir hors de lui eft de fe contempler en
l'homme y voyant fon image, & d'y former fon
Verbe. C'eft ce que S. Paul appelle la (a) formation de Jéfus-Chrift en nous.

L'homme ne doit donc jamais fe contempler
foi-même ni fe regarder hors de Dieu. S'il le

____
(a) Gal. 4. v. 19.

fait

fait, c'eſt la ſource de ſes déſordres, & il tombe dans une fauſſe préſomption, tirant vanité de ſa baſſeſſe, & s'oubliant de ſon origine. Mais s'il eſt fidelle à n'enviſager jamais que Dieu, c'eſt en lui qu'il découvre avec admiration ſa nobleſſe ſans craindre l'orgueil: car il ne voit rien en ſoi hors de Dieu, que la boue dont il fut pêtri: mais en Dieu, il ſe voit Dieu par participation; & il le voit de telle ſorte, qu'il découvre en même tems que s'il ceſſe de ſe regarder en ſa ſource pour ſe voir en ſoi, & qu'il veuille s'attribuer quelque choſe, il ne le peut faire ſans uſurpation: de ſorte qu'il ſeroit hors de Dieu un ſi effroyable néant, qu'il perd toute envie de jamais plus ſe regarder. Et ce qui eſt étrange, c'eſt que la vue de ce qu'il eſt hors de Dieu ne ſert point à l'humilier; au contraire, il devient orgueilleux dans ſon humiliation, & prenant le change, il s'attribue ce qui n'eſt pas à lui. Il eſt donc de conſéquence pour l'homme de ne ſe regarder jamais lui-même; mais de regarder uniquement ſon Dieu, dans lequel il ſe voit ſans danger: ce qui eſt une contemplation continuelle de l'homme vers ſon Dieu. Et cette contemplation, qui n'eſt autre choſe qu'un ſimple regard ou enviſagement de l'eſprit en Dieu, attire la contemplation de Dieu ſur l'homme; car plus l'homme contemple ſon Dieu, plus il en eſt contemplé. C'eſt l'admiration de ce grand prodige qui fit dire à David dans un tranſport d'eſprit; (a) O Dieu, qu'eſt-ce que l'homme, pour être l'objet de votre ſouvenir!

Des états, ou paſſages, deſquels nous venons de parler, Dieu en compoſe le *ſixieme jour* myſtique, ou le ſixieme degré de l'intérieur Chré-

______
(a) Pſeaum. 8. v. 5.

tien; & c'eft ici où tout eft fini pour l'homme dans l'homme même. C'eft la confommation des ouvrages de Dieu en l'homme, puifque la fin de fon travail eft de retracer l'image de fon Fils. C'eft à préfent que l'homme quitte la voie, pour fe repofer dans la fin ; & qu'il fort des jours myftiques, pour entrer dans le jour éternel & divin.

CHAPITRE II.

V. 1. *Le ciel & la terre furent donc achevés avec tous leurs ornemens.*

V. 2. *Et Dieu accomplit le feptieme jour l'œuvre qu'il avoit faite ; & il fe repofa le feptieme jour après tous les ouvrages qu'il avoit faits.*

IL eft dit que *Dieu acheva fon œuvre.* Quel étoit l'accompliffement & la perfection de toutes fes œuvres ? C'étoit l'ouvrage de l'image parfaite de fon Verbe, après laquelle, *il fe repofe* en foi-même, & fait repofer l'ame en lui, où elle (a) demeure cachée avec Jéfus-Chrift, fon divin original.

Mais l'Ecriture ajoute, que *Dieu accomplit l'œuvre qu'il avoit faite.* Tous ces termes font néceffaires, & ils expriment bien l'intérieur. Il n'eft pas dit feulement *fon œuvre ;* puifque tout le bien qui s'opére dans l'homme s'opére indubitablement par Dieu ; & que (b) nul ne peut dire, Jéfus Seigneur, que par le S. Efprit : mais il eft dit, *fon œuvre qu'il avoit faite,* pour marquer qu'il l'avoit fait feul. Auffi en eft-il de même d'une ame arrivée à l'état d'innocence par l'anéantiffement : Dieu y opére comme feul, agiffant

____
(a) Coloff. 3. v. 3. (b) 1 Cor. 12. v. 3.

souverainement sans que la créature lui résiste
en rien. *Et il se reposa au septieme jour de toute œuvre*
qu'il avoit faite : ce qui s'entend de la gloire : &
aussi du repos qu'il trouve dans l'ame divinisée,
qui ne lui pouvant plus résister, & étant une en
lui, où il l'a acheminée lui-même, il n'a plus qu'à
se reposer en elle, & y prendre ses délices.

v. 3. *Il bénit le septieme jour, & il le sanctifia : parce*
qu'il s'étoit reposé en ce jour là, après tous les ouvra-
ges qu'il avoit créés pour les faire.

Dieu bénit & sanctifia le septieme jour ; parce
qu'en ce même jour il avoit cessé de faire toute
son œuvre absorbant l'ame en lui-même dans sa
vie divine, où il n'y a plus que *repos,* quoiqu'il
eût créé cette œuvre *pour être faite ;* mais étant
arrivé à la fin de sa création, qui est le repos en
Dieu, il n'y a plus qu'à demeurer dans ce repos
divin, en Dieu même. Là l'œuvre est achevée
quant à l'agitation qui la portoit à sa fin ; mais
non quant à l'action jouissante, qui se continue
dans le repos, laquelle action jouissante durera
éternellement.

v. 4. *Telle a été l'origine du ciel & de la terre : & c'est*
ainsi qu'ils furent créés au jour que le Seigneur Dieu
fit l'un & l'autre.

5. *Et qu'il créa toutes les plantes des champs avant qu'el-*
les fussent sorties de la terre, & toutes les herbes de
la campagne avant qu'elles eussent poussé. Car le Sei-
gneur Dieu n'avoit point encore fait pleuvoir sur la
terre ; & il n'y avoit point d'hommes pour la labourer.

6. *Mais il s'élevoit de la terre (*) une fontaine qui en*
arrosoit toute la surface.

(*) *Ou,* une vapeur.

L'origine du ciel & de la terre, c'est-à-dire, des deux parties de l'homme, c'est Dieu ; & telle doit être sa fin qu'est son origine. Il faut qu'il rentre dans le même lieu d'où il est sorti. Et comme tout a été opéré par le Verbe dans notre création, & que rien n'a été fait sans lui ; de même dans le retour de l'homme à sa fin, il faut que tout s'opére par Jésus-Christ, & rien ne peut être fait sans lui. Il prend l'homme dès le commencement de la voie, & ne le laisse pas un moment qu'il ne l'ait conduit avec lui en Dieu, pourvu que l'on veuille bien s'abandonner à son aimable conduite.

C'est pourquoi le S. Esprit, qui fait son plaisir de nous instruire de toutes choses, nous assure, que *Dieu créa les plantes sans que l'homme eût travaillé à leur culture.* Ces plantes sont les vertus qui croissent & germent dans l'ame (lorsqu'elle s'abandonne à Dieu) avant même qu'elle travaille à leur acquisition : car le désir même d'acquerir la vertu, est une vertu que Dieu met en l'ame par sa seule bonté : & l'on n'est pas plutôt éclairé de la vraie lumiere, (qui est un fruit de la donation que fait l'homme de soi-même à son Dieu pour toutes ses volontés) que l'on connoît que c'est à Dieu seul à mettre dans l'ame toutes les vertus.

Quel est donc, me dira-t-on, le soin de l'ame ; & en quoi consiste sa fidélité, si ce n'est en l'acquisition des vertus ? C'est ici le secret, Chrétiens mes freres : la fidélité de l'ame consiste à se soumettre incessamment à son Dieu, &, comme nous l'enseigne (*a*) St. Pierre, *à nous humilier sous la main puissante de Dieu*, qui peut seul opérer en nous toutes sortes de biens ; *à remettre entre*

[a] 1 Pierre 5. v. 6. 7.

ses mains toutes nos inquiétudes : car il prend soin lui-même de nous ; à nous renoncer continuellement, afin d'ôter les oppofitions de la nature à la grace ; & en nous renonçant, nous réfigner entierement à toutes les volontés de Dieu, afin que par ce renoncement & par cette réfignation nous donnions lieu à Dieu d'agir en nous dans une entiere liberté. C'eft là en quoi confifte le principal travail de l'homme avec la grace ; mais pour l'ornement des vertus, c'eft à Dieu à le faire, & il le fait infailliblement, pourvu que nous foyons fideles à coopérer à fa grace en ces deux points. Et afin que l'on ne croie pas que cette grace nous manque, il eft dit, que Dieu a mis une *fontaine*, qui nous repréfente fa grace, & qu'elle *s'éleve* pour ainfi parler *de la terre ;* par ce que cette grace eft proche de nous, toujours prête pour s'écouler dans nos cœurs. Il eft ajouté que cela fe faifoit *avant que Dieu eut fait pleuvoir fur la terre ;* pour nous faire admirer le foin que Dieu prend de notre intérieur lorfqu'il lui eft bien foumis, & comment lorfque quelques moyens de perfection nous manquent par fon ordre, il y fupplée par d'autres : ainfi qu'il faifoit naitre de l'eau de la terre pour arrofer fes plantes, lorfqu'il n'en tomboit pas du ciel.

v. 7. *Le Seigneur Dieu forma donc l'homme du limon de la terre, & il fouffla fur fon vifage, l'efprit de vie, & l'homme devint animé, & vivant.*

Comme l'Ecriture nous a fait remarquer l'origine fpirituelle de l homme, qui eft Dieu même ; elle nous veut auffi faire voir fon origine naturelle : c'eft pourquoi elle nous apprend de quelle matiere il fut formé, afin qu'il voie ce qu'il eft par fa nature. Tout ce qu'il a de bon,

eſt de Dieu, & à Dieu; tout ce qu'il a par lui-
même, n'eſt que vileté & baſſeſſe. Cependant
comme il y a deux états dans l'homme, l'un de
ſa création, dans l'ordre naturel; l'autre de ſa
régénération, dans l'ordre ſpirituel; il eſt certain qu'après que *Dieu a formé l'homme* intérieur
de la boue, qui eſt l'état de ſa propre abjection,
où il eſt réduit dans la vileté & dans la baſſeſſe du
limon, qui eſt ſon origine, Dieu de cette boue
crée un homme nouveau: & alors il lui *ſouffle*
ſon propre *Eſprit*, & non un eſprit particulier:
en ſorte que ce n'eſt point un autre eſprit que
celui de Dieu qui l'anime & le meut: mais cela
ne s'opére que par l'anéantiſſement.

ỳ. 8. *Or le Seigneur Dieu avoit planté dès le commence-*
ment un jardin délicieux, dans lequelle il mit l'homme
qu'il avoit formé.

Dieu place d'abord *l'homme* dans le *Paradis de*
délices. Ceci s'entend des douceurs de l'état paſſif de lumiere, & d'amour, & de la préſence de
Dieu ſenſible, qui eſt le plus grand de tous les
plaiſirs qui ſe peuvent avoir en cette vie.

ỳ. 9. *Le Seigneur Dieu avoit' auſſi produit de la terre*
toutes ſortes d'arbres beaux à voir, & dont le fruit
étoit doux à manger, & l'arbre de vie au milieu du
Paradis, avec l'arbre de la ſcience du bien & du mal.
10. *De ce lieu de délices ſortoit un fleuve qui arroſoit*
le Paradis, qui de là ſe diviſoit en quatre canaux.

Dans cet état paſſif tout fleurit dans l'ame, &
les arbres de ſes puiſſances ſe trouvent tous chargés de la pratique des vertus, ſans que l'ame puiſſe
connoître comment elles ont été produites dans

la terre de son cœur. *Ces fruits sont délicieux :* car alors la pratique des vertus est très-agréable.

L'arbre de vie est au milieu : cet arbre de vie, est Dieu même, qui est la source de toute vie, & qui vivifie par l'Esprit de sa grace le fond de l'homme qui a le bonheur de lui être uni, afin qu'il ne porte que des fruits de vie. *L'arbre de la science du bien & du mal* est Jésus-Christ, qui étant la divine Sagesse, (a) fait, ainsi que dit le Prophète, rejetter le mal, & choisir le bien, & fait parfaitement discerner en quoi l'un & l'autre consiste. La plupart des hommes ignorent ce discernement, ils disent (b) que le mal est bien, & que le bien est mal : ils donnent aux ténèbres le nom de lumiere & à la lumiere le nom de ténèbres. Leur tromperie vient de ce qu'ils se fient à leurs propres lumieres, au lieu de demander à J. Chrift la communication de sa sagesse. Cet arbre de la science du bien & du mal, ne devoit pas manquer dans le Paradis où l'homme devoit vivre, puisque cette connoissance lui étoit absolument nécessaire pour se bien conduire : mais il devoit se contenter de ce que la Sagesse divine lui en avoit communiqué, qui étoit plus que suffisant pour sa conduite, & ne pas porter son ambition jusqu'à vouloir pénétrer des secrets que Dieu lui avoit voulu cacher, & dont la recherche curieuse & superbe ne servit qu'à l'aveugler.

Le fleuve qui arrose le Paradis de délices, qui est le parterre intérieur de notre ame, c'est la grace, qui coule dans le cœur du juste : & cette grace *se divise en quatre parties,* soit parce qu'elle prend différens noms, selon ses différens effets, quoique ce soit toujours la même grace dans sa

(a) Isaïe 5. v. 15.　(b) Isaïe 5. v. 20.

source ; foit afin de fe répandre fur toutes les
facultés & actions de l'homme , ainfi que ces
quatre rivieres fortoient du lieu de délices
pour arrofer la terre. Ce qui nous marque de
plus, que la grace nous a été méritée par Jéfus-
Chrift, & que les graces mêmes qui furent données à Adam depuis fa chûte, lui furent accor-
dées en vue de Jéfus-Chrift, & par le mérite de fa
rédemption.

v. 11. *L'un s'appelle Phifon : c'eft celui qui coule tout*
autour de la terre de Hevilath , où il vient de l'or.

12. *Et l'or de cette terre là eft excellent ; c'eft là auffi*
que fe trouve le bdellion , & la pierre d'onix.

13. *Le fecond fleuve s'appelle Geon : c'eft celui qui fait*
divers tours dans tout le pays d'Ethiopie.

14. *Le troifieme fleuve s'appelle Tigre , qui s'étend vers*
les Affiriens ; & l'Euphrate eft le quatrieme fleuve.

Le premier de ces fleuves eft la premiere grace
qui nous eft donnée par le moyen du baptême :
c'eft là qu'il *vient de l'or très-excellent*, qui eft la
pure charité, laquelle nous y eft communiquée :
le bdellion fignifie l'efpérance ; & *la pierre d'onix*
la foi. Or il eft certain qu'avec cette premiere
grace qui nous eft infufe au baptème , les trois
vertus Théologales nous font auffi infufes. *Le*
fecond eft un fleuve qui *va tournoyant dans* la terre
de notre ame & de fes facultés, & c'eft l'aug-
mentation de la grace , qui croît comme par
divers tours, par ce qu'elle s'augmente par degrés , jufqu'à-ce qu'elle nous ait conduits à fon
terme. *Le troifieme*, défigne les graces gratuites ,
qui font données pour les autres ; ainfi que *le*
Tigre fe va *répandre fur les Affiriens*, c'eft-à-dire ,

fur des peuples entiers. *Le quatrieme nous marque la perséverance finale, qui conduit à la vie éternelle, & dont l'effet particulier est de nous ramener efficacement dans le lieu de notre origine; comme étant une grace non seulement sanctifiante, mais aussi de consommation.*

v. 15. *Le Seigneur Dieu prit donc l'homme, & le mit dans le Paradis de délices, afin qu'il le cultivât, & qu'il le gardât.*

16. *Et il lui fit ce commandement, disant : mangez des fruits de tous les arbres du Paradis.*

17. *Mais ne mangez pas de celui de l'arbre de la science du bien & du mal. Car au même jour que vous en mangerez, vous mourrez de mort.*

Après que *Dieu a mis l'homme dans* ce *Paradis de délices*, qui est le centre de son ame, & qu'il lui a donné sa grace avec surabondance, & une grace qui le garde par tous les endroits, en sorte qu'il ne peut déchoir sans une infidélité notable; après, dis-je, l'avoir comblé de si grands dons, il veut *qu'il garde & cultive le Paradis.* C'est en quoi consiste la fidélité de l'ame, à garder & cultiver ce que Dieu lui a confié.

Quel est cette *garde*, mes chers freres? Apprenons-le de Jésus-Christ : (a) Veillez, dit-il, & priez, afin que vous n'entriez pas en tentation; car l'esprit est prompt, mais la chair est foible. Il faut donc garder cette terre en veillant, & en veillant à Dieu continuellement : car c'est cette sorte de veille que Dieu veut de nous, afin qu'elle soit toujours soutenue de la priere, comme le disoit David : (b) Je veillerai à vous, mon Dieu, dès le point du jour; c'est en vain que nous veillons à la garde de notre ville, si le Sei-

a) Matth. 26. v. 41. (b) Pf. 62. v. 1. & Pf. 126. v. 1.

gneur ne la garde lui-même. Mais, dira-t-on,
fi je ne veille pas fur moi, & que me négligeant
moi-même , je me contente de veiller à Dieu
feul, je ferai furpris de mes ennemis. C'eſt tout
le contraire : car fitôt que nous nous oublions
de nous-mêmes pour ne penfer qu'à Dieu, l'a-
mour qu'il nous porte lui fait prendre plus de
foin de nous : parce qu'il ne fe laiſſe jamais vaincre en amour, quoiqu'il fe laiſſe vaincre par
l'amour. Ne fommes-nous pas bien mieux gar-
dés par le fort & puiſſant protecteur que par nous-
mêmes ? Quelque foin que nous prenions de
veiller fur nous, il eſt certain qu'un plus puiſ-
fant que nous, nous défarmera , & s'emparera
des mêmes chofes que nous gardions avec tant
de foin. Mais fi nous mettons toutes nos affaires
entre les mains de Dieu, ne pourrons-nous pas
dire avec une extrême confiance, comme un
autre S. Michel : qui eſt auſſi fort que Dieu?

Dieu veut encore que nous *cultivions* ce paradis
délicieux de notre intérieur. Et quelle eſt cette
culture? Notre divin Maître nous l'enfeignera :
(*a*) Renoncez, dit-il, à vous mêmes, & portez
tous les jours votre croix. Se renoncer inceſ-
famment dans tout ce que la nature pourroit
défirer d'oppofé à Dieu & fe réfigner continuellement à mefure que l'on fe renonce, afin de porter
avec égalité les diverfes croix, peines, & con-
trariétés que Dieu permet nous arriver, c'eſt le
travail de l'homme, qui aidé des eaux abondantes de la grace, qui ne lui manquent jamais,
demeure dans l'ordre de la volonté de Dieu,
& arrive de cette forte à fa fin.

Dieu permet à l'homme de *goûter de toutes* ces
délices repréfentées par les *fruits*, c'eſt-à-dire,

____
(*a*) Matth. 16. v. 24.

de toutes les vertus ; mais *il lui défend celui de la science du bien & du mal*, qui eft l'ufurpation de notre propre conduite au préjudice du regne de Jéfus-Chrift fur nous. *Si vous en goûtez*, dit-il, *vous mourrez :* c'eft que par là on s'empare de ce qui n'appartient qu'à Dieu, & on fe l'attribue, regardant comme un fruit de fes foins ce qui vient de la pure bonté de Dieu. Et comme tout arbre qui n'eft pas enté en Jéfus-Chrift, ne peut porter de bon fruit ; auffi tout bon fruit vient néceffai-rement de Jéfus-Chrift, dans lequel nous fommes entés, afin qu'il rapporte lui-même du fruit en nous ; or celui qui veut fe conduire foi-même, & qui fe fouftrait au domaine de Jéfus-Chrift, s'attribuant par fa réflexion le bien que Dieu fait en lui par Jéfus-Chrift Notre Seigneur, y prend de la complaifance ; & c'eft par là qu'en cet état de grace, fi merveilleux, l'on donne entrée au péché, la curiofité & la vue propre dans les biens de Dieu lui donnant la mort.

Quoiqu'il foit dit ; *le jour même que vous en mangerez, vous mourrez ;* l'ame ne meurt pas pour cela le jour même qu'elle commet cette ufurpation, (j'entends ici non la mort du péché, mais l'état de mort myftique), elle ne meurt pas, dis-je, dès ce jour : elle feroit trop heureufe : mais elle eft condamnée à mourir ; & c'eft dès lors que commence fon fupplice : comme Adam ne mourut pas auffitôt qu'il eût péché ; mais il fut dès ce moment deftiné à la mort, dans le travail de laquelle il entra d'abord. Il eft dit dans le texte, *vous mourrez de mort ;* cela veut dire, que Dieu ne fe contente pas d'une demi mort, ni de mille morts, ou mortifica-tions ; mais il faut qu'une mort réelle & véri-table s'enfuive ; fans quoi, il n'y a point de vraie mort, mais seulement une image de mort.

v. 18. *Le Seigneur Dieu dit aussi : Il n'est pas bon que l'homme soit seul : faisons-lui une aide semblable à lui.*

Ceci se peut entendre de la nature humaine que Dieu a voulu unir à la divine en Jésus-Christ par la personne du Verbe son Fils. Car un Dieu ne pouvant pas souffrir ni satisfaire, & l'homme étant trop foible pour mériter avec justice la rédemption d'un monde, la nature humaine a été donnée comme pour *aide* à la divine, afin d'opérer très-parfaitement la rédemption du genre humain pour l'Homme-Dieu. C'est aussi la figure de l'union de Jésus-Christ avec son Eglise, qui comme une Mere féconde, devoit lui donner une infinité d'enfans comme le fruit de son sang, &, ainsi qu'une Epouse fidelle, devoit contribuer avec lui à leur sanctification, & à leur salut. C'est de plus le simbole de l'union de grace que Dieu fait de certaines personnes dès cette vie pour la perpétuer dans le ciel, les rendant compagnons de sort, de travaux, & de croix, & les faisant agir de concert, & avec uniformité de grace, tant pour leur perfection, que pour le salut de plusieurs.

v. 19. *Car le Seigneur Dieu ayant formé de la terre tous les animaux de la campagne, & les oiseaux du ciel, il les amena devant Adam, afin qu'il vit comment il les appelleroit. Et le nom qu'Adam donna à chacun des animaux, est son véritable nom.*

20. *Il appella tous les animaux de leurs propres noms, tant les oiseaux du ciel que les bêtes de la terre. Mais il ne se trouva point d'aide pour Adam qui fut semblable à lui.*

21. *Le Seigneur Dieu envoya donc à Adam un profond sommeil; & pendant qu'il dormoit, il tira une de ses côtes, & mit de la chair en la place.*

Le pouvoir d'Adam sur tous les animaux dans l'état d'innocence, est une preuve de la soumission de toutes les créatures à l'homme, & de celle de l'homme à son Dieu, comme leur révolte est aussi une marque de la sienne. *Dieu amene tous les animaux à Adam, afin qu'il leur donne un nom* convenable à leur nature, pour montrer qu'il le rendoit Roï des animaux aussi bien que de ses puissances, de ses sens, & de ses passions, à quoi l'homme innocent commandoit absolument; mais l'homme criminel étant assujetti à ses passions, l'est aussi à tout le reste. Adam étant la figure de Jésus-Christ, c'étoit à lui en Adam que les *animaux* qui représentent la partie animale de l'homme, & ses différentes passions, devoient être assujettis; & *le nom si* convenable qu'il leur donne, est le témoignage assuré qu'il n'y a que Jésus-Christ seul qui puisse s'assujettir les passions de l'homme, révoltées par le péché; ainsi que *les oiseaux du ciel* désignent les plus nobles parties de l'ame, ses puissances, & tout ce qui en dépend; tout cela n'ayant pû être rétabli dans l'ordre de sa création que par la grace du Rédempteur.

L'Ecriture ajoute, que quoi qu'Adam, figure de Jésus-Christ, eut donné des noms si propres aux animaux & qu'ils lui fussent tous assujettis comme à leur Roi, tant les oiseaux du ciel, que les bêtes de la terre, cependant il *n'avoit point d'aide qui fut semblable à lui.* Ceci s'explique de J. Christ en deux manieres; l'une est, qu'encore que tout eut été fait par lui comme Verbe,

& que rien n'eût été fait fans lui ; néanmoins ce divin Verbe n'avoit point d'aide qui lui fut femblable ; parce que quoi qu'il fut l'image de fon Pere, & la fource, & l'origine de toutes les créatures, il n'avoit étendu fon image que dans la création de l'homme ; & cette image après fa corruption, ne lui reffembloit plus. Et même quoique la nature humaine dans le tems de l'innocence d'Adam fût une image vivante du Verbe, il eft certain qu'elle n'étoit point dans la perfection qu'elle fut en Jéfus-Chrift. Dieu donc difant ; *faifons-lui une aide femblable à lui*, avoit en vue l'union hypoftatique du Verbe & de la nature humaine, qui étoit une aide femblable à lui ; mais aide fi propre, qu'ils devoient travailler enfemble au falut du genre humain, qui ne pouvoit être opéré fans leur union, laquelle étoit le plus grand de tous les ouvrages de Dieu. Cette aide lui fut rendue fi fort femblable, que de deux natures auffi différentes en elles-mêmes, comme étoient la nature divine & la nature humaine, il n'en fut fait qu'une feule perfonne en Jéfus-Chrift.

L'autre maniere de l'expliquer, eft de Jéfus-Chrift & de fon Eglife. Avant la naiffance de l'Eglife, il ne fe trouvoit point d'aide femblable à Jéfus-Chrift ; mais après que l'Eglife fut formée, ce fut pour Jéfus-Chrift une aide véritable, & telle qu'elle travaille avec lui au falut des hommes, n'ayant avec lui qu'une feule & unique volonté. Pouvoit-elle lui être plus femblable, cette aide toute fainte, que d'être (a) glorieufe, fans tache, fans ride, & fans aucun défaut ?

Mais de quelle maniere cette aide fut-elle for-

(a) Ephef. 5. v. 27.

mée ? *Dieu envoya un sommeil* au nouvel *Adam.*
Ce sommeil lui vint sur le lit de la croix : c'est
là que de son côté ouvert il sortit une fille & une
Epouse dont la beauté étoit si parfaite, qu'elle
n'avoit rien d'indigne de celui qui étoit son Pere,
comme il devoit être son Epoux. L'union de
Jésus-Christ & de son Eglise est si étroite, pour
travailler d'un commun accord, & dans un seul
& même Esprit & unique volonté au salut des
hommes, que qui n'est pas à l'Eglise ne peut
appartenir à Jésus-Christ, & que nul ne peut
appartenir à Jésus-Christ qu'il ne soit enfant de
son Eglise. Par le lien de ce mariage, autant
unique que légitime, nul n'est vrai fils de l'Eglise,
s'il n'est enfant de Jésus-Christ ; & nul n'est conçu
de Jésus-Christ, qu'il ne doive être enfanté par
son Eglise.

Or comme Jésus-Christ étoit dans les idées de
Dieu dès la création du monde, & que toutes
les graces qui s'accordoient aux hommes depuis
qu'ils eurent besoin d'un Rédempteur, leur étoient
données en vue de ses mérites ; l'Eglise de même
lui fut dès lors associée pour la régénération
d'autant d'enfans, qu'il en devoit naître du sang
du Sauveur, qui dans ce sens (*a*) fut répandu
dès le commencement du monde, & pour la
sanctification de tous les élus que Dieu le Pere,
avoit donné à son Fils pour le prix de sa mort.

v. 22. *Et le Seigneur Dieu forma la femme de la côte
qu'il avoit tirée d'Adam, & l'amena à Adam.*

23. *Et Adam dit : Voilà maintenant l'os de mes os,
& la chair de ma chair. Elle s'appellera tirée de
l'homme, parce que c'est de l'homme qu'elle a été prise.*

(*a*) Apoc. 13. v. 8.

24. C'eſt pourquoi l'homme quittera ſon pere & ſa mere, & s'uttachera à ſa femme, & ils ſeront deux dans la même chair.

25. Or Adam & ſa femme étoient alors tous deux nuds, & ils ne rougiſſoient point.

Ce fut du côté de Jéſus-Chriſt, ouvert ſur la croix, & du ſang & de l'eau qui en ſortirent, que l'Egliſe fut tirée. Cette union d'Adam & d'Eve fut auſſi la figure du mariage myſtique de l'ame avec Jéſus - Chriſt : c'eſt dans les douleurs du Calvaire ; & non dans les douceurs du Thabor qu'il ſe fait ; & l'union de l'ame avec ſon Epoux céleſte devient ſi étroite, que c'eſt alors que Jéſus-Chriſt dit : *C'eſt la chair de ma chair, & l'os de mes os.* Car elle devient tellement un même eſprit avec le Verbe, qu'elle ne trouve plus en elle que le Verbe : & comme elle eſt ſortie de lui, elle ſe trouve unie à lui ſans milieu, & elle ſe voit avoir pour Epoux celui qu'elle avoit pour Pere. Cette union de l'ame avec Jéſus-Chriſt devient ſi intime, que quoi qu'elle s'opére dans des croix & douleurs extrêmes, cependant loin que ces peines rompent cette union, elles la ſerrent encore davantage.

Il eſt ajouté, *que Dieu donna cette femme à Adam :* ce qui fait voir que cette union ſpirituelle ne peut jamais être opérée par la créature, étant un ouvrage de Dieu ſeul, & non de la volonté de l'homme, qu'il n'y a point d'autre part que celle de l'acceptation & de la fidélité à ſuivre en tout les mouvemens divins.

Que doit donc faire l'ame fidelle pour correſpondre à ce que ſon Epoux a fait pour elle, & pour jouir des délices ineffables des nôces de l'Agneau ? Il faut qu'elle *quitte ſon pere & ſa mere,*

ſans

fans quoi le mariage fpirituel ne fera jamais confommé en elle. Quel eft ce *pere* & cette mere,
finon le vieil Adam, & la nature corrompue,
qu'il faut quitter abfolument ? C'eft en fe quittant foi-même par le renoncement, qui opére
la mort totale, que l'on parvient aux nôces de
l'Agneau ; & l'on n'y arrivera jamais par une
autre voie. Ceux qui font tout pleins d'eux-
mêmes & qui croyent être parvenus à ce mariage
fpirituel & divin, font infiniment trompés. Et
fi Jéfus-Chrift a été obligé de quitter le fein de
fon Pere pour époufer notre nature, croyons-
nous le pouvoir époufer fans nous quitter nous-
mêmes ? Non ; cela ne fera jamais.

Il eft encore ajouté, *qu'ils étoient tous deux*
nuds, favoir Adam & fa femme, *& qu'ils n'a-*
voient point de honte : ce qui marque le dénuement
parfait de toute propre volonté, de toute vue
propre, de tout propre retour, & de tout bien
propre, ce qui eft l'état d'une ame qui s'eft
entierement quittée foi-même. Ces ames vivent
dans un fi grand oubli d'elles-mêmes, qu'elles
n'ont point de honte de leur nudité fpirituelle,
c'eft-à-dire, de l'extrême pauvreté d'efprit & de
la profonde abjection où elles font réduites,
ne la pouvant voir ni y penfer, à caufe de leur
abforbement & perte en Dieu, qui eft un état de
transformation, qui peut bien s'appeller un vrai
état d'innocence.

CHAPITRE III.

v. 4. *Le ferpent dit à la femme : vous ne mourrez point.*

5. *Mais Dieu fait qu'auffitôt que vous aurez mangé de*
ce fruit, vos yeux feront ouverts, & ainfi que des
Dieux vous connoîtrez le bien & le mal.

Tom. I. Genefe. D

6. *La femme donc confidéra que le fruit de cet arbre étoit bon à manger ; qu'il étoit beau & agréable à la vue. Et en ayant pris, en mangea ; & en donna à fon mari qui en mangea comme elle.*

L'AMOUR propre, fous la figure du *ferpent*, veut faire voir à l'ame l'avantage qu'il y auroit d'aller à Dieu par une autre voie que celle de l'abandon aveugle à la conduite de Dieu fans retour fur foi-même ; & que s'ils fe fouftrayoient à l'obéïffance de Dieu, & à l'abandon total, (où ils font dans un entier délaiffement par la perte de leur volonté en Dieu), ils *connoîtroient* toutes chofes, feroient affurés de leurs voies, & *ne mour-roient point.* La partie inférieure, repréfentée par *la femme, confidere ce fruit* de fcience & de connoif-fance ; qui lui paroît bien plus *beau* que cette in-nocence ignorante, où la tient la grandeur de fa grace : elle *le préfente à fon mari,* qui marque la partie fupérieure, il l'accepte, *il en goûte :* & par là même il retire fa volonté de celle de Dieu, fe fouftrait à fa domination, fort de fon abandon aveugle, & péche véritablement.

v. 7. *Alors les yeux des deux furent ouverts ; & recon-noiffant qu'ils étoient nuds, ils entrelafferent des feuilles de figuier pour s'en couvrir.*

Les *yeux* des deux parties furent *ouverts* par le péché : ces pauvres abufés tomberent dans la confufion, & *virent qu'ils étoient nuds :* car ayant perdu leur Innocence, qui leur fervoit de vête-ment, & n'ayant nul bien propre, puifque tout le bien qui étoit en eux appartenoit à Dieu, il ne leur refta qu'une honteufe nudité, qu'ils tâche-rent de *couvrir,* ne pouvant pas la fupporter eux-mêmes, & craignant de paroître devant Dieu,

v. 8. *Ils se retirerent entre les arbres du Paradis pour se cacher de devant la face de Dieu.*

9. *Le Seigneur Dieu appella Adam; & lui dit : où êtes-vous ?*

Ils font en cela deux fautes notables : la premiere, c'est qu'après leur chûte ils s'éloignent encore plus de Dieu, parce qu'ils ont *honte d'eux-mêmes* : la seconde est, qu'ils ont recours à l'artifice pour *se couvrir*, & croyent bien cacher leur nudité par leur industrie, qui ne consiste qu'en de foibles actions de vertus, semblables à des feuilles. S'éloigner de Dieu après la chûte, est sortir de la voie d'abandon pour se reprendre & se remettre sous la conduite humaine. Mais Dieu, dont la bonté est infinie, les va chercher, les rappelle de leur égarement, leur *demande, Où ils font*, & ce qu'ils font devenus.

v. 10. *Lequel lui répondit : j'ai ouï votre voix dans le Paradis; & ayant eu peur parce que j'étois nud, je me suis caché.*

Il *craint* de paroître devant Dieu, *parce qu'il est nud.* C'est la fausse humilité de ceux qui se retirent de l'abandon après leur chûte, sous prétexte qu'ils ne font pas dignes d'y demeurer, ni de plus traiter si familierement avec Dieu.

v. 11. *Le Seigneur lui repartit : Comment avez-vous appris que vous étiez nud, sinon parce que vous avez mangé du fruit de l'arbre que je vous avois défendu de manger ?*

Dieu instruit admirablement ces deux parties, leur faisant voir, que leur honteuse nudité ne vient que de leur désobéissance, & de ce qu'elles

ont voulu pénétrer sa conduite, dont la connoiffance eft réfervée à lui feul. C'eft pourquoi
le Serpent leur promit, que lorfqu'ils auroient
cette connoiffance ils feroient femblables à Dieu.
Vouloir connoitre où Dieu nous conduit, & le
fecret de fes deffeins fur nous, c'eft anticiper fur
fes droits, & lui faire une injure : au contraire,
s'abandonner à lui à l'aveugle, eft le plus affuré
témoignage de l'amour, & la véritable adoration qui rend à Dieu ce qui lui eft dû.

*v. 17. Dieu dit à Adam : parce que vous avez écouté la
voix de votre femme, & que vous avez mangé du
fruit que je vous avois défendu de manger ; la terre
fera maudite dans votre œuvre ; vous n'en retirerez
votre nourriture tous les jours de votre vie qu'à force de
travail.*

*18. Elle vous produira des ronces & des épines, & vous
vous nourrirez de l'herbe de la terre.*

Voilà le châtiment de la partie fupérieure,
pour avoir fuivi la tentation de l'inférieure & de
l'amour propre. Ces prévaricateurs font con-
damnés *à travailler* avec beaucoup de peine &
très-peu de fruit, la terre étant maudite dans leur
œuvre : c'eft-à-dire, que ce beau champ intérieur, qui étant cultivé par les mains de Dieu
même rendoit des fruits infinis, ne produit prefque plus que des épines, dès qu'il eft tombé entre
les mains d'Adam.

*v. 19. Vous mangerez votre pain à la fueur de votre vi-
fage, jufqu'à-ce que vous retourniez en la terre de
laquelle vous avez été tiré, Car vous êtes poudre, &
vous retournerez en poudre.*

Dieu condamne ces deux parties, ou ces deux
ames, à beaucoup de travaux & de peines, juf-

qu'à-ce que par l'anéantiſſement total, qui s'o-
pére par la mort, la pourriture & la pouſſiere,
elles ſoyent retournées comme dans l'état du
néant, où elles étoient lorſque Dieu les créa :
alors Dieu en fera de nouvelles créatures.

v. 22. *Dieu dit : Voilà Adam devenu comme l'un de*
nous, ſachant le bien & le mal. Prenons garde qu'il
ne porte pas ſa main à l'arbre de vie, de peur que
prenant de ſon fruit, il n'en mange, & qu'il ne vive
éternellement.

Ce paſſage marque admirablement comme
cette *connoiſſance du bien & du mal*, qui eſt celle
des œuvres de Dieu en nous, conſerve la *vie*
propre de l'ame, & empêche ſa mort intérieure :
c'eſt pourquoi Dieu chaſſe Adam du lieu de délices ; afin qu'il *n'étende plus ſa main ſur cet arbre*, &
qu'il ne lui reſte plus nulle connoiſſance qui en-
tretienne ſa vie & empêche ſa mort ; car le remede
à ſon mal ne ſe peut plus trouver que dans ſa
mort, par laquelle perdant ſa vie propre & infec-
tée, il rentre dans la vie divine qui lui avoit été
communiquée par la juſtice originelle. S'il ne
mourroit à ſoi-même, il ne pourroit pas revivre
en Dieu. C'eſt l'effet d'une fauſſe humilité que le
trouble & l'inquiétude après la chûte : & cela ſe
termine ſouvent au déſeſpoir. Où l'on ſe chagrine
& tourmente ſi fort après quelque faute, il faut
qu'il y ait beaucoup d'orgueil & d'amour propre :
comme au contraire, c'eſt le fruit d'une vraie humilité, que de demeurer paiſible & tranquille
dans ſon abjection étant tombé dans quelque
manquement, même de conſéquence, s'abandonnant doucement à Dieu pour en être relevé
par ſa miſéricorde, & ſe ſoumettant par un grand
ſacrifice à tous les uſages qu'il lui plaira d'en faire.

CHAPITRE IV.

v. 13. *Cain dit au Seigneur : Mon iniquité est trop grande pour m'être pardonnée.*

14. *Vous me chassez aujourd'hui de dessus la terre, & je me cacherai de devant votre face. Je serai fugitif & vagabond dans tout le monde. Quiconque donc me trouvera, me tuera.*

Qu'EST-CE que *fuir de devant Dieu*, sinon se tirer de l'abandon, errer comme *fugitif* dans toutes les voies humaines, & s'égarer *sur la terre* dans les sentiers de la vanité, après avoir quitté la suprême vérité, qui est Dieu seul, & l'attachement infaillible par lequel on tenoit à lui dans l'abandon total ? Vraiement quiconque s'écarte ainsi du protecteur tout puissant, est exposé à tous momens à la fureur de ses ennemis.

CHAPITRE V.

v. 2. *Les enfans de Dieu voyant que les filles des hommes étoient belles, prirent pour leurs femmes celles d'entre elles qui leur avoient plû.*

3. *Et Dieu dit : Mon Esprit ne demeurera plus jamais avec l'homme, parce qu'il est chair ; & son tems ne sera plus que de six vingts ans.*

LES enfans de Dieu font les productions de sa grace dans les ames, productions qui font toutes pures entre ses mains ; mais, qui ne font pas plutôt dans l'homme, qu'elles font altérées par le mêlange de la créature, qui veut témérairement allier les productions de la nature avec celles de la grace : & afin d'en mieux venir à bout,

elle cherche dans la nature *ce qui lui plaît* le plus ;
& en l'attribuant à la grace, elle donne à la nature
ce qui appartient à la grace, & à la grace ce qui eſt
de la nature. Dieu irrité de l'abus qui ſe fait de
ſes graces, les retire ; & aſſure, que *ſon Eſprit ne
demeurera plus avec l'homme ; parce qu'il eſt tout charnel*
& terreſtre : ce qui fait qu'il lui arrache tout ce
qui étoit à lui ; & ne reſtant plus rien à la créature
que les opérations de la nature, elle ſe trouve ſi
hideuſe, qu'elle commence à ſe hair bien fortement ; & elle déſeſpéreroit entierement de jamais
avoir l'Eſprit de Dieu, s'il ne lui étoit donné une
lumiere qui lui aſſure que nous pouvons ſortir
de nous-mêmes pour entrer en Dieu ; puiſqu'il y
a *un tems* pour l'homme, c'eſt-à-dire, un tems que
Dieu abrége même, auquel l'homme eſt laiſſé à
lui-même, enfin auquel l'homme eſt homme,
ce qui eſt bien exprimé par ces paroles : *Le tems
de l'homme ne ſera plus que de ſix-vingts-ans*, comme
voulant dire : J'ai donné des bornes à la corruption de l'homme. Cette promeſſe porte celui qui
veut être fidele à ſon Dieu, à ſe rendre le plus
promptement qu'il peut quitte de lui-même par
le renoncement continuel ; & c'eſt ce qui fait
toute la confiance de l'homme après le péché que
cet eſpoir, de pouvoir un jour ſe quitter ſoi-
même par un parfait renoncement.

v. 4. *En ce tems-là il y avoit des géans ſur la terre.
Car les enfans de Dieu ayant épouſé les filles des
hommes, les enfans qui en ſortirent furent les plus
puiſſans du ſiecle, & des hommes fameux.*

Les *géans* & les monſtres de l'orgueil ne viennent que de l'alliance de l'humain & du divin.
Tous les grands *hommes fameux dans les ſieclés*
ont été ceux qui ont fait triompher la prudence

de la chair, cachée sous un peu de spiritualité,
O l'épouvantable monstre! Vous verrez des personnes enflées & élevées comme *des géans* par
l'estime qu'ils ont d'eux-mêmes, à cause de quelques talens naturels accompagnés de quelques
maximes spirituelles ; & qui cependant sont tous
enfoncés dans la nature, & dans l'estime secrette
de leur conduite. Ce sont pourtant là les hommes
extraordinaires & de la grande vogue. Mais pour
ceux qui, à force de se renoncer eux-mêmes, se
sont entierement anéantis, pour ceux-là, dis-je,
ils sont inconnus : ils ne se distinguent pas même
d'avec les autres hommes. Et comment se dis-
tingueroient-ils parmi ces *géans*, puisqu'ils sont
si petits, qu'ils ne paroissent auprès d'eux que
comme des fourmis, que ceux-là foulent aux
pieds avec mépris, & qu'ils ne regardent souvent
que comme des choses inutiles sur la terre? Mais,
ô Dieu, vous qui (*a*) résistez aux superbes & donnez votre grace aux humbles, vous la répandez
avec abondance dans ces petites vallées qui sont
propres à la contenir, pendant que ces montagnes pompeuses & superbes n'en peuvent recevoir une goutte sans la laisser écouler sur ces petits, qui s'en reconnoissent d'autant plus indignes, que plus ils s'en trouvent comblés.

v. 5. *Mais Dieu voyant que la malice des hommes étoit*
extrême sur la terre, & que toutes les pensées de leur
cœur étoient en tout tems appliquées au mal.

6. *Il se repentit d'avoir fait l'homme sur la terre ; &*
étant touché de douleur jusques au fond du cœur.

7. *Il dit : J'exterminerai de dessus la terre l'homme que*
j'ai créé ; depuis l'homme jusques aux animaux, depuis
les reptiles jusques aux oiseaux du ciel ; car je me répens
de les avoir faits.

(*a*) Jaques 4. v. 10.

L'expreſſion de l'Ecriture eſt admirable. Dieu peut-il *ſe repentir* ni être ſuſceptible de *douleur*? C'eſt pour exprimer combien Dieu a en horreur l'abus que l'on fait de ſes graces, & combien le mêlange de la chair avec l'eſprit, lui déplaît. Dieu a un deſir extrême de communiquer ſes graces aux hommes : il a les mains toujours pleines afin de les en combler : elles ſont, comme dit l'Epouſe (*a*), toutes d'or, façonnées au tour, & pleines d'hyacinthes ; marquant par là que l'excès de ſa charité lui fait diſtribuer ſes graces avec tant de profuſion, qu'il ne peut les retenir. Mais autant que ſa libéralité eſt grande en faveur des hommes, autant l'abus qu'ils font de ſes faveurs l'outrage, juſques-là, qu'il en eſt *touché juſques au fond du cœur.* Et pourquoi ? parce qu'il (*b*) porte tous les hommes dans le fond de ſon cœur, ainſi qu'il le dit; de ſorte que l'ingratitude de l'homme, & l'abus de ſes graces, eſt ce qui l'offenſe le plus. Que fait donc Dieu ? Il arrache à cet homme tout ce qu'il lui avoit donné : & du même bras dont il l'avoit gratifié, il prend le glaive vengeur, pour *exterminer* en l'homme même tout ce qu'il y avoit opéré. O homme ingrat, c'eſt ton orgueil & ta propriété qui fait d'un Dieu créateur un Dieu vengeur, & qui l'oblige à ne laiſſer rien en toi qu'il ne détruiſe, depuis les plus grandes choſes juſques aux plus petites!

v. 8. *Mais Noé trouva grace devant le Seigneur.*

9. *Noé fut un homme juſte, & parfait entre tous ceux de ſon tems : il marcha avec Dieu.*

Parmi un monde tout entier il ſe trouve un

(*a*) Cantiq. 5. v. 14.   (*b*) Iſa. 46. v. 3.

feul homme fimple & petit, qui *trouva grace de-*
vant Dieu. Et pourquoi trouva-t-il grace devant
Dieu ? L'Ecriture en donne la raifon en peu de
mots : c'eft *qu'il fut jufte;* & cette juftice l'empêcha
de rien ravir à Dieu de ce qui lui appartenoit,
& d'être coupable des crimes des autres hommes,
qui furent criminels en ce qu'ils furent injuftes,
dérobant à Dieu ce qui eft à lui, pour en faire un
miférable mêlange avec la nature & la corruption.

Il dit encore de Noé, qu'il *étoit parfait, entre*
tous les hommes de fon fiécle. Et d'où venoit cette
perfection ? C'eft qu'*il marcha* toujours *avec Dieu :*
il s'abandonna à lui en fuivant fa conduite,
demeurant attaché à fes voies, & rempli de fa
préfence. C'eft ce qui fit la perfection de Noé,
& qui feroit celle de tous les Chrétiens, s'ils vouloient bien marcher de cette forte. Mais l'oppofé
de cela, qui eft l'oubli de Dieu & la paffion de
fe conduire foi-même dans fa propre volonté,
fait tous les maux : & c'eft la caufe de la perte
des hommes.

v. 13. *Dieu dit à Noé : Je m'en vais faire périr tous*
les hommes. Ils ont rempli toute la terre d'iniquité,
& je les exterminerai avec la terre.

Comme l'homme péche fur la terre, c'eft-à-
dire, qu'il abufe du corps terreftre qui lui avoit
été donné, le faifant fervir au péché, au lieu de
l'affujettir à l'efprit ; Dieu punit l'homme *avec*
la terre, fe fervant du corps même pour fon
propre châtiment, & puniffant fouvent le péché
par le péché même : ce qui arrive lorfque Dieu
par un jufte arrêt livre l'homme à lui-même, &
le laiffe en proie à fes paffions ; ainfi qu'il eft dit
dans un Pfaume (*a*) : je les ai abandonnés aux

(*a*) Pf. 80. v. 13.

defirs de leurs cœurs, ils ſuivront l'égarement de leurs penſées.

v. 22. Noé donc accomplit tout ce que Dieu lui avoit commandé.

Avant que d'être reçu dans l'arche du ſalut, qui eſt Dieu même, il faut avoir *accompli tous ſes commandemens*, & avoir obéï à toutes ſes volontés; non-ſeulement quant aux actions extérieures, mais auſſi quant à la pureté intérieure, qui ne ſe peut acquérir que par l'obſervation de la loi d'eſprit & de vie.

CHAPITRE VII.

v. 1. Le Seigneur dit à Noé: Entrez dans l'arche, vous & toute votre maiſon; parce que je vous ai trouvé juſte devant moi entre tous ceux qui vivent aujour-d'hui ſur la terre.

DANS tout un monde il ſe trouve *un ſeul* homme *juſte*, digne *d'entrer dans l'arche*, qui eſt Dieu même. Cependant il y a parmi nous tant de gens qui croient être en Dieu. Il faut être juſte pour y entrer, c'eſt-à-dire, n'avoir rien uſurpé de Dieu, ou lui avoir reſtitué toutes les uſurpations que l'on lui avoit faites, laiſſant Dieu en lui-même & tout ce qui lui appartient, pour demeurer dans notre néant. C'eſt là la juſtice qu'il faut avoir pour être reçu en Dieu par une très-intime union.

v. 12. La pluie tomba ſur la terre pendant quarante jours & quarante nuits.

20. L'eau s'éleva de quinze coudées plus haut que le ſommet des montagnes, qu'elle avoit gagnées.

21. Toute chair qui ſe remuoit ſur la terre en fut

confumée; les oifeaux, les animaux, toutes les bêtes & tous les reptiles qui rampent fur la terre, & tous les hommes.

22. *Et tout ce qui a vie, & qui refpire fur la terre, mourut.*

23. *Il ne demeura que Noé feul, & ceux qui étoient avec lui dans l'arche.*

C'eft ici une belle figure de ce qui fe paffe dans l'état intérieur, où il faut que *tout* l'humain & le naturel, quel qu'il foit, foit entierement *fubmergé & noyé dans les eaux* de l'amertume & de la douleur, afin que *Noé*, qui repréfente ici le fonds de l'ame, refte *feul fauvé*, & qu'il paffe en Dieu même. Mais il faut que ces eaux *s'élevent au-deffus des plus hautes montagnes*, c'eft-à-dire, que les puiffances mêmes de l'ame en foient fubmergées. Mais fi cet état eft douloureux & affligeant pour celui qui l'éprouve, il doit fe confoler d'une chofe, qui eft, que le péché fe noie avec le pécheur, & qu'*il ne refte plus que* le jufte *tout feul*, qui n'eft autre que l'homme excellemment juftifié par fa perte & fon anéantiffement.

Le *Déluge* marque encore les paffions & le tumulte du fiecle. Tous y font fubmergés, à la réferve de ceux qui font en Dieu comme dans une *arche*, où ils vivent en affurance. Il y en a peu de ceux-ci, quoiqu'il y en ait de toutes efpeces, c'eft-à-dire, de tout fexe, de tous âges & de toutes conditions.

L'on fait que l'arche eft auffi la figure de l'Eglife.

CHAPITRE VIII.

V. 1. *Mais Dieu s'étant fouvenu de Noé, de toutes les bêtes & de tous les animaux domeftiques qui étoient* *dans l'arche avec lui , il fit souffler le vent sur la terre , & les eaux commencerent à diminuer.*

2. *Les sources de l'abîme & les cataractes du ciel furent fermés; les pluies qui tomboient du ciel furent arrêtées.*

3. *Et les eaux coulant sur la terre de côté & d'autre commencerent à diminuer après cent cinquante jours.*

4. *Le vingt-septieme jour du septieme mois , l'arche se reposa sur les montagnes d'Arménie.*

D I E U *se souvient* de ce fonds & centre de l'ame, qu'il avoit conservé seul, inconnu, parmi une si étrange inondation. D'où vient que l'Ecriture ne fait ici mention que *de Noé & des bêtes,* & qu'elle ne parle point de sa famille? C'est que toute sa famille étoit renfermée en Noé, & que tout se trouve sauvé en lui : de même les plus nobles productions de l'ame se trouvent sauvées par le moyen du centre. Dieu perdant le centre de l'ame en lui, y perd aussi toutes ses opérations, & ses facultés qui semblent comme interdites & absorbées , enforte qu'elles perdent leurs fonctions : mais c'est pour les sauver que Dieu les perd de la sorte, & il ne les sauve qu'en faveur de l'ame : c'est pourquoi il n'en est point fait de distinction.

Dieu se souvient aussi *de toutes les bêtes,* c'est-à-dire, de tout ce qui appartient à la partie inférieure , afin de la retirer de l'oppression & du naufrage.

C'est alors que *ce débordement des eaux s'arrête :* ce n'est pas alors l'inondation des eaux de la grace : ce sont les eaux de colere & d'indignation , & les torrens de la vengeance qui sont débordés. Mais, ô bonté de mon Dieu ! vous ne voulez perdre que le criminel : vous ne voulez que l'extinction du péché dans la source , & dans toutes ses parties ; & vous ne le noyez de la sorte que pour conserver le juste dans la véritable justice : c'est cette belle portion de la Divinité , répandue dans l'ame presque défigurée par la nature corrompue , & par le péché qui l'environnoit. Le déluge n'est que pour noyer cette nature corrompue en ce qu'elle a de mauvais ; mais Dieu sauve ce qu'elle a de bon , & qui vient immédiatement de lui, représenté par les bêtes sauvées dans l'arche.

Mais comment Dieu arrête-t-il ce déluge, & de quels moyens doit-il se servir pour cela ? C'est qu'il envoie *un souffle* vivant & vivifiant de son Esprit, qui desséche les eaux de l'iniquité, & qui redonne la vie à toutes choses, suivant ce beau (*a*) passage : vous envoyerez, Seigneur, votre Esprit, & elles seront créées de nouveau ; & vous renouvellerez la face de la terre.

Lorsque ce vent de salut vient souffler sur l'ame, il *l'agite* d'abord d'une telle sorte, qu'elle ne peut point discerner s'il souffle pour son salut ou pour sa perte ; quand tout-à-coup elle est étonnée de voir : *Que l'arche se repose sur les montagnes d'Arménie* ; c'est-à-dire, que la paix & la tranquillité commencent à paroître sur la pointe & sur la partie suprême de l'Esprit, où Dieu se découvre par un petit rayon de sa Majesté, qui fait comprendre à cette ame que sa perte n'est pas sans ressource, & qu'il y a quelque espoir de salut pour elle.

y. 6. *Quarante jours après , Noé ouvrant la fenêtre de l'arche qu'il avoit faite , laissa aller le corbeau.*

(*a*) Pseaum. 103. v. 30.

7. *Qui fortit & ne revint plus, jufqu'à ce que les eaux fuffent féchées fur la terre.*

Le *corbeau* défigne l'ame propriétaire & pleine de propres volontés, qui s'arrête à tout ce qu'elle rencontre : tout eft pour elle un repos, mais un repos trompeur, parce qu'elle y trouve auffi-tôt de l'inftabilité.

v. 8. *Il envoya auffi la colombe après le corbeau, pour voir fi les eaux avoient ceffé de couvrir la terre.*

9. *Laquelle ne trouvant point où affeoir fon pied, parce que la terre étoit toute couverte d'eaux, retourna à lui en l'arche ; & Noé étendant la main la prit, & la remit dans l'arche.*

Mais *la colombe* repréfente l'ame abandonnée & déja abîmée & transformée en Dieu, laquelle fort de Dieu pour agir au dehors, fi telle eft fa volonté ; je veux dire, qu'elle fort de fon repos myftique, lorfque Noé, qui en cet endroit repréfente Dieu, la met dehors pour le bien du prochain : toutefois comme il n'y a rien pour elle fur la terre, elle n'y trouve aucun lieu où elle puiffe *repofer fon pied*, c'eft-à-dire, fur quoi elle puiffe s'appuyer : c'eft pourquoi, fans s'arrêter à rien, elle revient dans le repos myftique, où le divin *Noé* lui *tendant la main, la reçoit* en lui. Ceci repréfente l'état anéanti, où l'ame ne trouve plus rien pour elle fur la terre.

v. 10. *Ayant attendu encore fept autres jours, il envoya une autre fois la colombe hors de l'arche.*

Sept jours après, qui repréfentent les années de l'anéantiffement parfait, elle eft *remife hors de l'arche* : & alors elle trouve par-tout fon repos, comme dans l'arche même, tout le monde lui étant devenu Dieu ; alors elle s'arrête par-tout

ſans s'arrêter en aucun lieu : & c'eſt ici la vie
Apoſtolique.

v. 11. *Elle revint à lui ſur le ſoir, portant en ſon
bec un rameau d'olivier, dont les feuilles étoient
toutes vertes. Noé donc reconnut que les eaux s'étoient
retirées de deſſus la terre.*

Elle porte par-tout le ſigne de la paix, mais
ſans en rien retenir pour elle : elle la *porte au divin
Noé.* Cette ame, dans la vie Apoſtolique, ne
prend rien pour ſoi de ce qu'elle fait pour Dieu;
mais avec une fidélité admirable, elle lui *rapporte
le rameau d'olivier :* & c'eſt alors qu'elle, & tous
ſes ſemblables qui étoient encore renfermés &
retrécis dans l'arche, peuvent en ſortir en toute
aſſurance, & n'avoir plus aucun beſoin, ni aucun
moyen de ſe garantir du déluge. Ils ne ſont plus
reſſerrés ni ſoutenus par rien de créé, & tout eſt
ſalut pour eux ſans nulle aſſurance de ſalut. C'eſt
à cela que l'on *reconnoît que les eaux ſe ſont retirées,*
& qu'il n'y a plus rien à craindre pour ces ames
ſur la terre, à moins que par quelque dangereux
retour ſur elles-mêmes, elles ne donnent entrée
à l'infidélité : ce qui eſt néanmoins difficile dans
ce degré.

v. 15. *Alors Dieu parla à Noé & lui dit :*
16. *Sortez de l'arche, vous & votre femme, vos fils,
& les femmes de vos fils.*

Ceci repréſente le ſoin que Dieu prend des ames
qui lui ſont abandonnées, & qui ne ſongent qu'à
vivre en repos dans l'arche de la réſignation
parfaite. Il les avertit de chaque choſe en ſon
tems. C'eſt en quoi le ſoin que Noé prit d'envoyer
la colombe, paroîtroit inutile & injurieux à la
Providence, s'il n'étoit auſſi myſtérieux qu'il
l'eſt

l'eft. Apprenez, ô ames qui êtes dans l'arche par l'ordre de Dieu, c'eft-à-dire, dans le repos myf- tique, qu'il n'en faut pas fortir pour les exercices de la vie apoftolique, finon par le même ordre de Dieu, qu'il vous marquera à chaque moment par fa Providence.

v. 20. Or Noé dreſſa un autel au Seigneur; & prenant de tous les animaux, & de tous les oiſeaux purs, il lui en offrit en holocauſte ſur cet autel.

21. Et le Seigneur en ayant reçu une odeur très-agréable, dit : Je ne donnerai plus ma malédiction à la terre à cauſe des hommes.

C'eft alors que les *ſacrifices* de l'ame font d'une excellente *odeur devant Dieu* : il n'y a plus rien en eux de fale ni d'impur. Tant que l'ame eft dans l'arche, c'eft-à-dire, dans le repos divin qui précede la vie apoftolique par état, elle n'offre point de facrifices, tout ayant ceffé chez elle. Mais dès qu'elle eft mife en pleine liberté, elle *offre* enfuite *des ſacrifices*, dont *l'odeur eſt très- agréable à Dieu :* ce qui n'avoit point été jufques alors : car il n'eft point dit avant ce tems que les facrifices euffent été de bonne odeur devant Dieu. Or l'odeur de ce facrifice lui eft fi agréable, à caufe de fa pureté & de fa fimplicité, qu'il eft comme contraint de jurer, qu'il ne *donnera plus ſa malédiction à cette terre :* les petites fautes de cette ame, dit Dieu, ne me feront prefque plus défa- gréables ; parce qu'elle eft innocente, & qu'il n'y a plus de malice en elle : il ne lui refte plus que la foibleffe de fon origine : je ne lui oterai plus cette vie, parce qu'elle n'eft pas corrompue com- me la premiere, & qu'elle fubfifte en moi.

Tome 1. Geneſe. E

CHAPITRE IX.

v. 1. Dieu bénit Noé & ses enfans, & leur dit : Croissez, & multipliez, & remplissez la terre.

C'EST alors que l'on *multiplie sur la terre* par les ames que l'on gagne à Jésus-Christ, & pour la justice, & pour l'intérieur.

v. 2. Je vous ai remis tous les animaux entre les mains, tout ce qui se remue sur la terre, & tous les poissons de la mer.

3. Nourrissez-vous de tout ce qui a vie & mouvement.

L'homme est rétabli dans un état d'innocence après les afflictions du déluge, & il en goûte les avantages ; ce qui est marqué par *le pouvoir* qu'il reçoit sur *tous les animaux,* & la liberté de *manger de tout.*

v. 4. J'excepte seulement que vous ne mangerez point la chair avec le sang.

Cependant il lui est fait un nouveau commandement ; non plus de ne manger, ni du fruit de la science, ni d'aucune chair : mais seulement *de ne pas manger la chair avec le sang,* ni le sang séparément. Cette division de la chair d'avec le sang, marque la division de l'esprit & du sens, qui ne doivent jamais plus se réunir, si non dans le parfait ordre de Dieu après leur purgation.

v. 9. J'établirai mon alliance avec vous, & avec votre race après vous.

Alors Dieu fait *alliance* avec l'homme, par l'union la plus intime, le transformant en lui.

C'eſt le mariage ſpirituel qui ne peut plus être rompu.

C'eſt pourquoi Dieu donne un gage & un ſigne de cette alliance, & il le place dans le ciel : c'eſt-à-dire, qu'il rend cette ame ſi immobile, & ſi fort au-deſſus de tout, qu'elle ne peut plus craindre le déluge : parce que ſa transformation la rend auſſi immobile que le ciel même eſt invariable, & la tient à couvert de toute attaque.

v. 12. *Dieu dit : Voici le ſigne de l'alliance que j'établirai avec vous, qui durera dans la ſuite de tous les ſiecles.*

C'eſt l'immobilité, & l'état *permanent* d'une ame qui eſt dans l'union & dans la transformation.

v. 13. *Je mettrai mon arc dans les nuées, afin qu'il ſoit le ſigne de l'alliance que j'ai faite avec la terre.*

14. *Et lors que j'aurai couvert le ciel de nuages, mon arc paroîtra dans les nuées.*

Lors que l'ame ſera *couverte des nuages* des afflictions extérieures; *ce ſigne* d'immobilité fonciere ne laiſſera pas de *paroître* malgré ces nuées : au contraire, ce ſera dans elles-mêmes qu'elle ſe fera le plus remarquer; ainſi que *l'arc-en-ciel* ne paroit que ſur la nue. C'eſt la marque infaillible de l'état transformé ; tous ceux qui n'y ſont pas encore arrivés, ayant de tems en tems des viciſſitudes, & leur immobilité n'étant pas encore permanente pour toujours.

v. 20. *Noé étant laboureur commença d cultiver la terre, & il planta la vigne.*

Noé eſt la figure de Notre Seigneur Jéſus-

Chrift, qui vient de nouveau *cultiver* notre *terre* redevenue inculte par le péché, & fubmergée par les eaux du déluge : de ftérile qu'elle étoit, il la rend féconde : il donne facilité à l'extérieur de s'employer à toute forte de bien. Mais comment la cultive-t-il, & qu'eft-ce qu'il y *plante* ? *la vigne* : c'eft la figure de la charité. Jéfus-Chrift venant dans l'ame qui eft arrivée en Dieu par la perte de toute chofe, & s'y incarnant d'une maniere myftique, y *plante la vigne*, c'eft-à-dire, au fens de l'Epoufe, (*a*) il y ordonne la charité. Or comme le raifin a cela de propre, qu'il donne tout aux autres, & ne retient rien pour foi ; de même la parfaite charité vuide l'homme qui en eft rempli, & ne lui laiffe poffeder aucune chofe qu'il ne la diftribue.

v. 21. *Et ayant bu du vin il s'enyvra, & parut nud dans fa tente.*

Comme Jéfus-Chrift ne vient dans l'ame que pour la rendre participante de fes états, il les lui fait tous porter avec un ordre merveilleux. Jefus-Chrift *a bu du vin* : il a bu dans la coupe, & s'en eft enyvré. Cela s'entend en deux manieres : premierement, des opprobres qu'il a foufferts, comme dit le Prophête, (*b*) jufqu'à en être raffafié : fecondement, du vin de la fureur de Dieu, qui s'eft repandue fur lui à caufe des péchés des hommes. C'étoit de cet épouvantable calice qu'il demandoit à fon Pere d'être exempt : (*c*) que ce calice paffe, lui dit-il ; toutefois que votre volonté foit faite.

Il envifagea fa paffion en deux manieres, ou plutôt, il fépara deux liqueurs dans fon calice :

(*a*) Cantiq. 2. v. 4. (*b*) Thren. 3. v. 30. (*c*) Mat. 26. v. 39.

La premiere fut celle des opprobres & des fouffrances ; & ce fut de celle-là qu'il défiroit d'être
raffafié, comme il témoignoit à fes difciples ;
(a) qu'il avoit un grand defir de faire la Pâque
avec eux avant que de fouffrir. Dans cette Pâque,
il but ce premier calice, & il en fut fi enyvré,
que dès-ce moment il ne fongea plus à autre chofe qu'à aller au devant des tourmens. L'autre calice fut celui du jardin, qui étoit la fureur de Dieu
fur les péchés des hommes. O celui-là étoit fi
horrible, qu'après l'avoir bû, il changea ce vin
en fang, & fua le fang par tout fon corps, comme pour dire : O Pere éternel, Dieu jufte & vengeur d'un crime qui mérite encore plus de châtiment & d'indignation que celle que vous faites
paroître ! je bois toute votre fureur & la change
en mon fang, afin que mon fang l'appaife en faveur des hommes ! Que le premier calice, qui
eft celui de la fouffrance, paffe à mes élus & à mes
bien-aimés : car c'eft feulement de celui-là que je
leur dis : (b) buvez-en tous, & (c) vous eni-
vrez mes amis. Mais pour le calice de votre fureur, qu'il fe termine à moi, ou plutôt, qu'il
paffe outre, & qu'il aille par-tout exterminer le
péché, en épargnant le pécheur.

Lorfque J. Chrift vient dans une ame véritablement anéantie, qui ne vit plus en elle même,
mais en qui Jéfus-Chrift vit feul, il y acheve ce
(d) qui manque à fa paffion, c'eft-à-dire, qu'il
y fait l'extenfion de cette même paffion, & pour
l'ordinaire il l'enyvre de fon premier calice : mais
il referve le dernier pour les ames choifies, & il
le leur fait boire en deux tems différens ; l'un eft,

(a) Luc 22. v. 15. (b) Matth. 26. v. 27. (c) Cant. 5. v. 1.
(d) Coloff. 1. v. 24.

lorfqu'il extermine leurs propriétés & qu'il les
anéantit: c'eft alors qu'une telle ame n'éprouve
plus rien en elle que la fureur & l'indignation
de Dieu. L'autre tems, c'eft lorfqu'elle eft devenue un autre Jéfus-Chrift : ô, alors elle boit
ce calice de fureur pour les péchés des autres
comme Jéfus-Chrift ; mais avec tant d'horreur,
que Dieu lui cache que ce foit pour les autres
tant que fon indignation dure, & ne le lui découvre qu'après, ou tout au plus, en lui demandant
fon confentement. Car Dieu demande d'ordinaire le confentement de l'ame avant que de
la faire fouffrir pour le prochain ; & c'eft alors
que l'ame eft mue à fe facrifier à la juftice de
Dieu, & à toutes fes volontés.

Cette *nudité*, dans laquelle *Noé* parut dans fon
yvreffe, marque l'état de nudité dans lequel
doivent être les ames enyvrées des afflictions, des
opprobres & ignominies, auffi bien que celles qui
boivent le calice de la colere de Dieu. Il les tient
dans un fi entier dépouillement de toutes les graces fenfibles & apperçues, de tous les dons &
communications, qui leur fervoient comme d'un
vêtement pour couvrir ce qui peut leur caufer
de la confufion, qu'enfin elles paroiffent fouvent & à leurs yeux & à ceux des autres dans une
honteufe nudité. L'on ne voit plus en ces perfonnes que foibleffe & impuiffance : étant dépouil-
lées de la force de Dieu, toutes leurs miferes,
qui étoient cachées fous l'abondance des graces,
fe découvrent ; enfin elles paroiffent aux yeux
des créatures d'une maniere très-abjecte. C'eft
l'état de Jéfus-Chrift même fur le Calvaire, qui
non content de s'enyvrer des opprobres & de
l'ignominie, voulut être nud ; & cette nudité
extérieure, honteufe en apparence, n'étoit

que la figure du dépouillement de son ame, qui fut si grand, qu'il s'écria même; (a) mon Dieu, mon Dieu! pourquoi m'avez-vous abandonné? Vous qui êtes mon unique soutien, comment m'avez-vous délaissé! Comme il est l'exemple du dépouillement des ames dans l'état de sacrifice où il les tient, il doit être aussi leur unique consolation.

v. 22. Ce qu'ayant vu Cham, pere de Chanaan, [à savoir que son pere étoit honteusement découvert,] il sortit pour l'aller dire à ses freres.

23. Mais Sem & Japhet ayant étendu un manteau sur leurs épaules, & marchant en arriere, couvrirent en leur pere ce que la pudeur vouloit être caché.

Il est de deux sortes de personnes qui *voyent* ces ames dans leur *nudité*. Les unes comme *Cham*, s'en moquent, en murmurent, en font des railleries, & prennent de là occasion de décrier l'Esprit de Dieu, voyant ces personnes être devenues si foibles après avoir été si fortes. D'autres au contraire, les *couvrant du manteau* de leur charité, excusant leurs défauts, & les regardant dans la source, comme un dépouillement qui est causé par l'abondance du vin de l'absinte, de la douleur & de l'opprobre dont ils ont été enyvrés, ils considerent cela comme un effet de la bonté de Dieu, qui détruit en eux le péché & tout son appanage, afin d'y demeurer seul: & ceux-ci sont *bénis* de Dieu durant que les premiers reçoivent le châtiment de leur témérité. Il faut excuser tout ce qui est excusable; & pencher plutôt vers la miséricorde, que du côté de la rigueur.

[a] Matth. 27. v. 46.

CHAPITRE XI.

v. 1. Toute la terre n'avoit alors qu'une même bouche & un même langage.

C'EST l'uniformité des ames forties du déluge, qui véritablement parlent toutes *un même langage,* parce qu'elles font (*a*) toutes enseignées de Dieu ; & qui n'*ont qu'une même bouche,* puifque c'eft un même (*b*) Efprit qui s'énonce par elles.

v. 4. Ils dirent : Bâtiffons-nous une ville & une tour qui foit élevée jufqu'au ciel ; & rendons notre nom célebre avant que nous nous difperfions dans toute la terre.

C'eft la peinture des ames qui afpirent à être faintes par leurs propres œuvres, & qui croient en pouvoir venir à bout par leurs efforts naturels, quoique fans connoître affez leurs méprifes. Ces gens fubtilement préfomptueux, amaffent & en-taffent pratique fur pratique, afin, difent-ils, de nous rendre faints. Ils attendent tout de leurs pro-pres efforts : & fans penfer à ce qu'ils font, ils croyent faire la loi à Dieu. C'eft pourquoi l'E-criture dit, qu'ils bâtiffoient de briques & de ci-ment, marquant par là que tout étoit de l'inven-tion de l'homme.

v. 5. Or le Seigneur defcendit pour voir la ville & la tour que bâtiffoient les enfans d'Adam.

Dieu s'abaiffa pour *voir* leur témérité, la vani-té de leurs ouvrages, & les productions de leurs caprices ; parce qu'il ne bâtiffoit pas lui-même.

[a] Jean 6. v. 45. [b] Matth. 10. v. 20.

v. 7. *Et il dit : Venez donc ; descendons en ce lieu, & confondons-y leur langage, afin qu'ils ne s'entendent plus les uns les autres.*

Ils *changent de langage*, cause que s'étant retirés de la simplicité de l'action, ils se tirent aussi de la simplicité du discours, & que Dieu leur laisse perdre ce premier langage d'innocence, qui n'étoit plus conforme à leurs œuvres. Ce fut là le commencement du trouble & de la confusion : l'agir propre fait tout le trouble & toute la confusion de l'intérieur. Les hommes ayant perdu le langage de Dieu, qui est simple & unique, ont tous un différent langage.

v. 8. *Ainsi le Seigneur les dispersa de ce lieu dans tous les pays du monde ; & ils cesserent de bâtir cette ville.*

9. *C'est pour cette raison que cette ville fut appellée Babel, c'est-à-dire, confusion.*

Dès-lors ils ne sont plus unis. *Le Seigneur les disperse* ; & le plus souvent ils sont contraints de tout *quitter*, ne pouvant rien avancer, ni se faire entendre des autres, ni écouter Dieu. Dieu s'éloigne d'eux, & les *disperse* à cause de leur *confusion* intérieure, causée par leurs pratiques propriétaires. L'arche, fabriquée par l'ordre de Dieu, fut la demeure de la paix : *Babel*, bâtie par les hommes, fut le séjour du trouble & de la *confusion.*

v. 29. *La femme d'Abram s'appelloit Saraï ;*
30. *Elle étoit stérile & n'avoit point d'enfans.*

Sara est stérile dans son propre pays : de même l'ame qui est encore en elle-même, ne peut être féconde.

CHAPITRE XII.

v. 1. Le Seigneur dit à Abram: Sortez de votre terre, de votre parenté, & de la maison de votre pere, & venez en la terre que je vous montrerai.

C'EST la figure de la vocation de l'ame pour *sortir* d'elle-même. Dieu *lui parle* au fond du cœur, & lui apprend qu'il y a une autre *terre* que celle où elle habite; & que si elle est fidelle à le suivre par un abandon total, il la *lui montrera* & l'y introduira.

v. 2. Je ferai sortir de vous un grand peuple: Je vous bénirai, & rendrai votre nom célèbre; & vous serez bénis.

Dieu promet de plus à cette ame, que lors qu'elle sera arrivée à cette terre, qui est le repos en Dieu, elle aura *un grand peuple*, & sera *glorifiée*. Il ne lui demande pour tout cela, sinon qu'elle s'abandonne à lui par le renoncement d'elle-même, & qu'elle se laisse conduire à lui dans un entier délaissement.

v. 3. Je bénirai ceux qui vous béniront, & je maudirai ceux qui vous maudiront : & tous les peuples de la terre seront bénis en vous.

Qui n'admirera combien Dieu s'intéresse pour les ames qui s'abandonnent à lui, comme il prend lui-même en main leur défense, comme à leur considération il fait miséricorde à tant de monde, & les *bénédictions* qu'elles attirent sur toutes les personnes qui leur sont unies ? Ceci est si réel & si véritable, que ceux qui en ont l'expérience, seront ravis de le voir si bien marqué

fous ces figures ; & ils feront charmés de voir
l'ordre tout naturel dans lequel toutes ces chofes font exprimées, même dans les anciennes
Ecritures.

v. 4. *Abram donc fortit, comme le Seigneur le lui avoit*
commandé.

. Cette obéiffance fi exacte d'Abraham marque
la fidélité & la promptitude avec laquelle l'ame
doit *fortir* d'elle-même pour fuivre Dieu.

v. 7. *Le Seigneur apparut à Abram, & lui dit : Je*
donnerai cette terre à vôtre poftérité.

. Les promeffes de Dieu font toujours infaillibles,
quoi qu'elles ne s'exécutent pas toujours felon
la penfée de celui à qui elles ont été faites. Les
perfonnes qui dans le commencement & durant
la voie ont des promeffes ou des paroles intérieures, ne doivent pas s'y arrêter, ni en porter aucun jugement, ni leur donner nulle interprétation. La vérité de ces paroles eft en Dieu, & elles ne font rendues véritables pour nous que
dans leur exécution, laquelle très-fouvent eft
toute contraire à notre attente.

v. 7. *Abram dreffa un autel au Seigneur, qui lui*
étoit apparu ;

8. *Et étant paffé de là vers la montagne qui eft à l'O-*
rient de Bethel, il y tendit fa tente, ayant Bethel à
l'Occident & Haï à l'Orient. Et il dreffa encore en ce
lieu un autel au Seigneur, & invoqua fon nom.

9. *Abram alla encore plus loin, marchant & s'avan-*
çant vers le midi.

Cet autel qu'Abraham dreffa au Seigneur au même
lieu qu'il lui étoit apparu, nous apprend qu'il faut

toujours faire à Dieu des sacrifices de toutes
les graces qu'il nous fait, & dans le même lieu
où il nous les fait, ne les recevant que pour les
renvoyer avec fidélité à leur principe. Il est peu
d'ames qui faffent comme Abraham : chacun
s'approprie les graces de Dieu, & les retient en
foi. Cela va même fi avant, que l'on s'afflige fouvent lorfqu'il les retire ; on s'en plaint à lui-même, comme s'il nous déroboit quelque chofe du
nôtre. Cependant il ne prend que ce qui eft à lui :
fi nous n'étions point propriétaires, quoique
Dieu retirât fes faveurs, nous n'y ferions pas
même attention : & comme nous ne nous y ar-
rêterions point en les recevant, & qu'au contraire nous les outrepafferions toutes, nous les
laifferions auffi reprendre fans reflexion à celui
qui les donne. Cependant on ne voit autre chofe que des perfonnes qui fe plaignent de la fouf-
traction des confolations & des graces fenfibles,
& l'on fait paffer cela pour grandes peines intérieures ; & néanmoins ce n'eft rien autre chofe
que de grandes propriétés.

Vous me direz fans doute, que vous ne vous
affligez pas de la privation de ces dons ; mais que
ce qui vous afflige, c'eft que vous craignez d'y
avoir donné lieu par vos infidélités. O fourbe-
rie de la nature, que vous vous cachez bien fous
des prétextes ! Si c'eft la crainte, mes freres, de
nos infidélités qui nous afflige, humilions-nous
de ces mêmes infidélités qui ont donné lieu à
Dieu d'en ufer de la forte, & foyons en même
tems ravis qu'il nous prive de fes biens, & qu'il
ne nous les donne pas, de peur que nous n'en abu-
fions : encore nous devons avoir une fainte alé-
greffe de ce qu'il fe fait juftice à lui - même.
C'eft-là la difpofition de l'ame vraiement hum-

ble : loin donc de se plaindre & allarmer de ces privations, & d'en rompre tous les jours la tête aux Directeurs, on doit être humblement joyeux de ces soustractions, & ne desirer jamais autre chose que ce que l'on a.

Il est encore dit, qu'*Abram dressa un autel en un autre lieu ;* pour marquer qu'il alloit de sacrifices en sacrifices. Et il est ajouté, qu'il *avançoit encore plus vers le midi ;* pour faire connoître qu'il outre-passoit toutes choses pour aller à Dieu seul.

v. 10. *Il survint une grande famine en ce pays-là* —

L'ame abandonnée doit être fidelle, ainsi qu'Abraham, à ne point s'étonner des sé-cheresses, & de ne voir que des afflictions & des croix dans un chemin où Dieu sembloit ne lui promettre que des douceurs : elle doit suivre Dieu infatigablement au travers de toutes ses amertumes, sans jamais s'arrêter ni se décourager.

v. 11. *Abraham dit à Saraï sa femme,* —

13. *Dites, je vous prie, que vous êtes ma sœur, afin qu'on me traite bien à cause de vous, & que l'on me sauve la vie en votre considération.*

Cette faute apparente d'Abraham, par laquel-le il semble user de quelque déguisement, & ex-poser l'honneur de sa femme pour conserver sa vie, nous apprend par l'usage que Dieu en fit, le soin qu'il prend de raccommoder lui-même les fautes & les égaremens que la crainte & la foi-blesse fait commettre à ces ames, lorsqu'elles ne sortent pas de l'abandon, & qu'elles ne quittent pas la voie que Dieu leur a enseignée, dès-qu'el-les se donnerent à lui. Cette conduite divine sur Abraham, & cette permission paroit si admira-ble à ceux qui sont dans la lumiere de vérité, qu'il faudroit des volumes infinis pour l'expliquer tout au long.

v. 17. *Le Seigneur frappa de grandes playes Pharaon, & toute sa maison, à cause de Saraï femme d'Abram.*

Dieu *châtie Pharaon* d'une innocente faute, qui selon l'apparence, étoit plus en Abraham qu'en lui : & il recompense Abraham d'un manquement qui paroissoit réel. Qui pénètrera les secrets jugemens de Dieu ? Mais qui peut assez admirer la sureté de l'abandon, lorsque tout semble le plus désesperé ? O, Dieu sauve & la vie d'Abraham, & l'honneur de sa femme, à cause de la foi de ce Patriarche qui les lui avoit pleinement délaissés.

CHAPITRE XIII.

v. 1. *Abram donc étant sorti de l'Egypte avec sa femme & tout ce qu'il possédoit, & Lot avec lui, alla du côté du Midi.*

2. *Il étoit extrêmement riche, & possédoit beaucoup d'or & d'argent.*

3. *Et il revint par le même chemin qu'il étoit venu du Midi jusqu'à Bethel, jusqu'au lieu où il avoit auparavant dressé sa tente entre Bethel & Haï.*

4. *Où étoit l'autel qu'il avoit bâti ; & il invoqua en ce lieu là le nom du Seigneur.*

IL n'y a rien dans l'Ecriture qui n'ait une signification admirable. Il est dit qu'*Abram alloit du côté du Midi* ; c'est comme nous l'avons expliqué, qu'il alloit toujours à Dieu ; & cependant il est ajouté, qu'*il revint par le même chemin qu'il étoit venu du Midi jusqu'à Bethel.* Qu'est-ce que cela fignifie ? il paroit en cela de la contrariété : cependant il n'y en a point. C'eft que tous les chemins conduifent à Dieu. Celui qui ne s'arrête à aucun, & qui fe fert de tout ce qu'il rencontre & de tout ce qui lui arrive pour courir à Dieu avec impétuofité, le trouve affurément.

Auffi eft-il ajouté, qu'il *avoit bien des richeffes* : mais il les porta au lieu de *l'autel*, c'eft-à-dire, qu'il les facrifioit toutes à Dieu, & qu'il avançoit également vers lui par quelque chemin que ce fut, foit qu'il fut conduit par la profpérité, ou par l'adverfité : tout lui étoit *un même chemin* pour aller à Dieu & *invoquer fon nom*.

v. 6. *La terre ne leur fuffifoit pas pour pouvoir demeurer l'un avec l'autre, parce que leurs biens étoient fort grands, & ils ne pouvoient demeurer enfemble.*

7. *C'eft pourquoi il s'émut une querelle entre les pafteurs des troupeaux d'Abram & ceux de Lot.*

Les richeffes intérieures trop abondantes *diminuent la paix* & l'union entre les domeftiques, qui font les paffions. Elles s'y attachent & s'y appuyent : & les goûtant naturellement, elles donnent lieu à des empreffemens imparfaits.

v. 8. *Abram donc dit à Lot : Qu'il n'y ait point, je vous prie, de difpute entre vous & moi, ni entre vos pafteurs & les miens, parce que nous fommes freres.*

9. *Toute la terre eft à votre choix. Retirez-vous, je vous prie, d'auprès de moi : fi vous allez à la gauche, j'irai à la droite ; & fi vous choififfez la droite, je prendrai la gauche.*

10. *Lot donc levant les yeux, confidéra tout le pays fitué le long du Jourdain, qui avant que Dieu détruifit*

Sodome & Gomore, paroissoit un pays très - agréable, tout arrosé d'eau comme un paradis de délices.

Abraham, qui avoit la paix en lui - même, & la paix avec son Dieu, ne pouvoit supporter *une querelle entre ses pasteurs & ceux de* son parent, & sur-tout pour du bien qu'il tenoit de Dieu seul, & auquel il avoit si peu d'attache qu'il étoit prêt de le sacrifier mille & mille fois. Son abandon & son indifférence étoit si grande, qu'*il donna le choix* des pays à son neveu, quoique la préférence lui fut due. *Lot* bien éloigné de la foi, de l'abandon, & du détachement d'Abraham, *choisit pour lui le lieu le plus délicieux.* Combien y a-t-il de ces personnes qui cherchent dans le service de Dieu les délices de l'esprit, au lieu de n'y chercher que la mort, le renoncement, la croix, & les amertumes ? L'événement fera bien voir combien il est plus avantageux à Abraham de s'abandonner à Dieu, qu'à Lot de choisir.

v. 11. *Les deux freres se séparerent l'un de l'autre.*

Dieu ne se contente pas de tirer l'ame hors d'elle-même; il *la sépare* encore de tout ce qui pourroit la retarder, quelque bon qu'il soit ; ainsi qu'Abraham pouvoit être retardé dans la voie de Dieu par l'affection qu'il avoit pour Lot, ou être en danger de prendre quelque satisfaction naturelle en sa compagnie.

v. 14. *Le Seigneur dit à Abram, après que Lot se fut séparé de lui : Levez vos yeux, & regardez du lieu où vous êtes au Septentrion & au Midi, à l'Orient & à l'Occident.*

15. *Toute cette terre que vous voyez, je vous la donnerai, à vous & à votre postérité pour jamais.*

O ex-

O exceſſive bonté de Dieu à récompenſer une ame ſitôt qu'elle ſe quitte en quelque choſe pour l'amour de lui! Avec quelle tendreſſe parle-t-il à Abraham *après qu'il s'eſt ſéparé de Lot!* Une bonne choſe qui nous ſert d'appui & de compagnie, empêche la communication de Dieu, & arrête le cours de ſes graces. Ces promeſſes, réitérées à Abraham, ne s'accomplirent que (*a*) quatre cens ans après qu'elles lui eurent été faites ſelon la lettre, & après de ſanglantes batailles entre le peuple de Dieu & ſes ennemis; pour nous apprendre à ne donner ni ſens, ni tems, ni maniere, ni rien de déterminé aux paroles intérieures qui ſe diſent dans le cœur des ſerviteurs de Dieu.

v. 16. *Je multiplierai votre race comme la pouſſiere de la terre. Si quelqu'un d'entre les hommes peut compter la pouſſiere de la terre, il comptera auſſi vos deſcendans.*
17. *Allez, parcourez toute l'étendue de cette terre dans ſa longueur, & dans ſa largeur; parce que je vous la donnerai.*

Dieu eſt admirable dans ſes récompenſes, même temporelles: il les meſure, auſſi bien que les éternelles, à la nature des renoncemens qui ſe font pour l'amour de lui. Abraham ne s'eſt pas plutôt ſéparé de ſon neveu pour faire la volonté de Dieu, que Dieu lui *promet* pour le prix du ſacrifice d'un ſeul homme *une race* la plus *nombreuſe* qui fut jamais. Ce grand peuple lui fut promis pour ce premier renoncement, comme le ſacrifice qu'il fit d'Iſaac mérita d'avoir Jéſus-Chriſt dans ſa race. Lorſque nous nous ſéparons des créatures pour l'amour de Dieu, ſoit

____

(*a*) Actes 13. v. 20. Galat. 3. v. 17.

des amis felon la chair, foit même des fpirituels
imparfaits, Dieu nous donne pour cela un nombre inconcevable d'amis d'une autre forte, qui
font nos amis en lui & pour lui. Pour des enfans
& neveux que l'on a abandonnés pour fon amour,
il donne une multitude innombrable d'enfans
fpirituels ; ainfi qu'il eft promis en Ifaïe : *(a)* Ré-
jouiffez - vous , ftérile, qui n'enfantiez point ;
car celle qui étoit abandónnée, a plus d'enfans
que celle qui avoit un mari.

La terre que *Dieu promit* alors à Abraham n'é-
toit pas feulement cette terre matérielle qu'il
voyoit, mais c'étoit auffi la terre de fon cœur,
qui eft la récompenfe promife à ceux *(b)* qui ont
l'efprit doux. C'eft comme fi Dieu lui eut dit :
Préfentement que votre cœur eft dégagé de tout
ce qui pouvoit l'attacher à la terre, il fe poffé-
dera dans une parfaite liberté, qui n'aura non
plus de bornes que vos yeux n'en peuvent avoir
dans cette terre que je vous deftine; & comme
vous ne pouvez rien voir ici qui ne vous appar-
tienne, auffi êtes-vous maître de toutes chofes
par la fidélité de votre renoncement.

CHAPITRE XIV.

v. 11. *Les vainqueurs ayant pris le butin , emmenerent*
12. *Lot fils du frere d'Abram , qui demeuroit dans
Sodome , avec tout ce qui étoit à lui.*
16. *Abram ramena avec lui tout le butin qu'ils avoient
pris , Lot fon frere , avec tout ce qui étoit à lui, les
femmes & tout le peuple.*

ABRAHAM eft récompenfé pour s'être féparé
de Lot, & Lot eft puni pour s'être divifé d'A-

(a) Ifaïe 54. v. 1. (b) Matth. 5. v. 4.

braham. Les ames qui quittent tout pour Dieu, reçoivent pour lui de nouvelles faveurs avec un comble de paix & de tranquillité. Mais celles qui par intérêt, ou par défiance se séparent des justes, n'ont pour partage que la guerre, le trouble & le châtiment. *Lot* représente ceux qui se séparent des ames de foi & d'abandon, pour vivre en assurance dans la ville forte de la raison & de l'appui sur la créature, où néanmoins ils se trouvent encore plus en danger; tant à cause de l'instabilité des créatures, qui ne peuvent les soutenir, que parce que Dieu les délaisse justement à eux-mêmes à cause de leur présomption.

Le *secours* si favorable qu'*Abraham donne à son neveu*, marque le soin que les ames abandonnées prennent de ceux mêmes qui s'écartent d'elles, & comment elles ne laissent pas de les secourir au besoin.

v. 18. *Melchisedec Roi de Salem, offrant du pain & du vin, parce qu'il étoit prêtre du Très-haut.*

19. *Bénit Abram, en disant: Béni soit Abram du Dieu très-haut qui a fait le ciel & la terre.*

Il n'appartient qu'au seul *Melchisedec, sacrificateur du Dieu* vivant, de *bénir Abraham;* parce que lui seul connoît, & approuve la voie pure & sublime de l'abandon. C'est l'idée du Prêtre véritable, qui donne à l'ame une double réfection après le combat; l'une, de la parole de vie; & l'autre, de la Ste. Eucharistie.

v. 20. — *Abram donna à Melchisedec la dixme de tout ce qu'il avoit pris.*

Cette ame de foi voyant que celui qui lui est donné pour guide, est le Prêtre du Seigneur, sa

foumet à lui, le reconnoît pour tel, & *lui donne
la dixme* de ce qu'elle poſſéde, qui eſt, de lui
obéir pour l'amour de Dieu, & comme à Dieu
même.

v. 22. *Abraham dit au Roi de Sodome : je jure par le
Seigneur Dieu très-haut, poſſeſſeur du ciel, & de la
terre.*

23. *Que je ne recevrai rien de tout ce qui eſt à vous,
depuis un fil juſqu'à un cordon de ſoulier, afin que
vous ne puiſſiez pas dire que vous avez enrichi Abraham.*

C'eſt la généroſité des ames abandonnées &
qui marchent dans le chemin de la foi, que de
refuſer toutes les richeſſes & tous les ſoutiens des
puiſſances ; afin de n'avoir que Dieu ſeul. Elles
rejettent tout le reſte, & s'élevant par une ſainte
audace, juſqu'au ciel, elles ne trouvent rien qui
ſoit digne d'elles hors de Dieu, qui, comme leur
unique tréſor, les *enrichit* de lui-même.

C H A P I T R E XV.

v. 1. *Après cela le Seigneur parla à Abram en viſion,
& lui dit : Ne craignez point, je ſuis votre protecteur, & votre récompenſe infiniment grande.*

L'HOMME ne ſauroit donner à Dieu une plus
forte preuve de ſon amour, qu'en mépriſant
tout le reſte pour ſe contenter de lui ſeul ; c'eſt
pourquoi Dieu ſe hâte de lui en témoigner ſa
complaiſance par des paroles extrêmement ten-
dres, l'aſſurant qu'il eſt *ſon protecteur*, & qu'il
veut être lui-même *ſa récompenſe.* O bonheur inconcevable, Dieu veut être lui-même le rem-

placement de ces petites chofes que nous quittons pour lui! Vraiment, ô Paul, (a) il n'y a aucune proportion entre les maux de cette vie, & la gloire qui fera découverte en nous : car qu'eft-ce qui pourroit entrer en parallele avec la poffeffion d'un Dieu?

v. 2. *Abram lui répondit : Seigneur Dieu , que me donnerez-vous ? je mourrai fans enfans.*

3. — *Et le fils de mon ferviteur fera mon héritier.*

Ce fidele ferviteur fe voyant près de fa fin fans avoir reçu l'accompliffement des promeffes divines , & continuant de s'abandonner , cherche néanmoins quelque moyen de s'affurer pour l'avenir : ce qui eft défigné par *l'héritage ;* & il penfe à prendre des mefures.

v. 4. *Le Seigneur lui répondit auffitôt : Celui-là n'aura point votre héritage ; mais votre héritier fera celui qui naîtra de vous.*

5. *Puis l'ayant mené dehors , il lui dit : Levez les yeux au ciel , & comptez les étoiles , fi vous pouvez. C'eft ainfi , ajouta-t-il, que fera multipliée votre race.*

Dieu, dont la bonté eft infinie, vient vîtement au-devant rompre toutes les mefures que la foibleffe faifoit prendre à Abraham, par une affurance nouvelle qu'il lui donne du foin de fa providence ; mais comme ce pauvre abandonné étoit un peu rentré en lui-même par le foin qu'il avoit voulu prendre de l'avenir, Dieu l'en tire encore davantage : & par une fimple comparaifon *des étoiles*, il lui fait voir les effets de fon pouvoir, l'affurant de nouveau que fes promef-

(a) Rom. 8. v. 18.

fes font infaillibles, & qu'il eft tout puiffant pour les accomplir.

v. 6. *Abram crut au Seigneur : & la foi lui fut impu-tée à juftice.*

La foi eft ce que Dieu confidere le plus : ainfi *la foi* de cette perfonne qui continue fon aban-don, & qui fe délaiffe entre les mains de Dieu, eft confidérée de lui plus que toutes les actions de juftice qui ne font pas foutenues d'une fi gran-de foi ; parce que c'eft une foi animée d'un excès d'amour. Alors la foi & l'abandon lui fuffifent pour tout : & il n'a plus rien à faire qu'à vivre d'abandon & de foi.

v. 7. *Dieu lui dit encore : Je fuis le Seigneur qui vous ai fait fortir d'Ur des Caldéens pour vous donner cette terre, afin que vous la poffédiez.*

Pour exercer d'autant plus fa foi, & le main-tenir dans l'abandon, Dieu lui donne de nou-velles affurances de fes promeffes ; mais cette âme n'étant pas encore établie dans l'abandon & dans la foi par état permanent, vacille, & par infidélité demande des témoignages, fans con-fidérer qu'ils font autant oppofés à la perfection de la foi qu'ils ont d'oppofition à fon dénuement, & qu'arrêtant la créature à quelque chofe de créé, ils l'empêchent de n'avoir autre appui que (a) la bonté du Créateur.

v. 8. *Abram dit : Seigneur Dieu, comment connoî-trai-je que je dois la poffder.*

12. *Lorfque le Soleil fe couchoit, Abram fut furpris d'un profond fommeil, & une frayeur extrême & ténébreufe le faifit.*

(a) *Autr.* la vérité.

Dieu lui donne un témoignage, mais d'une maniere qui fait affez voir que fa défiance lui a déplû; car rien n'eft fi oppofé à la foi & à l'abandon que les témoignages. Il faut que le moment divin décide de tout, & que l'ame attende ce moment fans rien voir, fans fe mettre en peine de rien prévoir pour l'avenir, pas même quand le tems des promeffes paroîtroit paffé. Et c'eft le moyen d'éviter les tromperies que de ne s'arrêter à rien qu'à ce moment de la volonté de Dieu, qui eft toujours infaillible dans fon exécution.

v. 13. Sachez dès maintenant que votre poftérité habitera dans une terre étrangere, & qu'elle fera réduite en fervitude, & affligée de divers maux durant quatre cens ans.

Comme le renoncement, la foi & l'abandon portent Dieu à donner de grandes récompenfes, qu'il femble qu'il n'ait pas de quoi payer ces vertus héroïques, autrement qu'en fe donnant foi-même; auffi la moindre défiance, où le défir de témoignages, qui leur font fi oppofés, attire l'indignation de Dieu, & l'oblige à menacer & à punir même celui qu'il avoit voulu récompenfer auparavant de lui-même. O que ceci eft myftérieux, & qu'il étoit néceffaire pour notre inftruction! car il eft certain que fouvent les fautes que l'on fait contre la foi & l'abandon, de quoi l'on eft auffitôt repris, affermiffent plus la foi par l'ufage que Dieu en fait faire, qu'une fidélité pourfuivie, & qui n'a jamais éprouvé de foibleffes.

Dieu donc fit à Abraham une efpece de menace qui regarde fa *poftérité*, comme les promeffes qu'il avoit faites, étoient pour la même poftérité. *La frayeur & l'obfcurité* marquent les mauvais effets des témoignages & des assurances que l'on cherche par infidélité, & qui jettant l'ame dans la crainte, & dans l'hésitation, font un obstacle aux graces de Dieu, & à sa lumiere divine.

v. 14. *Ils sortiront ensuite de ce pays-là enrichis de grands biens.*

17. — *Lorsque le Soleil fut couché, il se fit une obscurité ténébreuse.* —

18. *En ce jour là Dieu fit alliance avec Abram.*

Cependant Dieu ne laisse pas d'accomplir ses promesses après les avoir chérement vendues ; & l'ame étant rentrée dans *l'obscurité* de la foi, ainsi qu'il est dit, qu'*après que le soleil fut couché il se forma une obscurité ténébreuse*, Dieu lui renouvelle son *alliance*, & continue à son égard les soins d'une providence singuliere.

C H A P I T R E   XVI.

v. 1. *Sarai femme d'Abram n'avoit point encore eu d'enfans.* —

3. *Elle prit donc sa servante Agar, qui étoit Egyptienne, & la donna pour femme à son Mari.*

LA partie inférieure, représentée par *la femme*, s'ennuyant d'une si longue *stérilité*, & d'une voie si obscure & si nue, cherche chez les étrangers ce qu'elle ne trouve pas chez elle : & pourvu qu'elle ait un peu de soutien, elle ne se met pas en peine d'où il lui arrive.

v. 4. *Agar voyant qu'elle avoit conçu, méprisa sa maitresse.*

5. *Alors Sarai dit à Abram : Vous avez tort sur mon sujet.*

6. *⸺ Abram lui répondit : Votre servante est à vous : faites-en selon votre volonté.*

Elle ne tarde guere à en sentir la peine, parce que ce soutien qu'elle a voulu prendre, est *une servante*, à laquelle elle a donné avantage sur soi, & qui s'en sert pour la *méprifer* & la maltraiter. Alors elle voit sa méprife & s'en plaint à la partie supérieure, qu'elle avoit fait participante de sa faute ; celle-ci la rétablit en sa place, & lui rend son autorité, qu'elle s'étoit laissé usurper.

V. 11. *L'Ange du Seigneur dit à Agar : Vous voyez que vous avez conçu ; vous enfanterez un fils, & vous le nommerez Ismaël ; parce que le Seigneur vous a exaucé dans votre affliction.*

Agar repréfente les voies multipliées & actives que l'on préfére à la foi, à caufe de fa ftérilité apparente. Quoiqu'elle ne foit que la fervante, elle ne laiffe pas d'être mere d'un grand peuple en *Ismaël*, mais d'un peuple tout plein de troubles, de guerres & de divifions, & qui n'a rien qu'à la pointe de l'épée : Dieu récompenfe par-là fon affliction.

V. 13. *Agar invoqua le nom du Seigneur qui lui parloit, en difant : Vous êtes le Dieu qui m'avez vue ; car il est certain, ajouta-t-elle, que j'ai vu ici par derriere celui qui me voit.*

Dieu fait quelques faveurs à ces ames multipliées, mais il ne fe laiffe *voir* à elles que *par derriere ;* ce qui veut dire, en fes dons & images ; & elles ne peuvent jamais arriver par cette voie à fon union.

CHAPITRE XVII.

v. 1. *Le Seigneur apparut à Abram , & lui dit : Je suis le Dieu tout-puissant : marchez en ma présence & soyez parfait.*

2. *Je ferai alliance avec vous, & je multiplierai votre race jusques à l'infini.*

DIEU fait voir à l'ame qui lui est abandonnée qu'il est *tout-puissant*, & qu'elle doit se contenter de *marcher en sa présence*, à dessein de lui plaire en toutes choses, vu que c'est là le moyen de devenir *parfaite*. Il lui proteste en même tems, qu'il *s'unira* à elle & la *rendra féconde :* ce qui est, premierement l'honorer de son union divine, puis l'enrichir des fruits de sa propre fécondité.

v. 3. *Abram se prosterna le visage en terre.*

Cette ame étant instruite à ne plus vouloir de témoignage, ne pense plus qu'à *s'anéantir*, connoissant que la disposition la plus propre à servir aux desseins de Dieu, est l'anéantissement, & que la vraie préparation au surnaturel est le néant.

v. 4. *Et Dieu lui dit : C'est moi qui suis : je ferai alliance avec vous , & vous serez le pere de plusieurs nations.*

Après l'anéantissement mystique , Dieu se communique bien d'une autre maniere qu'il ne faisoit auparavant; car il donne à un cœur qui lui est parfaitement soumis, la plus grande & la plus entiere *connoissance* qu'on puisse avoir ici bas de sa divine Majesté ; disant qu'il est , & que rien n'est sans lui ni hors de lui. Il renouvelle aussi l'*union* & ses promesses.

v. 5. *On ne vous appellera plus Abram ; mais votre nom fera Abraham ; parce que je vous ai établi le pere de plufieurs nations.*

6. — *Des rois fortiront de vous.*

C'eft alors qu'eft *donné le nom nouveau*, favoir après l'anéantiffement ; (*a*) nom que nul ne connoît que celui qui le reçoit ; nom que (*b*) le Seigneur a donné de fa propre bouche, & par conféquent avec [ce nom] tout ce qui eft nécef-faire pour en remplir le fens. Les promeffes font réitérées pour *une nombreufe génération*, relevant même le mérite & la qualité des perfonnes qui y font renfermées, parce qu'il eft ajouté : *Des rois fortiront de vous ;* & par ce qu'il eft dit ailleurs : (*c*) qu'il eft le pere de nous tous.

v. 7. *J'affermirai mon alliance avec vous, & après vous avec votre race dans la fuite de leurs générations par un pacte éternel, afin que je fois votre Dieu ; & après vous, le Dieu de votre poftérité.*

Il *affure* cette ame abandonnée, après qu'elle eft venue jufqu'ici, & qu'elle a reçu le nom nouveau, qu'*il fera* déformais *fon Dieu*, & le Dieu de toutes les ames abandonnées qui fortiront de fon origine. C'eft alors que s'établit la véritable confiftance ; & il n'y a plus de change-ment pour cette perfonne. Dieu dit qu'*il eft leur Dieu*, & que fon alliance avec elles fera per-manente, durable & *éternelle*. Il eft leur Dieu, parce qu'il leur commande en Souverain, & que rien ne lui réfifte plus dans elles, leur volonté étant perdue dans la fienne ; & (*d*) qu'elles font fa volonté fur la terre comme les bienheureux la font dans le Ciel.

(*a*) Apoc. 2. v. 17. (*b*) Ifa. 62. v. 2. (*c*) Rom. 4. v. 16. (*d*) Matth. 6. v. 10.

v. 10. — *Tous les mâles d'entre vous feront circoncis.*

12. *L'enfant de huit jours fera circoncis parmi vous,
tant les efclaves qui feront nés en votre maifon, que
ceux que vous aurez achetés, ou qui feront de nation
étrangere.*

Dieu fait un commandement, qui eft le figne
de l'alliance. Il nous exprime par-là que pour entrer dans la voie de l'abandon, il nous faut travailler par *la circoncifion*, au retranchement de
ce qui nous faifoit vivre en Adam. C'eft le commencement de la voie de l'efprit que la mortification continuelle, & le renoncement de tout
ce qui entretient la vie charnelle & animale; à
cela on connoît le peuple de Dieu. Il n'y a plus
de différence entre *les libres* & *les efclaves*, parce
que toutes les conditions font égales pour ceux
qui s'abandonnent à Dieu.

Par l'*enfant né dans la maifon*, eft repréfenté celui dont la vie a été innocente : il femble qu'il ne
faille point de retranchement pour lui; cependant
il en faut, & tous font obligés au commencement
à renoncer à tout ce qui eft de la vie d'Adam, pour
donner lieu à la vie de Jéfus-Chrift. L'*efclave* fignifie ceux qui ayant gémi fous la tyrannie du péché,
doivent, en quelque âge qu'ils fe donnent à
Dieu, fouffrir la circoncifion. J'avoue que cette
circoncifion eft plus paffive de leur part, qu'active : ce qui leur arrive ainfi, à caufe que lorfqu'ils font bien abandonnés, Dieu travaille lui-
même, le glaive à la main, à retrancher leur
incirconcifion, fans que ni la douleur, ni la
crainte, ni les pleurs de ceux qui doivent fouffrir cette plaie, l'arrêtent. Plus la fenfualité eft
envieillie, ainfi que le prépuce, plus elle réfifte
fous le couteau; & la circoncifion en eft d'au-

tant plus dure. Ceux donc qui prétendent d'être abandonnés, & qui néanmoins n'ont pas souffert le couteau ni le retranchement de leur propre vie ; ou qui ne l'étant que de nom, veulent tout réserver & ne rien perdre, font autant exclus du nombre des vrais abandonnés que de celui des véritables circoncis.

v. 15. *Dieu dit encore à Abraham : Vous n'appellerez plus votre femme Saraï, mais Sara.*

16. *Je la bénirai, & vous donnerai un fils né d'elle.*

Dieu ayant renouvellé le fonds de l'ame & la partie supérieure par la résurrection de l'Esprit après sa mort mystique, tirée qu'il l'a de la région (a) de l'ombre de la mort, & établie dans la nouvelle vie, figurée par le nom nouveau ; il renouvelle aussi la partie inférieure, lui *changeant son nom*, & la faisant participante du renouvellement de la supérieure. C'est pourquoi quelque tems après avoir changé le nom d'Abraham, il *change celui de Sara*, & lui fait les mêmes promesses qu'à son mari : il ajoute qu'elle *lui enfantera un fils.*

v. 17. *Abraham se prosterna le visage en terre, & il rit, disant dans son cœur : Un homme âgé de cent ans peut-il avoir un fils ? Et Sara enfantera-t-elle à quatre-vingt dix ans ?*

19. *Mais Dieu lui dit : Sara votre femme vous enfantera un fils, que vous nommerez Isaac ; & je ferai avec lui, & avec sa race après lui, une alliance éternelle.*

La partie supérieure, qui avoit cru aux promesses qui lui avoient été faites pour elle-même, hésite lorsqu'on lui promet que de sa réunion avec

(a) Matth. 4. v. 16.

l'inférieure, doit *naître un fils* à qui toutes les promesses ont été faites, connoiffant la foiblesse de cette partie inférieure, regardée hors de Dieu, elle *doute* d'elle, & en même tems du pouvoir divin ; alléguant des raifons prifes de la longue expérience de leur foibleffe, impuiffance & ftérilité. Ces deux parties vivoient contentes dans leurs miferes ; & ne defirant plus rien, n'efpéroient plus rien. C'eft l'état du repos en Dieu, qui précéde la vie apoftolique. Cet *Ifaac*, qu'il faut concevoir, eft Jéfus-Chrift formé dans les ames : mais il ne *s'enfante* que lorfqu'il n'y a plus rien en elles qui puiffe fonder une jufte efpérance de le concevoir. Cet enfant ne fe conçoit que dans l'entier défefpoir de tout fecours naturel, & dans un parfait défintéreffement de tous les dons furnaturels ; afin que, comme dit S. Paul, (*a*) la grandeur de la force ne foit pas attribuée à l'homme, mais à Dieu.

v. 18. *Abraham dit au Seigneur : Faites-moi la grace qu'Ifmaël vive devant vous.*

20. *Dieu repartit : Je vous ai exaucé auffi touchant Ifmaël. Je le bénirai & lui donnerai une poftérité très-nombreufe. Douze Princes fortiront de lui, & je le rendrai le chef d'un grand peuple.*

Abraham par ces paroles repréfente parfaitement bien les ames de foi qui font dans une nudité totale. Lorfqu'elles font réflexion fur leur état fi pauvre & fi délaiffé, *Plût à Dieu*, difent-elles, que nous puffions nous employer dans de faintes activités, au lieu de demeurer ainfi inutiles ; & *que cet Ifmaël*, qui repréfente les pratiques multipliées, *pût vivre* de *Dieu* feul. Mais Dieu qui voit cette méprife, affure qu'il *a béni*

(*a*) 2 Cor. 4. v. 7.

cette voie en tout ce qu'il a pu, autant qu'elle
en est capable, & qu'elle aura de grands avantages: toutefois ce ne doit point être celle de son
peuple, parce que c'est la voie d'un peuple qui
n'est pas ici dégagé de la chair, n'étant pas affranchi du sensible; & que son peuple doit être
en Jésus-Christ. Pour cette raison il laisse venir
ceux qui doivent engendrer ce peuple, qui lui
est si cher, jusques dans un âge désespéré, afin
que ceux qui naîtront d'eux, comme dit S. Jean,
ne soient point (a) nés du sang, ni de la volonté
de la chair, ni de la volonté de l'homme; mais
de Dieu même.

Comme dans l'Ecriture il n'y a pas un mot qui
ne soit pour notre instruction, il faut remarquer
que toutes les promesses faites pour Ismaël sont
bornées & limitées à un certain *nombre:* mais celles
qui sont faites pour *Isaac,* qui est la figure de la
foi & de l'abandon à Dieu, sont sans bornes;
parce qu'il ne renferme rien moins que Dieu même
dans sa postérité. Il n'y a rien qui soit moindre
que Dieu, qui puisse être la récompense d'une
ame de foi; ainsi qu'il dit lui-même à Abraham:
(b) Je suis votre récompense très-abondante.

CHAPITRE XVIII.

v. 1. *Le Seigneur apparut à Abraham, lorsqu'il étoit*
assis à la porte de sa tente, en la vallée de Membré,
dans la plus grande chaleur du jour.

CE passage marque l'empressement d'une ame
pour arrêter Dieu & conserver sa jouissance,
lorsqu'elle l'a trouvé dans le repos de la con-

(a) Jean I. v. 13. (b) Ci-dessus, Chap. 15. v. 1.

templation. *Abraham étoit assis en la vallée de Mambré ;* être assis, c'est être en repos : il faut être en repos afin que Dieu se manifeste ; être en repos *dans la vallée* de l'humiliation & de l'anéantissement.

v. 2. *Ayant levé les yeux, il parut trois hommes proche de lui.*

3. *Et il dit : Seigneur, si j'ai trouvé grace devant vos yeux, ne passez pas la tente de votre serviteur.*

Cette ame ne voudroit point laisser aller son Bien-aimé, qui l'honore de sa visite : elle souhaite au contraire le retenir pour toujours. Dans cet amour qu'elle a pour son Dieu, elle croit que tout est Dieu, & voudroit traiter tout le monde comme Dieu même. C'est alors qu'il se communique tellement à elle, qu'elle le trouve en toutes choses. Aussi Abraham traite-t-il ces étrangers qui se présentent à lui, comme Dieu seul : il est si rempli de Dieu, qu'il ne peut dire autre chose. Il parle à trois comme à un seul ; *Seigneur*, dit-il ; & , *si j'ai trouvé grace devant vos yeux, ne passez pas la tente de votre serviteur.* Il en est de même de cette ame ; elle trouve Dieu en tout ; & tout lui est Dieu.

v. 6. *Abraham entra promptement dans sa tente, & dit à Sara : Pétrissez vite trois mesures de farine, & faites cuire des pains sous la cendre.*

7. *Il courut en même tems à son troupeau, & prit un veau excellent & fort tendre, qu'il donna à un serviteur, qui se hâta de le faire cuire.*

8. *Et ayant pris ensuite du beurre & du lait avec le veau qu'il avoit fait cuire, il les servoit devant eux.*

Ceux qui sont dignement touchés de l'amour

de

de Dieu dans la voie paſſive de la contemplation, ne trouvent rien de difficile quand il s'agit de ſa gloire : rien ne leur coute pour lui donner des preuves de leur amour : auſſi font-ils tout avec *viteſſe* & agilité, ſans néanmoins interrompre leur repos : leur libéralité égale leur amour. Tel fut celui de Madelaine (*a*) chez le lépreux.

v. 9. *Après qu'ils eurent mangé, ils lui dirent : Où eſt Sara votre femme ?*

10. *Dans un an elle aura un fils : Ce que Sara ayant entendu, elle en rit derriere la porte de la tente :*

12. *Diſant en elle-même : Après que je ſuis devenue vieille, & que mon Seigneur eſt vieux auſſi, aurois-je encore ce plaiſir ?*

Leurs libéralités ſont recómpenſées par l'aſſurance de l'accompliſſement prochain des promeſſes ; mais ceux qui ne ſont pas raffermis en Dieu, *héſitent*, retournant de tems en tems à leurs doutes & à leurs défiances, cauſées par les reflexions ſur leur incapacité & ſur leurs foibleſſes. Quant à ceux qui ſont bien établis en Dieu, ils ne peuvent plus ni héſiter ni douter. Mais ô qu'ils ſont rares ſur la terre ! Où en trouverons-nous ?

Ce que dit Sara ; *Etant vieille,* (*) *m'adonnerai-je à la volupté ?* voulant dire qu'elle ne penſoit plus à uſer du mariage ; marque qu'elle regardoit encore cela en maniere humaine, & non en Dieu.

v. 13. *Mais le Seigneur dit à Abraham : Pourquoi Sará a-t-elle ri ; diſant : Comment pourrois-je avoir un enfant étant ſi vieille ?*

14. *Y a-t-il rien de difficile, à Dieu ?*

(*a*) Luc 7. v. 37. Matth. 26. v. 6. (*) Vulgate.

Tome I. Geneſe. G

Abraham affermi dans l'état d'abandon & de foi, eſt le pere de tous ceux qui y ſont entrés après lui. Il ne doute plus : c'eſt pourquoi il n'a point de part à la faute de Sara ; il croit devoir (*a*) eſpérer contre tout ſujet d'eſpérance. C'eſt le juſte éloge que lui donne Saint Paul. Le Seigneur ſe plaint à lui de l'héſitation de ſa femme, le faiſant ſouvenir, que *rien n'eſt impoſſible à Dieu.* C'eſt de cette maniere qu'il ſe plait d'exercer la foi & l'abandon, n'accordant les choſes que lorſqu'elles ſont les plus déſeſpérées. Mais les créatures, qui ne ſont pas encore entierement tirées hors d'elles-mêmes, *doutent* comme *Sara ,* à cauſe qu'elles regardent les choſes du côté de la raiſon ; au lieu que les ames de pure foi ne les regardent plus que du côté de Dieu, à qui rien n'eſt difficile.

v. 15. *Sara le nia , & dit : Je n'ai point ri ; parce qu'elle étoit épouvantée. Cela n'eſt pas ainſi, dit le Seigneur ; car vous avez ri.*

Cette créature, ſubſiſtant encore en elle-même, étant repriſe de ſon doute, veut *ſe juſtifier* ; & tâchant de le faire, elle tombe inconſidérement dans le *menſonge. Sara* fait deux fautes ; l'une, de mentir ; & l'autre, que pour s'excuſer, elle accuſe Dieu : car s'il n'*eſt pas* vrai *qu'elle ait ri,* elle rejette le menſonge ſur le Seigneur même qui l'en reprend. Il en eſt de même de ces perſonnes qui s'excuſent ſans fin : ils entaſſent fautes ſur fautes dans leurs repliques & héſitations ; & puis, ils rejettent la faute ſur Dieu même, l'accuſant de cruauté, ou ſe plaignant qu'il les abandonne, & ne fait rien pour eux. Mais l'ame de foi demeure ferme & conſtante dans

______

(*a*) Rom. 4. v. 18.

toutes ses providences ; & par cette fidélité elle attire les complaisances de Dieu sur elle avec ses plus grandes graces , ainsi que S. Paul dit (*a*) que ç'a été par la foi qu'Abraham a été béni.

v. 17. *Le Seigneur dit : Pourrois-je céler à Abraham ce que je dois faire ;*

18. *Puis qu'il doit être pere d'un peuple si grand & si fort : & qu'en lui seront bénies toutes les nations de la terre?*

Dieu ne sauroit *rien cacher* à son serviteur établi dans la foi nue & reposant en lui. Il ne peut qu'il ne lui découvre ses secrets : Et comme (*b*) il a l'Esprit de Dieu , aussi connoit-il ce qui se passe dans le cœur de Dieu, & même ce qu'il y a de plus caché dans les consciences, discernant à l'abord leurs états par une odeur secrette & par un goût divin.

v. 20. *Le cri de Sodome & de Gomore s'étend de plus en plus , & leurs péchés sont arrivés jusqu'à leur comble.*

21. *Je descendrai donc , & je verrai si leurs œuvres sont conformes à ce cri qui est venu jusqu'à moi : pour savoir si cela est ainsi , ou s'il ne l'est pas.*

Admirons la maniere dont Dieu s'y prend pour punir les pécheurs. Il veut lui-même tout *examiner* ; parce qu'il ne cherche qu'à faire miséricorde : il en avertit ses amis, afin qu'ils le fléchissent s'il est possible. Mais pour faire des graces à ses créatures, il les prévient ; & pour récompenser, il n'examine point tant les choses ; parce que sa (*c*) miséricorde s'élève par dessus son jugement.

[*a*]Rom. 4. v. 16. [*b*] I. Cor. 2. v. 11 [*c*] Jaq. 2. v. 13.

v. 23. *Abraham s'approchant dit au Seigneur : Perdrez-vous le juste avec l'impie ?*

24. *S'il y a cinquante justes dans cette ville, périront - ils avec tous les autres ? Et ne pardonnerez-vous pas plutôt à la ville à cause des cinquante justes, supposé qu'ils s'y trouvent ?*

Deux de ces Anges vont à Sodome, & le troifieme, qui repréfentoit Dieu, demeure avec Abraham, lequel lui parle toujours comme au Seigneur. On doit ici admirer la maniere ardente & efficace avec laquelle les amis de Dieu le *prient* pour fes ennemis. Ils s'expofent devant lui pour eux, afin d'être leurs avocats. Ils prennent Dieu par les endroits les plus forts & les plus touchans, lui faifant paroître quelques *juftes*, afin qu'en leur confidération il pardonne aux criminels. Mais qu'eft-ce que fi peu de juftes parmi tant de coupables ? Cependant s'ils s'y fuffent trouvés, ils auroient fauvé la ville. Les ferviteurs de Dieu le preffent encore par fa juftice même, lui remontrant, qu'il n'a jamais fait périr un innocent pour des coupables. *Non, ce n'eft pas vous*, dit Abraham (v. 25.) au Seigneur, *qui perdez le jufte avec l'impie, ni qui confondez dans une même ruine les bons avec les méchans.*

v. 27. *Puifque j'ai commencé, je parlerai encore à mon Seigneur, quoique je ne fois que poudre & que cendre.*

L'humilité de celui qui prie dans un profond *anéantiffement*, fans rien attendre d'autre part que de la bonté de Dieu, eft très-forte devant lui pour obtenir ce qu'elle demande. Auffi Dieu lui promet-il, (v, 32.) que *s'il fe trouve feulement dix juftes dans cette ville*, *il ne la perdra point*; pendant qu'Abraham admirant la clémence infinie de Dieu, n'ofe pas pouffer plus avant fa priere, ne doutant point qu'il ne pardonne à Lot & à fa famille.

v. 33. *Après que le Seigneur eut ceffé de parler à Abraham*, *il fe retira* : *& Abraham retourna en fon lieu.*

Deux chofes font ici remarquables : l'une, que comme Dieu ne peut rien refufer à fes meilleurs amis, & que d'ailleurs il y a des pécheurs qui font dans une impénitence finale à caufe de leur obftination; il ne permet pas que fes favoris lui demandent autre chofe que ce qu'il peut & veut leur accorder. Ce fut pour cette raifon que la priere d'Abraham finit par-là; & que Dieu ne lui refufant rien, ne laiffa pas d'exercer fa juftice fur cette ville impie. L'autre chofe à remarquer eft, que les perfonnes arrivées à cet état permanent en Dieu, ne peuvent prier que comme il veut, & felon qu'il les meut lui-même, n'ayant plus d'autres intérêts que les fiens. Cela eft vifible dans Abraham, qui oubliant tout intérêt propre & tout ce qui regarde la chair & le fang, pour délaiffer tout à Dieu, ne s'informe pas même de ce que deviendra Lot fon Neveu dans la vengeance que Dieu veut prendre de la ville où il demeure : tant il eft affuré de la bonté de Dieu & de fa juftice. Ses propres intérêts ne lui font pas plus que ceux des autres, & tout lui eft devenu un en Dieu.

Abraham après cette priere *retourne en fon lieu*, qui eft le repos en Dieu, où il étoit avant qu'il vit les trois Anges voyageurs.

CHAPITRE XIX.

v. 1. Sur le foir deux Anges vinrent à Sodome ; & Lot , qui étoit affis à la porte de la ville , les voyant , fe leva pour aller 'au devant d'eux , & s'abaiffant jufqu'en terre les adora.

AU milieu d'une ville auffi corrompue qu'é-toit *Sodome* , il fe trouve un homme qui eft dans le repos de la contemplation , & que Dieu délivre de la ruine deftinée aux méchans. *Lot* , dans fon repos (car il *eft affis*) marque l'ame con-templative ; & comme, en tant que parent d'A-braham, il eft de la race des ames abandonnées à Dieu ; auffi fait-il ce qu'avoit fait Abraham le jour précédent, quoique dans un dégré bien inférieur : Car celui-ci étoit encore *affis à la porte de la ville*, ce qui marque une contemplation naiffante, & encore peu éloignée du tumulte de l'action : mais Abraham affis à la porte de fa tente , défigne le repos en Dieu, dégagé de tout commerce avec les créatures.

v. 12. Les Anges dirent à Lot : Avez-vous ici quelqu'un de vos proches , un gendre, ou des fils, ou des filles ? Faites fortir de cette ville tous ceux qui vous appartien-nent.

Un contemplatif , fur-tout commençant, a encore quantité de chofes qui le lient de com-merce avec les créatures , dont il a peine à fe défaire. C'eft ce qui oblige les Anges à le pref-fer. Mais les paroles ne font pas affez efficaces ; à caufe que les démarches de ces perfonnes , quoique pleines de feu & d'ardeurs apparentes , font néanmoins eucore lentes & tardives quant

à l'exécution, dans laquelle il y a bien des difficultés à furmonter. Il faut que Dieu ou fes Anges *les prennent par la main* pour les garantir de
la chûte & de la ruine qui les accableroit s'ils
n'en fortoient promptement.

v. 16. *Voyant qu'il différoit toujours, ils le prirent par*
la main, à caufe que le Seigneur lui pardonnoit; &
ils prirent auffi fa femme & fes deux filles.

17. *Et le conduifant hors de la ville ils lui dirent : Sau-*
vez votre vie : ne regardez point derriere vous, & ne
demeurez pas dans le pays d'alentour; mais fauvez-
vous fur la montagne, de peur que vous ne périffiez
avec les autres.

Si Dieu n'en ufoit de la forte, ces perfonnes
font fi peu courageufes, & encore fi foibles &
fi attachées, qu'elles n'en viendroient jamais à
bout. Dieu voulant les tirer de tout le créé, &
les *conduire* par fa providence, leur commande
de *ne point regarder derriere elles & de ne point*
s'arrêter. Ce font là les fautes des perfonnes de
cet état : ou ils regardent derriére eux, par la
reflexion ; ou ils s'arrêtent à quelque chofe
moindre que Dieu, par quelque referve. Les
Anges confeillent de quitter tout commerce
avec la créature, d'*aller fur la montagne*, qui eft
le dégré le plus élevé de la contemplation.

v. 18. — *Lot leur répondit :*

19. *Je ne puis me fauver fur la montagne : car je crains*
que le mal ne me furprenne auparavant, & que je
ne meure.

20. *Mais il y a ici près une ville où je puis fuir. Elle eft*
petite, elle me fauvera la vie.

Les perfonnes qui héfitent, *craignant leur perte,*
s'en défendent d'abord, & veulent par des

mefures de prudence fe mettre en fureté. Ils propofent *une ville*, qu'ils choififfent pour s'affurer, c'eft-à-dire, une maniere de vie où ils puiffent fe conferver eux-mêmes & fe conduire, ne pouvant encore fe fier pleinement à Dieu, ni s'abandonner tout à fait à fa providence. On prend même un prétexte fpécieux de la *petiteffe de ia ville*, comme fi l'on difoit : J'aime mieux une voie plus baffe & plus affurée, que ces grands états où il y a plus de danger. On veut encore faire entrer Dieu dans ce deffein comme en l'interrogeant : *N'eft-elle pas petite* cette ville que nous demandons pour notre affurance? n'eft-ce pas la voie de l'humilité, qui donnera *la vie* à mon ame ?

v. 21. *L'Ange lui répondit : Je vous ai exaucé en cela : je ne renverferai pas la ville pour laquelle vous me parlez.*

Dieu *exauce* les prieres de ces ames chancellantes, à caufe de leur foibleffe : & *il leur accorde* ce qu'elles demandent, même avec miracle. Cela les ravit de joie dans la penfée que cette demande étoit agréable à Dieu, & avantageufe pour elles ; puis qu'il fait des miracles en leur faveur : mais c'eft tout le contraire ; çela n'étant accordé qu'à leur foibleffe.

v. 26. *La femme de Lot regarda derriere elle, & elle fut changée en une ftatue de fel.*

L'ame peu avancée entre en reflexion, & *regarde derriere elle*, contre le commandement de Dieu. Rien n'eft fi nécelfaire dans cette voie que d'aller fans réflechir ; & Dieu pour en faire un exemple, *change cette femme* foible *en une ftatue de fel*; pour faire voir, que *le fel*, que la fageffe,

la prudence & la prévoyance propre, font inutiles dans une voie où l'abandon feul & la foi doivent conduire ; & que toutes les mefures que
l'on veut prendre par foi-même, ne fervent qu'à
arrêter dans le chemin intérieur, loin de donner quelque moyen d'avancement.

v. 29. *Lorfque Dieu détruifoit les villes de ce pays-là,*
il fe fouvint d'Abraham ; & il délivra Lot de la ruine
des villes où il avoit demeuré.

30. *Lot donc fe retira fur une montagne avec fes deux*
filles.

Dieu en faveur du contemplatif parfait, délivre
celui qui n'étoit que commençant, du renver-
fement de la ville qu'il avoit choifie pour fa
demeure. Lot par fes prieres , ou plutôt en
confidération d'Abraham , eft infpiré d'*aller fur*
la montagne , où il habite dans *une caverne avec fes*
deux filles : c'eft la repréfentation de la folitude du
contemplatif.

v. 33. *Elles donnerent du vin à leur pere, & le firent*
boire cette nuit-là.

Il fe croit à couvert de tout , ayant avec lui fes
deux filles , favoir , le filence & la retraite ; mais
il ne voit pas que parce qu'il fe confie trop en
foi-même, elles feront caufe de fa perte ; Dieu
le permettant ainfi pour lui faire voir que (*a*)
c'eft en vain qu'il penfe fe garder fi Dieu ne le
garde lui-même, & pour le porter par-là à l'a-
bandon total, où il veut le faire entrer.

(*a*) Pfaume 126. v. 1.

CHAPITRE XX.

ᴠ. 1. *Abraham étant allé à Gerara à deffein d'y demeurer quelque tems ,*

2. *Il dit de Sara fa femme : C'eſt ma ſœur. Abimelec donc , Roi de Gerara , envoya querir Sara , & la fit venir chez lui.*

3. *Mais Dieu pendant la nuit apparut en ſonge à Abimelec , & lui dit : Vous ſerez puni de mort , ſi vous touchez à la femme que vous avez enlevée ; parce qu'elle a un Mari.*

4. *Or Abimelec ne l'avoit point touchée. Et il dit : Seigneur, punirez-vous de mort un peuple qui eſt innocent , étant dans l'ignorance ?*

ABRAHAM ne fit point de menſonge , diſant que *Sara étoit ſa ſœur,* puis qu'ainſi qu'il l'explique plus bas , elle étoit véritablement ſa ſœur, étant fille de ſon pere , quoiqu'elle ne fût pas fille de ſa mere : non pourtant fille immédiatement de Tharé qui étoit pere d'Abraham , mais d'Aram frere d'Abraham. Ainſi Sara étoit petite fille de Tharé & niece d'Abraham : & Abraham pouvoit dire qu'elle étoit ſa ſœur ; puiſqu'elle étoit fille de ſon ayeul , & que dans l'Ecriture le mot de fils ou de fille ſe prend ſouvent pour petit fils ou petite fille. La faute qu'il ſembleroit avoir faite , ſeroit d'expoſer ſi ſouvent ſa vie & l'honneur de ſa femme : mais outre qu'un homme d'une ſi grande foi ne fait rien que par un ordre de Dieu particulier, qui le meut à en agir de la forte , il y a de plus , que Dieu permettoit les choſes comme elles ſont arrivées , afin de faire voir à tout le monde & la grande foi d'Abraham , & la protection toute particuliere de Dieu fur ceux qui fe confient en lui. L'on dira que fi la foi d'Abraham a été grande, & fi la conduite de Dieu a été finguliere fur lui, il devoit lui faire connoître qu'Abimelec ne toucheroit point fa femme, quoiqu'il la déclarât telle. A cela il eft aifé de répondre, qu'outre que c'eft là la maniere dont Dieu agit ordinairement envers les ames qu'il conduit par la foi, favoir, de les faire aller & venir comme il veut, fans pourtant leur donner nulle certitude de ce qui doit arriver; qu'il le fait, pour exercer d'autant plus leur foi & leur abandon, qu'il leur découvre moins fes deffeins: c'eft que Dieu vouloit fignaler fa protection fur ceux qui s'abandonnent à lui fans referve, & fe déclarer en leur faveur d'une maniere éclatante, qui peut durant tous les fiecles fervir d'exemple aux ames de foi, & animer leur confiance.

v. 5. — *J'ai fait cela avec un cœur fimple & des mains pures.*

6. *Dieu lui dit : Je fais que vous en avez agi avec un cœur fimple : c'eft pourquoi je vous ai confervé afin que vous ne péchaffiez pas contre moi : & je ne vous ai pas permis de la toucher.*

Il eft certain que bien des gens fe perfuadent de n'être pas coupables à caufe de leur ignorance; & néanmoins ils le font véritablement. Car pour empêcher le péché, il faut deux chofes, l'ignorance, & la fimplicité de cœur : la derniere eft la plus néceffaire. C'eft pourquoi *Dieu dit à Abimelec*, qu'il *n'a pas permis qu'il ait péché contre lui à caufe de la fimplicité de fon cœur.* Dieu feroit plutôt inceffamment des miracles que de permettre qu'une perfonne qui iroit à lui en fimplicité, l'offenfât dans fon ignorance, non feu-

lement de péchés d'esprit, mais même des ma-
tériels, selon qu'il est ajouté : *Je ne vous ai pas
permis de la toucher.* Mais il arrive d'ordinaire
que ceux qui péchent par ignorance, ont le
cœur corrompu par d'autres péchés qu'ils commettent avec connoissance : c'est pourquoi
n'ayant point de simplicité de cœur, & ayant au
contraire le cœur corrompu en toutes choses,
ils péchent même dans les choses qu'ils ignorent
être péché, à raison de la dépravation de leur
cœur. D'où l'on peut inférer, combien la droiture & la simplicité de cœur nous est avanta-
geuse. C'est ce que Dieu demande le plus de
nous. C'est la simplicité qui rend le cœur pur &
droit; & tel qui paroît faire des fautes, n'en fait
point, à cause de la simplicité de son cœur; pendant que ceux qui paroissent justes au dehors,
péchent, à cause de l'artifice & de la duplicité
avec laquelle ils agissent, & qui est la source de
l'hypocrisie.

v. 6. *Il appella ensuite Abraham , & lui dit : Pourquoi
nous avez-vous traité de la sorte? Quel mal vous avions-
nous fait pour me rendre ainsi moi & mon royaume
coupable d'un grand péché ?*

11. *Abraham répondit : J'ai dit en moi-même ; il n'y a
point de crainte de Dieu en ce pays-ci, & ils me tue-
ront à cause de ma femme.*

12. *D'ailleurs elle est véritablement ma sœur, étant fille
de mon pere, quoiqu'elle ne soit pas fille de ma mere.*

Le reproche qu'Abimelec fait à Abraham fait
voir l'innocence & la simplicité de cœur de ce
Roi, & la crainte qu'il avoit de déplaire à Dieu,
laquelle obligea le Seigneur de faire un double
miracle pour sauver l'honneur de Sara & garantir

ce Prince du crime. J'ai rapporté ces paſſages à
deſſein, pour faire voir la fidélité de Dieu envers
ſes petites créatures, lorſqu'elles veulent bien
s'en fier à lui, & s'abandonner à ſes ſoins, con-
ſervant toujours un déſir ſincere de lui plaire, &
une averſion véritable du péché.

v. 16. *Il dit enſuite à Sara : J'ai donné mille piéces d'argent*
à votre frere, afin que vous ayez toujours un voile
ſur les yeux devant tous ceux avec qui vous ſerez, &
en quelque lieu que vous alliez : & ſouvenez-vous que
vous avez été priſe.

La beauté, quelque chaſte qu'elle ſoit, peut
être violée, ſi elle n'a pas une ſainte pudeur qui
la porte à ſe cacher. Une femme auſſi ſainte que
Sara eut beſoin d'avertiſſement ſur ce point pour
avoir affecté de paroître fille, & non femme ma-
riée : & un Prince le lui donna ſagement, quoique dans un ſiecle où Dieu n'avoit point encore
fait écrire ſa loi, laquelle ne devoit être gravée
que dans les cœurs. Combien plus de ſemblables
avis ſont-ils néceſſaires à des femmes Chrétiennes, qui ſe laiſſent ſéduire par la vanité du ſiecle?
Et combien les guides des ames doivent-ils être
forts & inflexibles à reprendre les immodeſties
& nudités qui ſcandaliſent ſi fort l'Egliſe? Il ne
ſuffit pas d'avoir le cœur pur ; il faut que la mo-
deſtie extérieure empêche les péchés que les
autres feroient à cauſe d'une beauté trop expoſée,
quoique celle en qui elle reſide, ait le cœur éloigné du crime. *Le voile* qu'Abimelec *donna à Sara*,
eſt d'une extrême inſtruction pour les femmes
Chrétiennes, qui devroient toujours aller
voilées, particulierement aux Egliſes. C'eſt le
conſeil (*a*) de S. Paul. L'on ne ſauroit trop avoir

(*a*) I. Cor. II. v. 6.

de reserve fur cet article : car l'extérieur eſt ſouvent un ſigne de la corruption ou de la pureté du cœur.

Ce *voile* a encore un ſens myſtique tout divin. C'eſt que Dieu fit donner un voile à Sara, qui étoit la femme de ſon tems la plus favoriſée de Dieu ; pour apprendre deux choſes aux perſonnes intérieures : l'une, qu'ils doivent conſerver les dons de Dieu, ſous le voile du ſilence & de la retraite : l'autre que Dieu, ſe ſert de la foi nue comme d'un voile pour couvrir les dons & les faveurs qu'il fait aux ames, & les tenir en aſſurance, quand il croit que ſes graces les expoſent à être priſes dans le piége du démon par la vanité. C'eſt pourquoi Abimelec en donnant à Sara de quoi s'acheter un voile, lui dit : *Souvenez-vous que vous avez été priſe*. Depuis ce tems-là il n'y eut plus de danger pour Sara ; comme il n'y en a plus pour une ame, lorſque la foi nue lui eſt communiquée. C'eſt là ſa ſure garde ; parce que lui cachant ſes graces & ſes vertus, elle la tient hors de danger d'y prendre quelque vaine complaiſance, & conſéquemment de donner par là entrée à ſa ruine.

CHAPITRE XXI.

v. 1. *Le Seigneur viſita Sara, comme il l'avoit promis & il accomplit ſa parole.*

2. *Car elle conçut & enfanta un fils dans ſa vieilleſſe au même tems que Dieu le lui avoit prédit.*

VOILA *l'accompliſſement* des promeſſes de Dieu, *dans le tems* qu'il a marqué ; & non toujours ſelon nos vues. La véritable vie intérieure eſt engendrée par la foi, ſignifiée par Abraham : & elle eſt enfantée par l'abandon , défigné par *Sara.* Abraham eft donc le pere de tous les intérieurs : parce qu'il eft (a) le pere de tous ceux qui croyent, felon S. Paul ; & que la vie intérieure & myftique tire fon origine de la foi.

v. 3. *Abraham donna le nom d'Ifaac à fon fils qui lui étoit né de Sara ;*

4. *Et il le circoncit le huitiéme jour, ainfi que Dieu le lui avoit commandé.*

7. *— Sara le nourrit de fon lait.*

Cet enfant intérieur n'eft pas plutôt né, que la foi commence à le purifier, par *le retranchement* ; devant que la confiance & l'abandon le foutiennent de leur *lait.*

v. 8. *L'enfant crut, & on le fevra ; & Abraham fit un grand feftin, au jour qu'il fut fevré.*

Lorfque cet intérieur naiffant a été quelque tems foutenu du doux lait de la confiance fenfible, *il en eft fevré* quant à l'écoulement favoureux, qui faifoit les délices de fon enfance fpirituelle, pour ne l'avoir plus qu'en fubftance. Il ne peut qu'il n'en fouffre de la douleur : mais la foi en a de la joie, & en *fait une fête* folemnelle, à caufe que ce premier dépouillement fait *croître* l'enfant, & l'avancer en âge dans la vie fpirituelle.

v. 9. *Sara ayant vu le fils d'Agar Egyptienne, fe jouer avec Ifaac fon fils, dit à Abraham :*

10. *Chaffez cette fervante avec fon fils : car le fils d'une fervante ne fera point héritier avec mon fils Ifaac.*

Lorfque l'abandon voit ce petit intérieur nou-

(a) Rom. 4. v. 11.

vellement fevré des douceurs & du lait de la vie
fpirituelle, qui va chercher du divertiffement
avec la vie active & multipliée ; alors il dit à la
foi : *Chaffez* entierement tout ce qui refte de méthode particuliere, & de multiplicité ; & que
mon fils n'ait nul commerce avec ceux qui s'y
attachent fans vouloir paffer outre : car étant
(*a*) efclaves de leurs propres inventions, *ils n'hé-
riteront jamais* de Dieu feul, qui eft l'héritage réfervé au libre, qui eft *mon fils*, & que je condui-
rai droit à Dieu par mon abandon total, afin
qu'il trouve en lui feul fon partage éternel.

v. 11. *Cela parut dur à Abraham, à caufe de fon fils.*

Abraham voudroit conferver dans fa maifon
ce fils multiplié, parce qu'il eft auffi *fils* de la
foi ; mais il eft le fils de la foi d'une maniere
comprife, poffédée & mêlée de beaucoup de propriété ; & non d'une maniere fpirituelle, imperceptible, & perdue en Dieu.

v. 12. *Mais Dieu lui dit : Ecoutez Sara dans tout ce
qu'elle vous dira : parce que c'eft d'Ifaac que doit
fortir votre race.*

13. *Je ne laifferai pas néanmoins de rendre le fils de votre fervante chef d'un grand peuple.*

Dieu fait entendre à la foi, qu'elle doit abandonner ce fils, qui eft beaucoup dans la nature,
& faire aveuglement tout ce que l'abandon lui
fera faire. Il lui déclare que ce doit être là la regle de fa maifon ; parce que *c'eft du fils* d'abandon, & de foi *que doit fortir fa race.*
Pour cette raifon lorfque l'Ecriture parle
d'Ifmaël, elle le fépare d'Abraham, difant, qu'il
fera *pere d'un grand peuple* : mais lorfqu'elle

(*a*) Gal 4. v. 30.

parle

parle d'Ifaac; elle affure qu'en lui Abraham fera
pere d'une nation innombrable, faifant voir que
c'eft par ce feul fils de l'abandon à l'aveugle que
la foi peut établir fa poftérité.

v. 14. *Abraham fe leva du matin : & prenant un
pain & un vaiffeau plein d'eau, il le mit fur l'épaule
d'Agar, & lui donna l'enfant avec fon congé. Etant
fortie, elle erroit dans la folitude de Berfabée.*

La foi fe contente de *donner des provifions* à la
vie multipliée; car elle ne s'en peut paffer : &
ces provifions font *du pain & de l'eau*, du foutien
& de la nourriture, & quelque écoulement de
grace fenfible, afin qu'elle puiffe marcher : mais
fitôt que l'eau vient à manquer, qui eft fon
foutien, c'eft-à-dire, la douceur de la grace,
elle perd courage. Agar & fon fils *alloient errans dans un défert :* c'eft que les multipliés n'ont
jamais une voie fixe & droite, comme l'ont
ceux qui marchent par la fimplicité & par l'abandon. Ils vont errans de lieu en lieu, de fujet
en fujet, de voie en voie; & fitôt que l'eau de
la grace fenfible leur manque, ils tombent dans
le découragement, ceffent de marcher, & s'arrêtent tout court.

v. 15. *L'eau qui étoit dans le vaiffeau ayant manqué,
elle laiffa fon fils couché fous un des arbres qui
étoient là.*

16. *Et s'éloignant de lui d'un trait d'arc, elle s'affit
en un endroit, difant : Je ne verrai point mourir
l'enfant : & élevant fa voix, elle pleura.*

Elle *laiffe fous un arbre fon fils,* c'eft-à-dire,
toute fon efpérance dans les chofes de la terre:
& puis, *s'en éloignant, elle pleure* la perte qu'elle

croit avoir faite de toutes ses productions. Faut-
il, dit-elle, que *je voie périr*, ce que j'ai produit
avec tant de peine ? Mais comme l'affliction de
ces ames les fait retourner à Dieu, elles crient à
lui, & elles s'asseyent : ce qui veut dire, qu'étant
lasses de leurs inquiétudes & gémissemens, elles
demeurent un peu en repos : alors Dieu ne manque point de leur envoier de nouvelles graces
& douceurs, afin de les soûtenir, & de leur faire
poursuivre leur chemin ; sans quoi elles aban-
donneroient tout.

V. 17. *Dieu ouït la voix de l'enfant.* —

19. *Et en même tems il ouvrit les yeux à Agar, laquelle ayant apperçu un puits, s'y en alla, & y remplit son vaisseau, & donna à boire à l'enfant.*

20. *Dieu demeura avec lui : Il crut & habita dans les
déserts, & devint un jeune homme habile à tirer
de l'arc.*

Que le Seigneur *écoute la voix de l'enfant,* c'est
se souvenir du bien que cette ame multipliée a
tâché de faire, & la consoler par la compassion
qu'il a de sa foiblesse. Il lui fait *trouver de l'eau :*
car tout se fait en ces personnes par activité : aussi
n'ont-elles que de l'eau terrestre, & il faut qu'*elles
l'aillent querir* elles-mêmes & portent leur provision. C'est ce que font ceux qui se chargent &
se remplissent de pratiques, de provisions & de
beaucoup de pensées. Dieu ne laisse pas d'agréer
leurs petits soins & d'être avec eux ; mais il les
dresse pour la guerre, & leur industrie a beaucoup de part en tout ce qu'ils font. Ils vivent
de ce qu'ils prennent ou par le travail, ou dans
le combat ; rien ne peut mieux marquer la vie
active que tout cela.

v. 33. *Mais Abraham planta un bois à Berfabée, &*
il invoqua en ce lieu là le nom du Seigneur Dieu éter-
nel.

34. *Et il demeura longtems comme étranger au pays*
des Philiftins.

Abraham, pere des croyans & l'homme de la
plus grande foi qui fut jamais, *invoqua le nom de*
Dieu en tous lieux; parce que comme il étoit
dans une priere continuelle, il laiffoit par-tout
des marques de fon invocation, de fa priere, &
de fon facrifice. L'Ecriture appelle ici le Seigneur
Dieu éternel, pour nous donner à entendre, qu'é-
tant toujours Dieu, il doit être toujours adoré,
prié & invoqué comme Dieu; & qu'ainfi notre
culte & notre priere doit devenir éternelle.
C'eft pourquoi Jéfus-Chrift a dit lui-même, (*a*)
qu'il faut toujours prier, & ne fe point relâcher:
Et S. Paul veut (*b*) que l'on prie fans ceffe. C'eft
le feul état de foi qui peut rendre la priere continuelle.

Dieu exige encore une autre chofe des ames
de foi, qui eft, qu'elles foient comme *étrange-*
res fur la terre, enforte que ne s'arrêtant à chofe au monde de créé, foit corporel, foit fpirituel, elles aillent droit à Dieu. Et c'eft pour
nous être une figure du dégagement où la foi
met l'ame, qu'*Abraham demeure* de cette forte
étranger fur la terre, n'ayant point de féjour fixe.
Dieu ne demande pas cet extérieur de toutes les
ames de foi, quoiqu'il l'exige de quelques-unes
qu'il veut rendre vrais enfans d'Abraham. Mais
quant à l'intérieur, il le veut de toutes les perfonnes qui font conduites par la foi & l'abandon;
fans quoi leur état ne feroit pas véritable, mais

[*a*] Luc 18. v. 1. [*b*] 1 Theffal. 5. v. 17.

imaginaire. Les autres ames conduites par les
dons, & non par la foi aveugle, s'établissent
chez elles-mêmes, & y font fort en repos & fort
contentes : mais les ames de foi n'ont nul repos, qu'elles ne fe foient entierement quittées
elles - mêmes, fortant, comme d'autres Abra-
hams, de leurs pays, du lieu de leur parenté,
pour aller dans une autre terre, qui eft Dieu; fe
quittant entierement elles - mèmes pour fe perdre dans leur Créateur; & allant inceffamment
fans fe repofer, jufqu'à-ce qu'elles foyent retournées dans le lieu de leur origine, felon la promeffe qui leur en a été faite fitôt que la foi
s'eft emparée de leurs cœurs. Car dès qu'elle
s'en eft faifie, elle ne laiffe plus prendre à ces
cœurs-là aucun repos, ni dans eux-mêmes, ni
dans rien de créé; & elle leur fait comprendre,
que pour eux tout fe doit prendre hors d'eux-
mêmes, & que s'ils font fidelles à fuivre la foi,
quelque dure qu'elle leur paroiffe, ils ne man-
queront pas d'arriver.

CHAPITRE XXII.

v. 1. *Après cela Dieu tenta Abraham, & lui dit : ---*
2. *--- Prenez Ifaac votre fils unique, qui vous eft fi
cher; & allez en la terre de vifion, pour me l'offrir
en holocaufte fur une des montagnes que je vous montrerai.*

Dieu tente Abraham *pour faire la derniere épreuve de fa foi, & la pouffer jufques au bout dans
la nudité totale, & dans le dépouillement de
tous les appuis; non feulement des appuis hu-
mains, dont il l'avoit déja dépouillé autrefois,

fe faifant fortir de fon pays ; mais auffi des appuis pris en Dieu même & dans tous fes bienfaits, & fur toutes fes promeffes. Il n'épargne rien : & pour rendre la chofe plus dure & cette foi plus magnanime, pour éprouver & épurer fon amour, & le défaire de tout intérêt propre & de toute amitié étrangere, quoique la plus légitime, il lui dit : *prenez votre fils* ; ce mot eft bien doux : non feulement votre fils, mais votre fils *unique :* combien donc lui devoit-il être cher ? Il pourfuit : *votre fils que vous aimez fi tendrement :* pour faire fervir fon amour même à fa plus vive douleur. Il le lui nomme par fon nom, *Ifaac :* lui mettant toutes les douceurs de cette aimable victime devant les yeux, afin de lui faire d'autant plus concevoir la grandeur de fa perte & la lui rendre plus fenfible. Puis il ajoute : *Venez me le facrifier fur une montagne* éloignée. N'eftce pas afin que la longueur du chemin éprouve davantage fa foi ? Ifaac, qui a toujours repréfenté la vie paffive, ou la contemplation, doit périr ; il faut encore que la foi facrifie cette vie, & qu'elle lui donne le coup de la mort, afin qu'il ne refte plus rien qui puiffe empêcher la perte totale en Dieu.

Mais loin qu'une tentation fi dure rallentiffe la foi de ce Patriarche, elle reprend même une nouvelle vigueur : & quoique ce commandement fi furprenant, qui lui eft fait, foit contraire à celui que Dieu avoit fait à tout le monde, de ne point répandre le fang humain, & qu'il dût lui faire horreur felon la raifon, dans la crainte de commettre un parricide ; la foi néanmoins dévore tout cela ; & fe fiant à Dieu au deffus de la raifon & de la foi, elle fe met en devoir d'exécuter ce qui lui a été commandé. Par (*a*) cette foi incomparable, Abraham offrit fon Ifaac, quoiqu'il eût reçu les promeffes pour lui, & qu'il fût fon fils unique : & il l'offrit depuis que Dieu lui eut dit, que ce feroit d'Ifaac que fortiroient fes defcendans : mais il penfoit en lui-même, que Dieu le pouvoit bien reffufciter ; c'eft pourquoi il lui fut rendu comme une figure myftérieufe. C'eft ainfi que S. Paul releve la grandeur de ce facrifice.

C'eft par ces fobres excès que Dieu éprouve quelquefois la grandeur de la foi de ceux qui lui font parfaitement abandonnés. La vie active perd courage pour peu de chofe : pour un défaut d'eau de grace fenfible, elle s'afflige & s'arrète : mais la foi ne peut être ébranlée par la perte même de ce qu'elle a de plus cher : il faut qu'elle s'immole elle-même, pendant que l'activité fe défole de perdre fes productions. Cette différence entre ces deux voies eft très-réelle, & elle ne fauroit être mieux expliquée que par ces endroits de l'Ecriture, où l'on peut voir par la différence de ces deux courages la diftinction de ces deux voies, ainfi qu'on le peut remarquer dans la fuite de toute l'hiftoire d'Abraham, d'Agar, d'Ifaac, & d'Ifmaël.

v. 3. *Abraham donc fe levant lorfqu'il étoit encore nuit, prépara fon âne, & prit avec lui deux de fes ferviteurs, & Ifaac fon fils : & ayant coupé le bois néceffaire pour l'holocaufte, il s'en alla au lieu où Dieu lui avoit commandé d'aller.*

O promptitude furprenante d'Abraham, ou de la foi, pour obéir ! Il n'attend pas que le jour foit venu : il part *lorfqu'il eft encore nuit.* La nuit marque également & fa diligence, & l'obfcurité

[a] Héb. 11. v, 17.

de fa foi, dénuée de toutes lumieres, & de tous témoignages : elle difpofe de tout elle-même : elle fe fait bien accompagner de quelques *ferviteurs*, mais elle ne s'en fait pas aider. Elle *prépare le bois néceffaire pour le facrifice*, afin qu'il ne refte aucun prétexte d'éluder l'obéiffance, quoique dans un point que la raifon auroit pû regarder comme fufpect par bien des endroits. O fidélité & générofité de la foi ! C'eft bien avec raifon qu'elle eft l'origine & la fource d'un grand peuple & d'une multitude innombrable de Saints d'autant plus admirables devant Dieu, qu'ils font plus cachés aux hommes.

v. 4. *Le troifieme jour levant les yeux en haut, il vit le lieu de loin.*

O admirable perféyérance de la foi nue & exempte de réflexions & de retours, qu'un fi long chemin ne put faire chanceler, non plus que la préfence d'un fi aimable fils, dont il falloit qu'Abraham fût l'innocent parricide ! Toutes les raifons naturelles & divines ne devoient-elles pas l'empêcher de pourfuivre ce chemin, & le faire retourner en arriere ; la crainte d'être trompé, de fe méprendre, de commettre un crime envers Dieu & une cruauté envers un fils fi cher ? Mais, que la foi nue eft bien éloignée de ces raifonnemens ! Elle ne les regarde pas même, elle n'a plus d'yeux pour fe regarder. Le feul commandement de Dieu lui fuffit, & il lui fuffit de croire qu'il l'a commandé, fans même examiner fi elle le croit ou non : elle n'a que des oreilles pour entendre. O foi (a) qui tranfportes les montagnes, tu fais faire des chofes encore plus impoffibles !

____
(a) Matt. 21. v. 21.

v. 5. *Il dit à ses serviteurs : attendez-moi ici avec l'âne ; nous ne ferons qu'aller jusques là mon fils & moi ; & après avoir adoré, nous reviendrons à vous.*

Il ne mène point ses *serviteurs* sur la montagne qui doit être le lieu du sacrifice : ils étoient trop incapables de cela, & ils s'en seroient scandalisés. Qu'on ne découvre point les secrets de l'intérieur à ceux qui ne servent encore Dieu qu'en mercenaires. Les voies de la plus pure foi se peuvent confier à ceux qui, comme ses amis, le servent déja sans intérêt : mais les extrêmes abandons ne sont que pour les enfans, qui comme des *Isaacs* méritent d'apprendre des sacrifices qui ont Dieu pour auteur, & dont ils doivent être les victimes. Peut-être aussi Abraham laissa-t-il ses serviteurs, de peur que par une fausse pitié, ils ne troublassent ou empêchassent l'exécution de ce généreux, & en apparence, téméraire dessein.

v. 6. *Abraham ayant pris le bois pour l'holocauste, en chargea son fils Isaac : & portant en ses mains le feu & le couteau, ils alloient ainsi ensemble.*

Que doit-on ici admirer, ou la dureté de la foi, impitoyable à *charger* cette pauvre victime ; ou bien la générosité de cette ame à accepter la croix qui doit consommer son sacrifice, ce qui est représenté si naïvement *par le bois* qu'on lui fait porter ? La foi, la croix & l'holocauste vont de compagnie, & marchent de concert pour conduire la victime au supplice.

Il faut que *le feu & le couteau* soient unis pour l'immoler & la réduire en cendres. O admirable figure de l'intérieur, soûtenue par la parole de

Jéſus-Chriſt! (a) Je ſuis, dit-il, venu apporter
le feu ſur la terre : & que veux-je ſinon qu'il
brûle ? Et de plus : (b) Je ne ſuis pas venu apporter la paix, mais l'épée. Il faut que le couteau
tue, & que le feu brûle : & c'eſt la foi nue qui
fait en l'ame tous ces dégats.

v. 7. *Iſaac dit à ſon pere : Voilà le feu & le bois :*
mais où eſt la victime pour l'holocauſte ?

Cette demande d'Iſaac marque l'ignorance
dans laquelle la foi conduit l'ame, juſqu'à-ce
qu'elle ſoit arrivée au lieu du ſupplice. La réponſe d'Abraham exprime l'abandon à la providence, qui accompagne la foi : & la docilité d'I-
ſaac, à ne plus s'informer de rien, déſigne la fidélité de l'ame à ſe laiſſer conduire aveuglément
par la foi & par l'abandon. Mais ce ſeroit peu à
cette ame généreuſe, à cette innocente victime,
de ſe laiſſer conduire de la ſorte dans l'obſcurité,
ſi lorſqu'elle voit ſa mort prochaine & ſa perte
inévitable, elle changeoit de conduite.

v. 8. *Abraham répondit : Mon fils, Dieu ſe pourvoira*
d'une victime pour ſon holocauſte.

9. *Etant arrivé au lieu que Dieu lui avoit montré,*
Abraham dreſſa un Autel, rangea le bois, lia & mit
ſon fils Iſaac ſur le bois qu'il avoit rangé.

Il faut que la chére victime ſe laiſſe *attacher*
à la croix par les liens de la foi : il faut qu'elle
baiſſe le cou ſous le couteau ſans héſiter ni ſe
plaindre. Tout ceci ſe paſſe dans un grand ſilence
& dans une mort profonde, qui ne permet pas le
moindre ſoulagement à la nature, non pas même
un ſeul ſoupir, ni une plainte. O véritablement,
quoique la mort naturelle d'Iſaac ne s'enſuivit

(a) Luc 12. v. 49. (b) Matth. 10. v. 34.

pas alors , fa mort myſtique fut certainement achevée , tout eſpoir lui ayant été arraché , & toute volonté de vie ayant été éteinte en lui. L'extinction de la propre vie, pour ne plus vivre qu'en Dieu , fut le juſte prix de ce grand ſacrifice qu'il avoit accepté de tout ſon cœur. Auſſi la mort du belier fut-elle la figure de la mort myſtique ou myſtérieuſe , repréſentée en Iſaac ; puiſque ce fut réellement une mort myſtique & myſtérieuſe, tant de la part d'Iſaac par rapport à Jéſus-Chriſt , que du côté du belier qui mourut pour Iſaac.

v. 10. *Il prit le couteau à la main : & comme il étendoit le bras pour immoler ſon fils ,*

11. *L'Ange du Seigneur lui cria du ciel : Abraham , Abraham. Il répondit : Me voici.*

12. *L'Ange ajouta : Ne portez point la main ſur l'enfant , & ne lui faites point de mal. Je connois maintenant que vous craignez Dieu ; puiſque pour m'obéir , vous n'avez pas épargné votre fils unique.*

Le ſacrifice fut auſſi entier de la part de la foi : car Abraham *levant le bras* , avoit une volonté ſincere d'immoler ce fils ſi cher. La maniere, & le tems dont Dieu ſe ſervit pour empêcher l'exécution de cet étrange deſſein , ſont admirables pour faire voir la conduite qu'il tient ſur les ames de ce degré. Premierement, il attend l'extrêmité pour les ſecourir ; parce qu'il n'y a plus pour elles ni témoignage ni aſſurance , mais ſeulement le moment divin , qui ne fait arriver ni connoître les choſes que dans l'inſtant qu'elles ſe doivent exécuter, & non plus tôt. Secondement, il les fait marcher par là même dans une perte entiere ; & pour les arracher à tout ce qui eſt diftinct, il ne leur fait connoître les choses que lorsqu'elles arrivent.

C'est aussi pour éprouver la pureté de leur amour, qui ne craint point de tout perdre pour faire la volonté de Dieu, jusqu'à commettre des crimes apparens par un excès d'abandon & de confiance à sa sagesse & à son pouvoir. Cette promptitude de Dieu à secourir les ames d'abandon & de foi dans l'extrêmité du besoin, augmente leur abandon & leur foi; & cet abandon & cette foi font que la Providence redouble ses soins sur ces personnes, qui lui sont si délaissées : aussi font-ce là véritablement les ames de la Providence.

v. 13. *Abraham levant les yeux, apperçut derriere lui un belier arrêté par les cornes d'un buisson; & l'ayant pris, il l'offrit en holocauste au lieu de son fils.*

Dieu souvent fait semblant de vouloir que tout soit sacrifié, quoique dans l'exécution il se contente de la moindre partie, ainsi qu'il accepte le *belier au lieu d'Isaac.*

v. 15. *L'Ange du Seigneur appella Abraham du ciel pour la seconde fois, & il lui dit :*

16. *Je jure par moi-même, dit le Seigneur, que puisque vous avez fait cette action, & que pour l'amour de moi vous n'avez point épargné votre fils unique.*

17. *Je vous bénirai & multiplierai votre race comme les étoiles du ciel, & comme le sable qui est sur le rivage de la mer : & votre postérité possédera les portes de ses ennemis.*

Dieu ne tarde pas de récompenser ce sacrifice si généreux de son serviteur. Et comme cette mort

myſtique a été achevée par la mort réelle & par
la deſtruction de la victime, le belier, qui en a
été la figure, ayant été anéanti & réduit en cendres; auſſi Dieu fait-il à ce fidele ami de nouvelles faveurs, & beaucoup plus grandes que les
premieres. Il faut remarquer, que depuis qu'il
a été parlé d'immolation & de ſacrifice, toutes
les promeſſes ont ceſſé, & l'Ecriture ne dit rien
qui en approche: au contraire, ces ſaints Patriarches marchoient en mort; & par cette immolation même, toutes les promeſſes qui leur
avoient été faites, paroiſſoient vaines & inutiles,
puiſqu'ils voyoient que tout alloit être détruit
pour eux: mais la foi nue n'a plus de regard ni
ſur les biens & ſur les faveurs paſſées, ni ſur ce
qu'on lui a promis: ſi elle s'en ſouvient, ce ſouvenir augmente ſa mort; parce que l'ame ne
peut les voir en elle, ni y rien prendre pour ſoi.
Mais ſitôt que le ſacrifice eſt achevé, & que
l'ame eſt anéantie, Dieu lui rend tous ſes biens,
& beaucoup plus qu'elle n'en avoit eû; mais bien
d'une autre maniere: car elle ne les a plus en
propriété; & elle ne les regarde plus comme
ſiens, mais comme étant à Dieu & en Dieu.

Lorſqu'il eſt dit à Abraham, que *ſa race poſſé-
dera les portes de ſes ennemis*, c'eſt pour ſignifier,
que l'ame qui autrefois avoit des ennemis qui
lui étoient extrêmement contraires & cruels, ſe
trouve par ſon anéantiſſement ſi fort au-deſſus
d'eux, qu'elle les domine, & les tient aſſujettis &
comme empriſonnés: car poſſéder les portes du
lieu où l'ennemi eſt enfermé, c'eſt le tenir priſonnier, & en être devenu maître. Auſſi ces ames
ne ſauroient plus craindre le démon depuis que
Dieu, à qui elles ſe ſont abandonnées ſans réſerve
par un amour généreux, le leur a aſſujetti.

v. 18. *Toutes les Nations seront bénies par celui qui sortira de vous, parce que vous avez obéi à ma voix.*

Ceci exprime les biens inconcevables que Dieu fait à d'autres en considération de ces personnes qui lui sont si fort abandonnées. L'un des plus grands est, de se servir d'elles pour former Jésus-Christ dans les cœurs ; car c'est *par lui* que *toutes les nations saintes sont bénies :* C'est pourquoi, comme remarque St. Paul (*a*), lorsque Dieu a fait ses promesses à Abraham & à son fils, il ne dit pas, à vos fils, comme s'il parloit de plusieurs ; mais à votre fils, comme parlant d'un seul, qui est Jésus-Christ.

CHAPITRE XXIII.

v. 1. *Sara ayant vécu cent vingt-sept ans.*
2. *Elle mourut dans la ville d'Arbé. Abraham la pleura, & en fit le deuil.*

Après que la foi & l'abandon ont opéré la mort mystique, il faut encore perdre ce même abandon : il faut qu'il meure, non quant à ce qu'il y a en lui de réel, qui est même d'autant plus parfait, que plus il est caché en Dieu ; mais quant à ce qu'il avoit d'apperçu, & quant à la facilité d'en produire des actes : car cela étant encore un obstacle à l'anéantissement, il faut qu'il soit enlevé. C'est donc ainsi que *meurt* l'abandon, représenté par *Sara,* c'est-à-dire, que cette ame à force de s'être abandonnée, perd tout pouvoir de s'abandonner davantage : parce qu'elle entre en Dieu, où elle demeure dans le délaissement total, & où l'abandon, qui l'avoit aidé jusqu'ici à y entrer, la laisse. Il en coûte

(*a*) Gal. 3. v. 16.

quelques *larmes*, voyant qu'on ne peut plus s'a-
bandonner ; car on prend cela pour un figne plus
certain de fa perte : mais lorfqu'on eft établi
dans le délaiffement & dans la perte en Dieu, la
peine ceffe, & l'abandon qui ne s'apperçoit plus,
eft plus pur qu'il ne fut jamais.

v. 3. *Abraham dit aux enfans de Heth :*

4. *Je fuis avec vous comme un étranger & un voyageur ;*
   donnez-moi comme à l'un de vous, droit de fépulture,
   afin que j'enterre le corps de celle qui m'eft morte.

5. *Les enfans de Heth lui répondirent :*

6. *Seigneur, écoutez-nous : Vous êtes comme un Prince*
   de Dieu parmi nous : choififfez de nos fépulcres celui
   qu'il vous plaira.

Il y a des *Princes de Dieu*, & il y a des Princes du
fiecle. Ceux du fiecle n'ont d'autorité que dans
leurs états, & encore pour l'ordinaire font-ils
efclaves de ceux qu'ils dominent ; puifque fans
eux ils ne peuvent ni fubfifter, ni fe défendre,
ni rien entreprendre : mais les Princes de Dieu,
qui comme fes enfans font entrés dans fa liberté,
font fouverains & puiffans dans le lieu même de
leur exil. Ils dominent tout le monde, & ne
font dominés de perfonne. Ils font *comme étran-*
gers avec les hommes ; mais ils font indépendans
des mêmes hommes, & ont une certaine autorité & une gravité qui furprend, & qui oblige
ceux qui les voyent & qui ne comprennent
pas ce myftere, à les envifager avec refpect.
C'eft qu'ils portent le caractère de la Divinité,
comme les Princes portent les marques de leur
autorité humaine. *Abraham*, que l'excès de fa
foi rendoit *étranger* & errant dans le monde, afin
qu'il n'eût point d'autre patrie que le ciel ; qui

quitta fes poffeffions héréditaires dans fa patrie, afin que Dieu devînt lui - même fon héritage ; Abraham, dis-je, eft *Prince* fouverain dans tous les lieux où il habite. Son indépendance fe fait connoître en toutes occafions, Il enrichit tout le monde, & il ne reçoit rien de perfonne, comme il dit (a) au Roi de Sodome ; il ne fera pas dit qu'aucun ait enrichi Abraham. O que celui qui a Dieu feul pour fon partage, eft riche ! C'eft le propre de la foi d'appauvrir pour enrichir, & de dépouiller de tout, afin que Dieu feul foit notre richeffe. David avoit éprouvé cet heureux état de la foi dénuée lorfqu'il difoit : (b) Le Seigneur eft la portion de mon héritage ; ajoutant enfuite : le fort qui m'eft tombé eft très-excellent, & mon héritage m'eft très-avantageux.

C H A P I T R E. XXIV.

v. 1. *Abraham étoit vieux, & déja fort avancé en âge, & le Seigneur l'avoit béni en toutes chofes.*

2. *Il dit donc au plus ancien de fes domeftiques :*

3. *Jurez-moi par le Seigneur, le Dieu du ciel & de la terre, que vous ne prendrez aucune des filles des Cananéens parmi lefquelles j'habite, pour la faire époufer à mon fils ;*

4. *Mais que vous irez en mon pays & chez mes parens, afin d'y prendre une femme à mon fils.*

Cet endroit marque la perfévérance de la foi, & comme depuis qu'elle a établi l'ame en Dieu, elle lui attire toutes fortes de bénédictions. Car l'ame unie effentiellement à Dieu, eft comblée en Dieu même de toutes fortes de biens : & comme

(a) Ci-deffus 14. v. 13. (b) Pf. 15. v. 5. 6.

la seule foi peut conduire l'ame en Dieu même, c'est par elle que l'ame est *bénie en toute chose.* Mais cette bénédiction si ample ne lui est accordée que lorsqu'elle est déja *très-ancienne,* je veux dire, dans sa consommation.

Le *pays des Chananéens* est la figure du monde corrompu. Ce n'est pas là où la foi s'allie jamais: elle aime à s'allier avec les gens qui craignent Dieu, quoiqu'ils soyent en voie multipliée ; espérant que comme ils sont déja quittes du péché, elle pourra plus aisément les réduire à son unité. Elle appelle pour cela tous *les anciens serviteurs* qu'elle eut. Le *plus ancien serviteur* de la foi c'est la prudence, qui est le premier domestique fidele qui lui sert dans son chemin, & qui cependant à la suite lui deviendroit très-incommode, si elle ne le savoit pas changer, comme il sera dit dans la suite. Ce *domestique* est le plus ancien & le plus nécessaire à la foi dans son commencement, parce qu'il la porte à s'abandonner à Dieu par une sainte prudence, laquelle fait que voyant ses affaires mal entre ses propres mains, on les remet entre les mains de Dieu par un abandon total. C'est cette prudence qui, selon le Sage, (*a*) est la science des Saints : ce doit être là l'office d'une véritable prudence. La foi cependant voyant que la prudence, qui lui a été si utile en ce point, nuit extrêmement lors qu'après qu'on s'est abandonné à Dieu, elle veut se joindre à la prévoyance humaine, l'appelle en la personne d'*Eliezer,* & lui fait *jurer* qu'il *n'alliera* jamais la vie intérieure déja avancée avec le monde ; ce qui ne se pourroit sans faire le plus détestable de tous les mêlanges ; mais qu'elle *ira dans le pays* des en-

(*a*) Prov. 9. v. 10.

sans

fans de Dieu, quoiqu'encore multipliés, qui eſt le lieu d'où la foi tire même ſon origine, afin d'y allier *ſon fils*, qui eſt la vie intérieure & déja myſtique, laquelle naît de l'abandon & de la foi.

v. 5. *Le ſerviteur répondit : Si la fille ne veut pas venir en ce pays-ci avec moi , faudra-t-il que je remene votre fils au lieu d'où vous êtes ſorti ?*

La prudence prévoyante prend de loin ſes meſures, & voudroit, au cas qu'il ne ſe trouvât point d'ames qui vouluſſent entrer dans les voies intérieures, (ce qui eſt l'alliance que la foi deſire faire,) *remener* l'homme intérieur déja avancé, qui eſt figurée dans *Iſaac*, dans des voies multipliées, plutôt que de le laiſſer ſeul dans la voie ſimple & une ; quoique Dieu l'en eut tiré dans ſon Pere même avant ſa naiſſance ; car la foi eſt celle qui prend l'ame dans la multiplicité pour la conduire dans l'unité ; & lui communiquant le germe de ſa propre vie, la met hors d'état de pouvoir retourner jamais dans ſon ancienne origine, du moins ſans violenter l'ordre de Dieu ſur elle, & ſans aller contre ſa volonté.

v. 6. *Abraham lui répondit : Gardez-vous bien de jamais remener mon fils en ce pays-là.*

7. *Le Seigneur , le Dieu du ciel , qui m'a tiré de la maiſon de mon pere & de la terre de ma naiſſance, qui m'a parlé & m'a juré , diſant : Je donnerai cette terre à votre race , envoyera lui-même ſon Ange devant vous, afin que vous preniez une femme de ce pays-là pour mon fils.*

La foi , qui n'abandonne jamais cette ame qu'elle ne ſoit en Dieu, où après avoir tout perdu, elle retrouve tout en unité parfaite , dit fortement : *Garde-toi bien, ô prudence , de conduire jamais mon fils dans le pays* de multiplicité, *d'où Dieu nous a tiré* par une bonté infinie. J'ai cette confiance, que *le Seigneur du ciel* & de la terre *qui m'a retiré de la maison de mon Pere*, de cette voie & de ce commerce avec les créatures dans lequel j'étois né, & *qui m'a juré de me donner cette terre* de repos en Dieu, & non-seulement à moi, mais encore à tous ceux de mes enfans qui suivront la même voie par laquelle j'ai conduit mon Isaac, modele des ames abandonnées & sacrifiées à la suprême volonté de Dieu : le Seigneur, dis-je, *envoyera son Ange devant toi*, & disposera toutes choses ; afin que l'épouse & la compagne fidelle qu'il destine à mon fils, entre dans la même voie que lui, & possede aussi la terre de la paix & du repos en Dieu, qu'ils doivent laisser à la postérité qui naîtra d'eux. L'*Ange* dont il est ici parlé, est la Providence, c'est là que commence l'alliance spirituelle.

v. 8. *Que si la fille ne veut pas vous suivre, vous ne serez point obligé à votre serment. Seulement ne remenez jamais mon fils en ce pays-là.*

9. *Le serviteur s'engagea par serment à faire ce qu'Abraham lui avoit commandé.*

La foi dit à la prudence, que *si cette fille* qu'elle envoie choisir *ne veut pas venir*, *elle la quitte de tout serment*, pourvu qu'elle *n'y remene point son fils*, & qu'elle le laisse dans le repos & dans l'union, parce qu'étant choisis pour le repos divin, ils ne doivent jamais, sous quelque prétexte que ce soit, retourner à la multiplicité. Ceci s'accorde avec ce qui est dit ailleurs : (*a*) Si vous gardez mon alliance, vous serez le seul de tous les peuples que je posséderai en particulier ;

(*a*) Exode 19. v. 5, 6.

vous ferez mon royaume facerdotal, & la nation
fainte qui me fera confacrée. Sur quoi la prudence jure à la foi de ne retirer jamais l'ame
abandonnée, de fa voie.

v. 10. *Le ferviteur prit dix chameaux du troupeau de
fon maître, & porta avec lui de tous fes biens. Et
étant parti, il alla en Méfopotamie, en la ville de
Nachor.*

Il charge *dix chameaux*, qui repréfentent les
dix commandemens de la loi qui doivent être
donnés à Moïfe, & qui s'obfervent intérieurement par les myftiques d'une maniere beaucoup
plus parfaite que n'eft l'extérieure, exprimée
fimplement par la lettre. Il les charge *de tous les
biens de fon maître*, c'eft-à-dire, d'un grand fur-
croit de graces que cette voie lui avoit attirées;
en forte que l'amour, la foi, la confiance, &
toutes les vertus étoient autant de richeffes qui
couvroient & adouciffoient la rigueur de la loi:
on lui porte de plus [à cette fille qu'on envoie
choifir] de tous les biens de la maifon qui lui
eft offerte, afin que ne lui cachant rien de tous
les avantages de cette voie fi fimple, mais fi
riche, on l'y puiffe facilement attirer, & l'y faire
entrer avec plaifir. *La Méfopotamie* eft le pays
où l'on craint Dieu, quoi qu'en multiplicité.
C'eft de là qu'on tire les perfonnes dociles, afin
de les introduire dans le pays de paix, &
d'union.

v. 11. *Ayant fait repofer fes chameaux hors de la
ville près d'un puits, fur le foir, lorfque les femmes
avoient accoutumé de fortir pour prendre de l'eau,
il dit :*

12. *Seigneur, Dieu d'Abraham mon maître, je vous*

*conjure de me secourir aujourd'hui, & faites miséri-
corde à Abraham mon Seigneur.*

L'arrivée de celui qui eſt envoyé pour tirer
cette fille (figure de l'ame) de ſon état multiplié, ſe fait *le ſoir :* ce qui marque qu'elle étoit
déja dans un repos à demi commencé, ou proche
du repos, étant à la fin du jour de ſon action ;
car Dieu envoie de cette ſorte, lorſqu'il eſt
tems, quelque perſonne qui indique la voie
ſimple. Il la va chercher *près du puits,* c'eſt-à-
dire, dans la pratique même de l'oraiſon, où
elle tâchoit de toutes ſes forces, comme font
toutes les jeunes ames, de puiſer de l'eau de la
grace. *Il fait repoſer hors de la ville les chameaux :*
pour marquer, que les graces qui viennent de
la foi paſſive, ne ſe donnent point dans le tumulte ; mais dans le repos. Et enſuite s'adreſſant
à Dieu, il lui fait ſa *priere,* dans laquelle ce ſerviteur, quoi qu'il ſoit ſi fort à Dieu, ne parle
point de ſoi-même ; il le *conjure* ſeulement, par
ſon maître Abraham, & en ſa faveur ; parce qu'il
ſait que la foi peut tout obtenir.

℣. 13. *Me voici près de cette fontaine, & les filles
des habitans de cette ville vont ſortir pour puiſer
de l'eau.*

14. *Faites donc que la fille à qui je dirai : Baiſſez
votre vaiſſeau afin que je boive, & qui me répondra :
Buvez, & je donnerai auſſi à boire à vos chameaux,
ſoit celle que vous avez deſtinée à Iſaac votre ſerviteur. Je connoîtrai par-là que vous avez fait miſéricorde à mon Seigneur.*

Il demande à Dieu que parmi tant de perſonnes qui ſuivent la même voie, il lui faſſe connoître celle qu'il deſtine pour le repos. Mais la
convention de ſa priere eſt toute admirable, &

toute myſtérieuſe. Il voit que tout ce qui peut faire ſortir l'ame du pays de la multiplicité pour la faire entrer dans l'unité divine, eſt la charité ; que cette charité doit être unie à l'ame abandonnée, & que c'eſt elle qui la fait ſubſiſter dans un amour bien épuré, quoique dans l'obſcurité de la foi. C'eſt pourquoi ce n'eſt que la charité qu'Eliezer cherche pour Iſaac : non pas une charité médiocre, mais une charité abondante, qui ſoit propre à *abreuver le troupeau* de Jéſus-Chriſt, renfermé en Abraham. Ceci eſt un myſtere qui demanderoit un volume pour l'expliquer. Et comme la généroſité de l'amour fait plus qu'on ne lui demande, cette charité trouve de l'eau à donner à tous ſelon leurs beſoins. Cet endroit de l'Ecriture ravit, voyant que tout ſe rapporte ſi bien à la conduite intérieure. Il falloit que *la femme* d'Iſaac fût mere & nourrice du peuple de foi ; c'eſt pourquoi elle doit être la charité, c'eſt-à-dire, nous en donner en ſa perſonne, & en ſa conduite une excellente figure.

v. 15. *A peine eut-il achevé ces paroles, qu'il vit paroître Rebecca, fille de Bathuel, fils de Melcha, femme de Nachor frere d'Abraham, qui portoit ſa cruche ſur ſon épaule.*

16. *C'étoit une fille très-agréable, parfaitement belle, & inconnue à tout homme, qui étant deſcendue à la fontaine, & ayant rempli ſa cruche, s'en retournoit.*

O promptitude de Dieu à exaucer les prieres faites avec foi, lorſqu'elles ſont ſi juſtes ! La jeune fille vint donc d'abord qu'Eliezer eut achevé ſa priere.

Elle étoit très-belle ; car rien n'eſt ſi beau que la charité, qui ſe rend *agréable* à tous. Elle étoit

vierge, parce que la charité eſt toujours pure ; &
que tirant ſon origine de Dieu même , elle ſe
conſerve toujours chaſte au milieu des créatures,
ſans ſe ſalir par leur commerce. *Elle deſcendit à
la fontaine & emplit ſa cruche :* la charité eſt toujours accompagnée de l'humilité , qui en ſe
vidant s'emplit ; & comme une fontaine, plus
elle ſe vide de ſes eaux, plus la ſource, qui eſt
Dieu même, lui en communique de nouvelles.
C'eſt ce qui fait que ces deux vertus, repréſentées ſous ce myſtere , ſont abſolument néceſſaires
à une ame deſtinée à l'abandon & à l'unité en
Dieu ; parce que la fidélité de la charité conſiſte
à être toujours pleine pour les autres, & ne retenir rien pour ſoi ; & la perfection de l'humilité eſt , de ſe vider inceſſamment des eaux de
grace, qui lui ſont communiquées , & de les
rendre à Dieu auſſi pures qu'elle les reçoit de
lui-même.

L'Ecriture dit , que Rebecca *s'en retournoit ;*
marquant par-là que quoique la charité ſoit bien-
faiſante envers tous, rien néanmoins ne l'arrête ;
& que quoiqu'elle s'en aille avec vîteſſe, elle ne
laiſſe pas de montrer ce qu'elle eſt , en faiſant
du bien ſi-tôt qu'on le lui demande, & même
plus qu'on ne lui en demande.

v. 17. *Le ſerviteur allant au-devant d'elle , lui dit :
Donnez-moi un peu de l'eau que vous portez , afin
que je boive.*

18. *Elle lui répondit: Buvez, mon Seigneur , & auſſi-
tôt deſcendant ſa cruche ſur ſon bras , elle lui donna
à boire.*

19. — *Elle ajouta : Je m'en vais auſſi tirer de l'eau
pour vos chameaux.* —

20. *Et ayant verſé dans les canaux l'eau de ſa cruche ,* *elle courut au puits pour en tirer d'autre, qu'elle donna enſuite à tous les chameaux.*

Qui n'admirera la grace & la promptitude avec laquelle elle fait toutes ces choſes ? Elle *veut* même *donner de l'eau à tous les chameaux*, parce que c'eſt la charité qui abreuve & vivifie la loi repré-ſentée par les chameaux. Elle n'en laiſſe pas un ſans les remplir de ſon eau, à cauſe que la loi ſans elle ſeroit vide : elle n'a pas plutôt *vidé* ſa cruche qu'elle va *la remplir* dans ſa ſource, où elle puiſe tous ſes biens. La charité ne ſe contente pas de paroles : elle en vient aux effets, *donnant* vraiment *de l'eau à tous les chameaux, comme elle s'y étoit offerte.*

v. 21. *Cependant le ſerviteur la contemploit ſans rien dire, pour ſavoir ſi le Seigneur avoit rendu ſon voyage heureux ou non.*

Il la *contemploit*, dit ſi bien l'Ecriture ; parce qu'il étoit de la maiſon de la foi, dont tous les domeſtiques mêmes ſont contemplatifs. Il la contemploit *en ſilence :* ce qui fait voir le repos & le ſilence de la contemplation : & il contem-ploit ainſi en ſilence, *pour ſavoir ſi Dieu avoit rendu ſon voyage heureux ou non.* Il ne fait nulle interrogation à cette fille : il ne ſe ſert point de la multiplicité du diſcours pour être éclairci de ſon doute : il ſe ſert ſeulement du repos, par lequel il eſt mieux inſtruit qu'il ne l'eût été par tous les ſoins. Auſſi n'héſita-t-il point avant que de lui parler.

v. 22. *Et après que les chameaux eurent bu, il tira des pendans d'oreille d'or qui peſoient deux ſicles, & des bracelets qui en peſoient dix.*

Il lui fait part de fes richeffes, pour lui faire connoître par les effets, bien plus que par les paroles, la voie & le pays où il défire l'attirer. Mais quels font les préfens qu'il lui fait? *des pendans d'oreille :* pour lui faire comprendre qu'il ne faut plus autre chofe pour elle qu'écouter & fe taire; & que c'eft là la pratique du pays où il la veut conduire. Il lui donne auffi des *bracelets* pour fes mains; afin de lui faire entendre que la foi, le filence & les bonnes œuvres doivent être inféparables de la charité; de tout cela elle doit apprendre à écouter, agir & fe taire. Elle accepte ce gage comme une marque qu'elle eft difpofée d'entrer dans cette voie, fi l'obéïffance le lui permet. Les pendans d'oreille font *d'or;* pour marquer la pureté avec laquelle il faut écouter Dieu; ils ne *pefent* que *chacun un ficle :* ce qui fait voir qu'il ne faut écouter que Dieu feul & fa fainte volonté : mais *les bracelets pefent plufieurs ficles d'or;* parce qu'il faut multiplier les vertus & les bonnes œuvres. L'attention fe doit appli‑ quer à Dieu feul : mais les pratiques s'étendent envers tous.

v. 23. *Et il lui dit : Dites-moi, je vous prie, de qui vous êtes fille ? Y a-t-il dans la maifon de votre pere de quoi me loger ?*

24. *Elle lui répondit : Je fuis fille de Bathuel, fils de Melcha, femme de Nachor.*

25. *Il y a chez nous beaucoup de paille & de foin, & bien du lieu pour y demeurer.*

La prudence, qui ne fe hâte jamais, porte le ferviteur à s'informer de cette fille *qui elle eft :* elle le lui déclare; & il lui demande, *s'il y a dequoi loger chez fon pere ?* La charité, qui n'eft jamais vide, affure qu'il y a chez fon pere (qui eſt la figure de Dieu) dequoi *fournir à tout* & des eſpaces infinis pour loger & bien recevoir tous ceux qui recourent à elle.

v. 26. *Cet homme fit une profonde inclination, & adora le Seigneur;*

27. *Et il dit : Béni ſoit le Seigneur, le Dieu d'Abraham mon maître, qui n'a pas manqué de lui faire miſéricorde ſelon ſa vérité, & qui m'a amené droit dans la maiſon du frere de mon maître.*

La prudence *adore Dieu*, admirant comme la foi n'eſt jamais deſtituée de la vérité, & comme Dieu lui fait tout réuſſir heureuſement, parce qu'il n'y a rien qui conduiſe ſi droit que cette même foi. Ce ſerviteur eſt tout étonné que pour l'avoir ſuivie à l'aveugle, il a été *conduit par un droit chemin* au lieu le plus déſiré, & qu'il a beaucoup plus trouvé qu'il n'avoit oſé eſpérer. C'eſt ce qui le porte à rendre juſtice à la *vérité* de la voie de la foi, & à publier combien elle eſt droite & ſûre. Il ne ſait ce qu'il doit plus admirer, ou la providence de Dieu à pourvoir de tout à point nommé; ou la généroſité de la foi à tout entreprendre dans l'obſcurité & ſans aſſurance. Il voit cependant que Dieu bénit cette foi de tant de graces, qu'il ne peut s'empêcher de s'y rendre, & d'adorer Dieu dans toutes ſes voies.

v. 29. *Rebecca avoit un frere nommé Laban, qui ſortit auſſitôt pour aller vers cet homme près de la fontaine.*

31. *Et il lui dit : Entrez, béni du Seigneur; pourquoi demeurez-vous dehors ? J'ai préparé la maiſon, & un lieu pour vos chameaux.*

Laban voyant les gages donnés à ſa ſœur, qui étoient des témoignages de la voie de la foi, ſort

dehors, & va chercher celui qui l'enfeigne pour
le faire *entrer chez lui*. Il en arrive autant aux
perfonnes de bonne volonté, lorfqu'ils ont connoiffance de ces voies : ils fouhaitent les avoir
& de les introduire chez eux : ils les reçoivent
avec plaifir, & ils proteftent qu'ils ont *préparé*
de leur mieux *la maifon* de leur cœur pour les
recevoir.

v. 33. *On lui fervit à manger. Mais le ferviteur dit :
Je ne mangerai point que je ne vous aie propofé ce que
j'ai à vous dire.*

On veut vîtement lui *donner à manger :* mais
lui, qui eft inftruit des voies, dit : *Je ne mangerai
point que je n'aie parlé de mon affaire;* car telle eft la
volonté du Seigneur. O fidele ferviteur, qui
s'oublie de fes propres intérêts & de fes preffans
befoins pour ne penfer qu'à exécuter les volontés
de Dieu !

v. 34. *Et il leur parla de cette forte : Je fuis ferviteur
d'Abraham ;*

35. *Le Seigneur a comblé mon maitre de bénédictions &
l'a rendu riche & puiffant.*

36. *Et Sara fa femme lui a enfanté un fils dans fa
vieilleffe, auquel mon maitre a donné tout ce qu'il
avoit.* — &c.

Lorfqu'il s'étend fur *les richeffes de fon maitre,*
& fur les graces que Dieu lui a faites, c'eft qu'il
releve la magnificence de cette voie, & combien Dieu la bénit, la faifant voir élevée au-
deffus de toutes les autres. Car encore que la
prudence ne goûte gueres la foi dans fes démarches, toutefois elle eft obligée de l'admirer
dans fes fuccès. Il déclare fon origine, & fait
voir qu'il n'y a rien de caché pour elle, parce

que la foi lui ayant *donné tout ce* qu'elle a, lui a fait pénétrer fa vérité. Il ajoute que l'abandon eſt la mere & la nourrice de cette même voie.

Il leur fait part de tous les ſecrets de la foi, afin de les obliger par là à ſe donner à elle, en faiſant le récit de tout ce qu'Abraham lui avoit dit, & de tout ce qui s'étoit paſſé vers la fontaine.

v. 50. *Bathuel & Laban répondirent : c'eſt Dieu qui parle ici; nous ne ſaurions vous répondre que ce qu'il lui plaît.*

51. *Rebecca eſt entre vos mains : emmenez-la avec vous, & qu'elle ſoit la femme du fils de votre maître, ſelon que le Seigneur l'a ordonné.*

L'efficace de la grace eſt ſi forte dans la bouche d'une perſonne intérieure, que l'on *ne ſauroit* ni lui rien refuſer, ni *lui répondre; & l'on eſt contraint d'avouer* que tout vient *de Dieu*, à qui il eſt difficile de réſiſter. Ces parens ſont donc contraints par une douce violence de donner leur conſentement, enſuite duquel la charité eſt vraiment unie avec la voie d'abandon. Et en même tems ſe fait le *mariage* ſpirituel tout divin de l'Epoux & de l'Epouſe, qui ſont unis pour achever leur courſe dans la voie intérieure, & ſe perdre heureuſement en Dieu.

v. 53. *Le ſerviteur tira des vaſes d'or & d'argent, & des vêtemens, dont il fit préſent à Rebecca. Il donna auſſi des préſens à ſes freres & à ſa mere.*

Alors Dieu déploie toutes ſes richeſſes pour en parer & enrichir ſon Epouſe.

Mais quoiqu'il ſoit tout-puiſſant, il veut cependant le conſentement de l'Epouſe, avant que de lui faire abandonner entierement ſa premiere voie, marquée par la maiſon de ſon pere; & lui faire embraſſer celle-ci, qui l'introduit par la ſimplicité dans les profondeurs de l'intérieur.

v. 58. *Ayant appellé la fille, elle vint; & ils lui demanderent : voulez-vous bien aller avec cet homme? Elle répondit : J'irai.*

Elle s'accorde volontiers, *répondant* ſans artifice. Ce ſeul mot, *j'irai*, ſuffit pour tout exprimer en une ame qui commence d'être inſtruite des voies que tient la foi, qui ſont toutes ſimples.

v. 60. *Les parens donnant toutes ſortes de bénédiĉtions à Rebecca, lui dirent : Vous êtes notre ſœur : croiſſez en mille & mille générations; & que votre poſtérité ſe rende maîtreſſe des portes de ſes ennemis.*

Les parens de Rebecca ayant reçu des préſens conſidérables à cauſe d'elle, nous apprennent combien il eſt avantageux d'être uni à la charité; parce que l'on participe auſſi à ſon bonheur, & que tous ceux qui ſont liés avec les perſonnes ſi chéries de Dieu, en reçoivent des graces ſingulieres. Puis ils *donnent mille bénédiĉtions* à cette chere ſœur, lui *ſouhaitant la fécondité* & qu'elle *poſſede les portes de ſes ennemis*, ce qui eſt la bénédiĉtion même que Dieu donna à Abraham, & qui a été expliquée (a) ci-deſſus.

v. 62. *Iſaac ſe promenoit dans le chemin qui mene au puits du vivant & du voyant.*

63. *Il étoit alors ſorti pour méditer dans le champ vers le ſoir. Et levant les yeux, il vit de loin venir les chameaux.*

Iſaac ſe promenoit, vers le puits du vivant, & du

______
(a) Chap. 22. v. 17.

voyant, c'eft-à-dire, auprès de la fource laquelle eft en Dieu, qui eft feul celui qui vit & qui voit. Il fe promenoit en Dieu; parce que la largeur de fon ame n'étoit point rétrécie. Il étoit forti hors de lui-même, afin de fe mieux occuper de Dieu feul. Ce fut dans cet admirable commerce que la charité toute pure lui fut amenée, pour être unie à lui d'un lien indiffoluble. Il va au devant d'elle dès qu'il l'apperçoit. L'amour pur n'eft accordé à une ame, que lorfqu'étant fortie d'elle-même, elle ne s'occupe plus que de Dieu; & cela n'arrive que *vers le foir*, fur les dernieres périodes de la vie, & après de grands travaux.

v. 64. *Rebecca ayant apperçu Ifaac, defcendit de deffus fon chameau.*

65. *Et elle prit auffi-tôt fon voile, & fe couvrit.*

Elle *defcend de deffus fon chameau* pour aller à lui encore plus promptement; mais elle *fe couvre de fon voile*, qui eft la fidélité : puis en cet équipage, elle s'en va s'unir à lui.

v. 67. *Alors Ifaac la fit entrer dans la tente de Sara fa mere, & la prit pour femme : Et il l'aima fi fort, qu'il en modera fa douleur, que la mort de fa mere lui avoit caufée.*

Mais que fait Ifaac? Il ne s'amufe pas à admirer la beauté de Rebecca, étant déja avancé dans la voie de foi, qui n'a rien de fenfible : mais il *la mene* d'abord *dans la tente de fa mere;* ce qui eft la faire entrer dans l'abandon total, qui a toujours été repréfenté par Sara. Et cet abandon eft la difpofition immédiate à l'union, & à la jouiffance de l'Epoux. C'eft pourquoi il la fait paffer par là. Mais ayant connu le mérite de la charité,

qui rend l'ame une en Dieu feul, il *l'aima tant*,
qu'il en oublia fa douleur caufée par la mort de Sara,
qui fut la perte de l'abandon, qui lui devint
alors inutile, étant confirmé par la charité dans
le délaiffement parfait en Dieu feul.

CHAPITRE XXV.

v. I. *Abraham prit une autre femme, nommée Cethura,*
　　qui lui enfanta fix fils. —
5. *Mais il donna à Ifaac tout ce qu'il poffédoit.*
6. *Il fit des préfens aux fils de fes autres femmes, & les*
　　fépara durant fa vie de fon fils Ifaac, les envoyant
　　dans le pays qui regarde l'Orient.

ABRAHAM eut encore d'autres enfans; mais
ils n'eurent point de part à l'héritage. La foi a
quantité d'enfans, à qui elle fait quelques biens :
mais le feul *Ifaac*, fils de la foi nue & de l'abandon aveugle, eft l'héritier de tous fes biens.
Ceux des autres voies font partagés en ferviteurs, & n'ont pas une même demeure avec celui-là : Ifaac eft partagé en fils unique, & il n'a
rien moins que Dieu même pour héritage, puifque Dieu étoit la poffeffion de la foi & de l'abandon, defquels il eft né. Nulle ame n'arrivera
jamais à la jouiffance de Dieu, qu'auparavant
elle ne foit dépouillée de tout appui & de tout
propre intérêt.

v. 8. *Abraham fe fentant défaillir, mourut dans une*
　　heureufe vieilleffe.
9. *Et Ifaac & Ifmaël fes enfans le porterent en la caver-*
　　ne double fituée dans le champ d'Ephron. —
10. *Où il fut enterré comme l'avoit été Sara fa femme.*

Abraham, qui eſt l'idée de la foi, ayant uni ſon fils à la charité après l'avoir conduit par l'abandon & par la foi nue en Dieu ſeul, *tombe en défaillance*, & la foi *meurt* elle-même. Ce Patriarche étant paſſé en ſubſtance dans ſon fils, & par lui dans tous ſes deſcendans, toute vue de foi, & tout uſage de cette lumiere demeurent comme morts & enſevelis pour l'âme arrivée en Dieu ſeul ; à cauſe que tous les moyens, juſqu'aux plus néceſſaires & aux plus ſaints, finiſſent lorſque l'on eſt dans la derniere fin. Alors il n'y a rien à faire pour cette ame qu'à jouir de la pure charité ; mais en Dieu même, avec une netteté & ſimplicité admirable. Et c'eſt ce qui précéde la vie apoſtolique, laquelle eſt une & multipliée. Car comme Dieu agit en tout ſans ſortir de lui-même ni de ſon unité ; auſſi ces ames agiſſent au-dehors ſans ſortir de leur unité en Dieu. L'abandon & la foi ſont laiſſés dans le même lieu ; à ſavoir, en arrivant en Dieu ſeul.

Iſaac avec ſon Epouſe demeure après la mort de ſon pere dans ce lieu-là : puiſqu'il ne peut y avoir d'autre demeure pour une ame telle que celle-là, quand elle courroit toute la terre ; parce qu'elle pourroit aller par tout le monde ſans ſortir de ſa place ; ainſi qu'il eſt ajouté : (v. 11.) qu'*après la mort d'Abraham Dieu bénit ſon fils Iſaac, qui demeuroit près le puits du vivant & du voyant.*

v. 21. *Iſaac pria le Seigneur pour ſa femme ; parce qu'elle étoit ſtérile : & le Seigneur l'exauça, & fit que Rebecca conçut.*

La charité réunie en Dieu ſeul eſt dans un ſi parfait repos, qu'elle ne ſongeroit plus à produire de fruits au-dehors, ſi elle n'étoit réveillée de son doux sommeil par les occasions que la providence lui en fait naître ; parce 'qu'elle a en lui tous les biens. *Isaac*, son époux *prie ; & Dieu l'exauce* d'abord, lui donnant deux enfans, qui font deux peuples bien différens. Des Anges fe perdirent dans le ciel ; un Apôtre périt en la compagnie de Jéfus-Chrift : & la charité femble ici concevoir & enfanter un reprouvé.

Mais comme tout contribue à la gloire de Dieu & au bien des élus, à mefure qu'un peuple faint eft conçu dans les entrailles de la charité, elle conçoit auffi un peuple pervers afin d'exercer celui-là, & le faire fouffrir. Concevoir & enfanter la race des prédeftinés, c'eft concevoir & enfanter des perfécutions & des croix. Cette nation fi fainte fut perfécutée avant que de paroître au jour, & elle fouffrit de rudes attaques avant que de naître. Il n'y a point de lieu exempt de la croix pour les prédeftinés, Dieu la leur fait trouver partout, elle naît avec eux, elle croît fous leurs pas, & il faut que ce foit fur elle qu'ils expirent.

v. 22. *Mais les deux enfans dont elle étoit groffe s'entrebattoient dans fon ventre : ce qui lui fit dire : Si cela me devoit arriver, qu'étoit-il befoin que je conçuffe ? Elle alla donc confulter le Seigneur.*

L'ame qui n'eft pas encore raffermie dans l'expérience des voies de Dieu, *s'afflige* de voir naître des perfécutions ; & fa douleur l'oblige de *confulter le Seigneur.* C'eft le pieux ufage des faints, de recourir à Dieu dans leurs doutes & dans leurs peines ; parce que toute leur confiance eft en lui. L'exemple de tous les Patriarches en ce point, fait honte aux Chrétiens, qui pour la plufpart ne confultent que le monde ou la paffion.

v. 23.

v. 23. *Dieu lui répondit : Deux nations sont dans vo-*
tre ventre, & deux peuples sortiront de votre sein,
qui se diviseront l'un contre l'autre : & l'un de ces
peuples surmontera l'autre peuple ; l'aîné sera assujetti
au plus jeune.

Dieu la console, lui faisant entendre qu'il est
nécessaire que cela soit de la sorte ; & qu'après
qu'il aura permis aux méchans d'exercer les prédestinés, alors ils leur seront assujettis ; & les
prédestinés, qui paroissoient *les plus petits* à cause
de leurs humiliations, deviendront les *maîtres de*
leurs ennemis.

v. 24. *Lorsque le tems auquel elle devoit accoucher fut*
arrivé, il se trouva qu'elle étoit grosse de deux ju-
meaux.

Il se trouva donc *deux enfans* dans un même
sein, le persécuteur & le persécuté ; & par con-
tre-échange le maître & le serviteur. Celui qui
persécute est esclave de ses passions, durant que
le persécuté jouit d'une liberté & d'une paix admirable. Les bons & les méchans sont bien sortis du même sein de la puissance divine par la
création, & cependant les méchans ne laissent
pas d'être dans l'opposition à Dieu & aux bons.
Le seul péché fait cette division.

v. 25. *Celui qui sortit le premier étoit roux & tout*
velu comme une peau, & fut appellé Esaü. L'autre
sortit aussitôt, tenant de sa main le talon de son
frere : c'est pourquoi il fut nommé Jacob.

Le persécuteur *sort le premier*, dont l'aspect est
aussi farouche que son humeur le devoit être : &
devant être inhumain & cruel, il porte déja sur
son corps même les marques d'un naturel féroce.

v. 27. *Quand ils furent grands, Esaü devint habile à la chasse, & il aimoit à cultiver la terre. Mais Jacob étoit un homme simple, qui demeuroit retiré dans les tentes.*

Esaü exerce sa cruauté sur les animaux, qu'il prend *à la chasse* : mais *Jacob*, doux & *simple*, goûte le repos de la *solitude* ; & imitant Jésus-Christ par avance, il s'exerce dans la retraite & dans l'oraison avant que de s'appliquer aux emplois du dehors. La grace porte à la retraite & au repos, jusqu'à-ce que la vocation divine oblige à se produire.

v. 28. *Isaac aimoit Esaü, parce qu'il mangeoit de ce qu'il prenoit à la chasse : mais Rebecca aimoit Jacob.*

Isaac aimoit Esaü avec quelque intérêt. Il est si rare que l'on agisse par pure grace, sans aucune recherche de soi-même. Les plus saints se méprennent quelquefois dans le choix de leurs amitiés : ce choix n'est jamais parfait, lorsque l'intérêt s'y mêle pour peu que ce soit. Mais la charité *aimoit Jacob ;* parce qu'il étoit selon le cœur de Dieu ; & n'ayant plus d'intérêt propre, son amour étoit accompagné de la justice & soutenu de l'équité.

v. 30. *Un jour Esaü dit à Jacob : Donnez-moi de ce potage tout roux que vous avez apprêté ; parce que je suis extrêmement las.*

31. *Jacob lui répondit : Vendez-moi donc votre droit d'aînesse.* —

33. *Esaü le lui jura, & lui vendit son droit d'aînesse.*

C'est une conduite de Dieu admirable, que de faire que ses créatures, même les plus rebel-

fervent à fes deffeins. Tout arrive comme s'il n'étoit pas prémédité & par les providences les plus naturelles. Dieu permet qu'Efaü fe dé- faffe de lui-même du *droit* qu'il avoit fur fon ca- det, & qu'il *le lui vende* pour une petite fenfuali- té, qui eft, de manger un plat *de lentilles.* Tout cela, qui paroît fi déraifonnable & fi inconfidé- ré, fert au deffein de Dieu, qui ne violente point notre liberté, mais qui conduit toutes chofes doucement à fes fins.

CHAPITRE XXVI.

v. 1. *Cependant il arriva une famine en cette terre-là, comme il en étoit arrivé une au tems d'Abraham. Et Ifaac s'en alla à Geraru vers Abimelec, Roi des Phi- liftins.*

2. *Car le Seigneur lui avoit apparu, & lui avoit dit: N'allez point en Egypte; mais demeurez dans le pays que je vous montrerai.*

3. *Paffez-y quelque tems comme étranger: je ferai avec vous; je vous bénirai, & vous donnerai à vous & à votre race tout ce pays-ci pour accomplir le ferment que j'ai fait à Abraham votre pere.*

4. *Je multiplierai vos enfans comme les étoiles du ciel, & toutes les nations de la terre feront bénies en celui qui fortira de vous.*

EN quelque degré de grace que l'ame foit ar- rivée, elle éprouve fouvent des privations, qui font des efpeces de *famine;* mais il y a un tems où elles ne font plus pénibles, parce que quoi- que la famine foit fur la terre, c'eft-à-dire, dans la partie fenfible, on ne laiffe pas d'avoir de quoi pourvoir à tous les befoins; ce qui arrive

lorfque l'ame n'a plus de volonté : car alors
elle ne fouffre plus, parce que la volonté de
Dieu la raffafie pleinement. Il y a une autre
famine, qui eft la privation totale des chofes mêmes qui paroiffent néceffaires ; & ce n'eft pas
de celle-là dont il eft parlé, du moins à l'égard
d'Ifaac ; fi ce n'eft que nous prenions cette famine pour l'état qui arrive, lorfque Dieu veut
chaffer l'ame hors de chez elle, & la perdre to-
talement en lui. En ce cas, ce fut cette derniere
difette qui porta Ifaac à quitter le lieu où il demeuroit par l'ordre de Dieu. Mais où *va-t-il?*
dans une terre étrangere ; parce que pour quelque tems il fe trouve comme *étranger* à lui-même. Il y demeure comme pélerin, n'y étant pas
par état, ainfi qu'il le fera dans le lieu qu'il doit
poffáder dans la fuite.

Dieu lui défend d'aller en Egypte. Cet endroit eft
fort inftructif pour nous. C'eft que dans le tems
des privations, & même de la plus extrême famine, il ne faut point fe foutenir, ni fe garantir de la peine que l'on fouffre, par la multiplicité & par les propres efforts ; mais demeurer dans
le lieu où Dieu nous a placés avec beaucoup de
patience, jufqu'à-ce qu'il nous en retire lui-même. Cependant *Dieu affure qu'il fera avec l'ame*
qui lui eft entierement délaiffée en quelque lieu
qu'elle aille, & en quelque difpofition qu'elle
puiffe être. N'eft-ce pas trop pour une ame affligée que cette affurance que Dieu lui donne ? Il
l'affure encore de lui *donner la terre promife*, qui
eft l'état permanent de l'ame en Dieu, qui s'appelle transformation.

Il la donnera non feulement à Ifaac, mais à
tous ceux qui comme lui s'immoleront fans referve à toutes fes volontés : & il promet même

qu'il y aura un grand nombre de ſes deſcendans qui ſuivront la même voie que lui. Lorſqu'il eſt dit, que *toutes les nations de la terre ſeront bénies en celui qui ſortira d'Iſaac*, il eſt parlé de Jéſus-Chriſt, en qui toutes les graces & toutes les bénédictions ſont renfermées.

v. 6. *Iſaac demeura donc à Gerara.*

7. *Et les habitans de ce pays-là lui demanderent qui étoit Rebecca; il leur répondit, que c'étoit ſa ſœur.*

Iſaac fait la même réponſe que ſon pere avoit faite en pareille rencontre, diſant que *Rebecca eſt ſa ſœur*, & ſe ſervant de cela pour conſerver ſa vie. Quoiqu'il parût y avoir là du menſonge, il eſt néanmoins certain qu'il ne mentoit pas; parce que frere en Hebreu ſignifie parent, & qu'on avoit accoutumé d'appeller freres & ſœurs les parens des plus proches degrés, telle qu'étoit Rebecca à l'égard d'Iſaac, qui avoit le germain au-deſſus d'elle: ainſi que dans l'Evangile même des parens de notre Seigneur ſont appellés (a) ſes freres. Cette conduite qui paroît humaine, couvre de grands myſteres. Il eſt donné quelquefois aux intérieurs de les pénétrer: & loin que cela offuſque la majeſté de la parole de Dieu, il ſert même à nous la faire honorer par une plus grande foi.

v. 8. *Abimelec Roi des Philiſtins regardant par une fenêtre, vit Iſaac qui ſe jouoit avec Rebecca ſa femme.*

9. *Et l'ayant fait appeller, il lui dit: il eſt viſible que c'eſt votre femme. Pourquoi avez-vous fait un menſonge en diſant qu'elle eſt votre ſœur.*

Cette charité *d'Abimelec* à juger favorablement

(a) Matth. 12. v. 46.

d'*Iſaac*, condamne la témérité de ceux qui cen-
furent tout dès l'abord, & qui ſe ſcandaliſent
des actions les plus innocentes, faites avec une
ſainte liberté.

v. 10. *Il fit enſuite cette défenſe à tout ſon peuple :*

11.   *Quiconque touchera à la femme de cet homme-là,*
     ſera puni de mort.

Qui n'admirera la protection de Dieu ſur les
perſonnes qui ſe délaiſſent entierement à lui ? Il
prend ſoin de tous leurs beſoins ; il fait que l'on
uſe en leur faveur des plus fortes précautions
pour leur aſſurance , & il ſait même tirer de
leurs fautes leurs biens & leurs avantages. La
femme d'Iſaac n'étoit-elle pas plus aſſurée après
la défenſe du Roi , qu'auparavant ?

v. 12. *Iſaac ſema en cette terre-là ; & il recueillit en la*
     même année le centuple ; & le Seigneur le bénit.

14.   *Cela excita l'envie des Philiſtins contre lui.*

C'eſt ici le progrès de la vie apoſtolique : après
que l'ame a joui longtems du repos en Dieu ſeul,
elle va *jetter ſa ſemence*, dont les fruits ne paroiſſent
pas ſitôt ; mais qui dans la ſuite *rend juſqu'au cen-
tuple.*

Cela *attire l'envie* des ames communes, à cauſe
qu'elles ne voyent pas un pareil ſuccès de leur
travail : & c'eſt parce que travaillant pour elles-
mêmes, ou du moins mêlant beaucoup de leur
propre intérêt dans leurs fonctions les plus ſaintes, elles n'ont pas une bénédiction qui approche de celle des perſonnes déſintéreſſées. C'eſt
Dieu même qui travaille où l'on ne travaille que
pour Dieu. Et ſi c'eſt lui qui travaille , comment
ne bénira-t-il pas ſon ouvrage ?

v. 15. *Ils boucherent tous les puits que les serviteurs d'A-*
braham son pere avoient creusés, & les remplirent de
terre.

Ces personnes propriétaires persécutent les
ames apostoliques, *bouchant les puits que* la foi,
représentée par *leur pere, avoit creusé*. Ils tâchent
de faire perdre la source des eaux qu'ils ré-
pandent, & qui a été creusée par la foi la plus
pure, les accusant de mauvaise doctrine ; car
ne pouvant condamner leurs mœurs, ils s'en
prennent à leur foi, tâchant de la *couvrir de*
terre, c'est-à-dire, des choses malicieusement in-
ventées, qu'ils ajoutent à leurs pieux & solides
discours.

v. 17. *Isaac sortit de-là, & vint au torrent de Gerara*
pour demeurer en ce lieu-là.

18. *Il y fit creuser de nouveau des puits que son pere*
Abraham avoit fait faire, & que les Philistins, peu
après sa mort avoient comblés : & les appella des mêmes
noms que son pere leur avoit donné.

Ces serviteurs de Dieu sont souvent obligés
de quitter, & d'aller *creuser d'autres puits*, qui
contiennent toujours les eaux que la foi à trouvées, & qui sont toujours prêts pour en abreuver ceux qui sont si heureux que d'être les enfans spirituels de ces personnes, qui savent les
dispenser. On peut aussi remarquer la fidélité
d'Isaac à ne rien innover ni changer de ce qui
a été établi par la foi, pas même *les noms*.

v. 19. *Ils fouillerent aussi au fond du torrent, & ils*
y trouverent de l'eau vive.

20. *Mais il y eut de la contestation entre les pasteurs*
de Gerara & ceux d'Isaac, ceux-là disant : L'eau

eſt à nous. C'eſt pourquoi il appella ce puits, In-
juſtice.

Dans les œuvres que l'on fait pour Dieu, il
ne ſe trouve que trop de gens qui ſe les *attri-*
buent, & qui en veulent la gloire, comme firent
ces *paſteurs*, qui n'avoient point connu qu'il y
eut en ce lieu-là de *l'eau vive*, juſqu'à ce qu'Iſaac
l'eut découverte. Il ne l'a pas plutôt trouvée,
quoiqu'avec bien de la peine, qu'ils la diſpu-
tent, ſoutenant qu'elle eſt à eux. Mais Iſaac,
comme un parfait modèle de toute vertu, ne
conteſte point avec eux; il ſe retire paiſiblement
& leur abandonne le puits, pratiquant l'Evangile
avant l'Evangile même. La parfaite charité ſe
connoît par le détachement de ce qui nous eſt
cher & utile : & qui ne préfere pas la paix au
bien, perdra la charité pour le bien.

v. 22. *Etant parti de-là il creuſa un autre puits, pour*
lequel il n'eut plus de querelle ; c'eſt pourquoi il
l'appella, Largeur ; diſant : Maintenant le Seigneur
m'a mis au large, & il m'a fait croître en biens
ſur la terre.

Il ſe retire deux fois pour le même ſujet, & ne
prend poſſeſſion que de l'eau que perſonne ne lui
diſpute, parce qu'il lui falloit des eaux paiſibles
& tranquilles ; & que comme ſon ame étoit miſe
au *large* pour le dedans, il falloit qu'elle ne trouvât rien non plus au dehors qui la bornât ou la
retrécit. Le Prédicateur de l'Evangile doit être
de même, ſur-tout celui qui prêche l'Evangile
le plus intérieur. Il doit creuſer ſes puits dans
des lieux qui ſoient à l'abri des débats & des conteſtations, & ne point quitter ces lieux juſqu'à
ce que Dieu en faſſe naître l'occaſion : parce
que comme ſon ame eſt au large, ſans que rien

la retréciffe, il ne doit point non plus fe gêner dans fon miniftere. La pureté de la foi & de l'Evangile étant puifée en Dieu même, qui eft tout paix, l'on ne doit faire des puits que dans des lieux où l'eau eft reçue toute pure, & où on la peut poffé der tranquillement.

v. 24. *La nuit fuivante le Seigneur lui apparut, & lui dit : Je fuis le Dieu d'Abraham votre pere : ne craignez point, parce que je fuis avec vous. Je vous bénirai, & je multiplierai votre race, à caufe d'Abraham mon ferviteur.*

Le Seigneur lui apparut la nuit, d'après qu'il eut trouvé ces eaux tranquilles ; & pour le raffurer encore plus contre les contradictions, *il lui dit : Ne craignez point. Je fuis le Dieu de votre pere, & je fuis avec vous.* Il le gratifia encore de cette apparition pour lui faire connoître combien il avoit agréé qu'il eut pratiqué par avance ce que nous a depuis enfeigné fon Fils : (*a*) Et moi je vous dis, que vous ne réfiftiez point quand on vous fera du mal. On ne fauroit fi peu quitter pour Dieu qu'il ne le récompenfe de lui-même : & plus nous nous renonçons, plus il s'approche de nous.

v. 25. *Il éleva un autel en ce lieu-là, & y invoqua le nom du Seigneur. Il dreffa fa tente, & commanda à fes ferviteurs d'y creufer un puits.*

Cette affurance divine porte ces hommes apoftoliques à offrir des facrifices au Seigneur en ce lieu de paix qu'ils ont trouvé ; à y *dreffer leur tente*, pour y demeurer & y faire tout le fruit que Dieu veut.

v. 32. *Le même jour les ferviteurs d'Ifaac lui rappor-*

(*a*) Matth. 5. v. 39.

terent le succès du puits qu'ils avoient creusé , lui
disant , qu'ils avoient trouvé de l'eau.

33. *C'est pourquoi il appella ce puits , Abondance.*

Dieu remplit de bénédictions le travail de ses
ouvriers apostoliques , leur promettant de multiplier leurs enfans de graces jusques à l'infini,
à cause de leur foi. Aussi ce *puits* fait dans la tranquillité , fournit des eaux en si grande *abondance*,
qu'il mérite de porter ce nom. Quiconque travaille par l'ordre de Dieu , ne manque pas de
trouver en lui-même la source des eaux vives.

CHAPITRE XXVII.

v. 6. *Rebecca dit à Jacob son fils : J'ai entendu votre*
pere qui disoit à Esaü votre frere :

7. *Apportez-moi quelque chose de votre chasse , & pré-*
parez-le moi , afin que j'en mange & que je vous
bénisse devant le Seigneur avant que je meure.

8. *Mais , mon fils , suivez mon conseil ;*

9. *Allez-vous en au troupeau , & apportez-moi deux des*
meilleurs chevreaux que vous trouverez , afin que j'en
apprête à manger à votre pere comme je sais qu'il l'aime :

10. *Et qu'après qu'il l'aura mangé , il vous bénisse*
avant qu'il meure.

Ce procédé de Rebecca est si divin , qu'il est
aisé de juger par son exemple qu'une ame établie
en Dieu seul & confirmée en charité agit par
inspiration divine, lors même qu'elle semble se
méprendre. Dieu se sert de l'affection de la mere,
& de la fidélité du fils à demeurer en sa solitude, pour exécuter ses desseins & effectuer ses
promesses. Selon les loix que Dieu avoit établies
à l'égard de ces patriarches , tout dépendoit de la

bénédiction de ce pere ; & Dieu fait tomber tout naturellement cette bénédiction fur Jacob. Il n'y eut point (*a*) de menfonge en tout cela : la vérité s'y trouva tant du côté de la nature que dans l'ordre de la grace : Jacob ayant acquis fur fon frere le droit naturel d'ainelle , & l'ayant encore plus par la prééminence de fon intérieur , puis qu'il étoit dans une continuelle union à Dieu & qu'il devoit être le pere des ames intérieures & divinifées , & que Dieu même devoit naître de lui , il pouvoit dire avec vérité à fon pere Ifaac , qu'il étoit fon fils aîné.

v. 11. Jacob lui répondit : Vous favez que mon frere Efaü a le corps velu , & que je n'ai point de poil :

12. Si donc mon pere vient à me tâter avec la main , & qu'il s'en apperçoive , j'ai peur qu'il ne croie que je l'aie voulu tromper , & qu'ainfi je n'attire fur moi fa malédiction au lieu de fa bénédiction.

13. Sa mere lui repliqua : Mon fils , je me charge moi-même de cette malédiction : Ecoutez-moi feulement , & allez me querir ce que je vous ai dit.

La *crainte de Jacob* venoit de fa candeur. Les ames intérieures & innocentes craignent plus que la mort le moindre détour : cependant l'obéïffance les raffûre. De plus , une ame intérieure & vraiment abandonnée , comme l'étoit Jacob , fe contente de dire fes raifons ; puis elle fe délaiffe fans plus ni raifonner ni craindre. Toutes les perfonnes de foi & d'abandon fuivent la même conduite : auffi la Providence fait-elle tout réuffir heureufement pour eux , jufqu'à leurs fautes & à leurs fottifes. Mais dans ce cas particulier de Jacob , il n'y eut rien que de très-myftérieux.

(*a*) S. Auguftin & S. Thomas font de ce fentiment.

v. 15. *Rebecca prit les plus beaux habits d'Esaü & en revétit Jacob.*

16. *Elle mit autour de ses mains la peau des chevreaux, & lui en couvrit le cou par-tout où il étoit découvert.*

21. *Isaac dit : Approchez-vous de moi, mon fils, afin que je vous tâte & que je reconnoisse si vous êtes mon fils Esaü, ou non.*

22. *Jacob s'approcha de son pere , & Isaac l'ayant tâté, dit : La voix est bien la voix de Jacob ; mai les mains, sont les mains d'Esaü.*

23. *Et il ne le connut point.*

Dieu *cache* ces ames intérieures *sous la peau d'Esaü*, c'est-à-dire, sous l'apparence d'une vie la plus commune. Il n'y a rien à l'extérieur, ni dans leurs habits, qui puisse les faire distinguer : la seule *parole* les fait reconnoître. Les créatures parlent en créatures; mais les ames divinisées n'ont que (a) les paroles de Dieu en bouche, & elles ont toutes un même langage. Toutes peuvent avoir la peau & les habits d'Esaü : mais les seules ames divinisées peuvent avoir *la voix de Jacob.* Il est impossible de faire parler à ces ames un autre langage que celui que Dieu leur enseigne. Elles sont accommodantes avec tout le monde, & se conforment aisément à tout ce que l'on veut selon Dieu : mais pour leur langage, on ne sauroit le leur faire changer. Il est toujours le même. O Saint Patriarche Isaac , comment vouliez-vous *connoître* Jacob *au toucher ?* Ne saviez-vous pas bien que sa seule voix pouvoit vous le faire discerner ? Mais peut-être connoissant le dessein de Dieu , lorsque vous eutes reconnu la voix de Jacob, vous laissâtes aller

(a) 1. Pierre 4. v. 11.

les chofes felon l'ordre de la Providence : toutefois il s'en faut tenir à l'Ecriture, qui dit, que vous *ne le connûtes point*, Dieu le permettant de la forte pour l'accompliffement de fes deffeins.

v. 27. *Ifaac donc le béniffant lui dit.*

29. *Soyez le Seigneur de vos freres, & que les enfans de votre mere fe profternent devant vous. Que celui qui vous maudira, foit maudit lui-même ; & que celui qui vous bénira, foit comblé de bénédictions.*

Il lui donne *l'autorité fur fes freres & fur les enfans de fa mere.* C'eft en cela que la vie contemplative eft bien élevée au-deffus de l'active, & qu'elle lui doit être préférée, felon le témoignage de Jéfus-Chrift même rendu en faveur de Madeleine : (a) Marie, dit-il, a choifi la meilleure part, qui ne lui fera point ôtée.

Cet endroit marque auffi véritablement combien Dieu eft fenfible au décri que font les amateurs d'eux-mêmes de ces voies intérieures, & aux perfécutions qu'ils fufcitent aux contemplatifs. Il menace *de fa malédiction* ceux qui les maltraitent, & il *comblera de fes bénédictions* ceux qui les refpectent & les imitent ; parce qu'il n'en eft point de qui l'amour foit plus épuré, il n'en eft point non plus qui lui foyent plus chers, jufques-là, qu'il les appelle des gens (b) felon fon cœur, & qu'il les confidere (c) comme la prunelle de fes yeux ; parce que s'abandonnant fans réferve à toutes fes volontés, ils lui donnent lieu de régner fouverainement fur eux.

v. 31. *Efaü préfenta d fon pere ce qu'il avoit apprêté de fa chaffe pour lui, en difant : Levez-vous, mon*

(a) Luc 10. v. 43. (b) Actes 13. v. 22. (c) Zach. 2. v. 8.

*pere, & mangez de la chaffe de votre fils, afin que
vous me donniez votre bénédiction.*

32. *Ifaac lui dit : qui êtes-vous ? Il répondit : Je fuis
Efaü, votre fils aîné.*

33. *Ifaac fut extrémement étonné, & admirant, au-delà
de ce qu'on en peut croire, ce qui étoit arrivé, il dit :
Qui eft donc celui qui m'a déja apporté de ce qu'il avoit
pris à la chaffe, & qui m'a fait manger de tout avant
que vous vinffiez ? & je lui ai donné ma bénédiction,
& il fera béni.*

L'étonnement d'Ifaac fut extrême. Les Prophêtes
n'ont pas toujours l'efprit de prophêtie, & leurs
actions naturelles fervent entre les mains de Dieu
à l'accompliffement de fes myfteres. Il eft pourtant croyable qu'il connût alors la merveille du
fecret qui étoit caché là-deffous. C'eft ce qui fit
fa fermeté à ne point changer ce qu'il avoit fait,
& à perfifter d'affujettir toujours Efaü, qui repréfente la vie active, à Jacob, qui fignifie la contemplation.

v. 34. *Efaü à ces paroles de fon pere jetta un cri furieux ;
& étant extrémement confterné, il dit à Ifaac : donnez-
moi auffi votre bénédiction, mon pere.*

35. *Ifaac lui dit : Votre frere m'eft venu furprendre,
& il a reçu votre bénédiction.*

Ifaac ne fe répent pas même de cette méprife,
non plus que Rebecca de cette faute apparente ;
parce que les ames qui font en Dieu ne peuvent
rien voir hors de Dieu ; c'eft pourquoi elles ne
peuvent rien attribuer à la créature ; mais remon-
tant plus haut, elles font ufage de tout en maniere
divine. Une des plus fûres marques qu'une perfonne eft bien à Dieu, c'eft cette rare immobilité
d'efprit dans les chofes mêmes qui caufent le plus
de confufion.

v. 36. *C'est avec raison, dit Esaü, qu'il a été appellé Jacob ; car voici la seconde fois qu'il m'a supplanté.*

37. *Isaac lui répondit : Je l'ai établi votre Seigneur, & je lui ai assujetti tous ses freres.*

Le nom de *Jacob*, qui signifie supplanter, avoit été donné à ce Patriarche à cause qu'en naissant il tenoit le talon de son frere. Ici Esaü s'en sert pour se plaindre que son frere le surprend avec artifice. Il est vrai que Jacob prend le dessus : mais c'est avec justice ; puisque cela lui est dû par tant de titres. Isaac ne laisse pas pour les plaintes d'Esaü de confirmer ce qu'il a fait , déclarant de nouveau qu'il *assujettit* la vie active à la contemplative. Car quoique la vie active soit nécessaire, & qu'elle ait aussi ses fruits ; toutefois elle regarde la contemplative comme sa perfection & sa fin ; puisque toutes les bonnes œuvres ne tendent qu'à la jouissance de Dieu, qui est le partage de la contemplation. C'est pourquoi il est dit, que (*a*) *l'aîné sera assujetti au plus jeune :* parce que la vie active est la premiere qui se pratique : mais elle est autant inférieure à la contemplative qui la suit, que les moyens sont inférieurs à la fin pour laquelle ils sont destinés.

v. 41. *Esaü haïssoit donc toujours Jacob, à cause de cette bénédiction qu'il avoit reçue de son pere ; & il disoit en lui-même : Le tems de la mort de mon pere viendra, & alors je tuerai mon frere Jacob.*

42. *Ce qui ayant été rapporté à Rebecca, elle dit à Jacob.*

43. *Mon fils, croyez-moi ; hâtez-vous de vous retirer à Haran vers mon frere Laban.*

L'avantage qu'ont les ames contemplatives sur les actives attire la jalousie de celles-ci, les-

(*a*) Ci-dessus Ch. 25. v. 23.

quelles ayant peine à les voir préférées, leur fuſ-
citent des perſécutions : ce qui eſt la vraie marque qu'elles ſe cherchent beaucoup elles-mêmes
dans leurs pieux travaux, & non les ſeuls intérêts
de Dieu.

Mais la charité ſignale ici ſa prudence toute
céleſte, en ſéparant ces deux freres à cauſe de
la différence de leurs voies, qui peuvent bien
compâtir enſemble, lorſqu'elles ſont unies en
une même perſonne avec la ſubordination que
Dieu y fait mettre pour le bien de pluſieurs : mais
qui s'accordent mal-aiſément en diverſes perſonnes qui ne vont pas par les mêmes voies, à cauſe
que la multiplicité & l'empreſſement des gens
actifs ne peut ſouffrir la ſimplicité & le repos des
contemplatifs.

v. 46. *Rebecca dit à Iſaac : La vie m'eſt devenue en-*
nuieuſe à cauſe des filles de Heth (qu'Eſaü a épou-
ſées). Si Jacob épouſe une fille de ce pays-ci, je ne veux
plus vivre.

Il arrive ſouvent que la vie active s'allie avec
la vie humaine & ſenſuelle. Pour ne ſavoir pas
mêler l'oraiſon avec l'action, on agit pour l'ordinaire d'une maniere fort humaine & naturelle ;
& ces perſonnes ſont quelquefois plus dangereuſ-
ſement enfoncées dans la nature que les pécheurs
reconnus. Or la charité, qui eſt la mere de la vie
active auſſi bien que de la contemplative, *ſe plaint*
de cette alliance, laquelle lui cauſe une extrême
douleur, & l'affoiblit ſi fort dans l'ame qui la
poſſéde, qu'inſenſiblement elle lui *fait perdre la vie.*
C'eſt pourquoi elle dit : *Je m'ennuie de vivre ;* comme
ſi elle diſoit : Je ſuis prête à périr dans cette ame
à cauſe de ce malheureux mêlange.

Mais

Mais quoique celui-là lui déplaife beaucoup, c'eft encore tout autre chofe, lorfque la vie humaine s'unit à la contemplative; car la malignité de la nature tourne même en corruption les délices de l'efprit, & l'on ne fauroit croire jufques où va fon infection, lorfqu'elle fe mêle avec la fpiritualité. Elle eft toute autre que dans les premieres ames, & d'autant plus dangereufe qu'elle s'y cache fous de plus beaux prétextes. C'eft ce qui fait dire à la charité: *Si Jacob*, (qui eft l'ame contemplative) *vient à s'allier avec* la nature pour produire du fruit de la chair & de l'efprit, qui font des fruits impurs, *je ne veux plus vivre.* Il eft certain que les fpirituels qui deviennent charnels, éteignent la vie de la charité d'une maniere plus cruelle que les plus grands pécheurs & les ames imparfaites: c'eft pourquoi S. Paul a donné cette précaution: (a) Prenez garde qu'après avoir commencé par l'efprit, vous ne finiffiez par la chair.

CHAPITRE XXVIII.

v. 1. *Ifaac donc appella Jacob; & l'ayant béni, lui dit: ne prenez point une femme d'entre les filles de Canaan;*

2. *Mais allez en Méfopotamie, qui eft en Syrie, à la maifon de Bathuel, pere de votre mere; & époufez une des filles de Laban votre oncle.*

3. *Que le Dieu tout-puiffant vous béniffe, & qu'il accroiffe & multiplie votre race, afin que vous foyez le chef de plufieurs peuples!*

Isaac *après avoir béni fon fils*, modele des vrais contemplatifs & abandonnés à la conduite de

<hr>
(a) Galat. 3. v. 3.

leur Dieu, *lui défend de s'allier* avec la vie humaine & charnelle, qui feroit incompatible avec fa
grace. Il lui ordonne au contraire de *fortir* de foi-
même, ce qui eft défigné par la fortie du lieu où
il habite ; & *d'époufer une fille de la famille de fa mere* :
comme s'il lui difoit : Loin de vous allier avec
l'amour humain ou charnel, ne prenez jamais d'autre époufe que celle qui aura liaifon avec la charité. Il vous faut allier de nouveau avec elle : car
quoiqu'elle vous ait enfanté, vous pourriez la
perdre fi vous ne conferviez fon alliance. Il faut
s'unir au pur amour, & non à l'amour naturel,
humain ou charnel. Si vous en ufez de la forte,
vous recevrez mille bénédictions, & un mariage
fi divin fera fuivi d'une génération autant pure
qu'abondante.

Jacob fera dans les derniers fiecles *le pere de
plufieurs peuples*, comme il l'a déja été dans les précédens à l'égard de tous les grands contemplatifs
qui fe font fait diftinguer du refte des hommes.
Mais il le fera bien d'une autre forte, lorfque cet
efprit fera répandu fur toute la terre, & que le
monde fera renouvellé par lui. O Dieu, envoyez
cet efprit intérieur fur toute la terre, & elle fera
créée de nouveau ! que ce même efprit fe repofe
fur les eaux de votre grace ordinaire, & il leur
communiquera une fécondité très-abondante. Si
l'efprit intérieur, qui n'eft que charité & oraifon,
n'anime les puiffances de notre ame & leurs productions, elles font ftériles en elles-mêmes & in-
fructueufes pour les autres : mais fi cet efprit de vie
nous fait agir, nos œuvres font vraiement dignes
de Dieu ; & la complaifance qu'il a à les voir, fait
qu'il leur donne fa bénédiction, en vertu de laquelle elles nous fanctifient nous-mêmes, & con-
tribuent à la fanctification de plufieurs autres.

v. 11. *Jacob étant venu en un lieu, comme il vouloit s'y reposer après le coucher du soleil, il prit des pierres qui étoient là, & en mit une sous sa tête, & s'endormit au même lieu.*

L'ame amoureuse de son Dieu & unie à lui, ne trouve rien qui l'empêche de *se reposer* en lui. Ses courses n'interrompent point son repos, ni son repos n'empêche point son marcher. *Jacob* s'arrête au milieu du chemin, & il y fait son gîte. *Il prend des* mêmes *pierres qui se trouvent là,* pour lui servir d'oreiller : il en choisit une *pour appuyer sa tête ;* & cette pierre fut la figure de Jésus-Christ, son unique appui. *Il repose* doucement sur cette terre ; parce que c'est la terre du repos & de la contemplation promise à sa race spirituelle, c'est-à-dire, à toutes les ames contemplatives, aimant mieux se reposer sur cette terre, quoique dure, que sur une terre étrangere.

Tels ont toujours été les enfans d'un si saint pere lorsqu'ils ont dit par David : (a) Comment chanterions-nous le cantique du Seigneur dans une terre étrangere ? Comment pourrions-nous nous reposer dans une voie multipliée, nous qui sommes nés pour l'unité & pour le repos de la contemplation ?

Jacob *s'endort,* & entre en ravissement *après le coucher du soleil :* l'excès qui porte l'ame dans la pure lumiere divine, ne se fait que par l'extinction de la lumiere naturelle ; & il faut que ce qui est acquis, fasse place à ce qui doit être infus.

v. 12. *Il vit en songe une échelle, dont le pied étoit appuyé sur la terre, & le haut touchoit au ciel ; & des Anges de Dieu qui montoient & descendoient par cette échelle.*

(a) Pf. 136. v. 4.

13. *Il vit aussi le Seigneur qui étoit appuyé sur le haut de l'échelle, & lui disoit : Je suis le Seigneur, le Dieu d'Abraham votre pere, & le Dieu d'Isaac. Je vous donnerai & à votre race aussi la terre où vous dormez.*

Jacob dormant d'un sommeil mystique, *vit une échelle qui alloit depuis cette terre de repos jusqu'au ciel; & Dieu étoit appuyé sur le haut de l'échelle.* Cette échelle, qui étoit appuyée de son pied sur cette terre de repos, & qui servoit de l'autre bout de repos à Dieu même, marque les degrés qu'il faut monter pour aller du repos de la contemplation jusqu'au repos en Dieu seul. La distance est grande. Ces ames, quoique toutes *Angeliques, montent & descendent :* parce que les degrés mêmes de montée leur deviennent souvent des degrés de descente, ou apparente, ou réelle : mais tout est égal pour une telle ame par l'excellent usage qu'elle en fait faire, délaissans à Dieu tout ce qui la regarde. *Le sommet de cette échelle est au ciel & en Dieu même ;* puisque l'Ecriture dit que Dieu étoit appuyé sur le haut de l'échelle. Cela veut dire, que ces degrés représentant les moyens de montée ou descente qui conduisent diversement à Dieu, cessent tous lorsqu'on est arrivé à lui seul, ainsi qu'une échelle seroit inutile à une personne qui par elle seroit montée où elle prétendoit.

Le Seigneur étoit appuyé sur l'échelle. Lui, qui appuye tout le monde & le soutient de son bras tout-puissant, peut-il s'appuyer sur quelque chose ? Oui certainement ; parce qu'il trouve un repos délicieux dans les ames qui par leur anéantissement parfait, par la perte de tous moyens, sont arrivées au dernier degré de leur origine,

qui eſt Dieu. Comment Dieu ne ſe repoſeroit-il
pas avec complaiſance dans une ame qui ne ſe
repoſe plus qu'en lui ? C'eſt ſe repoſer en lui-
même, puiſque cette ame n'a plus rien hors de
lui.

Cette *échelle* myſtérieuſe nous apprend encore
en ce que Dieu étoit appuyé ſur ſon ſommet, que
comme les ames étant ſorties de lui par la création, viennent par ces degrés de deſcente ſur la
terre d'une vie impure : auſſi pour retourner en
lui, il faut qu'elles remontent par où elles ſont
deſcendues. Cette penſée a pû faire dire à quantité de Myſtiques, que l'ame pour rentrer en
Dieu par une parfaite union, devoit être parvenue à la pureté de ſa création : ce qui s'entend
quant à la perte de toute tache & propriété. Ceci
eſt très-bien exprimé par cette échelle, où pour
arriver à Dieu, il faut être ſur le même degré d'où
l'on partit pour deſcendre de lui ; & ceci eſt tout
naturel.

Ce fut de là que Dieu promit que *cette terre de
repos ſeroit donnée* non ſeulement à ces premiers
Myſtiques, mais auſſi *à tous leurs deſcendans ;* & que
toutes les perſonnes qui marcheroient dans cette
même voie, & qui comme Jacob ſe repoſeroient
dans la contemplation, pourroient monter toute
l'échelle & arriver à Dieu. C'eſt pourquoi le Seigneur dit à Jacob : *Ils poſſéderont la terre ſur laquelle
vous repoſez ;* parce que c'étoit l'endroit ſur lequel
l'échelle étoit poſée : autrement, la promeſſe eut
été peu de choſe étant priſe à la rigueur de la lettre, puiſqu'il ne pouvoit repoſer que ſur un très-
petit eſpace de terre.

v. 14. *Votre poſtérité ſera multipliée comme la pouſſiere
de la terre. Vous vous étendrez de l'Orient à l'Occi-*

dent , & du Septentrion au midi. Toutes les nations de la terre seront bénies en vous & dans celui qui sortira de vous.

Il lui promet que ce peuple intérieur sera si *nombreux , qu'il égalera la poussiere de la terre.* Ce mot, la poussiere de la terre, se peut entendre ou quant au nombre, ou quant à la qualité de ce peuple. Selon le nombre, Dieu lui fait entendre qu'il sera tellement multiplié , qu'il s'en trouvera en tous lieux, & que dans toutes les nations il y aura de ce peuple intérieur : ce qui s'est bien vérifié, & il est & sera toujours véritable : car il n'est point de lieu où il ne s'en trouve. Selon la qualité, ce sont des ames si anéanties, qu'elles sont réduites dans la poussiere de leur néant : c'est pourquoi l'Ecriture ne dit pas : ils seront multipliés autant que la poussiere, ou plus : car cela ne signifieroit que l'excès du nombre : mais elle dit : comme la poussiere, ce qui exprime très-bien leur anéantissement.

v. 15. *Je serai votre protecteur partout où vous irez ; je vous ramenerai en cette terre & ne vous quitterai point que je n'aie accompli tout ce que je vous ai dit.*

Dieu l'assure de *le garder* lui-même, & de *le ramener :* lui faisant voir par là, que c'est lui qui conduit les ames qui lui sont abandonnées, dans toutes leurs voies, jusqu'à-ce qu'il les ramene en lui-même, lieu de leur origine.

y. 16. *Jacob étant éveillé de son sommeil, dit : Le Seigneur est vraiement en ce lieu-ci ; & je ne le savois pas !*

Lorsqu'il *fut éveillé de son sommeil* mystique, il dit, que Dieu étoit là, & qu'il n'en savoit rien :

non qù'il ignorât que Dieu fut par-tout ; mais à cauſe que les ames de ce degré ſont ſi abſorbées dans la paix & dans l'union, & que la foi les conduit ſi nuement, qu'elles poſſédent Dieu ſans penſer qu'elles le poſſédent, & ſans en avoir nulle connoiſſance, à la réſerve de quelques momens, où il ſe fait un peu appercevoir : ce qui ſe fait comme en revenant d'un profond ſommeil. La foi & l'abandon les aveuglent, comme la trop grande lumiere du Soleil éblouit ; enſorte qu'elles ne peuvent rien diſtinguer de lui. C'eſt comme une perſonne qui vit dans l'air & le reſpire ſans penſer qu'elle en vit & qu'elle le reſpire, à cauſe qu'elle n'y réfléchit pas. Ces ames, quoique toutes pénétrées de Dieu, n'y penſent pas, parce que Dieu leur cache ce qu'elles ſont : c'eſt pourquoi on appelle cette voie, *myſtique*, qui veut dire, ſecrette & imperceptible.

v. 17. *Et ſe trouvant ſaiſi de frayeur, il s'écria : Que ce lieu eſt terrible ! Certainement ce ne peut être que la maiſon de Dieu, & la porte du ciel.*

L'Ecriture dit qu'*il fut ſaiſi de frayeur, & qu'il s'écria : Que ce lieu eſt terrible !* Ce fut enſuite de la connoiſſance qui lui fut donnée des ſouffrances extrêmes par où doivent paſſer ces ames choiſies pour arriver à la porte du ciel ; car autrement, qu'y avoit-il d'épouvantable dans cette porte, & ne devoit-il pas plutôt entrer en admiration & dans des tranſports de joie, découvrant le ſéjour de gloire ? Cependant il s'écrie au contraire ; que ce lieu eſt terrible & épouvantable ! Cela n'exprime rien moins que la maiſon de Dieu & la porte du ciel. Ne devoit-il pas plutôt dire ſelon l'ordre commun : ô que ce lieu eſt déſirable ! Qu'il eſt admirable & charmant, puiſque c'eſt la

maifon de Dieu & la porte du ciel ? Mais comme
dans ce moment il conçut plus qu'il n'en devoit
exprimer, il fe contenta de dire cela. Il connut
tout ce qu'il falloit fouffrir, & les voies étranges
par où Dieu conduit les ames pour les emmener
jufqu'à la porte du ciel : mais il n'en dit pas davantage, à caufe que ce font des fecrets dont
(a) il n'eft pas permis à l'homme de parler.

v. 18. *Jacob donc fe levant le matin, prit la pierre
qu'il avoit mife fous fa tête, & l'érigea comme un
monument, verfant de l'huile deffus.*

20. *Et il fit un vœu, en difant : Si Dieu demeure avec
moi, & s'il me conduit dans le chemin par lequel je
marche, & me donne du pain pour me nourrir, &
des vêtemens pour me couvrir.*

21. *Et fi je retourne heureufement à la maifon de mon
pere, le Seigneur fera mon Dieu ;*

22. *Et cette pierre que j'ai dreffée comme un monument,
s'appellera la maifon de Dieu.*

Ce *monument* devoit fervir de mémoire à la
poftérité de ce qui étoit arrivé à Jacob en ce lieu,
& de ce qu'il y avoit connu.

C'eft le propre de la connoiffance dont on eft
prévenu de cette voie fi obfcure, de faire craindre & héfiter. De plus, dans la voie de foi & d'a-
bandon, on ne fauroit s'arrêter ni aux vifions, ni
aux paroles ou faveurs, ni à quoi que ce foit qui
raffure : car cette affurance retarderoit la courfe :
c'eft pourquoi Jacob, bien inftruit & pour lui-
même & pour nous, fans s'arrêter à ce qu'il avoit
vu, ni même à ce que Dieu lui avoit dit, & ou-
trepaffant courageufement toutes chofes pour
ne s'arrêter qu'au moment divin de la provi-

(a) 2 Cor. 12. v. 4.

dence, qui eſt la ſeule aſſurance ſans aſſurance
des ames abandonnées, dit en lui-même : *Si le
Seigneur demeure avec moi*, & *ſi* par ſa providence
il me conduit enſorte qu'il me préſerve du péché
dans une *voie* ſi dangereuſe & ſi délicate ; alors
je reconnoîtrai qu'*il ſera mon Dieu.* Mais qùoique
je m'abandonne aveuglément à ſa providence,
& que je ne veuille point d'autre conduite que la
ſienne dans toute la voie ; cependant je ne pour-
rai avoir une entiere aſſurance & expérience qu'il
eſt mon Dieu, que je ne ſois dans la paix de *la
maiſon de mon Pere*, c'eſt-à-dire, dans le repos de
mon origine ; à cauſe que l'obſcurité de cette voie
me tiendroit toujours dans quelque inégalité.

Mais comment *une pierre* peut-elle être appellée
la *maiſon de Dieu ?* C'eſt parce que la pierre étant
le ſigne du repos myſtique, où tout eſt caché ;
J'ame, qui par un rare bonheur a paſſé tous les
déſerts myſtiques & eſt arrivée en Dieu ſeul, s'é-
crie & pour elle-même & pour les autres, que la
voie myſtique eſt aſſurément la demeure de Dieu.

CHAPITRE XXIX.

v. 9. *Jacob parloit aux paſteurs, lorſque Rachel ſurvint
avec les brebis de ſon pere : car elle paiſſoit elle-même
le troupeau.*

10. *Jacob l'ayant vue, & ſachant qu'elle étoit ſa couſine
germaine, & que ces troupeaux étoient à Laban ſon
oncle, ôta la pierre qui fermoit le puits ;*

11. *Et fit enſuite boire ſon troupeau.*

C'EST ici *Jacob* qui *donne de l'eau* pour le ſervice
de *Rachel ;* & ce fut Rebecca qui en donna pour
les ſerviteurs & pour les chameaux d'Iſaac. Cette

différence nous marque un profond myſtere ;
ni Jacob, ni Rachel dans le tems que l'eau fut
verſée, n'étoient pas encore aſſez préparés pour
le mariage ſpirituel : Rachel n'avoit encore nulle
teinture de la vie ſpirituelle ; c'eſt pourquoi il faut
que Jacob faſſe lui-même couler les eaux, parce
que c'eſt à lui, en conſidération de ſes peres, que
la promeſſe avoit été faite. De plus Rachel devoit
être ſtérile ; & quoiqu'elle contribuàt avec Jacob
à la naiſſance de deux tribus aſſez nombreuſes,
cependant la ſource d'eau vive Jéſus-Chriſt, ne
devoit point ſortir d'elle, mais de Jacob, qui pour
cette raiſon donne l'eau, figure des graces de ſalut
& de perfection qui devoient être communiquées
par le Sauveur du monde. Mais Rebecca étant
une ſource de laquelle devoit ſortir l'eau pure &
vivifiante, qui eſt Jéſus-Chriſt, elle pouvoit abreuver les peuples en la perſonne d'Élieſer & en faveur d'Iſaac. Jacob fait l'office de paſteur envers
Rachel, parce qu'il eſt en Jéſus-Chriſt, ou plutôt,
J. Chriſt eſt en lui le légitime Paſteur, qui doit
(a) abreuver ſon troupeau de l'eau de la pierre.

v. 11. *Jacob baiſa Rachel; & s'écriant hautement, ne
put retenir ſes larmes.*

Il *la baiſe* en ſigne de l'union qu'il fait avec elle,
l'aſſociant par ce baiſer à la voie & à la vie de foi.
Il *verſe des larmes*, à cauſe du preſſentiment qu'il
a que quoiqu'elle ſoit très-belle & très-vertueuſe,
elle n'aura cependant jamais l'avantage de produire Jéſus-Chriſt dans les ames : & cela vient de
ce que l'amour que Jacob avoit pour elle étant
mêlé du naturel, il pouvoit ſeul empêcher la production de Jéſus-Chriſt dans les ames. Ce qui fait

(a) 1 Cor. 10. v. 4.

voir, qu'il faut une plus grande pureté & un dénuement plus entier pour la vie apostolique, que pour toute autre vie, quelque sainte qu'elle puisse être, & quoiqu'elle paroisse toute pleine de vertus.

v. 20. Jacob servit Laban sept ans pour Rachel : & ce tems ne lui paroissoit que peu de jours, tant l'affection qu'il avoit pour elle étoit grande.

L'amour naturel que Jacob avoit *pour Rachel* étoit un affoiblissement, que Dieu permettoit en ce saint Patriarche : aussi les *sept ans qu'il servit* dans l'espérance de l'épouser, ne furent point comptés, *& ils ne parurent que peu de jours.* Mais ces sortes de foiblesses dans les ames de cette force, servent même au dessein de Dieu, contribuant à leur anéantissement, afin de les rendre propres pour la croix, & en même tems les disposer à la vie apostolique, qui se donne par la croix, laquelle est représentée par Lia. Les seules douceurs de la contemplation (désignées par Rachel) ne peuvent jamais produire cette vie, divinement féconde en faveur des ames : il faut que ce soit la croix qui la donne. L'oraison doit être jointe à la croix pour porter ces fruits de grace : la croix verse le sang de Jésus-Christ dans le sein de l'oraison, afin de la rendre féconde ; & l'oraison répand sur nos croix l'Esprit de Dieu, qu'elle attire du ciel afin de les sanctifier.

v. 21. Après cela il dit à Laban : Donnez-moi ma femme ; puisque le tems auquel je dois l'épouser est accompli.

22. Laban fit les nôces.

23. Et le soir il mena Lia sa fille dans la chambre de Jacob.

Dieu, qui eſt plein de bonté ; nous fait une
agréable tromperie. Il nous fait premierement
aimer les douceurs intérieures ; & puis lorſque
nous penſons nous y attacher, & vivre content
avec elles, il ſubſtitue la croix en leur place.
Les conſolations intérieures (figurées par Rachel)
étant toujours agréables, l'ame par infidélité &
par foibleſſe s'y attache déſordonnément. Cependant Dieu les lui laiſſe aimer pour un tems, & lui
en donne abondamment : mais c'eſt pour la diſ-
poſer à ſouffrir la croix qu'il lui prépare.

v. 24. *Jacob reconnut le matin que c'étoit Lia.*

25. *Et il dit à ſon beau pere : D'où vient que vous m'avez*
traité de cette ſorte ? Ne vous ai-je pas ſervi pour Ra-
chel ? Pourquoi m'avez-vous trompé ?

De jour c'eſt *Rachel* que l'on aime, c'eſt-à-dire,
tant que dure l'état illuminatif : *de nuit* c'eſt
Lia qu'on poſſéde, lorſque l'obſcurité de la foi
eſt venue. La foi aime Lia, à cauſe de ſa fécondité : la nature aime Rachel à cauſe de ſa
beauté. Lia eſt chaſſieuſe ; mais elle eſt auſſi
agréable dans le repos de la nuit que Rachel :
elle y eſt même priſe pour elle. La croix eſt laide
lorſqu'on la regarde avec réflexion ; mais l'ame
qui la poſſéde dans le repos de l'union ſans y
réfléchir, y trouve autant de plaiſirs qu'au milieu des plus grandes douceurs. L'amour - propre donc, qui ſervoit Dieu pour les douceurs,
& qui s'attendoit de les poſſéder pour toujours,
ne trouvant plus que le dégoût & la croix, s'en
plaint à Dieu même. Hé quoi, dit-il, eſt-ce là
la recompenſe que vous m'avez promiſe pour
mes longs ſervices ? Je croyois qu'enſuite vous
me combleriez de plaiſirs ſpirituels ; & vous ne

m'envoyez que des afflictions & des amertumes !
D'où me vient ce changement si inespéré ?

v. 26. *Laban lui répondit : Ce n'est pas la coutume
de ce pays-ci de marier les plus jeunes filles avant les
aînées.*

27. *Passez la semaine avec celle-ci, & je vous donnerai l'autre ensuite pour le tems de sept autres années
que vous me servirez.*

28. *Jacob l'accepta : & après sept jours il épousa
Rachel.*

Dieu plein de compassion pour cette ame,
la console & lui dit : Souffrez seulement pendant quelques jours les afflictions que je vous
partage ; & ensuite je vous donnerai en possession réelle & intime les douceurs que vous n'a-
vez que par le déhors, & pour quelques momens.
Mais il faut que la douleur précéde ce plaisir ;
car la croix a devant moi le droit *d'ainesse*, &
elle doit passer devant les plaisirs intimes & du-
rables : car toute la jouissance de cette vie est
très-peu de chose, & je ne vous l'accorde qu'à
cause de votre foiblesse : mais après que vous
aurez goûté de cette douceur éternelle, que je
vous promets, il faudra que vous me *serviez
encore sept ans*, afin de payer de quelques travaux
un bien qui ne se peut estimer.

v. 30. *Jacob ayant enfin obtenu les noces tant désirées,
préféra l'amour de la seconde à la premiere, & servit
encore Laban pour elle sept ans durant.*

Les ames qui ne sont pas avancées dans les
voies de la vérité, *préférent l'amour* des douceurs
à l'amour de la croix : & c'est ce qui retarde beaucoup leur avancement. Dieu permit tout ceci en
Jacob pour nous instruire ; puisque, ainsi que dé-

clare le grand Apôtre, (*a*) il n'y a rien dans l'E-
criture qui n'y soit décrit pour notre inſtruction.

v. 31. *Le Seigneur voyant que Jacob eſtimoit peu Lia,*
la rendit féconde, pendant que ſa ſœur demeuroit
ſtérile.

32. *Elle conçut donc, & enfanta un fils qu'elle appella*
Ruben, diſant : Le Seigneur a regardé mon humilia-
tion ; à préſent mon mari m'aimera.

La croix, ſi peu agréable & ſi peu aimée, eſt
toujours *féconde ;* ce qui fait qu'une ame éclairée
la préfére à tout le reſte : mais les douceurs,
qui ne cauſent qu'un plaiſir apparent, ont une
ſtérilité véritable, durant que la croix, ſous une
idée d'amertume, conſerve des avantages inex-
plicables.

La croix, repréſentée par *Lia*, exprime la
joie qu'elle a d'être mere, dans l'eſpérance que
ſon mari, qui eſt l'ame à laquelle elle eſt unie,
voyant ſa fécondité, aura pour elle toute l'eſtime
qui lui eſt due. Toutefois, elle ne s'en éleve
point, reconnoiſſant que tout vient de *Dieu*, qui
lui a donné cet avantage, afin de la relever *de*
ſon abjection naturelle; & lui en conſacrant fidellement toute la gloire. Il faut juger de la croix
par ſes fruits : le ſens ne peut les goûter, mais
l'eſprit les découvre par la foi.

v. 34. *Elle conçut encore.* ---

35. *Et juſqu'à la troiſieme fois, & étant accouchée*
d'un fils elle dit : Maintenant mon mari ſera plus uni
à moi, puiſque je lui ai donné trois fils : c'eſt pourquoi
elle l'appella Levi.

C'eſt une choſe étrange que la croix, qui a
tant d'avantages, ait tant de peine à ſe faire

(*a*) Rom. 15. v. 4.

aimer. Voilà qu'elle produit la race sacerdotale,
[*Levi*] & tout ce qu'il y a de plus grand : cependant à peine se peut-elle faire aimer. La premiere fois qu'elle enfante, elle ne prétend autre
chose que de se rendre moins méprisable : à la
seconde, elle espere de se rendre aimable ; mais
à la troisieme, après avoir produit *Levi*, qui est
le sacerdoce royal, elle croit se faire désirer, &
que l'ame à qui elle a été donnée étant devenue
plus sage, souhaitera de s'unir à elle.

v. 36. *Elle conçut encore pour la quatrieme fois, &
elle accoucha d'un fils & dit : Maintenant je louerai
le Seigneur : c'est pourquoi elle l'appella Juda ; &
pour lors elle cessa d'avoir des enfans.*

Mais *à la quatrieme fois*, elle ne fait plus que
louer le Seigneur, ce qui est annoncer JESUS-CHRIST
en *Juda*, de qui il devoit sortir. Et comme en
Jésus-Christ se trouve la fin & la consommation
de tout désir ; aussi après avoir donné Juda, *elle
cesse d'enfanter.*

La croix ravie d'une si noble production,
qu'elle voit naître d'elle, se tient si fort au-dessus
de tout ce qui est créé, qu'elle ne parle plus
de Jacob, & ne témoigne plus de desir de le posséder, comme les autres fois ; mais seulement
d'un vol hardi à la vûe d'une production si admirable, elle s'écrie : O, à cette fois *je louerai
le Seigneur*, n'y ayant plus rien sur la terre qui
puisse arrêter mon désir ! La croix ne pouvoit
rien produire de plus grand que le salut de tout
le monde, qu'elle a véritablement enfanté lorfque (*a*) par le sang que Jésus-Christ a répandu
sur la croix, la paix a été faite entre ce qui est
dans le ciel & ce qui est sur la terre,

(*a*) Colos. 1. v. 20.

CHAPITRE XXX.

v. 1. *Rachel voyant qu'elle étoit stérile, porta envie à sa sœur, & elle dit à son mari : Donnez-moi des enfans, autrement je mourrai.*

2. *Jacob en fut ému de colere, & lui répondit : Suis-je Dieu ? n'est ce pas lui qui empêche que votre sein ne porte son fruit ?*

Les douceurs, bien que spirituelles, voudroient avoir l'avantage de la croix; & s'ennuyant de leur stérilité, elles disent à l'ame qui les possede : *faites qu'il naisse* quelque production de nous; *autrement, nous mourrons :* pourquoi la croix auroit-elle tout l'avantage ? Elles voudroient ou n'être plus, ou participer à la fécondité de la croix. L'ame voyant le peu de solidité de cette voie de douceurs, se fâche, & lui fait connoître que *Dieu* seul peut la *rendre féconde.* La croix & la consolation sont des épreuves qui exercent différemment une même personne, ainsi que ces deux femmes, qui en étoient la figure, exercent Jacob leur mari. Pour être fidele à ces épreuves, il faut les recevoir également de la main *de Dieu,* & ne les regarder qu'en lui.

v. 3. *Rachel ajouta : J'ai Bala ma servante : allez à elle afin que je reçoive sur mon giron ce qu'elle enfantera, & que j'aie des enfans par elle.*

4. *Elle lui donna donc Bala pour femme.*

5. *Jacob l'ayant prise, elle conçut, & accoucha d'un fils.*

Rachel voyant qu'elle ne peut rien produire à cause de sa stérilité, a recours *à sa servante.* Ainsi l'ame qui est dans les douceurs de la contemplation,

tion, se voyant sans action, a souvent recours à une servante pour en tirer quelques productions, se servant de quelques œuvres extérieures de charité, qu'elle s'approprie pour se consoler de sa stérilité, & s'en faire un appui naturel.

V. 14. *Un jour Ruben étant sorti à la campagne, lorsque l'on scioit du froment, trouva des mandragores, qu'il apporta à Lia sa mere. Rachel lui dit : Donnez-moi des mandragores de votre fils.*

15. *Lia répondit : Ne vous suffit-il pas de m'avoir enlevé mon mari, sans vouloir encore avoir des mandragores de mon fils ? Rachel repliqua : Je consens qu'il dorme avec vous cette nuit, pourvu que vous me donniez de ces mandragores.*

Toute la vie illuminative n'est encore qu'une vie d'enfance & de foiblesse, eu égard à la vie de foi qui la doit suivre. *Rachel* est si enfant, qu'elle préfere le plaisir de voir & de flairer des *mandragores*, qui sont des plantes belles à la vue, & d'une excellente odeur, à la solide possession de son mari. Les ames efféminées & pleines de goûts sensibles lui ressemblent en cela : elles préferent le doux au solide, qui est la possession de Dieu en lui-même au-dessus de tous les dons.

V. 16. *Lorsque Jacob revenoit des champs sur le soir, Lia alla au-devant de lui, & lui dit : Vous viendrez avec moi, parce que j'ai acheté cette grace en donnant à ma sœur des mandragores de mon fils.*

17. *Et Dieu exauça ses prieres : elle conçut & enfanta un cinquieme fils.*

Les ames fortes & généreuses, & qui ont été rendues telles par la croix, donnent volontiers toutes les douceurs & tout ce qui est du dehors, pour la poffeffion réelle de l'Epoux , comme fit Lia : auffi Dieu bénit ce choix fi jufte d'une nouvelle fécondité , lui donnant encore deux fils & une fille. Cela marque encore comme l'ame qui a tout abandonné pour Dieu , *court* avec plaifir *lui dire* qu'elle mérite de *le pofféder* , *l'ayant acquis* par le délaiffement de tous les dons.

v. 22. *Le Seigneur fe fouvint auffi de Rachel ; & il l'exauça & la rendit féconde.*

23. *Elle conçut & accoucha d'un fils ; & elle dit : Le Seigneur m'a délivré de mon opprobre.*

Dieu, dont la bonté eft infinie , & qui ne laiffe rien fans récompenfe, traite les ames foibles felon leur foibleffe. Il eut pitié de Rachel , & *la rendit mere.* Cela nous apprend que ces ames de graces & de faveur fenfible étant devenues plus mûres fur la fin de leurs courfes , font quelque fruit ; mais il n'approche pas ni en quantité ni en qua-lité de celui que produifent les ames qui ont été conduites par une voie autant forte , qu'elle a été crucifiée. Alors elles ont une joie extrême de cette production ; & elles difent, que Dieu les a relevées de leur baffeffe.

v. 25. *Jofeph étant né , Jacob dit à fon beau-pere : Laiffez-moi aller , afin que je retourne à mon pays & en ma propre terre.*

La voie de lumieres & de douceurs n'a pas plutôt été féconde, & produit au-dehors quelque marque de fa beauté , que l'ame, toute ravie de voir de fi beaux fruits, à caufe qu'ils retiennent de la beauté de leur mere, veut tout de bon *fortir* de cette premiere voie pour les introduire dans celle de l'abandon. C'eft pourquoi *Jacob preffe Laban de le laiffer aller* ; comme s'il appréhendoit

que fes enfans ne contractaffent quelque chofe
d'étranger dans cette terre par un plus long
féjour; ce qui feroit un mauvais mêlange.

***

CHAPITRE XXXI.

v. 3. *Le Seigneur même dit à Jacob : Retournez au
pays de vos peres & vers vos proches, & je ferai
avec vous.*

DIEU qui avoit un foin particulier de Jacob,
& qui avec une application paternelle le tenoit
fous la conduite de fa providence, lui *commande
lui-même de s'en retourner au pays de fes peres :* c'eft
de peur qu'il ne foit tenté d'entrer dans les autres
voies, à caufe de fes grandes richeffes. Il lui
promet pour la feconde fois *qu'il fera avec lui* dans
tous fes travaux, jufqu'à ce qu'il l'ait conduit
à fon origine & au lieu du repos en Dieu. Jufqu'à
ce tems-là il y a toujours à craindre quelque
changement.

v. 8. *Les agneaux de diverfes couleurs étoïent la récompenfe de Jacob.*

Les *brebis de Jacob étoient de diverfes couleurs :*
pour nous apprendre, que jufqu'à ce que l'ame
foit arrivée en Dieu par état permanent, il y a
toujours en elle quelque changement , & elle
varie fans ceffe, étant tantôt dans un état, tantôt dans un autre; tantôt en paix, d'autrefois en
trouble & en agitation. Il n'y a que l'état de l'ame
en Dieu qui ne varie plus; parce qu'elle eft venue
à la pureté & à la fimplicité de fon origine.

v. 13. *Je fuis le Dieu qui vous ai apparu à Bethel,
où vous avez oint la pierre , & où vous avez fait un*

vœu. Sortez promptement de cette terre, & retournez au pays de votre naiſſance.

Souvenez-vous , dit le Seigneur , de *la pierre* où vous me *fites un vœu*, & où je vous promis de vous conduire. C'eſt là où je vous veux remmener, car c'eſt là le lieu de votre origine, où je vous veux reconduire afin de vous perdre en moi , & vous faire recouler dans la ſource d'où vous êtes ſorti. ⹀

v. 18. *Jacob prit tout ce qu'il avoit acquis en Méſopotamie , & ſe mit en chemin.*

19. *Et pendant que Laban étoit allé faire tondre ſes brebis , Rachel déroba les idoles de ſon pere.*

Jacob prit tout ce qui étoit à lui, & il n'en laiſſa rien : mais il eſt aiſé de voir, par *le larcin de Rachel*, combien les ames de lumieres ſont éloignées du parfait dépouillement de celles qui ſont conduites par les croix. Celles-là ont toujours quelques idoles ou quelques attaches , qu'elles emportent avec elles : ce que les autres n'ont pas. Lia n'emporte rien que ſes enfans ; & Dieu lui ſuffit pour tout.

v. 22. *L'on fut dire à Laban le troiſieme jour , que Jacob ſe retiroit.*

23. *Et auſſi-tôt il le pourſuivit durant ſept jours , & le joignit à la montagne de Galaad.*

24. *Mais Dieu lui apparut en ſonge , & lui dit : Prenez garde de ne pas parler rudement à Jacob.*

Qui n'admirera le ſoin que Dieu prend des ames qui lui ſont abandonnées. Il prévient en leur faveur juſqu'aux moindres accidens , n'épargnant pas même les *révélations* ni les miracles pour les mettre à couvert des mauvais traitemens de leurs perſécuteurs , comme il ſe voit

ici par la maniere admirable dont Dieu délivra
Jacob & toute sa famille de la colere de Laban.

v. 37. *Jacob dit à Laban :*

38. *Vos brebis & vos chevres n'ont point été stériles :*
    je n'ai point mangé les beliers de votre troupeau.

39. *Je ne vous ai rien montré de ce qui avoit été tué*
    par les bêtes. Je prenois sur moi tout ce qui avoit
    été perdu ; & vous exigiez de moi tout ce qui avoit
    été dérobé.

40. *Je brûlois de chaleur pendant le jour, & je*
    gelois de froid pendant la nuit, & le sommeil fuyoit
    de mes yeux.

41. *Je vous ai servi ainsi dans votre maison pendant*
    vingt ans.

Voilà les qualités du bon pasteur, qui ne fait
point de dommage au troupeau, & qui ne laisse
rien emporter par l'ennemi, qui s'expose pour
les brebis, & qui donne sa vie pour elles ; qui se
charge de tous leurs intérêts, & qui prend sur soi
tout le dommage qui peut leur être fait. Il ne se
trouvera pas facilement dans toute l'Ecriture
une figure plus remplie de JESUS Pasteur, que
celle qui se voit en Jacob ; ni des qualités que
doivent avoir tous les vrais Pasteurs. Mais que
nul ne se flatte de pouvoir s'acquitter pleinement
de tous ces grands devoirs s'il n'est comme
Jacob, fort en Dieu par un profond intérieur.

- - -

CHAPITRE XXXII.

v. 1. *Jacob continuant son chemin, des Anges de Dieu*
    vinrent au-devant de lui.

CETTE consolation que donnent *les Anges*, est
pour préparer l'ame à de grands combats qu'elle

qu’elle doit foutenir avant que d’entrer en Dieu.
Ce n’eft plus les perfécutions des créatures
qu’elle doit appréhender, c’eft Dieu même : mais
auparavant il faut effuyer la rencontre des ennemis terreftres, qui ne font que les avant-coureurs
d’un autre combat, que l’on ne craint point,
parce qu’on ne le connoît pas : on craint un
combat vifible qui n’eft qu’apparent ; & on ne
craint point un combat réel, qui eft inconnu.

*v. 6. — Efaü votre frere vient lui-même en grande
hâte au-devant de vous avec quatre cents hommes.*
*7. Jacob eut une grande crainte , & fut faifi de
frayeur.*

On fe trouble fouvent d’un mal imaginaire,
pendant que l’on demeure ferme & conftant dans
des combats réels : ainfi *Jacob craint* extrêmement
la rencontre d’Efaü, qui néanmoins ne lui fera point
de mal : mais il n’eft pas encore effrayé de bien
d’autres combats que Dieu lui prépare, quoique
par fon affiftance particuliere il en doive fortir
heureufement.

*y. 9. Jacob pria Dieu de cette forte : Dieu de mon
pere Abraham , Dieu de mon pere Ifaac, Seigneur
qui m’avez dit : retournez en votre pays & au lieu
de votre naiffance , & je vous comblerai de bienfaits.*
*10. Je fuis indigne de toutes vos miféricordes , & de
la vérité que vous avez gardée dans l’accompliffement
des promeffes que vous avez faites à votre ferviteur.
J’ai paffé ce fleuve du Jourdain n’ayant qu’un bâton,
& maintenant je retourne avec deux troupes de
monde & d’animaux.*

La maniere avec laquelle Jacob retourne à
Dieu dans fon affliction , fait voir combien la

peine & l'affliction est utile. Elle fait souvenir
des bienfaits de Dieu; non seulement pour servir de quelque consolation, mais aussi pour re-
doubler la confiance. Jacob représente à Dieu
toutes *ses promesses* : il ne se plaint point : il lui
expose seulement tous les biens qu'il lui a faits,
afin qu'ils ne soient pas rendus inutiles.

Il lui demande son secours d'une maniere si
forte & si tendre, que les paroles rapportées dans
le texte l'expriment plus que tout ce que l'on en
peut dire. La perplexité & la douleur où il se
trouve, représentent bien une ame qui retourne
par le chemin de la foi & de l'abandon en Dieu
son origine : car alors elle est dans les doutes &
dans les peines; les frayeurs de la mort la saisis-
sent, & elle lui paroît inévitable. Mais quelle
mort craint-elle? La mort qui est causée par le
péché. Elle sait qu'elle a été souvent victorieu-
se de cet ennemi, qu'elle l'a dominé & supplanté; mais se voyant près de tomber entre ses
mains, elle ne doute point qu'il ne se venge : &
dans l'assurance qu'elle a qu'il ne l'épargnera
pas, il lui semble ne pouvoir éviter sa perte.
Alors cette pauvre ame pressée de toutes parts,
fait ressouvenir Dieu que c'est lui qui l'a fait entrer dans cette voie; que c'est pour lui obéir à
l'aveugle qu'elle s'y est engagée; qu'elle s'est
entierement abandonnée à lui : ensuite de quoi
elle le prie de la protéger. Elle lui remontre encore que ses *peres* ont marché par la même voie,
& que c'est par là qu'il s'est déclaré leur Dieu.
Elle s'humilie devant lui, & le fait souvenir de
sa *vérité.*

v. 11. *Délivrez-moi de la main de mon frere Esaü :*
car je le crains beaucoup; de peur qu'il ne frappe la
mere avec les enfans.

12. *Vous avez promis de me combler de biens, & de multiplier ma race comme le sable de la mer, dont la multitude est innombrable.*

C'est une belle expression que de dire, *frapper la mere avec les enfans.* Le péché frappe *la mere,* qui est la justice acquise par la grace; & aussi *les enfans,* qui sont les vertus & les bonnes œuvres. Or cette ame pressée d'angoisse se voit à la veille de perdre l'un & l'autre. Elle oublie tous les autres biens, & ne songe qu'à sa propre justice qu'elle se voit toute prête de perdre : elle donne librement les autres biens, c'est-à-dire, qu'elle consent à la perte des goûts & des faveurs célestes. Il est juste que tout cela lui soit ravi par le péché, qui lui paroît ici inévitable; mais la propre justice, & les fruits, qui sont les divines vertus, ah! c'est ce qu'elle ne peut consentir de perdre. Non, pauvre ame affligée; vous aurez plus de peur que de mal; il n'y a rien à craindre pour vous; parce que Dieu empêchera la chûte dont vous êtes menacée.

V. 13. *Jacob passa la nuit en ce lieu là ; & il sépara de tout ce qui étoit à lui, ce qu'il avoit destiné pour être offert en présent à Esaü son frere.*

23. *Après avoir fait passer tout ce qui étoit à lui.*

24. *Il demeura seul en ce lieu là. Et il parut en même tems un homme qui lutta avec lui jusqu'au matin.*

25. *Et voyant qu'il ne pouvoit vaincre Jacob, il lui toucha le nerf de la cuisse, qui se sécha aussi-tôt.*

Jacob, comme j'ai dit, hasarde tous ses biens, & il *demeure seul.* O pauvre homme, vous croyez n'avoir à combattre qu'un ennemi que vous pouvez même appaiser par vos présens : vous avez déja échappé la pourfuite de votre beau-pere, (qui signifie la créature) : vous pensez, selon votre propre sens, éluder de même les autres ennemis : mais vous ne savez pas qu'il vous faut combattre Dieu même, & que c'est lui qui vient vous attaquer. Or ce combat est le dernier & le plus rude de tous. Soutenir un combat contre Dieu, soutenir le poids de la force de Dieu, c'est une chose que la seule expérience peut faire entendre. Il en coute toujours dans cette guerre, comme à Jacob, qui y devint boiteux.

v. 26. Cet homme lui dit : laissez-moi aller ; car l'aurore commence déja à paroître. Jacob répondit : Je ne vous laisserai point aller que vous ne m'ayez béni.

27. Cet homme lui dit : comment vous appellez-vous ? Il répondit : Je m'appelle Jacob.

28. L'homme ajouta : Jusqu'ici on vous a appellé Jacob ; mais à l'avenir on vous appellera Israël : Car si vous avez été fort contre Dieu ; combien le serez-vous davantage contre les hommes ?

Ce combat étant le dernier de tous, après l'avoir essuié il faut *changer de nom*, & le nom nouveau est donné, comme à Abraham & à Sara. Ceci est clair dans l'ancien & le (*a*) nouveau Testament. Mais cette ame perd ici sa propre justice & sa propre force, pour être revêtue de la force de Dieu : aussi ce nom d'*Israël*, qui lui fut donné, signifie *fort contre Dieu*, comme s'il étoit dit ; fort comme Dieu, & de la force de Dieu même. Pour cette raison tous les enfans de Jacob, & son peuple, qui doit être le peuple spirituel de Dieu, doit être appellé le peuple d'Israël, revêtu de la force de Dieu même : aussi est-il dit à ce peuple dans l'Exode : (*b*) Le Seigneur combattra pour vous, & vous demeurerez dans le silence : ce qui veut dire, qu'il combat lui-même

(*a*) Jean I. v. 42. (*b*) Exod. 14. v. 14.

en eux, & qu'ils n'ont qu'à se tenir en repos. Et au Livre des Rois : (a) Vous venez contre moi avec l'épée, la lance & le bouclier : mais moi je viens à vous au nom du Seigneur des armées. Cette ame donc, revêtue de la force de Dieu, ne craint plus ni les hommes ni les démons : car après avoir soutenu le combat de Dieu même, qu'y a-t-il plus à craindre ?

V. 31. *Aussi-tôt que Jacob eût passé ce lieu, qu'il avoit nommé Phanuel, il vit le Soleil qui se levoit ; mais il demeura boiteux d'une jambe.*

Après ces terribles combats *le Soleil se leve* : la créature étant encore plus détruite & recoulée, fondue & anéantie qu'elle n'étoit auparavant, elle comprend plus véritablement ce que c'est que Dieu, vrai *Soleil* de tous les êtres, lors même qu'elle le peut encore moins comprendre ; l'excès de son absorbement en lui le lui rendant encore plus incompréhensible, quoiqu'elle le connoisse mieux qu'elle ne fit jamais.

Ces personnes assez heureuses pour avoir soutenu avec fidélité le combat divin, peuvent paroître aux yeux des créatures encore plus foibles qu'on ne les croyoit auparavant : mais dans la vérité, elles ne furent jamais plus fortes ; puisque par la perte de leur propre force, elles sont entrées dans la force de Dieu ; ainsi que *Jacob*, quoique *devenu boiteux*, porte le nom & remplit le sens d'*Israël*, fort contre Dieu.

CHAPITRE XXXIII.

V. 10. *Jacob dit à son frere Esaü : J'ai vu aujourd'hui votre visage comme si j'eusse vû le visage de Dieu : soyez-moi donc favorable.*

(a) 1 Rois 17. V. 45.

11. *Recevez ce préfent que je vous ai offert , & que j'ai reçu de Dieu qui donne toutes chofes.*

Lorsque le nom nouveau a été donné, & que l'ame eft bien avancée , *elle voit* toutes chofes en *Dieu*, & *Dieu* en toutes chofes. Le péché, qui auparavant lui donnoit tant (*a*) d'ef-froi, ne (*b*) lui en donne plus ; tout l'enfer même ne pourroit l'épouvanter, parce qu'elle ne peut plus rien voir diftinct de Dieu même, où il n'y a point de coulpe ; mais la parfaite Sainteté. Cette maniere de s'exprimer , fi fimple & fi naïve, eft fi propre à l'ame de ce degré, que quand elle voudroit, elle ne pourroit faire autrement. Que ceux qui ne comprennent pas ceci, ne le croyent pas impoffible. Il eft néceffaire que cela foit de la forte ; à caufe que l'ame qui a été reçue en Dieu, ne peut plus voir ces chofes que comme Dieu les voit, fans crainte, fans trouble, fans émotion, fans malice, fans défaut, prenant part à fes attributs divins à mefure qu'elle eft reçue dans fon unité.

Jacob fait auffi voir à Efaü, que tout ce qu'il lui donne *eft de Dieu*, parce que c'eft lui *qui donne toutes chofes.* C'eft le propre de ces perfonnes, établies dans la vérité divine, de ne fe rien attri-buer ; mais de référer tout à Dieu.

CHAPITRE XXXV.

v. 1. *Cependant Dieu dit à Jacob : Allez promptement à Bethel : demeurez-y , & y dreffez un autel au Sei-gneur qui vous apparut lorfque vous fuyiez votre frere Efaü.*

(*a*) Craignant que fa foibleffe n'en foit furmontée.
(*b*) Se voyant inveftie de la force de Dieu.

Dieu commande à l'ame après tant de fatigues & de combats soutenus dans le chemin, d'*aller* au lieu de son origine, où il la conduit avec tant de bonté par son admirable providence, *& de dresser là un autel.* Mais avant que la partie supérieure de l'ame soit reçue en Dieu, il faut qu'elle soit parvenue à la pureté de sa création; & que même pour ce tems toute propriété soit ôtée, & toutes fautes & toutes taches retranchées de la partie inférieure, représentée par *la famille de Jacob.*

℣. 2. *Alors Jacob ayant assemblé tous ceux de sa maison, leur dit : Jettez loin de vous les dieux étrangers qui sont au milieu de vous : purifiez-vous & changez de vêtemens.*

Il faut que tout soit extrêmement *net*, & avoir *changé de vêtemens*, & être devenu tout autre par le renouvellement. Jacob ne fait rien pour lui-même afin de se préparer à un si grand bien; car c'étoit l'ouvrage de Dieu seul qui l'avoit conduit par ce chemin, & qui le ramenoit à son origine : mais il commande à la partie inférieure de *laisser* tout ce qu'elle avoit d'*étranger* & de propre, afin que rien ne mette plus empêchement à cette heureuse perte en Dieu.

Remarquons cependant, que dans une famille aussi sainte que celle de Jacob, il se trouve encore des *idoles*; & peut-être quelques-uns de ses serviteurs étoient-ils idolâtres. Quel est le lieu si saint, quelle est l'ame si pure, où il ne se mêle quelque impureté?

v. 3. *Levez-vous, & montons à Bethel pour y dresser un autel à Dieu, qui m'a exaucé au jour de mon affliction, & qui m'a accompagné pendant mon voyage.*

7. *Il y dreſſa donc un autel, & nomma ce lieu-là la Maiſon de Dieu ; parce que c'eſt là que Dieu lui apparut lorſqu'il fuyoit Eſaü ſon frere.*

Alors l'ame eſt inſtruite de la fidélité de Dieu, & elle connoît comme *il l'a conduite.* Alors elle eſt délivrée des vraies afflictions & des peines d'eſprit, & de toute inquiétude, quoiqu'elle ſoit encore réſervée à de bonnes croix ; mais ce ſeront des croix qu'elle portera comme Jéſus-Chriſt & avec lui, & qu'elle peut porter en toute aſſurance.

C'eſt le propre de cette ame de tout rendre à Dieu au même lieu & de la même maniere qu'il le lui a donné : alors ſe fait le ſacrifice pur, qui eſt reçu favorablement.

v. 9. Dieu apparut à Jacob pour la ſeconde fois, —
10. *Et il lui dit : Juſqu'à préſent vous avez été appellé Jacob : mais à l'avenir votre nom ſera Iſraël.*
13. *Dieu enſuite ſe retira.*

Dieu bénit encore Jacob, & lui confirme ſon *nom* nouveau. L'état eſt donné à l'ame longtems devant qu'elle ſoit confirmée dans l'état. On a longtems les diſpoſitions paſſageres ; puis l'état eſt donné : mais la confirmation dans l'état eſt une choſe bien poſtérieure, & d'une grace beaucoup plus éminente. La confirmation eſt ici donnée à Jacob lorſque Dieu lui répéte ſi poſitivement : *Votre nom ſera Iſraël.*

Ce qui eſt ajouté ; que *Dieu ſe retira,* ou diſparut aux yeux de Jacob, ſignifie comme Dieu après avoir rehauſſé la capacité de la créature pour l'élever juſqu'à lui, s'abaiſſe auſſi juſqu'à elle ſans ceſſer d'être ce qu'il eſt ; mais ce n'eſt que pour la prendre, l'enlever, & la perdre en lui-même, difparoiſſant d'autant plus aux yeux de l'eſprit, que plus il le perd en lui.

v. 16. *Etant parti de ce lieu-là, il vint au printems ſur le chemin qui mene à Ephrata ; où Rachel étant en travail,*

18. *Et ſentant que la violence de la douleur la faiſoit mourir, étant prête d'expirer, elle appella ſon fils, Benoni, c'eſt-à-dire, le fils de ma douleur : & le pere le nomma Benjamin ; c'eſt-à-dire, le fils de ma droite.*

19. *Ainſi mourut Rachel : & elle fut enſevelie dans le chemin qui conduit à Ephrata, appellée depuis Bethléem.*

L'ame çonfirmée en Dieu eſt entierement ſéparée de tous les ſentimens naturels & ſpirituels ; s'il en reſte pour peu que ce ſoit, Dieu les fait *mourir*, comme il fit *Rachel.* L'Ecriture ne dit point que Jacob la pleura ; parce qu'étant alors bien établi dans la volonté de Dieu, il ne pouvoit s'affliger de cette perte, qu'il voyoit en Dieu même lui être avantageuſe. Car c'eſt une lumiere de cet état, qui fait voir que Dieu fait tout pour notre avantage, & que tout concourt à notre plus grand bien. Voilà donc cette ame privée de tout ce qu'elle avoit de cher en la nature : il ne lui reſte plus que Dieu ſeul & la croix : mais la croix ne lui eſt plus pénible : elle en a trop connu le prix pour ne pas l'eſtimer, & elle eſt trop forte en Dieu pour avoir peine à la porter. Il reſte pourtant un amour ſecret pour les productions de Rachel ; parce qu'elles ſont douces & aimables, & que celles de la croix ont quelque choſe de plus ſauvage. De plus, les fruits de douceur & d'union renferment en eux-mêmes leur beauté, & ils montrent au-dehors tout ce qu'ils ont : mais les fruits de la croix font âpres dans l'abord ; ils ne font doux & admirables que dans leurs fuites ; car ils ne fe terminent à rien moins qu'à la production de Jéfus-Chrift.

CHAPITRE XXXVI.

v. 6. Efaü prit fes femmes, fes fils, fes filles, & toutes les perfonnes de fa maifon, fon bien, fes beftiaux, & tout ce qu'il poffédoit en la terre de Canaan, s'en alla en un autre pays, & fe retira de fon frere Jacob.

15. Les Enfans d'Efaü furent Princes —, le Prince Theman, le Prince Omar.

Q**u**i pourroit affez admirer comme Dieu conduit les chofes par la fageffe de fa providence ? L'enfant de colere *fe fépare* lui-même de l'élu de Dieu : la nation de la chair s'éloigne de la génération de l'efprit ; & la voie active fe diftingue de la contemplative. *Efaü s'en va en un autre pays*, laiffant la nation choifie en paifible poffeffion de la région de repos.

Mais Efaü fut d'abord grand fur la terre ; l'on ne parloit que de lui. Pour Ifraël, il demeure petit aux yeux des hommes, & grand devant Dieu : il n'a que la croix, qui le fuivra jufqu'au tombeau, & par laquelle il triomphera en Jéfus-Chrift.

CHAPITRE XXXVII.

v. 3. Ifraël aimoit Jofeph plus que tous fes autres enfans ; parce qu'il l'avoit eu étant déja vieux : & il lui fit faire une robe de diverfes couleurs,

v. 4. *Ses freres voyant que leur pere l'aimoit plus que tous ses autres enfans, le haïssoient, & ne lui pouvoient parler qu'avec aigreur.*

L'HISTOIRE de *Joseph* est une expreſſion vive d'une ame prédeſtinée ; & les divers incidens qui en ſont rapportés dans le texte ſacré, marquent admirablement les divers états par où une ame des plus choiſies doit paſſer pour arriver à la perfection qui lui eſt deſtinée. Dieu lui fait premierement paſſer un état d'*enfance* ſpirituelle, où elle ne reçoit que des douceurs & des careſſes : il ſemble que Dieu ne ſe ſoit appliqué qu'à l'orner & à l'embellir, & qu'il néglige les autres. Cela attire même la jalouſie des autres perſonnes, qui voient que toutes les faveurs ſont pour celle-là. Mais qu'elles lui ſeront chérement vendues !

v. 9. *Joseph raconta ainſi à ſes freres un autre ſonge qu'il avoit eu : Il me ſembloit en dormant que je voyois le ſoleil & la lune, & onze étoiles qui m'adoroient.*

Dieu même lui fait connoître quelque choſe de ſes élévations futures par *des ſonges* & des viſions : & cette ame ſimple & innocente le *dit à ſes freres* ſpirituels, mais qui ſont bien éloignés de la ſimplicité : auſſi attribuent-ils à l'orgueil & à la rêverie ce qui vient du S. Eſprit.

v. 17. — *Joseph alla après ſes freres, & il les trouva à la campagne de Dothaïn.*

18. *Lorſqu'ils l'apperçurent de loin, avant qu'il vint à eux, ils réſolurent de le tuer.*

19. *Et ils ſe diſoient l'un à l'autre : Voici le ſongeur.*

20. *Allons, tuons-le ; & après cela l'on verra à quoi ſes ſonges lui auront ſervi.*

Entre

Entre les freres jaloux il s'en trouve qui s'étant écartés de la voie de la vérité, prennent tout en mal ; & qui faisant semblant de punir un crime, qui n'est que dans leur imagination, veulent *ôter la vie* à un innocent. Tels font ces faux zélés, qui pour éteindre les voies intérieures, accusent de crimes prétendus ceux qui les enseignent & qui les soutiennent, à dessein de leur *faire perdre la vie*, sinon du corps, du moins de l'esprit & de la réputation.

v. 21. *Ruben les ayant entendu parler ainsi, tâchoit de le délivrer de leurs mains ; & il leur disoit :*

22. *Ne le tuez point, & ne répandez pas son sang : mais jettez-le dans cette citerne qui est dans le désert, & conservez vos mains pures.*

A peine les douceurs de l'enfance spirituelle font-elles passées, que les croix les plus étranges font préparées. On se voit exposé aux persécutions les plus extrêmes. Joseph est comme une brebis entre plusieurs loups : mais Dieu, qui veille toujours sur les ames qui se donnent à lui sans réserve, trouve quelque défenseur pour les tirer des mains de leurs ennemis.

v. 23. *Aussi-tôt qu'il fut arrivé près de ses freres, ils le dépouillerent de sa robe de diverses couleurs qui le couvroit jusqu'en bas ;*

24. *Et ils le jetterent dans cette vieille citerne qui étoit sans eau.*

26. *Juda dit à ses freres : Que nous servira-t-il d'avoir tué notre frere, & d'avoir caché sa mort ?*

27. *Il vaut mieux le vendre aux Ismaëlites, & ne point souiller nos mains ; car il est notre frere & notre chair. Ses freres furent de son sentiment.*

Ce pauvre agneau se laisse *dépouiller*. Il en est

ainſi des ames deſtinées à un grand intérieur. Le premier dépouillement ſe fait en elles par la privation des dons & des graces ſenſibles, repréſentées par leur *robe variée de tant de couleurs.* L'ame ſe voyant ôter ces choſes, croit dès ce premier dépouillement être venue au dernier, & qu'elle va enſuite perdre la vie. Il en ſeroit bien de la ſorte ſi Dieu en donnoit le pouvoir à ſes ennemis.

Cette ame, qui eſt conduite par l'abandon, ſe laiſſe tout faire, ſans rien dire ni ſe plaindre : elle cherche néanmoins de tous côtés s'il lui viendra quelque ſecours, comme faiſoit le Prophête-Roi, lorſqu'en cet état il dit : (*a*) J'ai levé mes yeux aux montagnes pour regarder d'où me viendroit du ſecours. Puis, il ajoute, tout rempli de la vérité : mon ſecours ne peut venir que du Seigneur qui a fait le ciel & la terre. Il n'y en a point d'autre pour l'ame que le Lion de la tribu de Juda, qui la délivre de la mort prochaine pour lui faire endurer mille & mille morts. O mon Dieu, c'eſt de la ſorte que vous délivrez vos amis les plus chers ! Vous retardez leur mort pour leur faire ſouffrir une infinité de morts. C'eſt de quoi les perſonnes perſécutées prennent la confiance de ſe plaindre dans leurs détreſſés, que de voir tous les jours la mort leur faire ſentir ſes rigueurs ; & lorſqu'ils croient qu'elle va leur faire part de ce qu'elle a de doux, qui eſt la perte de cette vie, elle s'éloigne d'eux. C'eſt un jeu continuel à la mort, de ſe montrer à ces perſonnes, & de ſe cacher d'elles. S. Paul l'a exprimé pour tous, lorſqu'il a dit : (*b*) Pendant toute notre vie, nous ne ceſſons d'être expoſés à la mort pour Jéſus.

(*a*) Pſ. 120. v. 1. 2.　(*b*) 2. Cor. 4. v. 11.

v. 28. Voyant donc les marchands Madianites qui paſſoient, ils le tirerent de la citerne, & le vendirent vingt pieces d'argent aux Iſmaëlites, qui le menerent en Egypte.

Joſeph eſt vendu par ſon libérateur même : de libre, il devient eſclave. Il étoit libre dans le doux & paiſible amour de Dieu où il vivoit : à préſent, il eſt eſclave, & eſclave vendu. Et à qui eſt-il vendu ? Au péché : vendu au péché ! O quel changement ! Il eſt vendu au péché, afin que le péché exerce ſur lui ſa tyrannie ; mais il n'eſt pas pour cela aſſujetti au péché. L'état d'*être vendu* au péché & d'être rendu ſon eſclave, eſt bien différent de celui de l'aſſujettiſſement au péché. (*a*) S. Paul l'explique de lui-même : je ſuis, dit-il, vendu au péché ; & puis il dit, qu'il eſt en ſervitude ſous la loi du péché qui eſt dans ſes membres. Voilà la diſtinction qu'il fait de ces deux états.

v. 29. *Ruben étant retourné à la citerne, & n'y ayant point trouvé l'enfant.*

30. *Déchira ſes vêtemens, & vint dire à ſes freres ; l'enfant ne paroît plus ; & que deviendrai-je ?*

Il ſe trouve toujours quelque ami trop naturel qui voudroit nous tirer de la conduite de la providence : on voudroit, ce ſemble, par charité, nous *tirer de la citerne*, c'eſt-à-dire, de la croix, de l'abandon, & de la perte par où Dieu nous conduit : mais Dieu par ſa providence ſait ſi bien jouer ſon jeu, que nul ne peut nous tirer de ſes mains.

v. 31. *Après cela ils prirent la robe de Joſeph, &*

(*a*) Rom 7. v. 14. 23.

l'ayant trempée dans le sang d'un chevreau qu'ils avoient tué,

32. *Ils l'envoyerent à son pere.*

33. *Qui l'ayant reconnue, dit : C'est la robe de mon fils : une bête cruelle l'a mangé : une bête a dévoré Joseph.*

Ceux qui nous dépouillent par ordre de la providence des dons & des graces sensibles, les *trempent dans le sang* : car toutes ces douceurs & ces bienfaits de Dieu, se changent en cruauté apparente : mais c'est une *cruauté* qui n'est que superficielle, & qui n'a rien de réel que la figure. Tout devient sang & carnage pour une telle ame : tout lui est croix ; mais par le dehors seulement : car au dedans elle est en paix par l'abandon.

Les personnes spirituelles entendant ce que l'on dit du désastre apparent de ces ames, les croyent perdues, & disent comme Jacob ; ces pauvres intérieurs ont été trompés, *la cruelle bête les a dévorés.* La crédulité trouve lieu jusques dans les plus saintes ames, qui ajoutant foi à la calomnie, croient d'abord que le Démon a *dévoré* ces personnes simples, les ayant fait tomber dans ses illusions.

v. 34. *Jacob ayant déchiré ses vêtemens, se couvrit d'un cilice, pleurant son fils fort longtems.*

36. *Cependant les Madianites vendirent Joseph en Egypte à Putiphar, Eunuque de Pharaon, & Capitaine de ses gardes.*

Les saints s'affligent, *pleurent, font des pénitences* pour ces personnes abandonnées, afin d'impétrer la miséricorde de Dieu. Jacob n'a point pleuré Rachel, qui lui étoit si chere, & il s'afflige si fort pour Joseph. C'est que regardant les choses en Dieu, la mort de Rachel étoit utile & néceffaire; & il ne voyoit en cela que la mort d'un corps aimable à la vérité ; mais qu'il ne vouloit que dans la volonté de Dieu ; au lieu qu'ici il confidere le défaftre d'une ame fpirituelle que l'on croit perdue fous la domination du Démon, quoique réellement elle foit plus- fainte que jamais. Jacob ne voyoit que l'extérieur tragique & fanglant ; & il ne favoit pas que fon fils étoit plein de vie & de repos.

Jofeph eft encore *vendu* une feconde fois. Ne femble-t-il pas qu'il ne foit né que pour l'efclavage & pour la croix ? Mais comme une ame noble trouve fa liberté dans les fers, auffi une ame abandonnée à Dieu n'eft jamais plus libre que lorfqu'elle paroît plus efclave.

CHAPITRE XXXIX.

v. 1. *Jofeph ayant été mené en Egypte, Putiphar, Eunuque de Pharaon & Capitaine de fes gardes, l'acheta des Ifmaëlites qui l'y avoient amené.*

2. *Le Seigneur étoit avec lui, & tout lui réuffiffoit heureufement.*

N'EST-CE pas une conduite digne de la droite de Dieu, que de conferver de fi grandes ames fous un extérieur fi bas & fi ravalé ? *Dieu fut toujours avec Jofeph,* comme il ne s'éloigne jamais de fes chers abandonnés ; & ils ne font jamais mieux que lorfque tout le monde défefpere d'eux : parce que c'eft alors que Dieu a fur eux une protection finguliere, qu'ils éprouvent fi fenfiblement, qu'ils s'écrient au fort de leur amertume

avec le Rrophête-Roi : (a) Le Seigneur est ma
lumiere & mon salut; qui pourrois-je craindre?

v. 3. *Son maître savoit très-bien que le Seigneur étoit
avec lui, & qu'il le bénissoit en toutes ses actions.*

Dieu mortifie & vivifie, & il soutient de la
même main dont il frappe. Il fait des blessures
mortelles : mais il met le baume au bout de la
flêche; ensorte qu'on ne sauroit dire lequel est
le plus sensible, ou la douleur, ou le plaisir :
c'est un plaisir plein de douleur : c'est une douleur pleine de plaisir. O Dieu, que ne tuez-vous
toujours de la sorte !

v. 6. — *Or Joseph avoit le visage très-beau, & il étoit
fort agréable.*

7. *Longtems après sa maîtresse jetta les yeux sur lui, &
lui dit : Dormez avec moi.*

8. *Mais Joseph ayant horreur de ce crime, lui répondit :*

9. *Comment pourrois-je commettre une action si criminelle, & pécher contre mon Dieu?*

Vous avez, ô Seigneur des coups redoublés,
où vous mêlez bien de l'amertume! Il y a des
tems que vous aigrissez & empoisonnez la plaie.
O que ne tuez-vous tout-à-fait? N'oseroit-on pas
vous appeller cruel, puisque vous ne conservez
la vie qu'afin d'avoir le plaisir de tuer plus d'une
fois? Mais qui pourroit se plaindre de vous, sinon ceux qui ne vous connoissent pas? Vous
paroissez aimable à ceux mêmes qui n'éprouvent
que vos rigueurs, ne sentant plus la douceur de
votre amour.

v. 12. *Sa maîtresse le prit par son manteau, & lui dit :*

(a) Pf. 26. v. 1.

Dormez avec moi. Alors Joseph lui laiſſant le manteau entre les mains, s'enfuit, & ſortit hors du logis.

C'eſt ici le coup douloureux : il faut périr, ou pécher. Il ſemble, ô Dieu, que vous n'avez donné un peu de relache à Joſeph chez Putiphar, que pour le préparer à de plus rudes coups. Ce font ici vos coups de maître. Joſeph eſt aſſujetti au péché ; mais cependant il triomphe du péché. Ce font là vos flêches ſalutairement empoiſon-nées, qui bleſſent mortellement ſans tuer. C'eſt ici un malheur à éviter *par la fuite.* Oui, Joſeph, vous éviterez la réalité du péché, & non l'appa-rence : car vous paſſerez pour pécheur.

v. 13. Cette femme ſe voyant le manteau entre les mains, & qu'elle avoit été mépriſée,

14. Appella les gens de ſa maiſon, & leur dit : On nous a amené ici cet eſclave Hébreu pour nous faire inſulte. Il a voulu me corrompre ; & m'étant miſe à crier,

15. Il m'a laiſſé ſon manteau que je tenois, & s'eſt enfui dehors.

Il vous faut paſſer pour criminel, quoique vous ſoyez innocent. Vous ſerez accuſé du crime que vous n'avez point commis, & vous ſerez regardé de tous comme coupable. Vous en ſerez même puni. Ceci eſt un degré par lequel Dieu fait paſſer pluſieurs ames : & cela avance & acheve leur mort ; à cauſe que la croix extérieure jointe à l'intérieure, la peine du dénuement, du délaiſſe-ment, & de la confuſion qu'ils portent, conſomme plutôt leur mort myſtique. Il y en a d'autres en qui les croix étant grandes & fortes au-dedans & au-dehors, Dieu ſe contente de cela, particulie-rement ſi ces perſonnes ne ſont pas deſtinées pour la conduite des autres.

v. 19. *Le maître* de Joſeph *trop crédule aux accuſations de ſa femme, entra dans une grande colere.*

20. *Il fit mettre Joſeph en la priſon où l'on mettoit les priſonniers par ordre du Roi, & il étoit là renfermé.*

Joſeph n'en demeure pas là : il faut que ceux même qu'il a le plus obligés, croyent à la calomnie : il faut qu'il paſſe pluſieurs années en priſon abandonné de tous, & tenu pour coupable. Mais, ô Joſeph, vous êtes priſonnier & innocent : vous n'avez rien perdu de votre propre juſtice : Vous êtes plus heureux priſonnier innocent, que (a) David Roi coupable. O qu'il y auroit un beau parallele à faire entre ces deux perſonnes pour faire remarquer la conduite de Dieu ſur les ames abandonnées ! Il fera faire dans le tems ce qu'il lui plaira. Les uns demeurent innocens, & ſont punis comme coupables ; d'autres avec la peine ont auſſi la coulpe. Joſeph devient plus eſclave à meſure qu'il eſt plus innocent. David ne laiſſe pas de régner quoiqu'il ſoit affligé, puni & coupable.

v. 21. *Mais le Seigneur fut avec Joſeph : & en ayant compaſſion, il lui fit trouver grace auprès du gouverneur de la priſon :*

22. *Qui lui remit le ſoin de tous les priſonniers : il ne ſe faiſoit rien que par ſon ordre : le gouverneur lui ayant tout confié,*

23. *Ne prenoit connoiſſance de quoi que ce ſoit : parce que le Seigneur étoit avec Joſeph, & le faiſoit réuſſir en toutes choſes.*

(a) Voyez 2 Rois. Chap. 11.

La bonté de Dieu se signale à mêlanger les plus
grandes amertumes de sensibles douceurs. Tant
que Notre Seigneur n'abandonne point l'ame, &
qu'elle est assurée de son secours, & de sa présence,
il n'y a rien de si rude qui ne devienne doux :
mais lorsqu'il se cache, & que l'on perd cette présence si douce, qui console dans toutes les afflictions ; ô c'est pour lors que la douleur est extrême.

L'ame innocente domine tout le monde, &
elle ne lui est jamais assujettie. *Joseph* prisonnier
& dans les fers devient le gouverneur des autres
prisonniers. C'est que ces fideles serviteurs de Jésus-Christ, au milieu même de leurs afflictions,
ne laissent pas d'aider les autres : & lorsqu'ils
sont plus affligés dans leurs voies, ils voudroient
y introduire & y faire marcher tout le monde.
C'est l'effet de la vérité qui est renfermée dans
cette même voie, que d'en avoir une certitude
entiere pour les autres, quoique l'on n'en ait
nulle assurance pour soi.

CHAPITRE XL.

v. 1-5. *Deux Eunuques du Roi d'Egypte, son grand
Echanson & son grand Panetier étant en prison,
eurent chacun un songe en une même nuit, dont l'interprétation devoit être différente.*

8. *Ils dirent ensuite à Joseph : Nous avons eu un songe ?
& nous n'avons personne qui nous l'explique. Joseph
leur répondit : Et qui est l'interprète des songes ? N'est-
ce pas Dieu ? Dites-moi ce que vous avez songé.*

DIEU en faveur de ces personnes qui sont si
fort abandonnées à la conduite de sa providence,

donne souvent aux pécheurs quelque lumiere extraordinaire, afin de les porter à les communiquer, & que par-là ils soyent instruits des voies qu'il tient sur les ames, & que ces pauvres égarés sortent de la captivité du péché. La réponse de Joseph est vraiment digne d'un fidele abandonné, qui ne s'attribuant rien, refere tout à Dieu. C'est ce qui donne une sainte hardiesse, & porte à tout entreprendre, appuyé sur la force divine de laquelle on tire son origine, comme Joseph la tira d'Israël : ce que néanmoins les ames peu avancées attribuent souvent à orgueil & à témérité.

v. 12. *Voici l'interprétation de votre songe. Les trois branches marquent trois jours,*

13. *Après lesquels Pharaon se souviendra du service que vous lui rendiez, & il vous rétablira dans votre premiere charge.*

14. — *Je vous prie seulement de vous souvenir de moi quand ce bonheur vous sera arrivé.*

18. *Il dit aussi à l'autre : Voici l'interprétation de votre songe. Les trois corbeilles signifient que vous n'avez plus que trois jours à vivre :*

19. *Après lesquels le Roi vous fera couper la tête.*

La même parole de Dieu est souvent une parole de vie & une parole de mort : elle rend la liberté aux uns, les tirant de l'esclavage du péché ; & elle cause innocemment la mort aux autres, ensuite du mauvais usage qu'ils en font. Ce ne fut point la parole de Joseph qui causa la mort au Panetier ; puisque la cause en étoit dans le péché de celui qui l'avoit commis ; elle l'avertit seulement que sa mort étoit prochaine ; mais celui-ci ne prit aucune mesure pour l'éviter. Nous pouvons éviter le péché par nos soins,

foutenus de la grace de Dieu, & par la pénitence ;
mais la vie vient de Dieu feul : c'eſt pourquoi
Joſeph avertit l'Echanſon que lorſqu'il ſera rétabli en grace, *il ſe ſouvienne de lui* & de la parole
de Dieu qu'il lui a annoncée, que très-ſouvent
la propriété fait oublier : c'eſt (a) une ſemence ;
mais qui eſt cependant cachée en terre, & qui
porte du fruit en ſon tems.

v. 21. *Pharaon rétablit l'Echanſon dans ſa charge ,*
afin qu'il continuât à lui préſenter la coupe :

22. *Et il fit attacher l'autre à la croix : ce qui vérifia*
l'interprétation que Joſeph avoit donnée à leurs ſonges.

23. *Cependant le grand Echanſon ſe voyant rétabli en*
grace, ne ſe ſouvint plus de ſon interprète.

Dieu fait ici paroître ſa fidélité à ſoutenir ſa
parole qu'il a miſe dans la bouche de ſes ſerviteurs : & quoique l'exécution en ſoit differée
pour quelques jours, elle ſe trouve néanmoins
toujours véritable. Mais lorſque l'on eſt en
proſpérité, on *oublie* aiſément celui de qui eſt
procédé la parole, à moins que Dieu par une
providence particuliere, n'en remette le ſouvenir. Dieu prend auſſi le plaiſir de permettre cet
oubli, afin d'augmenter le mérite de ſes ſerviteurs, en prolongeant leurs ſouffrances ; & pour
exercer d'autant plus leur foi & leur abandon,
que plus il fait ſemblant de les oublier.

CHAPITRE XLI.

v. 1. *Deux ans après Pharaon vit un ſonge.*

9. *Alors le grand Echanſon ſe ſouvint de Joſeph , & il*
dit au Roi : Je confeſſe mon péché.

(a) Matth. 13. v. 23.

10. *Etant en prison avec le grand Panetier,*

12. *Nous eûmes tous deux un songe en une même nuit :*

13. *Et un jeune homme Hébreu, qui étoit dans la même prison,*

14. *Nous dit tout ce qui est arrivé depuis.*

LE réveil & le *souvenir* de Dieu sont des moyens admirables pour retirer une ame de la prison, de la captivité & de l'ombre de la mort. Après avoir eu quelque espérance de sortir de son état pauvre & délaissé, elle passe encore plusieurs années dans un délaissement total, & dans un oubli universel. Il ne lui reste même plus aucune espérance, & elle ne pense qu'à demeurer de la sorte (a) comme les morts éternels, auxquels on ne pense plus : elle tache seulement de porter cet état avec abandon, & de s'en contenter, se voyant dans la volonté de Dieu : mais elle ne pense pas d'en sortir jamais.

v. 14. *Aussitôt Joseph fut tiré de la prison par ordre du Roi : on le rasa, on lui fit changer d'habits, & on le présenta devant le Roi.*

Lorsqu'elle est de cette sorte enfoncée dans l'oubli de la mort, elle est toute étonnée que l'on vient ouvrir *la prison*, que l'on s'approche d'elle, qu'on la dépouille de cet état de mort, qu'on lui ôte peu à peu les marques de sa servitude, & qu'on la *couvre de la robe* de vie & de liberté. Durant quelque tems cette ame est comme à demi endormie : elle ne sait si elle dort ou si elle veille, si c'est un songe ou une réalité ; lorsque tout à coup elle se voit *tirer de ce lieu* obscur & ténébreux, & mise dans le plein jour de la vraie

(a) Ps. 87. v. 6.

miere. Alors elle connoît la vérité de son changement, & d'autant plus que l'on la mene *paroître devant le Roi.* Elle est donc mise dès ce moment dans la vie ressuscitée; mais elle n'est pas encore établie dans l'état ressuscité, qui a bien d'autres avantages. Dieu se sert de cette même parole qui avoit été cachée dans la terre de l'oubli, pour tirer cette ame de la mort & de l'oubli éternel : ainsi que le Fils de Dieu par sa parole tira le Lazare du tombeau.

v. 15. Pharaon lui dit : J'ai eu des songes, & je ne trouve personne qui me les explique. On m'a dit que vous aviez un don singulier de les expliquer.

16. Joseph lui répondit : Ce sera Dieu, & non pas moi, qui donnera une interprétation favorable au Roi.

Il n'y avoit personne en toute l'Egypte *qui pût interpréter* les songes de Pharaon; parce que (*a*) ce qui se passe dans le cœur de Dieu n'est connu que de l'esprit de Dieu. La réponse de Joseph fait voir qu'il n'y a que la désappropriation & la perte de tout desir d'être quelque chose, qui porte une telle ame à ne se rien attribuer: au contraire, persuadée qu'elle n'est qu'un foible instrument, & que Dieu peut tout sans elle, elle se déclare avec une franchise digne d'une si haute vérité. *Dieu* peut sans elle faire tout ce qu'il fait par elle ; & s'il se sert d'elle, il faut que toute la gloire lui en soit rendue : c'est pourquoi elle porte la créature par avance à en rendre toute la gloire à Dieu, & à ne regarder aucun bien fait hors de lui.

v. 17. Pharaon donc lui raconta ce qu'il avoit vu :

(*a*) 1 Cor. 2. v. 11.

Il me sembloit, dit il, que j'étois sur le bord du fleuve.

8. *D'où sortoient sept vaches fort belles & extrémement graffes, qui paiffoient dans des marécages.*

Ce *rivage du fleuve* repréfente les eaux, ou du baptême ou de la pénitence, dont une ame fort très-belle, & dans un très-parfait embonpoint. *Les fept vaches* ou les *fept années* qu'elles fignifient, font le tems ordinaire que les ames demeurent dans l'acquifition des vertus. Elles paroiffent alors toutes *belles*, & l'on ne voit en elle nul défaut ; parce que Dieu leur donne tant de graces, qu'elles font là comme *dans un pâturage fort abondant*, où elles deviennent fortes, graffes, belles, & très-agréables.

v. 19. *Enfuite il en fortit fept autres fi horribles & fi maigres ; que je n'en ai jamais vu de telles en Egypte.*

20. *Et ces dernieres dévorerent & confumerent les premieres.*

Ces années fi agréables & fi douces, & fi bien arrofées des eaux calmes & tranquilles, étant paffées, l'ame fe trouve bien étonnée lorfque ne penfant à rien moins, elle les voit *dévorées* par ces autres *années* qui les fuivent ; mais d'une fi grande ftérilité & famine, que fans les provifions qui avoient été faites, il faudroit mourir de faim. Il faut remarquer que l'Ecriture ne dit pas que *les vaches maigres* tuerent les graffes ; mais qu'elles *les dévorerent :* ce qui fait voir, que dans ce tems d'une fi étrange aridité, toutes les graces & vertus des autres années y font enfermées, quoiqu'il n'en paroiffe rien au-dehors : comme les vaches graffes furent renfermées dans les maigres, quoiqu'il n'en parut rien au-dehors.

v. 21. *Elles ne parurent en aucune forte en être raf-*
fafiées ; mais au contraire , elles demeurerent auffi
maigres & auffi affreufes qu'elles étoient aupara-
vant.

Ces vaches *maigres* ne laifferent pas d'être *auffi*
affreufes & défigurées, après avoir dévoré les
graffes, qu'elles étoient auparavant. O c'eft le
myftere caché aux hommes non divinement
éclairés, & révélé aux petits ; il eft même caché
à ceux en qui il fe paffe. Il ne paroît au-dehors
que laideur & difformité, & (*a*) toute la beauté
de la fille du Roi eft cachée au-dedans d'elle
durant les fept années. Il ne paroît que des défauts
de toutes parts : tout femble être vide de graces ;
comme ces vaches le font de chair. Cependant
il eft certain qu'il n'y en eut jamais davantage ;
mais elle demeure cachée dans le ventre affreux
de la féchereffe jufques au jour de la manifeftation. La beauté des premieres années fait paroître celles-ci *fi laides* que *Pharaon* , qui repréfente
le monde , *affure n'en avoir jamais vu de femblables*
en tout le royaume.

v. 25. *Jofeph répondit : Dieu a fait connoître à Pha-*
raon ce qu'il veut faire à l'avenir.

26. *Les fept vaches fi belles fignifient les fept années de*
l'abondance qui doit venir.

27. *Les fept vaches fi défaites marquent les fept années*
de la famine qui les doit fuivre.

30. *La ftérilité fera fi grande, qu'elle fera oublier toute*
l'abondance qui l'avoit précédée.

Les ames de grace jugent bientôt de ce qui
vient de Dieu par l'expérience qu'elles en ont,
ainfi que *Jofeph* *affure* d'abord le Roi que fon
fonge eft divin. C'eft le propre du tems de *l'abon-*

(*a*) Pf. 44. v. 14.

dance, d'ôter toute penfée de la *famine*, & de la *ftérilité* qui la doit fuivre ; mais auffi c'eft l'ordinaire des perfonnes qui font dans l'épreuve, *d'oublier* tout le bien qu'ils avoient eu. Il ne leur en refte plus rien ; parce que Dieu en efface tellement toute trace au-dehors, qu'il femble que ce n'ait été qu'une tromperie, & qu'ils n'aient jamais été à Dieu. Cependant ils n'y furent jamais davantage. Les Confeffeurs même doutent d'eux. Il n'y a qu'une expérience & une lumiere pareille à celle de Jofeph qui puiffe découvrir le myftere ; paree qu'il faut que cette famine confume toute la terre, & qu'il n'y refte rien, en forte que la grande indigence perde la grande abondance : car s'il reftoit quelque chofe, ce ne feroit pas perte entiere, & ce myftere ne s'accompliroit pas. Il faut donc, ô ame, que tu t'attendes à perdre fans réferve tout ce que tu poffedes ; & que tu mefures la grandeur dé ta perte par la grandeur de ta poffeffion. Plus tu as été belle & agréable, & le fujet de l'admiration des peuples, plus il faut que tu deviennes laide, difforme, & l'objet de leur horreur & de leur mépris. O conduite de mon Dieu ! Il faut pour faire retourner l'ame dans fon origine, qu'elle perde tous vos dons. Vous les lui accordez pour la faire fortir du péché, & la faire retourner dans fon cœur, d'où elle s'étoit égarée ; & vous les lui ôtez pour la faire fortir de ce même cœur, & la perdre en vous. Vos dons chaffent le péché, & rempliffent l'ame de vos graces ; & vous en chaffez vos dons pour la remplir de vous-même ! O vérité trop ignorée !

v. 33. *Il faut donc maintenant que le Roi choififfe un homme fage & habile pour l'établir fur toute l'Egypte.*

34. *Afin qu'il mette des officiers dans toutes les provinces,
qui pendant les sept années de fertilité, qui vont venir,
amaffent dans les greniers publics la cinquieme partie
des fruits de la terre.*

Le Directeur éclairé , & qui prévoit ce qui
doit arriver, oblige l'ame à faire le plus de provifions qu'elle peut ; parce que plus elle profitera
des premieres graces , qui lui font données
en abondance , ce fera le meilleur. J'avoue que
fa perte en fera aufli plus grande : mais quoiqu'elle perde tout comme étant d'elle & à elle ,
toutefois tout fe retrouve en Dieu , refervé
dans fes facrés *magazins*. C'eft pourquoi il eft de
conféquence de choifir un Directeur habile &
expérimenté, à qui l'on confie la conduite de
toutes chofes.

v. 37. Ce confeil plut à Pharaon, & à tous fes miniftres.

38. *Et il leur dit : Où pourrions-nous trouver un homme
qui fut aufli rempli de l'Efprit de Dieu que l'eft celui-ci ?*

38. *Il dit donc à Jofeph : puifque Dieu vous a fait voir
tout ce que vous nous avez dit : comment pourrions-nous
trouver quelqu'un plus fage que vous, ou femblable à
vous ?*

Dans le choix du Directeur, il faut toujours
préférer celui qui a le plus l'*Efprit de Dieu*. Pharaon nous en donne l'exemple, qui loin de fe
railler, comme font quelques uns , des avis
qu'on leur donne pour leur bien , & dont ils ne
profitent jamais, il prit pour conducteur dans
une affaire de cette importance celui même qui
lui avoit donné *ce confeil*, & fit fuivre de point
en point tout ce qu'il ordonnoit.

Tome 1. Genefe.　　　O

v. 41. *Pharaon dit encore à Joseph : Je vous établis aujourd'hui pour commander à toute l'Egypte.*

v. 42. *Et ôtant son anneau de sa main, il le mit en celle de Joseph, & le fit revêtir d'une robe de fin lin, & lui mit un colier d'or.*

Le pouvoir que lui donne le Roi *sur toute l'Egypte* marque l'autorité de la direction. C'est à préfent que Joseph est *établi*, & confirmé dans l'état de Réfurrection. Non feulement la liberté lui est rendue ; mais il la reçoit avec bien d'autres avantages qu'il ne l'avoit avant fa captivité étant chez fon pere. Dieu rend à l'ame reffufcitée & renouvellée toutes les graces qu'il lui avoit faites avant fa déroute, & il y en ajoute d'autres infinies , qu'elle n'auroit jamais penfé devoir efpérer.

v. 43. *Il le fit monter fur le char qui fuivoit le fien : & fit crier par un héraut, que tout le monde fléchit le genou devant lui , & qu'ils reconnuffent qu'il l'avoit établi pour commander à toute l'Egypte.*

Qui auroit dit à Joseph il y a deux ans , lorfqu'il ne penfoit plus qu'à finir fes jours dans une obfcure prifon, qu'il devoit être *gouverneur de toute l'Egypte ?* Qui auroit dit à cette ame abandonnée , délaiffée , couverte de ténèbres & de l'ombre de la mort, qu'un fi grand mal dût produire un fi grand bien ? Elle ne l'auroit pu croire : cependant cela s'eft trouvé très-réel.

v. 45. *Il changea auffi fon nom : Et l'appella en langue Egyptienne, Le Sauveur du monde. Et il lui donna pour femme Afeneth, fille de Putiphar , Prêtre d'Heliopolis.*

Voilà donc l'ame reſſuſcitée ! La voilà confir-mée dans ſa reſurrection, & comblée de graces. C'eſt alors qu'elle arrive à la pureté de ſon ori-gine ; c'eſt alors même que *le nom nouveau* lui eſt donné, comme à tous les peres : vous ne vous appellerez plus Joſeph, mais le *Sauveur de l'Egyp-te.* C'eſt toujours après la reſurrection, & lorſ-que l'ame eſt arrivée à ſon origine, que le nom nouveau lui eſt donné, c'eſt-à-dire, que le par-fait renouvellement ſe fait : & c'eſt alors que ſe célèbrent les noces de l'Agneau.

v. 45. *Après cela Joſeph alla viſiter toute l'Egypte.*

46. *Il avoit trente ans lorſqu'il parut devant le Roi Pha-raon.*

50. *Avant que la famine vint, Joſeph eut deux enfans de ſa femme Aſeneth.*

51. *Il appella l'aîné, Manaſſé, diſant : Dieu m'a fait oublier tous mes travaux & la maiſon de mon pere.*

C'eſt auſſi toujours dans ce tems que com-mence la vie apoſtolique, lorſque l'on ne s'y met pas par ſoi-même, & que l'on n'y entre que par l'ordre de Dieu : ce qui eſt ſi bien figuré en ce que *Joſeph* après ce renouvellement *fait le tour de toutes* les provinces d'*Egypte.* Il faut être renou-vellé, avant que d'opérer. Jéſus-Chriſt, notre di-vin modele, a paſſé trente ans dans ſa vie cachée avant que de paroître en public ; & il ne le fit qu'après avoir éprouvé la tentation dans le dé-ſert. Ce rapport des anciennes figures à leur vé-rité divine, ravira ceux qui le pénétreront.

Dès ce renouvellement, on commence à en-gendrer des *enfans* à Jéſus-Chriſt. Joſeph *oublie* ici *tous les travaux* paſſés, comme dans la pau-vreté il oublioit toutes les graces qu'il avoit reçues. C'eſt là le propre de chacun de ces états.

v. 52. *Il appella le ſecond : Ephraïm ; diſant : Dieu m'a fait croître dans la terre de ma pauvreté.*

Joſeph bien inſtruit des voies intérieures, reconnoît que tous ſes biens lui ſont venus de ſa *pauvreté* ; parce que c'eſt dans le tems que la ſemence demeure cachée en terre , (*a*) qu'elle pourrit, germe & rapporte beaucoup de fruit.

C H A P I T R E   XLII.

v. 21. *Les freres de Joſeph ſe diſoient l'un à l'autre : C'eſt juſtement que nous ſouffrons tout ceci ; parce que nous avons péché contre notre frere. — C'eſt pour cela que Dieu nous afflige de cette ſorte.*

22. *Ruben leur dit : Ne vous dis-je pas alors ; Ne péchez point contre cet enfant ? & vous ne m'écoutates point. Maintenant on nous redemande ſon ſang.*

Dieu fait toujours ſentir aux méchans tôt ou tard le châtiment que mérite la perſécution qu'ils font ſouffrir aux bons ; & cela même leur eſt utile , à cauſe qu'il les fait rentrer en eux-mêmes.

v. 23. *En ſe parlant ainſi les uns aux autres, ils ne ſavoient pas que Joſeph les entendit , à cauſe qu'il leur parloit par un truchement.*

24. *Mais comme il ne pouvoit plus retenir ſes larmes , il ſe tourna pour un peu , & pleura.*

La bonté d'un cœur qui eſt à Dieu, ne ſe peut aſſez admirer : il ne ſauroit voir ſouffrir la

(*a*) Jean 12. v. 24. 25.

moindre chofe à fes plus grands perfécuteurs fans en être affligé, plus qu'ils ne le font eux-mêmes.

CHAPITRE XLIII.

v. 8. *Juda dit à fon pere :*

9. *Je me charge de cet enfant, & c'eft à moi à qui vous en demanderez compte. Si je ne le ramene & fi je ne vous le rends, je confens que vous ne me pardonniez jamais cette faute.*

Tant qu'il n'y a que Ruben qui demande Benjamin à Jacob, il ne le veut point donner ; parce qu'il n'avoit garde de le confier à la conduite des hommes : mais fitôt que Dieu s'explique par la bouche de *Juda*, qui eft celui qu'il a choifi pour pere à fon fils, alors Jacob fans difficulté le donne, l'abandonnant de la forte à la conduite de la providence. Les enfans des hommes agiffent tout autrement. Ils fe fient aveuglement à d'autres hommes, à un avocat, à un médecin, à un ami, à un cocher : & ils croiroient fe perdre, s'ils fe fioient pleinement à Dieu.

v. 32. *On fervit Jofeph à part, & fes freres à part ; & les Egyptiens auffi qui mangeoient avec lui à part, à caufe qu'il n'eft pas permis aux Egyptiens de manger avec les Hébreux, & qu'ils croyent qu'un feftin de cette forte feroit profané.*

Les Saints, pleins de l'Efprit de Dieu, ont des ménagemens admirables pour ne pas choquer les hommes en ce qui eft indifférent. *Jofeph* trouve le moyen de ne pas rebuter les *Egyptiens*, & cependant de regaler fes freres en fa compagnie & en leur préfence, les faifant tous *servir à part* sur des tables différentes, quoique dans un même lieu ; & ainsi honorant les uns & les autres, il eut la consolation de manger avec ses freres & avec les Seigneurs Egyptiens, & ce qui est de plus, d'entrer en cela dans la volonté de Dieu : mais tout cela ne fut pas sans mystere. Les freres de Joseph n'étoient pas d'une élevation intérieure égale à celle de Joseph pour s'asseoir à table avec lui : il leur envoye seulement des viandes qui avoient été servies devant lui, afin qu'ils eussent part à la plénitude de sa grace & à l'onction de son esprit : & la meilleure part échût *à Benjamin*, qui lui étoit le plus uni, aussi bien d'esprit que de sang.

CHAPITRE XLIV.

v. 18. *Juda dit à Joseph :* ▬

32. *Que ce soit plutôt moi qui soit votre esclave, puisque je me suis chargé de cet enfant, & m'en suis rendu le dépositaire ; ayant dit à mon pere : si je ne vous le ramene, je veux bien que vous ne me pardonniez jamais cette faute.*

34. *Car je ne puis pas retourner vers mon pere, sans que l'enfant soit avec nous.*

CE courage de *Juda* à se livrer pour son frere, marque déja par avance que celui qui se devoit livrer pour tous les hommes naîtroit de lui ; & que se donnant en ôtage pour un seul homme, il étoit la figure de celui qui devoit être la rançon de tous. Que nous exprime-t-il aussi, en ce qu'il ne veut pas *retourner vers son pere sans que l'enfant soit avec lui*, sinon que le Christ, de la tribu de Juda, ne veut pas remonter à son Pere, qu'il n'y conduise avec lui la nature humaine délivrée de fa captivité, & fon cher peuple qu'il aura racheté ?

CHAPITRE XLV.

v. 4. Jofeph parla avec douceur d fes freres, & leur dit : Je fuis votre frère que vous avez vendu en Egypte.

5. Ne craignez point, & ne vous affligez point de ce que vous m'avez vendu pour être conduit en ce pays-ci ; car Dieu m'a envoyé devant vous en Egypte pour la confervation de votre vie.

UNE ame de ce dégré n'attribue point à fes perfécuteurs les perfécutions qui lui ont été faites : mais voyant tout en Dieu comme un ordre admirable de la providence, elle tourne tout vers *Dieu.* Jofeph fut très-fidele à en ufer de la forte. C'eft ce qui fait qu'on aime fes ennemis autant que fes amis ; à caufe que l'on ne s'arrête jamais à regarder le mal qu'ils font, mais le bien qui en réfulte. Dans ce fens, le commandement que nous fait Jéfus-Chrift d'aimer nos ennemis, fe trouve fi aifé par ceux qui font pénétrés d'une vive foi, & qui ont le goût de fon amour, que l'on ne pourroit ne le point faire quand même il ne l'auroit pas commandé.

v. 8. Ce n'eft point par votre confeil que j'ai été envoyé ici, mais par la volonté de Dieu, qui m'a rendu comme le pere de Pharaon, le Seigneur de toute fa maifon, & le prince de toute l'Egypte.

Jofeph avoue cependant que cela n'étoit point dans le *deffein* de fes freres lorfqu'ils le perfécuterent ; mais dans la *volonté de Dieu*, qui fait conduire toutes chofes felon fon deffein éternel.

Il leur donne de plus à connoître quelque chofe des *deſſeins de Dieu* fur lui & de fa conduite impénétrable fur les élus, lefquels il n'abaiſſe que pour les élever; & auſſi de la vérité de ſes ſonges, dont ils voyoient l'accompliſſement.

v. 13. *Annoncez à mon pere la grandeur de ma gloire, & tout ce que vous avez vu en Egypte : hâtez-vous de me l'amener.*

Jofeph ne dit point cela par oftentation; mais parce qu'il fait que fon pere connoît les fecrets de la vie myſtique : & il lui donne des preuves de la vérité de fon état par les graces qu'il répand fur tous, & par les dons qu'il lui fait.

v. 23. *Il envoya de l'argent & des robes pour ſon pere, avec dix ânes chargés de toutes les richeſſes de l'Egypte.*

Ces *dix ânes* portant de toutes *les richeſſes de l'Egypte*, font comme j'ai déja dit (*a*) ci-deſſus (au fujet des dix chameaux,) les dix commandemens de Dieu ; mais rehauſſés & enrichis d'une pratique admirable, qui s'exerce en Dieu même, & qui n'eſt connue que des intérieurs les plus avancés.

v. 24. *Il renvoya auſſi ſes freres : & lorſqu'ils partoient, il leur dit : Ne vous mettez point en colere durant le chemin.*

Ce confeil de charité eſt ſi néceſſaire à tous, qu'effectivement il n'y a que l'union avec le prochain jointe à la confiance en Dieu, qui empêche l'ennui & le chagrin dans un voyage auſſi long qu'eſt celui de l'intérieur, & qui faſſe tout réuſſir heureufement.

(*a*) Ci-deſſus Ch. 24. v. 10.

ỷ. 26. *Jacob ayant appris que son fils Joseph étoit vivant,* *& qu'il commandoit dans toute la terre d'Egypte, se* *réveilla comme d'un profond sommeil, & il ne pou-* *voit le croire.*

Quoique Jacob fût instruit par son expérience de la voie mystique, de ses renversemens, & des succès par lesquels Dieu (*a*) vivifie après avoir mortifié ; cependant il croit rêver, tant il fut surpris d'une conduite si étrange. Nous avons beau être avertis des routes surprenantes par lesquelles Dieu fait passer les ames : lorsque nous en voyons les effets, nous ne laissons pas d'être dans l'étonnement & dans la défiance.

ỷ. 27. — *Mais ayant vu les chariots & tout ce que son* *fils Joseph lui envoyoit, il reprit ses esprits :*

28. *Et il dit : Je n'ai plus rien à désirer, puisque mon* *fils Joseph est encore vivant. J'irai & je le verrai* *avant que je meure.*

Mais voyant les fruits de l'état, ils ne peuvent plus en douter, & il faut qu'ils disent : Assuré-ment, cette ame là vit en Dieu, & *cela suffit.*

CHAPITRE XLVI.

ỷ. 3. *Dieu dit à Jacob : Je suis le très-fort, le Dieu de* *votre pere. Ne craignez point : allez en Egypte ; par-* *ce que je vous rendrai le chef d'un grand peuple en* *ce pays-là.*

Ϲomme Jacob avoit pu hésiter sur un événe-ment si étrange, Dieu le rassure, le faisant souvenir de *sa toute-puissance.* Il lui déclare que

(*a*) 1. Rois 2. v. 6.

c'eſt un coup de ſa main : & qu'étant le *Dieu de ſon pere*, lequel il délivra du glaive prêt à l'immoler ; c'eſt lui-même qui lui ordonne d'*aller en Egypte*.

Je ſuis le très-fort, le Dieu de votre pere. Ces termes ſont ſi expreſſifs pour faire connoître le pouvoir & la fidélité de Dieu en ce qu'il fait en faveur des ames abandonnées, que je n'ai pu me défendre de les répéter. Qui craindra de s'abandonner entre ſes mains, puis qu'il ſe dit lui même *le Dieu très-fort* de ces ames qui ſe délaiſſent à lui ſans reſerve ? Tout n'eſt-il pas en aſſurance pour elles, quoiqu'au milieu du plus grand déſeſpoir ?

v. 4. *J'irai là avec vous, & je vous ramenerai auſſi lorſque vous en reviendrez. Joſeph vous fermera les yeux de ſes mains.*

Cette promeſſe n'étoit pas ſeulement pour Jacob : mais encore pour tous ceux qui comme lui, voudroient bien s'abandonner juſques à *aller en Egypte* pour l'amour de Dieu ; c'eſt-à-dire, quitter la region de paix, & aller par la volonté de Dieu dans la terre de trouble & de corruption, ſelon qu'il eſt néceſſaire & que Dieu le demande. Il eſt ſi clair que Dieu parloit en la perſonne de Jacob aux ames abandonnées, vrais enfans d'Iſraël, & non proprement à lui, qu'en même tems qu'il lui promet de le faire *revenir d'Egypte*, il l'aſſure qu'il y mourra, lui prédiſant que Joſeph *lui fermera les yeux*. Dieu, après avoir fait aller dans l'Egypte de l'épreuve & de la tentation les ames qui s'abandonnent à lui, ne manque jamais de les *reconduire* dans leur région de repos.

v. 29. *Jacob étant arrivé, Joſeph monta dans ſon chariot, & vint au même lieu au devant de ſon pere:*

& le voyant, il se jetta à son cou ; & le tenant em-
brassé, il pleura.

Ce n'auroit pas été une résurrection entiere
pour *Joseph*, si Dieu ne lui avoit pas rendu *son pe-*
re, c'est-à-dire, s'il ne l'avoit pas conduit dans
son origine : & c'est ce qui arrive, comme j'ai
dit, après sa résurrection, où l'ame se trouve
réunie à Dieu son origine avec la pureté dans laquelle elle en est sortie.

CHAPITRE XLVIII.

v. 14. *Jacob étendant sa main droite, la mit sur la tête*
d'Ephraïm, qui étoit le plus jeune : & mit sa main
gauche sur la tête de Manassé, qui étoit l'ainé, chan-
geant ainsi de main.

17. *Joseph prenant la main de son pere, tâcha de la lever*
de dessus la tête d'Ephraïm pour la mettre sur celle de
Manassé,

18. *En disant à Jacob : mon pere, vos mains ne font pas*
bien : car celui-ci est l'ainé : mettez votre main droite
sur sa tête.

CE *changement des mains* que fit Israël, ne fut
pas sans mystere : il donna à la petitesse le droit
d'aînesse ; parce que plus nous approchons de
Dieu, plus nous devons devenir enfans ; & plus
nous sommes grands en nous & devant les
hommes, moins nous le sommes devant Dieu.
C'est pourquoi Jacob par esprit de prophêtie as-
sura, que le petit seroit préféré au grand : ce que
Jésus-Christ nous a si souvent (*a*) déclaré lui-
même.

(*a*) Matth. 18. v. 3. 5. & Chap 19. v. 13, 14.

v. 19. *Jacob refufant de le faire, lui dit : Je le fais, mon fils, je le fais bien. Celui-ci fera auffi chef de grands peuples, & fa race fe multipliera : mais fon frere qui eft plus jeune, fera plus grand que lui.*

21. *Il dit enfuite à Jofeph fon fils : Vous voyez que je meurs : Dieu fera avec vous ; & il vous ramenera au pays de vos peres.*

22. *Je vous donne une part de mon bien plus qu'à vos freres.*

Cette répétition de Jacob : *Je le fais, mon fils, je le fais bien,* fait voir avec quelle connoiffance il faifoit cela, affurant que le peuple enfant, c'eft-à-dire, vivant dans l'état fimple, feroit bien *plus grand que l'autre.* Jacob affure encore Jofeph de la confirmation de fon état dans lequel il eft établi, lui promettant que *Dieu fera* toujours *avec lui ;* ce qui marque la confirmation en grace : & à caufe des perfécutions & des fouffrances qu'il a effuyées, *il lui donne une part de fon bien de plus qu'à fes freres,* fignifiant par cela méme, combien Dieu le préféroit aux autres.

CHAPITRE XLIX.

v. 1. *Jacob appella fes enfans, & leur dit : Venez tous ici, afin que je vous annonce ce qui doit vous arriver dans les derniers tems.*

Jacob annónce à fes fils ce qui devoit arriver touchant le royaume intérieur & l'avénement de Jéfus-Chrift.

v. 4. *Ruben, vous vous êtes répandu comme l'eau.* ——

8. *Juda, vos freres vous loueront : votre main mettra fous le joug vos ennemis ; les enfans de votre pere vous adoreront.*

Il avoit dit à *Ruben*, que toute *la force* qui vient de l'homme *s'écouleroit comme l'eau* ; mais pour *Juda*, en qui étoit renfermé Jéfus-Chrift, chef de tous les vrais intérieurs, il l'affure que *fes freres*, qui font les ames dévotes & non myftiques, *le loueront* ; qu'il triomphera *de fes ennemis* en Jéfus-Chrift, qui a tout détruit. Car les ames vraie-ment myftiques n'ont point de force propre : tou-te leur force eft en Dieu feul. Cette expreffion, *les fils de votre pere*, par laquelle il femble le dif-tinguer de fes freres, marque qu'il entend parler des ames entierement abandonnées à la fuprê-me volonté de Dieu, qui font les vrais enfans d'Ifraël qui (*a*) *adorent* Dieu d'un culte digne de lui : car il n'y a que ces adorateurs-là qui adorent en efprit & en vérité.

v. 9. *Juda eft un jeune Lion. Vous vous êtes levé, mon fils, pour ravir la proie. En vous repofant, vous vous êtes couché comme un lion & une lionne. Qui le reveillera?*

Ce mot de *lion* montre fa force : mais il l'appelle un *petit lion*, pour faire voir que fa force eft en fon pere (en Jéfus-Chrift) & en fa nature : fon pere eft fon fils, & fon fils eft fon pere. C'eft le Lion que nul ne peut vaincre.

Vous vous êtes bien *levé pour ravir votre proie*, puifque vous ne renfermez rien moins en vous-même que le fang d'un Dieu par lequel fe doit conquerir tout le monde, & la terre & le ciel.

Mais pour faire voir qu'il parle des ames in-térieures, qui *raviffent la proie*, parce qu'elles de-meurent victorieufes de tout point, il l'explique en cette forte : Mon fils, *en vous repofant* du fommeil myftique, *vous vous êtes couché* en Dieu *comme le lion & la lionne*, qui ne craignent rien,

(*a*) Jean 4. v. 23.

à caufe de leur hardieffe & de leur force : car le lion fe repofe avec affurance en fa force : & cette ame fe repofe furement en Dieu, qui eft fa force. C'eft pourquoi il ajoute : *qui le reveillera ?* Comme voulant dire, qui auroit la hardieffe de venir où eft cette ame ? Tout l'enfer pourroit-il *troubler le repos* d'une ame qui eft en Dieu par état permanent ?

Ce *coucher* fe peut entendre encore du repos du Verbe, incarné dans les entrailles de Marie : car il s'eft couché dans fes chaftes flancs , comme le lion dans fa caverne.

v. 10. *Le Sceptre ne fera point ôté de Juda ni le Prince de fa race , jufqu'à ce que celui qui doit être envoyé foit venu : & c'eft lui qui fera l'attente des nations.*

Le *Sceptre* fera toujours dans fa maifon ; parce qu'il eft maître de tout le monde dans cet état , fon royaume étant Dieu feul : il poffède un royaume au dedans de lui par l'état d'union & de fimplicité , à caufe de la paix intérieure qui le rend maître de fes paffions. Mais quand *celui qui doit être envoyé viendra*, ce qui fe fait par l'incarnation myftique, où le Verbe eft donné dans l'état de la transformation , alors ce royaume fera ôté; parce que cette ame ne fe poffédant plus elle-même, Jéfus poffède tout en elle ; & toute poffeffion de foi & tous royaumes font réunis en lui. Auffi eft-il *l'attente des nations* , & des ames appellées pour participer à ce bonheur.

v. 11. *Il lavera fa robe dans le vin, & fon manteau dans le fang du raifin.*

Ce *vin* n'eft autre que le fang de Jéfus-Chrift; parce que ces ames n'ont plus de pureté qui leur

foit propre, ni de mérite qu'elles fe rendent particulier; mais elles ont tout en Jéfus-Chrift: auffi
n'attendent-elles rien d'elles-mêmes, ni par aucun effort de leur côté: mais de quelques miferes qu'elles puiffent être couvertes, tout fe trouve nettoyé dans le fang du raifin Jéfus-Chrift, qui
a été fous le preffoir, & qui s'eft donné à fes
amis fous le vin. Il n'y a donc plus rien à craindre pour ces ames blanchies dans le fang de l'A-
gneau.

v. 12. *Ses yeux font plus beaux que le vin, & fes dents*
font plus blanches que le lait.

Ses yeux plus beaux que le vin, fignifient la force de fa charité, qui regarde la mifere des hommes pour les fécourir. Ils défignent auffi la connoiffance qui eft jointe à la charité, étant perdue dans l'amour divin. La pureté de fes actions,
repréfentée par *les dents*, paffe tout ce qu'il
s'en peut dire; parce qu'elles font faites dans
l'innocence.

v. 22. *Jofeph eft le fils croiffant: il fe multipliera de plus*
en plus. Son vifage eft beau & agréable.

24. *Il a mis fon arc dans le Fort, & les chaînes de fes*
mains & de fes bras ont été rompues par la main du tout
puiffant Dieu de Jacob. C'eft de là qu'eft forti le pafteur
& la pierre d'Ifraël.

L'ame abandonnée demeure dans fa force,
quoiqu'elle foit environnée de foibleffe; parce
qu'elle *a mis* tout *l'arc* de fa force *dans le Très-fort*,
qui eft fon Dieu. Mais après que les années de
fes épreuves & de fa captivité font paffées, les
mains de Dieu, qui eft le *tout puiffant de Jacob*,
délient fes bras & fes mains, & les rendent propres
pour de grandes chofes.

Ce qui est dit : *C'est de là qu'est sorti le pasteur d'Israël*, se peut entendre en deux manieres : l'une que ses mains étant déliées, le pasteur sort de cette délivrance : car c'est après que l'ame a été mise en liberté par la résurrection & par le renouvellement, qu'elle est propre pour conduire les autres. L'autre, que du puissant Jacob qui est Dieu, est sorti le conducteur du peuple intérieur, qui est Jésus-Christ, vrai pasteur.

Par *la pierre d'Israël* s'entend le fondement. Ce fondement est aussi Jésus-Christ, pierre fondamentale de l'édifice spirituel, qui n'a ni valeur ni stabilité que parce qu'il est fondé sur Jésus-Christ, pierre ferme & vive roche, & non sur le -sable des propres inventions. Une autre explication est, qu'Israël étant le pere des ames abandonnées à Dieu, toute cette race est fondée sur lui comme sur la pierre.

℣. 25. *Le Dieu de votre pere vous aidera ; & le Tout-puissant vous comblera de bénédictions du haut du ciel, des bénédictions des abîmes des eaux d'en bas, des bénédictions des mamelles & des entrailles.*

Le Dieu de votre pere, le Dieu d'Israël & des vrais abandonnés, & le *Tout-puissant*, celui à qui rien n'est difficile, *vous comblera de bénédictions du haut du ciel* : ce qui veut dire, que non seulement ils auroit les graces & les faveurs du ciel qui se donnent dans l'état de passiveté de lumiere & d'amour, où tout vient assurément d'en-haut, la certitude en étant donnée : mais ils auront aussi *la bénédiction de l'abîme d'en bas* ; c'est-à-dire, les tentations & les miseres, qui sont l'appanage de l'abîme. Cela s'entend aussi de l'enfer intérieur par où ces ames si choisies passent, (du moins quelques-unes,) & qui avec toutes

toutes ſes ſuites & ſes vapeurs infernales, (qui n'ont rien que d'horrible) ne laiſſe pas d'être, pour ceux qui en ſavent faire l'uſage que Dieu prétend, *une bénédiction* autant & même plus grande que la premiere.

La derniere *bénédiction* ſe diſtingue en deux ſortes; l'une *des mamelles*, dont le lait repréſente la facilité d'aider les enfans ſpirituels en cette voie, & de les nourrir de ce lait ſpirituel de la contemplation; l'autre *des entrailles*, par leſquelles il entend la production de ces mêmes enfans en Jéſus-Chriſt; car autre eſt la grace de la génération ſpirituelle, autre eſt celle de la nourriture & de l'éducation. Tel engendre en Jéſus-Chriſt, qui ne ſauroit nourrir : tel nourrit, qui n'engendre pas : mais les deux enſemble font la perfection de la voie apoſtolique : c'eſt pourquoi cette bénédiction ſi accomplie eſt réſervée à Joſeph, qui eſt dans cet état.

v. 26. Les bénédictions que vous donne votre pere ſont ſoutenues par celles qu'il a reçues de ſes peres, juſqu'à ce que le deſir des collines éternelles ſoit venu. Que ces bénédictions viennent ſur la tête de Joſeph, de celui qui eſt comme un Nazaréen entre ſes freres !

Les bénédictions que Jacob donne à Joſeph ſont ſoutenues par celles que Jacob a reçues de ſes peres ; parce qu'elles ſont fortifiées par la foi, & par l'abandon dont il tire ſon origine, & que c'eſt ce qui doit appuyer ſes bénédictions. Il aſſure auſſi par ces paroles, que ſes ancêtres ont marché dans la même voie, & qu'ils ſoutiennent une bénédiction ſi extraordinaire par l'exemple de leur vie *juſqu'à ce que le deſir* de ces ames, qui ont paru comme des montagnes & comme *des collines* par l'éminence de leur sainteté, *soit accompli*, c'est-à-dire, soit réduit en unité, où tout desir se perd.

Mais le plus vrai sens est, que l'exemple de ses ancêtres doit soutenir les ames abandonnées dans une voie si étrange, jusqu'à ce que Jésus-Christ, *le desir* des Saints, *soit venu* pour en être & le prédicateur & le modele ; & jusqu'à ce que par l'incarnation mystique qui se fait en l'ame, elle subsiste en lui seul sans moyens, même des plus saints.

Cette bénédiction *sera au-dessus de la tête de Joseph ;* parce que quoique Joseph soit fort élevé dans la vie mystique, toutefois Jésus-Christ l'est infiniment davantage ; & il n'est rien de si élevé qui ne soit au-dessous de lui, puisqu'il est le (*a*) commencement & la fin de toute voie.

CHAPITRE L.

v. 16. *Votre pere avant que de mourir nous a commandé,*

17. *De vous faire cette priere de sa part : Je vous conjure d'oublier le crime de vos freres, & cette malice noire dont ils ont usé contre vous. Nous vous conjurons aussi de pardonner cette iniquité aux serviteurs de Dieu votre Pere.*

19. *Joseph leur répondit : Ne craignez point : pouvons-nous résister à la volonté de Dieu ?*

20. *Vous avez eu dessein de me faire du mal ; mais Dieu l'a changé en bien, afin de m'élever comme vous voyez maintenant, & de sauver plusieurs peuples.*

Ces freres Hébreux craignoient la vengeance, parce qu'ils ignoroient la générosité des per-

(*a*) Apoc. I. v. 8.

fonnes en qui Dieu feul regne uniquement, & l'oubli où ils font des injures qui leur ont été faites. C'eft ce qui les porte à prendre la qualité de *ferviteurs de Dieu Pere de Jofeph*, afin de l'engager à leur pardonner, fachant bien que rien n'étoit plus efficace auprès d'un fi faint homme que de le faire fouvenir de Dieu, furtout fous cette aimable qualité de *pere*.

Mais *Jofeph*, établi dans l'état de la volonté de Dieu, qui eft la plus haute perfection, leur parle comme un homme bien inftruit dans fes voies, & leur dit, que tout s'eft paffé *dans la volonté de Dieu*, à laquelle nul ne peut réfifter. Il ajoute : *Ne craignez point : pouvons-nous réfifter à cette divine volonté*, qui conduit tout infailliblement, & qui fe fert même des mauvaifes volontés des hommes pour atteindre à fon but, qui change le mal en bien, & éleve l'ame de ce qui devoit l'abaiffer ? Le péché même, qui de fa nature nous eft fi nuifible, nous eft utile dans la main de Dieu ; parce qu'il fait (*a*) tout convertir en bien.

O divine volonté, de qui tout tire fon origine, & en qui tout fe termine comme en fa fin, que n'avez-vous bien des ames parfaitement abandonnées à tous vos ordres !

(*a*) Rom. 8. v. 28.

L'EXODE.

Avec des Explications & Réflexions *qui regardent la vie intérieure.*

CHAPITRE PREMIER.

♥. 8. *Il s'éleva dans l'Egypte un Roi nouveau, qui n'avoit nulle connoissance de Joseph;*

9. *Et il dit à son peuple : Vous voyez que le peuple des enfans d'Israël est devenu grand & plus fort que nous.*

DIEU ne s'est pas contenté de donner en diverses personnes des exemples particuliers de la conduite qu'il tient sur les ames qui lui sont abandonnées; il en veut encore donner de tout *un peuple* uni dans les mêmes états, afin que son peuple (*) choisi apprenne comme d'un exemple général & plus visible, qu'il faut que tous passent par-là.

Il n'est personne qui en soit exempt; & il est nécessaire que tous ceux qui sont appellés à la vie mystique, (qui sont proprement *le peuple* choisi,) passent par la captivité & par le renversement. Y avoit-il rien de plus heureux que ce peuple lorsque *Joseph* vivoit? Tout ce qu'il y avoit d'exquis dans le royaume étoit pour lui. Cependant le voilà devenu captif, & le plus maltraité de tous les captifs. Toutes les ames qui

(*) *c. a. d. les personnes intérieures, comme il est dit incontinent.*

doivent être conduites par cette voie, sont mi-
ses au commencement de la vie spirituelle dans
des plaisirs infinis & également ineffables ; car
il n'en est point sur la terre de pareils à ceux du
ciel, auxquels ces personnes participent : mais
lorsque par tant de bienfaits Dieu, s'est assuré de
la fidélité de ce peuple, il faut qu'il lui fasse
sentir la dure captivité. Et nul n'en peut être
exempt ; puisque Jésus-Christ, le premier des
prédestinés & le chef des abandonnés, a bien
voulu lui-même (a) sortir des délices du sein de
son Pere pour se rendre le plus captif de tous
les hommes.

Il faut que tous passent par-là : les saints Patriarches ont été la figure de ce qui se devoit accomplir en Jésus-Christ : les Saints de la nouvelle loi en sont comme autant de copies ; & le
Sauveur est le divin modele & l'original de tous.

Mais pourquoi faut-il que tous y passent ?
Est-ce pour demeurer toujours malheureux ?
Non : c'est pour jouïr de la terre promise à
Abraham, à Isaac & à Jacob. Cette terre promise n'est autre que la possession de Dieu. O
que ne faudroit-il point faire pour le posséder ;
& quelles souffrances peuvent le mériter ?

Dieu se sert de Pharaon pour faire entrer ces
ames dans la captivité : mais il n'est pas seul à
cet emploi ; il leur donne des maîtres : les hommes, les Démons & la nature sont *les Egyptiens*
auxquels on est assujetti. Ils accablent ce pauvre
peuple de travaux, croyant par-là les empêcher
de multiplier en les opprimant.

On en use encore à présent de la sorte : l'on
croit éteindre la VIE INTÉRIEURE à force de la
persécuter & de crier : mais c'est alors qu'elle

(a) Rom. 8, v. 32. Phil. 2. v. 6-8.

ſe multiplie. Plus les perſonnes qui l'enſeignent
ſont décriées, perſécutées, calomniées, plus il
ſe trouve de perſonnes qui s'uniſſent à eux pour
marcher dans cette voie ; & elle ſe fonde &
s'accroît par la perſécution même ; ainſi que
l'Egliſe s'eſt établie & étendue par le ſang des
Martyrs. Les Démons même par leurs cruelles
téntations ſe mettent de la partie ; & c'eſt ce
qui eſt le plus douloureux dans le commencement, à cauſe de la foibleſſe de la nature, qui
ſe trouve accablée ſous le faix : mais plus cette
ame eſt chargée de toutes parts de foibleſſes &
de miſeres, plus elle ſe releve comme la palme,
& plus elle ſe multiplie.

v. 13. *Les Egyptiens haïſſoient les Iſraëlites, & ils les*
affligeoient en leur inſultant :

15. *Et ils leur rendoient la vie ennuyeuſe, en les em-*
ployant à des travaux pénibles de mortier & de
brique, & à toutes ſortes d'ouvrages de terre, dont
ils étoient accablés.

La perſécution la plus dure à porter pour ce
peuple, c'eſt qu'après avoir été élevé ſi noble-
ment à la converſation & à la table de Dieu, il
ſe voit obligé de *travailler à la terre* & pour la
terre. Tout ſon ouvrage n'eſt que terre : il ſemble
être devenu la nature même & tout terreſtre.
Alors ſes ennemis *ſe moquent* de lui, le voyant
occupé à un ouvrage ſi contraire à ſa naiſſance,
à ſon éducation & à ſes eſpérances. Cette mo-
querie & cette haine des perſonnes du ſiecle a
toujours exercé les ames d'oraiſon : mais il vient
un jour auquel ils connoîtront bientôt (*a*) leur
folie & la ſageſſe des gens de bien.

_ (*a*) Sageſſe. 5. v. 4.

v. 16. *Le Roi d'Egypte fit ce commandement aux fages-femmes qui accouchoient les femmes des Hébreux : Quand vous accoucherez les femmes des Hébreux , fitôt qu'elles enfanteront , fi c'eft un enfant mâle , tuez-le ; fi c'eft une fille , laiffez-la vivre.*

Il eft étrange que la haine que l'on a pour les perfonnes intérieures ne fe termine pas à elles-mêmes : on veut encore empêcher leurs productions , & les éteindre dès leur naiffance. Combien de perfonnes, même des plus éclairées, s'empreffent pour détourner les ames commençantes de cette voie? Quoiqu'ils foyent comme *les Rois* de la terre , & établis de Dieu pour être les peres des ames, ils ne laiffent pas de les contrarier , croyant même en cela (*) faire un grand bien. Mais s'ils n'approuvent pas le facré & très-fûr abandon , du moins qu'ils ne le condamnent pas , & qu'ils y laiffent entrer les ames qui commencent heureufement à le goûter, de peur qu'ils ne s'attirent le reproche de Jéfus-Chrift, (a) qu'ils ne veulent pas entrer dans le Royaume, ni y laiffer entrer les autres.

Les enfans mâles marquent les ames fortes & propres à être abandonnées à la conduite impénétrable de Dieu; & *les filles* font la figure des perfonnes foibles & timides, qui font trop pleins de l'amour d'eux-mêmes & de leurs propres intérêts pour s'abandonner à Dieu dans une voie fi pleine de croix. On veut bien que ceux-ci *vivent;* parce que l'on aime à vivre avec eux : mais on condamne les autres *à la mort;* parce que l'amour propriétaire & intéreffé ne peut fouffrir la générofité du pur amour.

(*) Jean 16. v. 2. (a) Luc 11. v. 52.

ỳ. 17. *Les Sages-femmes ayant la crainte de Dieu, ne firent point ce que le Roi d'Egypte leur avoit comman-dé ; mais elles conserverent les enfans mâles.*

Souvent les personnes même qu'on emploie pour détourner les ames de grace de leur voie, *ayant la crainte* & l'amour *de Dieu*, se laissent heureusement gagner : leur *conservant cette vie céleste*, elles la reçoivent elles-mêmes en considération de leur cœur simple, & pour le fruit de leur docilité. Loin d'ôter la vie à ces innocentes brebis, ils commencent à marcher avec elles dans la même voie ; & Dieu les récompense de ses graces de telle sorte, qu'elles croissent chaque jour en lui.

ỳ. 20. *Dieu fit donc du bien à ces Sages-femmes :*—
21. *Et parce qu'elles avoient craint Dieu, il établit leurs maisons.*

Cette expression singuliere, que Dieu *établit leurs maisons*, fit voir qu'il travaille lui-même à leur édifice spirituel, les mettant dans la voie passive, qui est la *récompense* du bien que l'on a fait dans l'active, qui s'accorde à tous ceux qui ont assez de soumission pour s'y laisser introduire, lorsque l'esprit de Dieu les y appelle.

v. 22. *Alors Pharaon fit ce commandement à tout son peuple : Jettez dans le fleuve tous les enfans mâles qui naîtront* [parmi les Hébreux :] *& ne réservez que les filles.*

La persécution seroit trop douce si elle en demeuroit là ; il faut que (Pharaon) le Prince de ce monde, use de toutes ses inventions pour détruire le peuple chéri de Dieu. Il commande

donc *aux fiens*, qui font les méchans & les Diables, de *tuer tous les enfans mâles qui naîtront*,
d'étouffer cette voie dès fa naiffance dans les
ames qui y entrent, en les faifant mourir ou à la
grace, à force de tentations; ou à leur voie, les
portant à la quitter par défiance & par la crainte
d'y périr; ou enfin à la vie civile, en perdant
leur réputation. C'eft ce qui n'arrive que trop.
Ou l'on *jette* ces pauvres abandonnés *dans le fleuve*, qui eft un lieu de mort inévitable; ou bien
on les expofe à un danger extrême. Mais pour
des *filles*, qui font des gens en voie active, ô, à
ceux-là on n'y touche pas : Ils font affurés dans
leur voie : ni la perfécution, ni la tentation, ni
la médifance ne les attaquent point; au contraire, on tâche de les élever fur le débris & fur la
ruine des autres. Donnez-vous bien de garde,
dit-on, d'attaquer ces ames fortes en elles-mêmes, (mais dans la vérité très-foibles,) *réfer-
vez-les* pour nous.

CHAPITRE II.

v. 1. *Quelque tems après un homme de la maifon de
Levi époufa une femme de fa tribu :*
2. *Qui conçut & enfanta un fils; & voyant qu'il étoit
beau, elle le cacha pendant trois mois.*

IL étoit bien jufte que celui qui devoit être le
Conducteur & le Directeur du peuple de providence, fut lui-même un enfant de providence.
C'eft cet enfant expofé à l'impétuofité des flots,
qui doit être le pafteur d'Ifraël. Dieu, qui conduit tout par fa fageffe & par fa bonté, donne
des *charmes* à cet *enfant*, qui ôterent à fa mere

tout pouvoir de le livrer au supplice. *Elle le cache*
tant qu'elle peut, dans un tems où la mort de
plusieurs innocens accompagnoit la naissance de
Moïse, qui devoit être la figure la plus éclatante de Jésus-Christ : & ce fut un présage du Mar-
tyre de tant de petits Saints qui devoit suivre
la nativité du Saùveur du monde.

v. 3. *Comme elle vit qu'elle ne pouvoit plus le tenir ca-*
ché, elle prit une corbeille de jonc; & l'ayant enduite
de bitume & de poix, elle mit dedans le petit enfant,
& l'exposa parmi les roseaux sur le bord du fleuve.
4. *Sa sœur cependant se tenoit loin de-là pour considé-*
rer ce qui en arriveroit.

Cette mere voyant qu'il falloit céder à la force, comme une femme bien instruite, elle aime
mieux s'en fier à Dieu seul qu'à la compassion
des hommes : enseignée de Dieu, elle savoit
qu'il faut que tous les enfans de providence
soient *exposés* à la merci *des eaux*; & que c'est dans
le péril extrême où l'abandon les engage, que
Dieu prend plaisir de faire le plus éclater sa bonté par des miracles inouis de sa providence.

Ce pauvre innocent *est* donc *exposé* de la sorte:
& *sa sœur demeure là*, pour être la spectatrice de
la providence. A quoi pouvoit-elle s'attendre,
sinon à le voir bientôt emporter par les ondes?
Ou qu'y avoit-il autre chose à esperer pour cet
innocent abandonné, que la mort & les eaux
pour lui servir de sépulcre? Sa mort paroissoit
si assurée, qu'on l'avoit mis tout vivant dans le
cercueil, d'où Dieu seul pouvoit le tirer.

Il falloit qu'un si grand Directeur fit son ap-
prentissage de bonne heure par sa propre expérience. Aussi Dieu le lui fait-il faire dès *le ber-*

eeau ; & le berceau même eſt ſon tombeau. L'on ne peut dire ſi ce berceau eſt ſon cercueil, ou ſi ce cercueil eſt ſon berceau. Mais Dieu qui ne fait voir les miracles de ſa providence que dans les dernieres extrêmités, lui fait trouver la vie dans le danger de la mort.

v. 5. *En même tems la fille de Pharaon vint au fleuve pour ſe baigner, ſuivie de ſes filles, qui alloient le long du bord de l'eau. Et ayant apperçu cette corbeille parmi les roſeaux, elle l'envoya querir par une de ſes filles, qui la lui apporta.*

6. *Et l'ayant ouverte, elle trouva dedans ce petit enfant qui crioit; elle en fut touchée de compaſſion & dit, c'eſt un des enfans des Hébreux.*

La fille de celui qui condamnoit ſi injuſtement à la mort les enfans des Hébreux, devient la mere de celui-ci, & donne en lui la vie & la naiſſance à tout un peuple que l'on tâchoit d'exterminer.

v. 7. *La ſœur de l'enfant s'étant approchée lui dit : vous plaît-il que je vous aille querir une femme des Hébreux pour vous nourrir cet enfant?*

8. *Elle lui répondit : Allez : ſur quoi la fille s'en alla, & fit venir ſa mere :*

9. *A laquelle la fille de Pharaon dit : Prenez cet enfant, & me le nourriſſez; & je vous en récompenſerai. La mere prit l'enfant, & le nourrit : Et lorſqu'il fut aſſez fort, elle le donna à la fille de Pharaon,*

10. *Qui l'adopta pour ſon fils, & le nomma Moïſe; parce, diſoit-elle, que je l'ai tiré de l'eau.*

Mais comme il ne manque rien au ſecours que donne la providence pour conduire toutes choſes à leur fin & chaque homme à la vocation à quoi elle l'appelle; (cette providence divine)

donna *à cet enfant* de providence par une rencon‑
tre inespérée *sa* propre *mere pour nourrice :* car ce
seroit peu de naître enfant de providence, &
de commencer sa vie par l'abandon, si l'on ne la
continuoit de même, & si l'on ne vivoit *(a)* d'une
maniere digne de sa vocation.

Cette mere ne le *rendit* point qu'il ne fut
grand ; parce qu'il falloit qu'il fut si *fort* affermi
dans sa voie, que ni les grandeurs de la Cour,
ni les dangers de la vie ne l'en pussent détourner.
Il paroît Egyptien au déhors, & passe *pour fils* de
la Princesse : & il est Hébreu réellement & dans
le cœur. Combien voit‑on de gens qui paroif‑
fent dans le monde vivre de la maniere la plus
commune, qui néanmoins renferment au dedans
des tréfors de graces ? O qu'il ne faut pas juger
felon les apparences. Les jugemens de Dieu font
infiniment éloignés des nôtres ; & felon le pro‑
fond avis de S. Paul, *(b)* le vrai Juif n'est pas ce‑
lui qui l'est feulement au dehors ; ni la vraie cir‑
concifion n'est pas celle qui est visible en la
chair : mais le véritable Juif est celui qui l'est
dans le fecret ; & la circoncifion véritable est
celle du cœur, laquelle est en esprit, & non fe‑
lon la lettre : & la louange de ce Juif vient de
Dieu, & non pas des hommes.

Moïfe étoit auffi en cela la figure de Jéfus‑
Chrift, qui ne paroiffant au dehors qu'un hom‑
me, étoit au‑dedans le vrai Dieu ; & qui fous
l'apparence d'un pécheur, étoit le Saint des Saints.
Ces raviffantes figures font pleines de myfte‑
res ineffables. Par exemple : qui ne voit fous
l'ombre de l'hiftoire de Moïfe enfant, délivré
avec tant de providence de la cruelle perfécu‑
tion de Pharaon, la lumiere Evangelique de

(a) Ephef. 4. v. 1. *(b)* Rom. 2. v. 28. 29.

l'enfant Jésus préfervé avec tant de merveilles
de la rage envenimée & du carnage d'Hérode?

v. 11. *Lorfque Moïfe fut devenu grand, il fortit pour
aller voir fes freres. Il vit l'affliction où ils étoient;
& trouvant qu'un de fes freres Hébreux étoit outragé
par un Egyptien.*

12. *Il regarda de tous côtés, & ne voyant perfonne auprès de lui, il tua l'Egyptien, & le cacha dans le fable.*

13. *Le lendemain il trouva deux Hébreux qui fe querel-
loient; & il dit à celui qui avoit le tort? Pourquoi
frappez-vous votre frere?*

14. *Lequel lui répondit: Qui vous a établi Prince & juge
au-deffus de nous? Eft-ce que vous me voulez tuer
comme vous tuâtes hier un Egyptien? Moïfe eut peur,
& dit: Comment cela s'eft-il découvert?*

Rien ne peut empêcher une ame de ce caractere de défendre la caufe du troupeau de Jéfus-
Chrift, quand même il iroit de fa vie. Elle méprife les grandeurs, & la vie même, lorfqu'il
s'agit de fe déclarer du parti des enfans de Dieu.
Tant qu'il n'y a point d'occafion de fe déclarer,
ce fidele ami de Dieu demeure comme les autres
dans la vie commune: mais lorfqu'il fe faut déclarer, ô alors il ne fauroit rien ménager. C'eft
ici un grand point de la fidélité, que de fe tenir
caché tant qu'on n'eft point obligé de fe déclarer en faveur de la vérité: mais la vérité eft-elle
attaquée? alors il faut tout rifquer pour la défendre.

A peine Moïfe eft-il forti de chez fa mere, &
expofé au-dehors, qu'il fait l'office de pafteur:
parce que comme Dieu le vouloit rendre conducteur des autres, il l'avoit avancé dans le ber-

ceau & rendu propre chez fa nourrice à devenir
Apôtre. Il tire donc une brebis de l'oppreſſion
de l'ennemi ; & par un homicide apparent il fait
un acte de juſtice ; parce qu'il fait cette action
dans la volonté de Dieu, détruiſant l'ennemi de
Dieu, dont il devoit un jour exterminer toute
la nation perverſe. Qu'on ne demande donc pas,
par qui il eſt conſtitué paſteur ? Il eſt conſtitué
par Dieu même, pour être tout enſemble & la
figure & l'imitateur de Jéſus-Chriſt, vrai Paſteur
& Paſteur des paſteurs. Ses freres (a) devoient
comprendre par-là que ce feroit par ſa main que
Dieu les délivreroit : mais ils ne le comprirent
pas, ainſi que l'a remarqué S. Etienne.

v. 15. *Pharaon ayant appris tout cela, voulut faire
mourir Moïſe. Mais Moïſe ſe cacha, & s'enfuit au
pays de Madian : & y étant arrivé, il s'aſſit près d'un
puits.*

La défenſe de la vérité eſt toujours ſuivie de la
perſécution que ſuſcitent ceux qui en ſont les
ennemis déclarés. Cela ne devoit pas manquer
à *Moïſe* : auſſi fut-il obligé de *s'enfuir*, & de prendre ainſi part au fort des ames intérieures & fidelles, qui eſt, d'être perſécutées pour la juſtice
juſqu'à être contraintes de fuir. Mais pourquoi
fuit-il dans le deſſein de Dieu ? C'eſt pour exercer
l'office de paſteur.

v. 16. *Or le Prêtre de Madian avoit ſept filles, qui
étoient venues pour puiſer de l'eau ; & en ayant
rempli les canaux, elles vouloient faire boire les troupeaux de leur pere.*

17. *Mais des paſteurs qui ſurvinrent les chaſſerent ;
& Moïſe ſe levant, & prenant la défenſe de ces filles,
fit boire leurs brebis.*

(a) Act. 7. v. 27.

Nous avons vu comme tous ceux que Dieu avoit choisis pour ce divin ministere, ont commencé par *abreuver les troupeaux :* mais Moïse qui n'étoit pas un pasteur particulier, mais le pasteur général de tout le grand troupeau, non seulement l'abreuve, mais aussi commence par le *défendre.* Tels doivent être les vrais pasteurs des brebis de Jésus-Christ : non seulement il faut leur donner l'eau, mais encore la leur conserver, les défendant contre ceux qui par leur envie voudroient les empêcher d'en boire.

v. 18. *Lorsqu'elles furent retournées chez Raguel leur pere, il leur dit : Pourquoi êtes-vous revenues plutôt qu'à l'ordinaire ?*

19. *Elles lui répondirent : Un Egyptien nous a délivrées de la violence des pasteurs ; & il a même tiré de l'eau avec nous pour donner à boire à nos brebis.*

Dieu envoye souvent aux ames abandonnées des Moïses, qui leur *donnent de l'eau & les délivrent de l'oppression* dans laquelle les tiennent *les pasteurs* indignes & ignorans, qui les empêchent de boire de l'eau de source. En quelque lieu que se trouvent ces personnes appellées à l'abandon, & sous quelque violence qu'ils gémissent, lorsqu'elles sont fidelles, Dieu ne manque point de leur envoyer un pasteur capable de les conduire dans la voie du Seigneur : ce qui se fait par des providences non moins admirables qu'infaillibles. *Les filles de Jethro retournent de bonne heure à leur pere,* c'est-à-dire, à leur origine ; à cause qu'elles ont trouvé un bon pasteur, qui leur donnant les eaux pures, les a fait avancer.

v. 21. *Moïse lui jura qu'il demeureroit avec lui : & il épousa sa fille, qui s'appelloit Séphora.*

Si la providence fut grande envers Raguel ;
de lui envoyer Moïse pour paître ſes troupeaux
& les abreuver ; elle ne fut pas moindre envers
Moïſe, de lui faire trouver dans cette même maiſon une compagne fidelle, qui entendant ſa
vocation, & étant dans la même voie que lui,
devoit contribuer à la génération ſpirituelle.
De plus il lui fait trouver là une ſûre retraite ;
& de quoi vivre durant le tems qu'il devoit être
éloigné de ſon peuple.

v. 22. *Elle lui enfanta un ſecond fils, qu'il appella Elie-
ſer, en diſant : le Dieu de mon pere, qui eſt mon protecteur, m'a délivré de la main de Pharaon.*

Tout attribuer *à Dieu* & à ſa providence, *les
enfans* mêmes, & toutes nos productions, c'eſt la
marque d'une ame éclairée de Dieu par une vive
foi, & la juſte reconnoiſſance qui ſe doit à ſon
ſecours.

v. 23. *Longtems après le Roi d'Egypte mourut. Et les
enfans d'Iſraël gémiſſant ſous le poids des travaux
dont ils étoient accablés,* crierent vers le ciel. *Et
les cris qui étoient cauſés par l'excès de leurs maux
s'éleverent juſques à Dieu.*
24. *Il entendit leurs gémiſſemens : il ſe ſouvint de l'alliance qu'il avoit faite avec Abraham, Iſaac, & Jacob.*
25. *Et le Seigneur regarda les enfans d'Iſraël, & eut
compaſſion de leurs maux.*

Pendant que Dieu conduiſoit de la ſorte le
paſteur d'Iſraël, il laiſſoit toujours le troupeau
dans une plus rude ſervitude. *Pharaon mourut ;*
mais *les travaux* de ce pauvre peuple ne furent
point diminués. *Ils crierent à Dieu, & il eut com-*
paſſion

paſſion d'eux. Il ſe ſouvint de l'alliance qu'il avoit faite avec les ames de foi, de ſacrifice pur, & d'abandon parfait. *Abraham* étoit le pere de foi, *Iſaac* marquoit le ſacrifice pur, & *Jacob* l'abandon parfait. Il faut que toutes les ames intérieures paſſent par la foi nue, par le ſacrifice pur, & par l'abandon parfait, ſi elles veulent arriver à la pureté de leur création.

La foi nue, eſt une foi ſans nul témoignage ni appui pour la raiſon & pour l'eſprit.

Le sacrifice pur, eſt un ſacrifice entier ; non ſeulement de tout ce qui eſt à nous & en nous, mais même de tout ce que nous ſommes, tant dans l'ordre de la nature que dans celui de la grace.

L'abandon parfait, eſt le délaiſſement total entre les mains de Dieu, afin qu'il faſſe en nous & de nous toutes ſes volontés, ſoit pour l'extérieur, ſoit pour l'intérieur, ſans nulle exception pour le tems & pour l'éternité.

Dieu ſe ſouvient de ces voies, qui ſont les plus pures & néceſſaires pour que l'ame ſoit reçue en lui : & il veut délivrer ce peuple ſi cher de la captivité qui l'opprime, & qui l'empêche de ſervir le Seigneur dans la liberté & dans la pureté.

CHAPITRE III.

v. 1. *Moïſe paiſſoit les brebis de Jethro ſon beau-pere, Prêtre de Madian. Et ayant mené ſon troupeau au fond du déſert, il vint à la montagne de Dieu Horeb.*

Lorsque Moïſe ne penſoit plus qu'à *paître le troupeau de brebis* que Dieu lui avoit confié dans la maiſon *de ſon beau-pere* comme à un paſteur particulier, il fut élevé à une plus haute union avec Dieu, *approchant* plus près *de la montagne* par une perte en lui plus fublime.

v. 2. *Le Seigneur lui apparut dans une flamme de feu qui fortoit d'un buiffon. Et il voyoit brûler le buiffon fans qu'il fut confumé.*

Dieu lui parle *dans un buiffon de flamme de feu ;* Dieu étoit dans la flamme, & la flamme étoit dans le buiffon. Cette *flamme* marquoit la charité que Dieu a pour les ames intérieures, nonobftant leurs foibleffes. Il voulut en accorder une bonne part à ce pafteur, qu'il choififfoit pour la conduite d'un très-grand troupeau ; parce que la premiere qualité du Pafteur, c'eft la charité, qui lui fait expofer fa vie pour fes brebis.

Cette flamme eft *entourée d'épines ;* parce qu'il y a beaucoup à fouffrir pour ceux qui conduifent les ames. On ne peut s'imaginer les croix qui leur font préparées, ni *les épines* & les perfécutions, qu'il leur faut effuyer.

Ce buiffon *brûle, & ne fe confume point :* C'eft le fimbole de la charité des pafteurs, qui doit être toujours égale, fans jamais fe laffer ni s'affoiblir. Il parut bien enfuite combien ce faint Pafteur en avoit été rempli & embrafé, lorfque voyant fon peuple fur le point d'être frappé de Dieu pour fes péchés, il arrêta fa jufte fureur par cette priere infpirée d'un très-pur & violent amour : (a) Seigneur, ou pardonnez-leur cette faute ; ou fi vous ne leur pardonnez pas, effacez-moi de votre livre que vous avez écrit.

v. 4. *Le Seigneur voyant que Moïfe venoit pour confidérer*

(a) Exode 32. v. 32.

*ce que c'étoit, il l'appella du milieu du buiſſon, & lui
dit : Moïſe, Moïſe. Il lui répondit : Me voici.*

5. *Et Dieu ajouta : N'approchez pas d'ici : ôtez les ſouliers de vos pieds ; parce que le lieu où vous êtes, eſt
une terre ſainte.*

C'eſt comme ſi le Seigneur lui diſoit : *N'approchez point* d'une charité ſi pure & ſi déſintéreſſée,
d'une charité ſi étendue & ſi égale envers tous,
que vous ne ſoyez dépouillé de toute affection
particuliere. C'eſt ce dernier dépouillement que
je veux encore de vous, ſavoir, que vos affections,
repréſentées par vos *pieds*, ſoyent parfaitement
nues, afin que vous puiſſiez avoir une juſte égalité pour tout ce peuple, & le juger dans la juſtice & dans la ſainteté : *car la terre* de la charité,
eſt toute *ſainte*.

v. 6. *Il dit encore : Je ſuis le Dieu de votre pere, le Dieu
d'Abraham, le Dieu d'Iſaac, & le Dieu de Jacob.*

7. *J'ai vu l'affliction de mon peuple qui eſt en Egypte.
J'ai entendu les cris qu'il jette à cauſe de la dureté de
ceux qui commandent aux ouvrages.*

8. *Et ſachant quelle eſt ſa douleur, je ſuis deſcendu pour
le délivrer des mains des Egyptiens, & pour le faire
paſſer de cette terre en une terre bonne & ſpacieuſe,
en une terre où coulent des ruiſſeaux de lait & de miel.*

Dieu fait encore ſouvenir Moïſe de la foi nue,
du ſacrifice pur, & de l'abandon parfait, ajoutant, qu'il eſt le Dieu de ce peuple de foi, de
ſacrifice, & d'abandon. Il lui dit auſſi : *Je ſuis le
Dieu de votre pere*, pour lui faire comprendre qu'il
eſt ſorti lui-même de cette même ſource & origine.

Il lui prédit de plus, qu'il veut *retirer* ces ames
de la captivité où elles font réduites par la multiplicité des œuvres dont on les accable ; & qu'il
veut les *introduire dans la terre promife*, qui eſt la
région de paix & de repos en Dieu. Il déclare
que *l'afflidion* de ce peuple, (*opprimé* par les œuvres extérieures) & le défir qu'il a de la liberté ,
eſt venu jufques à lui ; & que c'eſt par fon moyen qu'il
veut le délivrer.

ỳ. 10. *Venez , & je vous envoyerai à Pharaon , afin
que vous faffiez fortir de l'Egypte les enfans d'Ifraël,
qui font mon peuple.*

11. *Moïfe dit à Dieu : Qui fuis-je , moi, pour aller vers
Pharaon , & pour faire fortir de l'Egypte les Enfans
d'Ifraël.*

12. *Dieu lui répondit : Je ferai avec vous.*

Moïfe s'excufe dans la vue de fa baffeffe , fe
trouvant incapable de conduire un fi grand peuple dans un chemin auffi difficile qu'eſt celui de
l'aveugle abandon. Mais ce qui lui paroît le plus
impoffible , eſt de le tirer de la vexation des maîtres de ces œuvres , & le *faire fortir de la domination*
de Pharaon. C'eſt qu'il eſt très-difficile de tirer
les ames des pratiques & des méthodes , pour les
introduire dans le défert de la foi ; c'eſt pourquoi
Dieu l'affure qu'*il fera avec lui* , & qu'il fera lui-
même ce grand ouvrage ; & que la protection
vifible qu'il donnera à la parole de Moïfe , fera
la marque infaillible que Dieu l'a envoyé.

v. 13. *Moïfe dit à Dieu : Quand j'irai vers les enfans
d'Ifraël , & que je leur dirai : Le Dieu de vos peres
m'a envoyé vers vous : s'ils me demandent ; quel eſt
fon nom ? que leur répondrai-je ?*

Moïse ne trouve pas que ce foit affez de dire aux enfans d'Ifraël que le Dieu de la foi, du facrifice & de l'abandon l'a envoyé : il veut favoir quel eft *le nom de* ce *Dieu*, fi puiffant qu'il puiffe conduire ce peuple innombrable par une voie auffi étrange. Dieu, qui veut inftruire ce fidele pafteur de toutes chofes, ne s'offenfe point de cette demande quoiqu'apparemment injurieufe. Que lui répond-il donc?

v. 14. *Le Seigneur dit à Moïfe : Je fuis celui qui fuis. Voici ce que vous direz aux enfans d'Ifraël : Celui qui eft, m'a envoyé vers vous.*

Je fuis celui qui fuis : Je fuis l'Etre des Etres, l'Etre dont toute autre chofe qui porte le nom d'Etre dérive. Je fuis celui qui feul. eft quelque chofe, tout n'étant rien hors de moi. Quiconque peut fe dire, ou croire, ou connoître être de foi quelque chofe, n'eft pas encore propre à être de mon peuple. Il me faut un peuple de vérité, qui foit tellement anéanti, qu'il fe trouve dans la vérité du rien, comme je fuis dans la vérité du tout. Ainfi il ne faut dire que cela aux enfans d'Ifraël : *Celui qui eft, m'a envoyé vers vous ;* afin que les faifant fouvenir de leur NÉANT & de mon TOUT, ils ayent moins de peine à s'abandonner à ma conduite, à fe défaire de leurs inventions, & à fortir du pays de l'induftrie de l'homme, pour fuivre la voie de l'abandon, qui le conduira fûrement à moi.

v. 15. *Dieu dit encore à Moïfe : Voici ce que vous direz aux enfans d'Ifraël : Le Seigneur le Dieu de vos Peres, le Dieu d'Abraham, le Dieu d'Ifaac, le Dieu de Jacob, m'a envoyé à vous. C'eft là mon nom éternel, & celui qui me fera connoître dans la fuite de tous les fiecles.*

Vous leur direz que *le Dieu* qui a conduit *leurs peres* qui ont toujours marché par la voie de l'abandon, *vous envoye* pour être leur conducteur visible ; mais que c'eſt moi qui ferai tout, paroe que je ſuis celui qui ſuis ; & ſans qui rien ne ſubſiſte : *Ce nom me demeurera éternellement, & me fera connoître dans la ſuite de tous les âges.* N'eſt-ce pas comme s'il diſoit : Celui qui ſeul eſt, & qui eſt tout être, n'a pas beſoin de nom pour le diſtinguer des autres Etres ; puiſqu'il n'en eſt point hors de lui. Son être eſt ſon nom, & ſon nom eſt ſon être ; & comme ſon être comprend tout, auſſi ſon nom exprime tout. Les créatures, qui ſont par leur fond de vrais néants couverts d'un peu d'être dépendant, que Dieu leur prête, ont beſoin de noms pour les diſtinguer ; mais celui qui abſorbe en ſoi toutes choſes, n'a beſoin d'aucun autre nom que de celui d'ETRE ; parce que tout ce qui eſt en quelque maniere, eſt ou lui-même, ou tient tellement à lui par la racine eſſentielle de ſon origine, qu'il n'eſt rien hors de lui. Ce nom ineffable *ſert* donc à Dieu pour le *faire connoître* à ſon peuple ; & il lui ſert auſſi pour diſcerner ce même peuple, c'eſt-à-dire, pour diſtinguer ces chers enfans, qui ſavent bien lui attribuer tout & ne ſe rien attribuer, d'avec ceux qui en uſent autrement. Ceux qui s'approprient quelque choſe, lui dérobent ſon nom : c'eſt po urquoi il aſſure Moïſe, que ſon peuple à ce ſeul nom obéira à ſa voix.

v. 18. *Vous irez avec les anciens d'Iſraël, vers le Roi d'Egypte, & vous lui direz : Le Seigneur, le Dieu des Hébreux, nous appelle pour aller trois journées de chemin dans le déſert, & là ſacrifier au Seigneur notre Dieu.*

Ils demandent d'*aller au désert pour y sacrifier à leur Dieu;* parce qu'il faut paſſer par le déſert de la foi nue avant que d'arriver au ſacrifice pur. Le chemin en eſt long : on déſire d'abord ce ſacrifice, mais on y arrive bien tard : & il en eſt peu qui y arrivent.

v. 19. *Mais je ſais que le Roi d'Egypte ne vous laiſſera point aller que par une main forte.*

20. *J'étendrai donc ma main, & je frapperai l'Egypte par un grand nombre de prodiges que je ferai au milieu d'eux; & après cela ils vous laiſſeront aller.*

Cependant Dieu connoiſſoit *que Pharaon ne laiſſeroit point aller ſon peuple que par une main forte;* & néanmoins il ne laiſſe pas de lui envoyer dire de la ſorte, pour faire voir, qu'il faut toujours tenter les voies douces avant celles de la rigueur, & qu'il ne faut uſer de moyens extraordinaires qu'à l'extrèmité, lorſque toutes les forces humaines ſont inutiles.

v. 21. *Vous ne ſortirez pas les mains vides :*
22. *Mais vous dépouillerez l'Egypte.*

Le Seigneur ne ſe contente pas de rendre la liberté à ces ames, il les *enrichit* encore *des dépouilles* des autres qui ne veulent pas entrer dans ſa pure voie, vérifiant ce qu'il a dit par Jéſus-Chriſt ſon Fils, que (*a*) l'on donnera à celui qui a déja; mais que pour celui qui n'a point, on lui ôtera même ce qu'il a.

(*a*) Luc. 19. v. 26.

CHAPITRE IV.

v. 1. *Moïfe répondit à Dieu : Ils ne me croiront pas, & ils n'entendront point ma voix.*

2. *Dieu donc lui dit : Qu'avez-vous à la main ? Une verge, lui répondit-il.*

3. *Le Seigneur ajouta : Jettez-la à terre ; & Moïfe la jetta, & elle fut changée en ferpent —.*

LA défiance & la réfiftance de Moïfe nous fait bien voir que dans les états les plus avancés, on peut commettre des infidélités & réfifter à Dieu. S'appuyer fur les témoignages plus que fur la parole de Dieu, eft une faute fi grande pour une ame avancée, que fi Dieu n'étoit pas auffi bon qu'il l'eft, cela mériteroit qu'on fut rejetté pour toujours. Abraham, homme d'une admirable foi, fur la feule parole de Dieu va faire un parricide ; & Moïfe fur plufieurs commandemens du Seigneur craint d'entreprendre une bonne action. Les prodiges mêmes ne l'affurent pas : parce que quoique les perfonnes avancées puiffent par infidélité défirer des prodiges, toutefois leur foi, déja forte, ne leur permet pas de s'y arrêter.

v. 10. *Alors Moïfe dit au Seigneur : Ecoutez-moi, je vous prie : Je n'ai jamais eu grande facilité de parler ; & depuis même que vous avez commencé de parler à votre ferviteur, j'ai la langue encore moins libre & plus empêchée.*

Seigneur ! *je ne fais point parler,* ma voix étant une voix de filence, & encore *depuis que vous m'avez parlé, j'ai moins de liberté de parler :* car c'eft le propre de la parole de Dieu, d'abforber la nôtre, &, selon un Prophête (a), dès que le Seigneur s'avance de son sanctuaire, il faut que toute chair soit dans le silence devant sa face. Lorsque Dieu parle à l'ame, il faut que tout se taise en elle pour l'écouter. Mais si tout se doit taire devant Dieu lorsqu'il veut parler, il faut aussi que tout parle pour lui lorsqu'il le commande.

v. 11. *Le Seigneur lui répondit : qui a fait la bouche de l'homme ? Qui a formé le muet & le sourd, celui qui voit & celui qui ne voit pas ? N'est-ce pas moi ?*

N'est-ce pas Dieu qui lie, & qui délie la langue ? Plus une personne est ignorante, & moins elle a de facilité de s'énoncer par elle-même, plus elle est propre dans la main de Dieu pour en faire ce qu'il veut. Aussi après que Dieu a fait connoître à Moïse que ce n'est pas dans le naturel qu'est la facilité de s'exprimer sur les choses spirituelles, mais dans le pouvoir divin, il l'assure qu'il parlera par lui.

v. 12. *Allez : je serai dans votre bouche ; & je vous apprendrai ce que vous aurez à dire.*

Toutes les personnes Apostoliques, envoyées de Dieu, ont cet avantage, que *Dieu parle par leur bouche,* & qu'il leur *enseigne ce qu'ils doivent dire :* car s'étant abandonnées à lui pour toutes choses, il ne leur manque pas dans le besoin. S. Paul l'a exprimé clairement pour tous (b) : Voulez-vous, dit-il, faire l'expérience de la vérité de Jésus-Christ, qui parle par ma bouche ?

v. 13. *Je vous prie, Seigneur, dit Moïse, envoyez celui que vous devez envoyer.*

(a) Zachar. 2. v. 13. (b) 2 Cor. 13. v. 3.

Le défir de Moïfe étoit conçu en faveur du Meffie, qu'il regardoit comme le véritable libérateur non feulement de ce peuple, mais auffi de tout le monde : cependant tous défirs, jufqu'aux plus juftes & aux plus faints, doivent être bannis d'une ame abandonnée & anéantie : à caufe qu'elle ne doit rien vouloir que dans la volonté de Dieu, qui fait les chofes dans leur tems : auffi la marque de fon anéantiffement, eft cette impuiffance à rien vouloir ni défirer; & l'on ne fauroit fortir de cette mort totale à tout défir, fans beaucoup déplaire à Dieu.

v. 14. Le Seigneur fe fâcha contre Moïfe, & il lui dit : Je fais qu'Aaron votre frere, de la race de Levi, s'énonce librement. Il vient au devant de vous : & dès qu'il vous verra, il fe réjouira de tout fon cœur.

15. Parlez-lui, & mettez mes paroles dans fa bouche. Je ferai dans votre bouche & dans la fienne, & je vous montrerai ce que vous aurez à faire.

16. Il parlera pour vous au peuple, & il fera votre bouche, & vous le conduirez dans tout ce qui regarde Dieu.

Dieu ne s'étant point fâché de toutes les demandes de Moïfe, quoiqu'elles paruffent injuftes, *fe fâche de ce défir;* parce que ces demandes fe faifoient avec fimplicité, & d'une maniere toute naturelle : mais il ne pouvoit rien défirer fans fortir de fon état. Auffi Dieu ceffe-t-il ici de vouloir être fon parler, & pour cette infidélité il lui donne une bouche humaine. O qu'il eft de conféquence de ne point fortir du délaiffement à l'aveugle entre les mains de Dieu, fous prétexte de bons défirs ! Cela néanmoins n'empêche pas que Dieu, fans avoir égard à cette infidélité

du pasteur, ne donne tout ce qui est nécessaire
en faveur des brebis.

Après la faute de Moïse, Dieu ne laisse pas
de l'assurer qu'il *sera dans la bouche de son frere &*
dans la sienne; & que même Moïse sera toujours
le pasteur de son frere; Aaron est établi entre
Moïse & le peuple; & Moïse est entre Dieu &
Aaron.

v. 22. *Voici ce que dit le Seigneur : Israël est mon fils*
aîné.

Israël est appellé *le fils aîné de Dieu;* pour nous
apprendre que les ames intérieures ont la préférence dans l'héritage du ciel: ce qui n'en exclud
pas les autres: parce que plusieurs chemins conduisent à la patrie céleste: mais celui-là est le
plus glorieux à Dieu, & le plus avantageux aux
ames.

v. 25. *Sephora dit à Moïse : vous m'êtes un époux de*
sang.
26. *Et elle le laissa après qu'elle eut dit : Vous m'êtes*
un époux de sang, à cause de la circoncision.

Sephora n'ignorant pas que les unions que
Dieu fait entre les ames ne sont que pour la
croix, appelle Moïse *un époux de sang;* parce
qu'elle savoit qu'un si saint homme ne pouvoit
pas lui être uni sans qu'elle eut part à ses souffrances; c'est pourquoi *elle s'éloigne de lui à cause de la*
circoncision, cette premiere de toutes ses croix, qui
n'étoit que le commencement des autres, lui
faisant déja peur, savoir, le retranchement & la
mortification. Peu d'ames sont fidelles à se tenir compagnie réciproquement dans la voie de
sang & de croix.

v. 31. *Le peuple crut; & ils comprirent que le Seigneur avoit visité les enfans d'Israël, & qu'il avoit regardé leur affliction : & se prosternant en terre, ils l'adorerent.*

Nul 'ne *croit* plus aifément que *le peuple* intérieur, toute fa voie étant fondée fur la foi. Ce fut pour cette raifon que Moïfe & Aaron, n'eurent pas de peine à faire connoître aux Ifraëlites les deffeins de Dieu, & à les y faire entrer. Il n'en eft pas de même des gens de raifon & de témoignage : ils ne fe rendent point à l'abord, & ils ne cédent qu'à la force.

CHAPITRE V.

v. 2. *Pharaon répondit à Moïfe & à Aaron : Qui eft le Seigneur, pour m'obliger à entendre fa voix, & laiffer fortir Ifraël ? Je ne connois point le Seigneur, & je ne laifferai point fortir Ifraël.*

PHARAON avoit bien raifon de dire, *qu'il ne connoiffoit pas le Seigneur.* Ce ne font point les fuperbes qui le connoiffent, mais feulement les humbles, qui le fervent dans la fimplicité de leur cœur. Cette maniere de parler : *Qui eft le Seigneur? Je ne le connois point :* marque une arrogance digne de mille enfers. Les libertins & les efprits forts du fiécle parlent de la forte lorfqu'on les avertit de quelque chofe qui regarde leur falut. O ils ne veulent *point obéir* à Dieu, qui leur parle par la bouche de fes ferviteurs; parce qu'*ils ne le connoiffent pas.*

v. 8. *Vous leur ferez faire la même quantité de briques qu'ils faifoient auparavant, fans en rien di-*

minuer ; car ils demeurent oififs : c'eft pourquoi ils crient : allons facrifier à notre Dieu.

Ce n'eft pas d'aujourd'hui que l'on accufe ces perfonnes intérieures d'être *oifives*. Les directeurs peu expérimentés, & les gens qui ne favent ce que c'eft que le repos myftique, voyant une ame adonnée à la contemplation ou à l'oraifon de filence, qui ne fouhaite que de fe *facrifier à Dieu* dans la fimplicité de fon cœur, fe difent les uns aux autres : *chargeons-la de pratiques, &. fatiguons-la ;* car toute fa dévotion n'eft qu'oifiveté. Mais Dieu fait bien tirer de leurs mains ces ames qu'il a choifies pour fon repos & pour (*a*) les cacher dans le fecret de fon vifage contre le trouble des hommes.

v. 9. *Qu'ils foient accablés de travaux, & qu'on les contraigne de les achever, afin qu'ils ne s'amufent plus à des paroles de menfonges.*

Qu'ils foient accablés par les œuvres extérieures que nous leur enjoindrons, *afin qu'ils ne s'arrêtent plus* à leurs illufions, ni à leurs *paroles* intérieures, qui ne font que *des paroles de menfonges* & des tromperies. O hommes audacieux, qui [comme Pharaon] taxez les ferviteurs & les fervantes de Dieu d'illufions & de rêveries ; mais n'appréhendez-vous point que Dieu vous puniffe comme lui ?

v. 14. *Ceux des Ifraëlites qui étoient commis fur les ouvrages de leur peuple, furent battus de verges par les exacteurs de Pharaon, qui leur difoient : Pourquoi n'avez-vous pas rendu ni hier, ni aujourd'hui la même quantité de briques que vous rendiez auparavant ?*

(*a*) Pf. 30. v. 21.

On joint les rudeſſes aux menaces, & ſouvent
les coups, pour accabler ces pauvres ames, qui
dans les mauvais traitemens qu'on leur fait, ont
toute leur confiance en Dieu: on les ſurcharge
de travaux impoſſibles ; & s'ils ne les font tous,
on les accuſe de déſobéïſſance. Conſolez-vous ,
intérieurs amis de Dieu ; plus vous devez avoir
de part à ſa vie divine , plus il faut que vous ſoyez
expoſés en butte à la contradiction des hommes.

v. 15. *Les Commis vinrent crier à Pharaon , en lui diſant :*
Pourquoi traitez vous ainſi vos ſerviteurs ?

16. *On ne nous donne point de paille , & on nous com-*
mande de rendre le même nombre de briques qu'aupa-
ravant. Nous ſommes battus de verges , quoique nous
ſoyons vos ſerviteurs , & l'on tourmente injuſtement
votre peuple.

Ces pauvres ames accablées de travaux par
ces directeurs non éclairés, *crient*, que ces pratiques leur ſont inſupportables, du moins en ſi
grand nombre ; elles ſe plaignent de plus, que
l'on peut bien les ſurcharger de méthodes, mais
qu'on ne peut pas leur donner la facilité de s'en
acquitter, qui leur eſt ôtée ſans doute par celui-
là même qui la leur avoit donnée ; que l'on ne
leur donne point de repos , & que l'on a pour
elles des rigueurs que l'on n'a point pour les
autres.

v. 17. *Pharaon leur répondit : L'oiſiveté vous perd : c'eſt*
pour cela que vous dites : Allons ſacrifier au Seigneur.

18. *Allez donc à votre travail : on ne vous donnera*
point de paille , & vous rendrez toujours la même
quantité de briques.

A cela on leur répond , que c'eſt parce que

leur intérieur eſt *oiſif*, qu’ils n’aiment qu’à demeurer en repos devant Dieu en eſprit de *ſa-*
crifice; & ſans les vouloir écouter, on continue
à les ſurcharger de pénitences, & de travaux de
la vie active qu’ils ne peuvent plus ſupporter.

v. 20. *Ayant rencontré Moïſe & Aaron, qui s’étoient*
tenus près de là, attendant que ces Iſraëlites ſortiſſent
d’avec Pharaon.

21. *Ils leur dirent : Que Dieu voie ce que vous nous*
faites, & qu’il ſoit le juge entre vous & nous. Vous
nous avez rendu de très-mauvaiſe odeur devant Pha-
raon & devant ſes ſerviteurs ; & vous lui avez donné
une épée pour nous tuer.

Ils vont trouver ceux qui les ont portés ſous
la faveur de la grace à entrer dans la voie du ſacrifice, & ils leur diſent dans la conſternation
où ils ſont : Vous nous avez fait entrer dans une
voie de mort : car les perſonnes qui nous con-
duiſoient auparavant avec quelque bonté, n’ont
plus maintenant que des rigueurs pour nous; &
votre connoiſſance nous a été comme *un glaive de*
mort.

Mais ces peres ſpirituels s’adreſſant à Dieu
par leurs preſſantes prieres pour ce peuple affligé,
ſe hâtent de le tirer de ces tyranniques mains.

v. 22. *Moïſe étant retourné vers le Seigneur, lui dit :*
Seigneur, pourquoi avez-vous affligé votre peuple ?
Pourquoi m’avez-vous envoyé ?

23. *Car depuis que je me ſuis préſenté devant Pharaon*
pour lui parler en votre nom, il a tourmenté encore
plus votre peuple, & vous ne l’avez point délivré.

Ce petit mot que Moïſe dit à Dieu eſt une
priere d’un cœur tendre & d’un véritable paſteur,

qui fe plaint à Dieu même de lui-même, à caufe
qu'il *ne délivre pas* ce pauvre *peuple* de la tyrannie
auffi-tôt qu'il l'avoit cru. O promeffes divines,
combien votre accompliffement eft-il d'ordinaire
éloigné de ce que l'on en penfe ! Le moment de
la providence, qui vous découvre, fait voir
tant d'autres chofes dans le fuccès de ce dont on
fe flattoit par l'efpérance qu'on s'en étoit figurée.
Vous avez promis en peu de mots de délivrer
ce peuple ; & il fembloit même aux faints qui
étoient les miniftres de cette grande œuvre, que
vous l'alliez faire inceffamment : mais par combien de prodiges, & d'étranges providences fe
fera cette délivrance ? Et de tous ceux qui
auront été délivrés de l'Egypte avec tant de
merveilles, deux perfonnes feulement entreront
dans la terre promife ! Qui pénétrera les profonds
jugemens de Dieu ? Ah qu'il eft bon, ah qu'il
eft beau qu'ils foient cachés à la créature jufques
à ce qu'ils fortent du fein du Créateur aux heures,
& aux momens qu'il leur a marqués !

CHAPITRE VI.

v. 1. *Le Seigneur dit à Moïfe : Vous verrez maintenant
ce que je vais faire à Pharaon.*

DIEU répond à Moïfe avec une bonté infinie,
qui s'accommode à la foibleffe de fa créature
lorfqu'elle agit fimplement. Ne femble-t-il pas
que le Seigneur s'excufe envers Moïfe ? *Vous
verrez*, lui dit-il, *à préfent* comme j'en uferai.
O fimplicité, que tu es bien le langage que Dieu
aime fans chercher tant d'autres chofes & tant
d'inventions qui ne lui plaifent point !

V. 2.

v. 2. *Dieu dit encore à Moïse : Je suis le Seigneur,*

3. *Qui ai apparu à Abraham, à Isaac, & à Jacob, comme le Dieu tout-puissant : Mais je ne leur ai point manifesté mon nom* (a) *Adonai.*

4. *Et j'ai fait alliance avec eux en leur promettant de leur donner la terre de Canaan, la terre dans laquelle ils ont demeuré comme voyageurs & étrangers.*

J'ai bien *apparu à Abraham* dans la foi nue, *à Isaac* dans le sacrifice pur, & *à Israël* dans l'abandon parfait, *comme Dieu tout-puissant :* ils n'ont point ignoré ma toute-puissance, dans toutes ces voies dans lesquelles je les ai conduit : *mais je ne leur ai pas manifesté le plus grand de mes noms,* qui est *Adonai,* qui signifie le très-souverain, & qui marque que *je suis celui qui suis ;* parce que vous ayant choisi pour le législateur non seulement du peuple commun d'Israël, mais beaucoup plus de mon peuple intérieur, il étoit nécessaire que vous eussiez plus de connoissance de mon TOUT-ETRE, & du néant de la créature ; afin que, tant par votre expérience que par mon inspiration, vous en puissiez instruire les ames destinées à l'anéantissement. Cette profonde connoissance, mon cher Moïse, vous a été réservée comme à un grand Prince du peuple mystique & de mes aimables anéantis, & comme à la figure la plus sensible & la plus parfaite de Jésus-Christ mon Fils unique, le chef & l'aîné de tous ceux qui, par leur anéantissement mystique, honorent mon nom redoutable d'*Adonai ;* & qui par l'aveu & par l'acception de leur néant, adorent parfaitement la souveraineté de mon Etre. Vous verrez aussi de plus grands effets de ma puissance que n'en ont vû

(a) *Jehova,* que les Juifs prononcent *Adonai.*

tous vos peres ; parce que j'accomplirai par vous-même avec des prodiges inouis ce, que je leur avois seulement *promis*.

v. 6. *Dites aux enfans d'Ifraël : Je fuis le Seigneur, qui vous tirerai de la prifon des Egyptiens, & vous délivrerai de la fervitude, en déployant mon bras fort, & en exerçant mes grands jugemens.*

Rien ne touche tant le cœur de Dieu que de voir fes chers abandonnés *captifs* & gémiffans fous le joug de la fervitude : auffi, dit-il, qu'il les en *délivrera en étendant fon bras.* Ce terme, fon bras, marque qu'il veut le déployer par une, force extraordinaire.

v. 7. *Je vous prendrai pour mon peuple, & je ferai votre Dieu ; & vous faurez que c'eft moi qui fuis le Seigneur votre Dieu.* ––

Le Seigneur affure qu'*il prendra* ces mêmes ames abandonnées *pour un peuple* qui eft particulierement à lui, & qu'*il fera leur Dieu* d'une maniere toute finguliere, leur déclarant de plus qu'*ils connoîtront* par expérience qu'*il eft le Seigneur leur Dieu.* C'eft que comme nul peuple ne fe donne plus à Dieu que celui qui fait s'abandonner & fe délaiffer à lui fans exception & fans réferve, auffi Dieu fe donne à fes mêmes amis plus qu'à nul autre peuple ; car il ne fe laiffe pas vaincre en cette donation amoureufe, & il fe donne lui-même excellemment dès cette vie à quiconque fe donne parfaitement à lui.

v. 9. *Moïfe rapporta tout ceci aux enfans d'Ifraël ; mais ils ne lui déférerent en rien, à caufe de la détreffe de leur efprit, & de l'excès des travaux qui les accabloient.*

Il en est plusieurs qui obéissent à la voie de Dieu, lorsqu'elle est pleine de douceur & accompagnée de miracles ; mais qui ont peine à lui obéir lorsqu'elle n'apporte que la croix [& *les travaux.*] C'est l'infidélité que commettent souvent les personnes commençantes.

v. 12. *Moïse dit au Seigneur : Vous voyez que les enfans d'Israël ne m'écoutent point ; comment m'écouteroit Pharaon ?*

L'excuse de Moïse paroît assez juste, alléguant que si *les enfans* qui sont en la présence de leur pere, refusent d'obéir, à cause de la croix ; à bien plus forte raison les méchans & les ennemis n'obéiront point en ce qui est contraire à leur propre intérêt.

C H A P I T R E VII.

v. 1. *Le Seigneur dit à Moïse : Je vous ai établi Dieu de Pharaon, & Aaron votre frere sera votre Prophête.*

LEs ames anéanties sont comme *les Dieux* des Princes mêmes ; parce que tout ce qui est de la créature étant disparu en elles, il faut nécessairement qu'il n'y reste que Dieu. Les interprêtes de ces personnes ainsi anéanties sont leurs *Prophêtes* ; parce qu'ils ne parlent que les paroles de Dieu, proférant en faveur des autres celles que prononcent ces ames devenues Dieu par l'anéantissement total d'elles-mêmes.

v. 12. *Chacun des magiciens ayant jetté sa verge, elles furent aussi changées en serpens : mais la verge d'Aaron dévora les verges des magiciens.*

Quelques perfonnes de doctrine mauvaife &
erronnée veulent *contrefaire* les fpirituels, & faire
ce qu'ils font : mais l'Efprit de Dieu abforbe
tout, diftingue le faux d'avec le vrai, & la vérité *dévore* bientôt le menfonge.

CHAPITRE VIII.

V. 17. *Aaron tenant fa verge, étendit la main, & frap-*
pa la pouffiere de la terre, qui fut changée en mouche-
rons dans toute l'Egypte.

18. *Les magiciens n'ayant pu faire la même chofe,*

19. *Dirent à Pharaon : C'eft le doigt de Dieu qui agit ici.*
Et le cœur de Pharaon demeura endurci.

Toutes les merveilles que Dieu fait en faveur
des perfonnes intérieures ne fervent qu'à *endurcir*
le cœur de leurs ennemis. Quelquefois les plus
méchans font forcés de confeffer que *c'eft le doigt*
de Dieu qui opére ces prodiges, pendant que le
cœur des autres demeure dans l'*endurciffement.*

V. 23. *Je mettrai une féparation entre mon peuple &*
votre peuple.

Dieu *fépare fon peuple* de ceux qui ne veulent
point être à lui : & pendant que ceux qui le perfé-
cutent, fouffrent les douloureufes piquures des
moucherons de leur vanité & de leur malice, qui ne
leur laiffent ni paix ni repos, ces ames fortunées
demeurent contentes dans le féjour de la paix.

CHAPITRE X.

V. 22. *Moïfe étendit fa main vers le Ciel, & des ténébres*
effroyables couvrirent toute l'Egypte durant trois jours.

23. *Mais le jour luisoit par tout où habitoient les enfans*
d'Israël.

LE *jour* des méchans se change en *d'horribles*
ténèbres, lorsque Dieu étend la main de son jugement pour les mettre dans sa vérité, qui leur
fait comprendre par une juste expérience, que
toute leur (*a*) lumiere prétendue n'étoit que ténèbres, & que plus ils se croyoient éclairés en
eux-mêmes & devant les hommes, plus ils étoient
(*b*) ignorans devant Dieu. Mais les justes, qui
s'unissent à Dieu par la seule foi, sont toujours
dans une véritable *lumiere*, qui loin de diminuer
ou de s'éclipser, (*c*) croît jusqu'à un *jour* parfait.
Qui oseroit exprimer les profondes vérités que
Dieu découvre aux ames de foi, & combien
elles sont divinement éclairées, lorsqu'elles semblent avoir perdu toute lumiere? Il en faut laisser juger celles qui en ont quelque expérience.
Ce qui se puise en Dieu est toujours vérité,
Dieu étant la vérité même : ce qui se puise dans
la créature par le sens ou par le raisonnement, est
très-souvent erreur; parce que l'homme n'est par
lui-même (*d*) que vanité & que mensonge. Le
moyen donc infaillible d'entrer dans la vérité &
d'y demeurer, d'y croître, d'y mourir & d'y vivre éternellement, c'est de se fier uniquement à
Dieu pour toutes choses, & les croire telles qu'il
les voit.

[*a*] Matth. 6. v. 23. [*b*] 1 Cor. 3. v. 19. [*c*] Philipp.
1. v. 6. [*d*] Ps. 38. v. 6. & 61. v. 10.

CHAPITRE XI.

v. 5. *Tous les premiers nés mourront dans les terres des Egyptiens.*

LES premiers-nés d'*Egypte* font la figure des pécheurs, qui n'enfantent d'ordinaire que péché; & les premiers-nés des enfans de Dieu, font les ames intérieures. Les pécheurs veulent détruire l'intérieur; & Dieu en faveur de l'intérieur humilie les pécheurs & *tue* le péché.

Les Anges miniſtres de la vengeance de Dieu, *font mourir* par ſa puiſſance *les premiers-nés* du ſiécle, que les hommes eſtiment ſi fort, & en qui ils mettent une vaine confiance: mais ſes chers amis intérieurs font en aſſurance ſous ſa protection; & quoiqu'il permette qu'ils ſoient maltraités des hommes charnels, pour épurer leur amour, & augmenter leurs couronnes, toutefois ils ne ſont point frappés dans ſa fureur, mais ſeulement viſités par ſa miſéricorde: car ce ſont ces enfans de Dieu, bien plus que les enfans des hommes, qui (*a*) eſperent ſous l'ombre des ailes du Seigneur.

CHAPITRE XII.

v. 3. *Que chacun prenne un agneau pour ſa famille & pour ſa maiſon.*

5. *Cet agneau ſera ſans tache.*

LES perſonnes intérieures ne ſe peuvent diſtinguer que par le ſigne de Dieu, & ce ſigne de Dieu eſt le ſang de *l'Agneau*, duquel ils ſont marqués; parce que n'ayant plus de mérite pro-

[*a*] Pſ. 35. v. 8.

pre, ils ont tout en Jéfus-Chrift; & c'eft en fon fang & par fon fang qu'ils font confervés. C'eft ce qui fait qu'ils (a) efperent contre l'efpérance même; parce que le défefpoir d'eux-mêmes les fait heureufement tomber dans une parfaite confiance en Dieu.

Cet *Agneau eft fans tache*; à caufe qu'en Jéfus-Chrift il n'y eut jamais de péché, & que c'eft fa juftice qui couvre notre injuftice.

v. 7. *Ils prendront de fon fang, & ils en mettront fur l'un & l'autre poteau, & fur le haut des portes des maifons où ils le mangeront.*

8. *En cette nuit-là ils en mangeront la chair rotie au feu, & des pains fans levain avec des laitues fauvages.*

Ce n'eft pas affez que nous foyons lavés & *marqués du fang de l'Agneau :* il faut auffi que fon peuple *mange fa chair ;* car c'eft elle qui le fait croître & fructifier, & qui le doit fortifier pour paffer le défert long & affreux de la foi nue, qui quoique plein de liberté, & accompagné de mille douceurs céleftes qui foutiennent l'ame dans ce rude pélerinage, eft pourtant plus difficile à porter que la premiere captivité; à caufe de l'amour-propre, qui préfere d'être accablé de travail, de faire des briques, (c'eft-à-dire, des ouvrages de peu de valeur,) plutôt que d'être libre & employé à conquérir le ciel, (qui eft la terre promife & Dieu même,) & n'avoir pas la fatisfaction de voir fon ouvrage.

Les *laitues fauvages*, qui font ameres, repréfentent la mortification dans laquelle doit avoir été exercée l'ame de foi; car elle n'entre dans le défert de la foi qu'après avoir paffé par toutes

(a) Rom. 4.. v. 18.

les mortifications poffibles felon fes forces & fa vocation. *Le pain fans levain* & fait fans long apprêt, marque la nourriture conforme à l'état fimple, qui eft fans nulle préparation; mais auffi fans nulle corruption de l'amour-propre, à caufe que la créature n'y a que très-peu de part.

De plus cette chair étoit cuite *au feu & rotie;* parce qu'elle repréfentoit la confommatiou de la charité en J. Chrift, qui eft tout feu; & la charité eft le feu de l'amour pur, dont nous devons être embrafés en mangeant cet agneau fans tache.

v. 9. *Vous en mangerez la tête avec les pieds & les entrailles*

10. *Vous n'en réferverez rien jufqu'au matin; s'il en refte quelque chofe, vous le brûlerez au feu.*

Comme cette *manducation* de l'agneau pafcal des Juifs étoit la figure du facrifice de J. Chrift; (car quel eft le Chrétien qui ne voie dans cet agneau rôti, qui fe doit manger, l'ombre de Jéfus-Chrift, qui fe donne en viande en fon Sacrement au tems de fa paffion?) elle étoit auffi la repréfentation fenfible du facrifice pur, par lequel l'ame doit être confommée dans le défert de la foi en Dieu.

Or ce facrifice ne veut *nulle réferve:* il faut qu'il foit entier: & pour cette raifon ce doit être un facrifice d'holocaufte, qui ne réferve chofe au monde, pour petite qu'elle foit. Il eft néceffaire que tout foit confumé & dévoré, non-feulement *la chair* & tout ce qu'il y a d'extérieur à l'égard de la créature; non-feulement les puiffances, repréfentées par *la tête;* & les affections, fignifiées par *les pieds;* mais auffi ce qu'il y a de plus intime dans le fond de l'ame, fon centre même & la fuprême pointe de l'efprit: tout doit être détruit, en forte *qu'il n'en reste chose quelconque* dans le dedans non plus que dans le déhors ; & c'est ce dedans le plus intime qui est désigné par *les entrailles.* —

Mais si ce sacrifice si nécessaire & si fort recommandé, est reconnu de tous pour le plus parfait : ô combien est-il combattu dans la pratique ! O combien est-il difficile ! O combien en coûte-t-il à l'ame avant qu'elle puisse s'y rendre ! Et encore, où se trouvera-t-il quelqu'un qui *ne réserve rien ?* Cependant tous ces demi-sacrifices ne peuvent jamais être le sacrifice de l'holocauste, qui est celui que Dieu s'est singulierement réservé pour être tout dévoué à sa seule gloire ; c'est pourquoi il est appellé sacrifice pur. C'est une chose déplorable, que tant de grandes ames, qui se sont laissé sacrifier en tant de choses, *réservent* presque *toutes les entrailles* pour elles-mêmes, du moins en partie. O si elles savoient la gloire que Dieu tire de ce sacrifice pur, & l'avantage qui leur en doit revenir, combien seroient-elles plus généreuses à s'abandonner sans réserve ? Mais elles ne veulent pas le comprendre, quoique Dieu le suggere lui-même à leur cœur, & que ceux qui sont les plus instruits de ces secrets leur en disent quelque chose ; parce que l'on prend pour perte ce qui est gain, & pour gain ce qui est perte. Pérdre tout pour Dieu même, c'est tout gagner ; perdre Dieu même à notre égard, en tant qu'il peut être à nous, pour lui laisser prendre en nous une gloire souveraine sans y mêler en rien notre intérêt, ô c'est la suprême félicité, & le témoignage le plus sublime du pur amour !

C'est là l'état & la disposition du sacrifice pur. Tous les autres sacrifices sont des sacrifices où la créature veut avoir quelque part : ils font tous intéreffés en quelque chofe ; & les créatures veulent y trouver leur compte : mais le facrifice pur eft le facrifice de Dieu feul, réfervé à lui feul : c'eft le facrifice divin : c'eft le facrifice de Jéfus-Chrift, modele de tous les autres, où il veut que tout foit détruit. O victime fans tache, c'eft dans votre immolation totale que tous les facrifices purs font renfermés ! Et comme le vôtre en eft l'original, il en eft auffi la force & l'efprit, & toute la perfection.

v. 11. Voici comment vous le mangerez. Vous ceindrez vos reins ; vous aurez aux pieds vos fouliers, & un bâton à la main, & vous le mangerez à la hâte ; car c'eft la Pâque, c'eft-à-dire, le paffage du Seigneur.

Les reins qui font *ceints*, marquent la pureté de l'obéïffance à la volonté de Dieu, qui eft la ceinture qui nous lie heureufement : fans elle toute pureté n'eft qu'impureté ; & la pureté extérieure de la chair n'eft que la figure de la pureté du dedans, qui eft celle de l'efprit. Or la pureté intérieure confifte dans la conformité à la volonté de Dieu : & plus cette conformité eft éminente, plus l'efprit eft pur. La volonté de la créature eft premierement rendue conforme à celle de fon Créateur ; puis elle devient uniforme, & enfuite elle eft transformée en la même volonté de Dieu ; & c'eft alors que toute volonté propre eft tellement morte, détruite, & paffée en la volonté divine, qu'elle change de nom, ne s'appellant plus que la volonté de Dieu,

La *chauffure des pieds* eft prife en cet endroit pour la marque du pélerinage, & non pour les affections ; car s'il fallut que Moïfe ôtât fes fouliers pour approcher du buiſſon ardent, combien plus eſt-il néceſſaire de le faire, dans le ſens de ſe purifier de ſes affections, pour manger l'agneau? Mais ici, *les ſouliers aux pieds* repréſentent le pélerinage, auſſi bien que *le bâton*. L'on mange l'agneau *à la hâte*, en ſigne du *paſſage* qui ſe doit faire. Or il eſt certain que la conſommation du ſacrifice pur, qui eſt l'anéantiſſement, eſt la diſpoſition prochaine du *paſſage* de l'ame en Dieu; & l'ame n'eſt pas plutôt arrivée au degré d'anéantiſſement répondant au deſſein de Dieu, que dès ce moment *elle paſſe* en lui, & il devient lui-même la plénitude de ce vide immenſe.

Tous les autres vides qui ne ſont que les vides des puiſſances, ſont remplis par des graces conformes à la diſpoſition du ſujet, & à l'étendue de leur vide : mais l'anéantiſſement ne peut être rempli que de Dieu même.

Et voici l'ordre admirable qui s'obſerve dans divers vides, & dans leurs rempliſſemens.

Dieu vide premierement l'ame de tout péché; & à meſure qu'il la vide de tout péché, il l'emplit de ſes dons & de ſes graces.

Puis il vide cette même ame de ſes dons & de ſes graces, du moins en maniere apperçue; car elle ne le poſſede plus qu'imperceptiblement, & comme ſi réellement elle ne les avoit pas, pour la remplir de lui-même : & ce vide des graces ſert pour ôter à l'ame une qualité bornée & un retréciſſement naturel qui la rendoit incapable d'être dilatée & agrandie. Car il faut ſavoir que toutes les graces de Dieu, quelque réſervées qu'elles puiſſent être, ſont toujours proportionnées à la capacité de la créature, & reçues en ſa maniere ſous une qualité dure & retrécie, oppoſée à la pénétration de la vie divine.

Le péché habitoit dans cette créature ainſi
bornée, & étroite: lorſque Dieu vient en elle par
ſa grace, il en chaſſe ce péché d'une maniere
même douce & tranquille : puis à meſure que ce
vaſe eſt vidé de ſa mauvaiſe liqueur, Dieu l'emplit de l'onction de ſa grace ; ce qui cauſe un vif
plaiſir, même dans les plus fortes pénitences.
Mais lorſqu'il faut purger l'ame de ſa rouille
centrale, & lui ôter une craſſe qui eſt reſtée dans
ſon fond par l'infection du péché, cette rouille
& cette craſſe peuvent bien compâtir avec la
grace ; mais elles ſont incompatibles avec Dieu.
C'eſt pourquoi il eſt néceſſaire que cette ame ſoit
miſe *au feu*, dans un feu plus ſubtil & plus dévo-
rant, qui lui fait ſentir une opération très-dou-
loureuſe. Ce feu brûle vivement, & il ſemble
ſâlir l'ame loin de la purifier : ce qui fait qu'on
s'y trompe aiſément ; à cauſe que la beauté de
cet ouvrage ne ſe peut voir que lorſqu'il eſt fait,
ainſi que l'on ne voit pas ce que l'ouvrier veut
faire du métal pendant qu'il eſt tout pénétré de
feu dans la fournaiſe, & couvert de craſſe & de
terre. Il faut donc que ce feu ôte tellement toute
la rouille radicale de cette ame, ou en ce monde
ou en l'autre, qu'il n'y reſte rien d'impur.

Dans ce creuſet, Dieu lui ôte tout ce qui
l'empliſſoit, quelque exquis qu'il puiſſe être : ce
qui fait qu'elle ne ſent plus que la douleur ſans
adouciſſement ; à meſure que ce feu ôte & con-
ſume la rouille de cette ame, il lui ôte auſſi une
qualité opaque, retrécie & limitée, qui n'eſt
autre que la PROPRIÉTÉ, qui la glaçant, &
fixant en elle-même, l'empêche de s'écouler en
Dieu. Et c'eſt ce qui lui cauſe ces grandes douleurs, étant ſaiſie au plus ſenſible & au plus
vivant d'elle-même, ſavoir dans ſon fonds pro-

priétaire. Plus cette propriété devient subtile &
déliée, plus elle est difficile à arracher : mais sitôt
qu'elle est toute consumée, l'ame se trouvant
délivrée de son retrécissement, & n'ayant plus
rien en soi qui soit d'elle-même, elle tombe dans
l'anéantissement.

Alors elle est tellement souple & pliable, qu'au
lieu de cette qualité dure & gênée, qui étoit
causée par la propriété, ou plutôt qui étoit la
propriété même, elle a contracté une disposition
aisée, & capable de s'étendre presque à l'infini.
Et c'est alors qu'elle est venue à la pureté de son
origine : car Dieu la créa ainsi souple & pliable,
& propre à être étendue par lui & en lui-même :
mais le péché la rendant propriétaire, la rendit
en même tems dure & résistante, & incapable de
s'élargir, jusqu'à-ce que Dieu réparateur la fit
retourner dans la pureté de sa création.

Lors donc que cette ame fidelle est arrivée à la
perte totale de sa propriété & restriction, alors
elle est propre pour l'union, ou plutôt pour l'u-
nité intime, & pour être perdue en Dieu. Mais
comme Dieu se peut toujours communiquer
jusqu'à l'infini, aussi peut-il chaque jour de plus
en plus élargir cette ame, & se donner toujours
plus à elle.

Il est certain que sitôt que toute la propriété
est bannie de l'ame, & que par-là elle est anéantie, en ce même moment elle est pleine de Dieu :
car il ne laisse rien de vide en elle : & comme il
remplit le vide des puissances, de ses dons ; il
remplit aussi ce vide de l'essence, de soi-même :
un vide en partie pouvant bien être rempli par
quelque don créé ; mais le vide total ne pouvant
se remplir que par le Tout incréé.

Et cette capacité s'accroiffant chaque jour par l'opération de Dieu même, qui l'élargit à mefure qu'il l'emplit, & qui l'emplit à mefure qu'il l'é-largit, il n'y a pas un moment de vide en une telle ame. Auffi eft-il vrai qu'elle peut toujours avancer dans fon anéantiffement, c'eft-à-dire, dans fon vide, & ainfi accroître fa plénitude ; non de fa part, car elle ne peut rien faire pour cela ; mais du côté de Dieu, qui travaille inceffamment en elle.

Telle fut la difpofition de la facrée Vierge dès le moment de fa conception. Elle n'avoit nulle propriété : elle fut conçue avec une ame fouple, étendue, & propre à l'être toujours plus : elle fut dès ce moment pleine de Dieu. Cependant elle croiffoit dans cette plénitude à mefure qu'elle s'étendoit dans un plus grand vide ; de forte que lorfque l'Ange l'appella (a) pleine, elle l'étoit en effet ; & elle étoit auffi infiniment vide : & ce vide, qui étoit dans fa plus vafte étendue, & dans une telle étendue que nulle pure créature n'y arrivera jamais, fut la difpofition immédiate à l'incarnation du Verbe en elle. C'eft pour cela qu'elle dit très-bien, que Dieu (b) a regardé la baffeffe de fa fervante ; c'eft-à-dire, que Dieu ayant regardé le profond abîme de ce néant de Marie, qui furpaffoit infiniment le vide des plus faintes créatures, il fut comme contraint par ce vide immenfe de venir fe précipiter en elle, pour le remplir de lui-même : Et comme nulle plénitude divine en la créature ne devoit être égale à celle-ci, de même nul vide n'a jamais été plus étendu ni plus abîmé que celui qui lui a fervi de difpofition. Lorfque Dieu veut le venir remplir lui-même, il faut que tout

(a) Luc i. v. 28. (b) Luc i. v. 48.

ce qui n'eſt point Dieu lui cede la place: auſſi la Ste. Vierge ne dit-elle point, que ce fut à cauſe d'aucune vertu qui fût en elle que le Verbe la choiſit pour mere; mais ſeulement dans la vue de ſon grand vide. Il faut donc que toutes les ames qui doivent arriver à l'état Apoſtolique, qui eſt celui de la production du Verbe en elles après leur anéantiſſement, ſoyent dans ce vide plus ou moins, ſelon le deſſein de Dieu ; comme il eſt néceſſaire que tous les ſaints dans la gloire ſoyent dans ce même vide plus ou moins, ſelon le degré de leur élévation en Dieu.

L'on m'oppoſera, que la Ste. Vierge n'a point paſſé par les pertes, foibleſſes, & autres épreuves dont Dieu ſe ſert pour anéantir les autres ames. Cela eſt vrai; parce que ces états ſont deſtinés dans celles-ci, pour les élargir à meſure qu'ils leur font perdre leur qualité propre & retrécie qu'elles ont toutes contractées en Adam : mais la divine Marie fut miſe dès le moment de ſa conception dans le parfait affranchiſſement de toute propriété par la prééminence de la grace originelle, quoique non encore dans toute la perfection de l'anéantiſſement : car il pouvoit toujours croître juſqu'à la fin de ſa vie à meſure qu'elle pouvoit être plus remplie de Dieu, ou plutôt, plus abſorbée en lui; le vide de la créature devant être d'autant plus grand, que plus la plénitude de Dieu eſt ſurabondante. Mais pour tous ceux qui ont contracté la propriété en Adam, ſoit qu'ils n'ayent que la propriété qu'ils ont tirée d'Adam, ſoit qu'ils ayent augmenté leur propriété par le péché actuel, je dis que tous, ſans exception d'aucun, doivent paſſer par le purgatoire & par la perte des dons de grace, & des vertus, en la maniere qu'il a été expliqué

ci-deſſus ; enfin par la perte totale & par l'anéantiſſement parfait, ſelon leur degré, pour rentrer
en Dieu, & arriver à la pureté de leur origine.

Il en coûte de plus mortelles douleurs à ceux
qui ont plus de propriété, & en qui cette in-
feſtion fonciere eſt plus enracinée : & à ceux
auſſi que Dieu deſtine à une plus grande étendue d'anéantiſſement ; de même qu'une choſe
ne peut s'élargir qu'avec beaucoup de difficulté
lorſqu'elle réſiſte grandement, ou qu'on lui veut
donner une étendue exceſſive, ainſi qu'il arrive
en étendant l'or en feuilles à force de coups.

Cette opération de la fonte eſt très-doulou-
reuſe dans les commencemens, où l'ame tient
encore beaucoup de ſa dureté, il lui ſemble
qu'on la déchire. Mais lorſqu'elle ſe laiſſe dé-
chirer & étendre, cela ſe fait plus vîte.

Il eſt bien remarquable que la fidélité de cet
état ne conſiſte pas à retenir & conſerver les graces de Dieu ; mais à s'en laiſſer dépouiller ſans
réſiſtance, ſelon la volonté de Dieu. La fidélité
de ce degré, eſt une fidélité paſſive, par laquelle
on ſe délaiſſe pleinement à l'opération de Dieu.
Lorſque c'étoit le tems de ſe revêtir des vertus,
& de ſe remplir des dons céleſtes, il falloit une
fidélité active, pour y travailler de toutes ſes forces ; mais depuis que le ſignal du dépouillement
eſt donné, il faut le ſouffrir par ſoumiſſion à
l'opérer divin.

Mais il eſt ſi difficile à la créature de s'y ſou-
mettre, qu'il n'en eſt point qui ne lui réſiſte, &
qui ne s'en défende autant qu'elle le peut. Et
quoique l'on ſoit convaincu de cette vérité, on
manque beaucoup dans la pratique, au-delà
même de tout ce qu'on peut s'imaginer. Cepen-

dant

dant, plus l'ame réfifte , plus elle prolonge fes peines ; enforte que plufieurs , faute de fidélité, n'arrivent jamais en cette vie à l'anéantiffement.

C'eft pourquoi il a fallu que des ames, d'ailleurs d'une fainteté éminente, paffaffent par le purgatoire, pour achever dans l'autre vie une opération, à laquelle elles n'ont pû fe rendre en celle-ci. Il en eft d'autres dont la vie fe paffe à bâtir & à détruire, ne pouvant point fouffrir de vide en eux , & rempliffant d'abord par leur propre induftrie celui que Dieu vouloit y faire. L'on n'acquiert jamais la perfection ; parce qu'on la veut toujours acquerir & ne rien perdre. Les Philofophes même le reconnoiffent en ce que la génération d'une chofe eft la corruption de l'autre : & la vie divine ne fe donne jamais à une ame, qu'elle n'ait perdu fa vie propre. Mais il n'eft prefque perfonne qui s'y rende. Ceux qui auront de l'expérience, m'entendront très-bien.

v. 15. *Vous mangerez des pains fans levain durant fept jours. Dès le premier jour il ne fe trouvera point de levain dans vos maifons. Quiconque mangera du pain levé depuis le premier jour jufques au feptieme , périra du milieu d'Ifraël.*

Les *fept jours* fignifient fept années, ou un tems affez long, que l'ame paffe d'ordinaire à perdre peu-à-peu fes propres inventions, avant que d'entrer dans le défert de la foi nue. Ceux qui durant ce tems de dépouillement confervent propriétairement leurs méthodes, font pour l'ordinaire *exterminés d'Ifraël*, c'eft-à-dire, ne parviennent jamais à être de ce peuple intérieur parfaitement épuré.

v. 23. *Le Seigneur paſſera en frappant les Egyptiens:*
& lorſqu'il verra ce ſang ſur le haut de vos portes,
& ſur les deux pôteaux, il paſſera au-deſſus des por-
tes de vos maiſons, & il ne permettra pas à l'exter-
minateur d'entrer chez vous & de vous frapper.

Il (a) n'y a rien à craindre pour ceux qui ſont
marqués au ſceau & *au ſang* de JÉSUS, pour ſes fideles abandonnés, qui ne mettent leur confiance
qu'en ſon ſang, & qui par la perte de tout bien propre ſe trouvent heureuſement obligés de déſeſpérer entierement d'eux-mêmes. Ils ſont par-là même
plus en aſſurance que s'ils poſſédoient toutes choſes ; parce qu'ils ſont marqués de ce ſang, & que
ce ſang fait tout leur mérite. C'eſt pourquoi dans
l'Apocalypſe un Ange crie à ceux qui ont ordre
de Dieu de frapper, (b) de ne point toucher à ſes
ſerviteurs qui ont ce ſceau ſur le front.

v 24. *Vous garderez inviolablement cette loi, & elle*
ſera éternelle pour vous & pour vos enfans.
26. *Et quand vos enfans vous diront : Quel eſt ce culte*
religieux ?
27. *Vous leur répondrez : C'eſt la victime du paſſage du*
Seigneur, lorſqu'il paſſa en Egypte par deſſus les mai-
ſons des enfans d'Iſraël, frappant les Egyptiens &
délivrant nos maiſons. Alors le peuple ſe proſternant
en terre, adora.

Gardez cette loi inviolable pour vous & pour vos en-
fans : Que veut dire cela, ſinon qu'elle ne ſera
guere entendue que des ames abandonnées, quoiqu'elle ſoit la plus juſte du monde, & qu'elle
doive s'obſerver *éternellement.* Et *lorſque vos enfans*

(a) Rom. 8. v. 1. (b) Apoc. 7. v. 2. 3.

vous diront, quelle maniere de glorifier Dieu eſt celle-là ? en perdant tout mérite & tout intérêt propre, pour n'être revêtu que de ceux de Jéſus-Chriſt ; en quoi doit conſiſter toute notre eſpérance. Vous leur répondrez : C'eſt *le ſacrifice* pur *du Seigneur,* qu'il s'eſt réſervé pour lui ſeul, & la marque *du paſſage* de l'ame en lui par la perte de toute propriété. *Alors le peuple* véritablement intérieur *ſe proſternera,* c'eſt-à-dire, s'y ſoumettra, & *adorera* cette loi ſi juſte, qui ôte tout à la créature pour rendre tout à Dieu.

v. 40. *Les enfans d'Iſraël demeurerent dans l'Egypte quatre cens trente ans.*

41. *Après leſquels ce même jour toute l'armée du Seigneur ſortit de l'Egypte.*

Dès que le tems de la captivité fut accompli, *en ce même jour* il fallut *ſortir* de cette terre, pour commencer le chemin du déſert.

v. 43. *Le Seigneur dit à Moïſe & à Aaron : Tel eſt le culte religieux de la Pâque : nul étranger n'en mangera.*

Le culte religieux de la Pâque, qui eſt l'état de l'ame dans ce paſſage myſtique, eſt de *telle* nature, qu'il n'eſt perſonne de ceux qui ne ſont pas pleinement abandonnés, qui *en* puiſſe *manger.* Une nourriture ſi âpre & ſi difficile, un état ſi dénué, ne peut être du goût & de la nourriture des *étrangers,* qui ne ſont pas dans la même voie. Auſſi ne faut-il pas s'étonner s'ils ne la peùvent goûter, ni comprendre : mais pour le peuple choiſi, c'eſt la viande délicieuſe.

v. 44. *Tout eſclave acheté ſera circoncis, & après cela il en mangera.*

45. L'étranger & le mercenaire n'en mangeront point.

47. Toute l'assemblée des enfans d'Israël fera cette Pâque.

48. Que si quelqu'un des étrangers veut être associé à vous, tout mâle appartenant à lui sera auparavant circoncis, & alors il la pourra célébrer.

Celui qui aura été *acheté* par ces ames choisies au prix de leurs prieres, & que Dieu par leur faveur aura rendu semblable à elles, en mangera, mais *le mercenaire*, qui cherche en quelque chose son propre intérêt, n'en sauroit manger, non plus que celui qui négocie encore, & qui espere du gain. Une viande si pure n'est pas pour eux.

Toute l'assemblée des enfans abandonnés *célébrera ce sacrifice. Que si un étranger veut se joindre à eux,* c'est-à-dire, entrer dans le même état ; qu'il *retranche* auparavant tout ce qu'il retient encore de ses pratiques anciennes ; & alors il sera associé avec eux, & ses enfans même par ce retranchement entreront avec eux en société d'état, & *mangeront* de la même viande du passage du Seigneur.

v. 49. Cette même loi se gardera également pour ceux qui seront nés dans le pays, & pour les étrangers qui demeureront avec vous.

Il n'y aura qu'une *même* loi pour celui qui est *né* dans cette voie, c'est-à-dire, qui par un rare bonheur y est entré dès son enfance ; & pour celui qui ayant suivi pendant quelques années une autre route, s'y vient enfin heureusement ranger. L'anéantissement mystique est le passage indispensable & pour l'un & pour l'autre.

CHAPITRE XIII.

v. 13. Vous racheterez avec de l'argent tout premier né de vos enfans.

Toutes nos productions appartiennent à Dieu, elles lui sont acquises par titre de création & de rédemption, sans quoi il n'y auroit pour nous que le non être & la mort. Le *prix* par lequel *les premiers nés sont rachetés*, exprime bien la dépendance de toutes nos œuvres à l'égard de Dieu, & l'hommage continuel que nous lui en devons rendre, qui est une entiere désappropriation, par laquelle nous reconnoissons, comme dit S. Paul, que (a) c'est en lui que nous vivons, que nous nous mouvons, & que nous sommes.

v. 17. Le Seigneur ne les conduisit point par le chemin du pays des Philistins, qui est voisin : de peur qu'ils ne se repentissent d'être ainsi sortis, s'ils voyoient s'élever des guerres contr'eux, & qu'ils ne s'en retournassent en Egypte.

Ceux qui passent par le désert de la foi nue ne souffrent pas de si fortes tentations des Diables ; tant parce qu'ils ont bien d'autres choses à endurer, que parce que devant être conduits par une grande perte, si les tentations venoient les attaquer au commencement de cette voie, cela les porteroit à reprendre leurs pratiques, & à *retourner* en arriere ; à cause que n'y ayant que si peu de tems qu'ils en seroient sortis, ils n'y seroient pas encore assez affermis.

v. 18. Mais il leur fit faire un long circuit par le chemin

(a) Actes 17. v. 28.

du désert, qui est près de la mer rouge. Les enfans d'Israël sortirent ainsi en armes de l'Egypte.

Lorsqu'ils font avancés dans le défert, la guerre ne les étonne plus; parce que ce ne font plus eux qui combattent; mais le Seigneur en eux. Dans les guerres de la voie paffive [mais lumineufe,] on réfifte avec force & violence à caufe de la grace lumineufe qui foutient : mais dans la foi nue il n'en eft pas de même ; parce que dans cette nudité commençante, l'ame étant encore foible retourneroit dans les pratiques de la voie paffive en lumiere & en amour apperçu & favoureux, où elle fe laifferoit peut-être vaincre par une émotion qui cauferoit le péché. Le fage directeur conduifit donc fon peuple *par le défert* de la foi, *près de la mer rouge*, qui eft bien une autre épreuve que la guerre, mais plus fûre, quoique plus longue & plus pénible.

v. 21. *Le Seigneur marchoit devant eux pour leur montrer le chemin, durant le jour en une colonne de nuée, & pendant la nuit en une colonne de feu, afin de leur fervir de guide de jour & de nuit.*

22. *La colonne de nuée durant le jour, & la colonne de feu pendant la nuit, ne manquerent jamais devant le peuple.*

Depuis que l'ame eft entrée dans le défert de la foi nue, & que par un abandon total elle fe laiffe conduire à Dieu, il prend lui-même la conduite de cette ame avec un foin fi particulier, qu'il ne la laiffe pas un moment qu'il ne l'ait conduite dans la terre promife, à moins que par infidélité elle ne forte de cet abandon. Il lui eft *de jour* comme *une nuée*, afin que le trop de lumiere ne l'incommode & ne l'arrête pas : car l'ame s'amufe faci-

..lement aux lumieres diſtinctes ; c'eſt pourquoi Dieu les lui cache, afin que rien ne l'empêche de marcher. La même nuée ſert auſſi de rafraî-chiſſement, afin que l'ardeur du Soleil n'incommode pas l'ame myſtique, l'amour ſenſible la rendant peſante & plus pareſſeuſe dans ſa courſe ; ainſi que la chaleur de l'été affoiblit le corps. Dieu ôte tout cela, & le renferme dans les ſacrées ténèbres de la foi, comme dit S. Denis : à la faveur de quoi comme d'une nuée l'on peut paſſer plus doucement le déſert. Mais comme dans ce même déſert *la nuit* eſt auſſi fréquente que le jour, & qu'elle y eſt de plus fort affreuſe, Dieu qui tempere la chaleur du jour, diſſipe auſſi un peu les ténèbres de la nuit. Cela ſe paſſe de la ſorte : & c'eſt ce qui fait que les ames perſévérent dans cet effroyable déſert. Cette conduite *ne manque jamais* en faveur des vrais abandonnés.

CHAPITRE XIV.

V. 10. *Lorſque Pharaon étoit déja proche, les enfans d'Iſraël levant les yeux, & appercevant les Egyptiens qui les ſuivoient, eurent une grande crainte : & ils crierent au Seigneur.*

11. *Ils dirent auſſi à Moïſe : n'y avoit-il point de ſépulcres en Egypte ? Pourquoi nous avez-vous amenés ici pour mourir dans la ſolitude ?*

LES premieres épreuves des ames dans le déſert de la foi ſont plus dans *la peur* que dans l'effet. Il eſt vrai que devant que d'entrer dans la mer rouge, elles ſont vivement *pourſuivies* de leurs ennemis, & avec une ſi étrange force, & dans une conjoncture ſi extrême, qu'il en eſt très-peu d'aſſez abandonnées pour ne pas regretter

leur premiere voie. Elles fe voyent d'un côté prê-
tes de tomber entre les mains de leurs ennemis ;
& de l'autre, fur le point d'être étouffées dans
les eaux de la mer rouge. Dans cette extrêmité
comment la mort ne leur paroîtroit-elle pas certaine ? Hélas, difent-elles, notre premiere fervitude n'étoit-elle pas plus douce que cette mort?
Et puifque nous ne venions au défert que pour y
mourir, la mort n'étoit-elle pas auffi bonne dans
l'autre voie que dans celle-ci?

v. 12. *Il valoit beaucoup mieux que nous fuffions les*
efclaves des Egyptiens, que de venir mourir dans ce
défert.

13. *Moïfe répondit au peuple : ne craignez point : demeu-*
rez fermes, & vous verrez les merveilles que le Sei-
gneur doit faire aujourd'hui : car les Egyptiens que vous
voyez à préfent, vous ne les verrez plus jamais.

Non, non, cheres ames ; ne craignez point :
la mort, je l'avoue, eft inévitable en apparence ; vous ne pouvez vous-mêmes vous en délivrer ; vos propres forces vous ayant été arra-
chées ; vous ne trouverez du fecours en aucune
créature : mais Dieu feul faura bien vous faire
un chemin au travers d'une mer fi affreufe. Donnez-vous feulement de garde de fortir de votre
abandon. L'extrême détreffe de l'ame ainfi pourfuivie de toutes parts ne lui laiffe plus lieu de fe
fouvenir des miracles que Dieu a faits en fa faveur : tout eft obfcurci chez elle : elle ne voit que
la mort prochaine ; & c'eft alors qu'un Moïfe eft
bien néceffaire pour aider à paffer ce trajet fi
dangereux : les angoiffes font au de-là de tout
ce qu'on en peut dire ; & tout eft peint de l'image & de l'ombre de la mort.

O fidélité, que tu es néceffaire dans un fi rude paffage! Courage, cheres ames : *vous ne verrez plus les ennemis que vous voyez* à l'entrée de la mer rouge, lorfqu'elle fera paffée : mais fuivez, je vous en conjure, dans cette occafion fi preffante le confeil de Moïfe, le directeur véritable dans cette voie, qui eft, que vous *demeuriez immobiles,* comme des rochers, de même que fi la chofe ne vous regardoit pas; & que vous vous donniez bien de garde de vous remuer tant foit peu fous quelque bon prétexte que ce foit.

v. 14. *Le Seigneur combattra pour vous; & vous demeurerez dans le filence.*

C'eft au *Seigneur à combattre pour vous;* & à vous, à *demeurer en repos.* Bien du monde échoue en cet endroit; ce qui eft la caufe qu'ils ne paffent point outre : & n'ayant pas le courage de paffer la mer rouge, ni de demeurer conftamment expofés à tout ce que Dieu ordonnera, ils s'arrêtent là, & n'avancent jamais. O qu'il faut qu'un directeur ait de charité & de patience après ces perfonnes, pour fouffrir toutes les plaintes que la crainte de leur perte arrache de leur bouche!

v. 15. *Le Seigneur dit à Moïfe : Pourquoi criez-vous à moi? Dites aux enfans d'Ifraël qu'ils marchent :*

Dieu ne fait jamais plus éclater fon pouvoir & fa bonté que dans l'extrêmité du befoin. Dans ce paffage fi horrible il ne faut que du courage & de l'abandon : & cette mer fi profonde, qui doit engloutir tous les autres, fe trouvera féchée pour les vrais abandonnés, qui trouvent la vie où les autres trouvent la mort; il n'y a qu'à *marcher* dans cette voie fans s'arrêter, franchiffant

courageusement tous les périls qui s'y rencontrent.

v. 16. *Et vous, élevez votre verge & étendez votre
main sur la mer, & la divisez, afin que les enfans
d'Israël marchent à sec au milieu de la mer.*

Il faut que la *division* soit faite pour pouvoir
passer à pied sec : il est nécessaire que l'esprit soit
séparé du sens ; & c'est ici que la *division* s'en
fait : après laquelle, l'ame marche dans un abandon aveugle, & passe heureusement la mer ; l'é-
·cueil de tous les autres, est le port assuré pour
elle.

v. 19. *Alors l'Ange de Dieu, qui marchoit devant le
camp des Israëlites, alla derriere eux ; & en même
tems la colonne de nuée, qui étoit à la tête du peuple,*

20. *Se mit derriere, entre le camp des Egyptiens, & le
camp d'Israël ; & la nuée d'un côté étoit ténébreuse,
& de l'autre elle éclairoit la nuit : ensorte que les deux
armées ne purent s'approcher de toute la nuit.*

On ne peut assez admirer la grandeur de la foi
par laquelle Dieu veut que ces ames marchent en
entrant dans cette mer, & combien elle doit être
dénuée de tout soutien. Quel appui restoit-il à ces
pauvres ames abandonnées & errantes dans ce désert, sinon la conduite de Dieu, qui *marchoit devant eux* le jour & la nuit ? Cependant, il faut
qu'il leur soit encore ôté *de devant* les yeux, &
que dans ce moment elles perdent tout secours
divin apperçu : & c'est là la disposition pour entrer dans la mer sans assurance ni autre soutien
que la perte même. Quoiqu'ils semblent n'avoir

rien de Dieu qui leur foit connu, il eft pourtant
certain qu'il ne les protégea jamais davantage.

Il fe *met entre eux & leurs ennemis* pour être leur
plus fûre défenfe. Cela veut dire, qu'alors Dieu
ôte tout pouvoir à Satan fur ces ames; & toutes
les épreuves qui leur viennent enfuite ne font
plus de ces ennemis, mais de la nature, ou de
Dieu même, ainfi qu'il fera remarqué en fon
lieu.

v. 21. *Moïfe étendit fa main fur la mer; & le Seigneur l'entr'ouvrit en faifant fouffler un vent violent
& brûlant pendant toute la nuit; la mer fe fécha,
& les eaux fe diviferent.*

22. *Et les enfans d'Ifraël marcherent à pied fec au milieu de la mer, & l'eau leur fervoit comme de muraille à droite & à gauche.*

Après que le S. Efprit a fait par fa chaleur la
divifion de ces deux parties, la fpirituelle & l'animale; *les eaux*, qui étouffent tout le monde,
fervent comme de muraille & de rempart à fon peuple choifi : & par ces mêmes eaux, qui naturellement caufent la mort, il eft mis à l'abri de
tous côtés & garanti de toutes fortes d'attaques.
Mais remarquez une chofe; que Moïfe peut
bien *étendre la main* pour donner le fignal de la
divifion des deux parties : mais cette divifion ne
s'opére par aucun moyen humain : cela eft réfervé au S. Efprit, dont *le fouffle brûlant féche
ces eaux* dans le défert de la foi & durant *la nuit*
la plus obfcure. Par l'ardeur de ce vent dévo-
rant, il met la mer à fec; parce que la divifion
de l'efprit d'avec le fens, & même de l'efprit d'a-
vec l'ame, ne fe peut faire que lorfque l'ame eft
réduite au dernier épuifement, & à la plus ex-

trême *sécheresse* par la perte de ses actes intérieurs
apperçus, & de tout ce qu'il y avoit de savoureux & de fort dans ses puissances ; ce tarissement
universel faisant tout recouler dans le centre,
où tout est caché dans l'abîme mystique.

v. 23. *Les Egyptiens les poursuivant, entrerent après*
eux au milieu de la mer : & toute la cavalerie de
Pharaon, avec tous ses chariots & ses chevaux.

27. *Lorsque les Egyptiens voulurent s'enfuïr, les eaux*
vinrent au devant d'eux ; & le Seigneur les envelop-
pa au milieu des flots.

Il pourroit arriver que des ames encore vivantes en elles-mêmes croiroient pouvoir passer à
sec cette mer rouge ; mais elles y seroient prises,
& se trouveroient *enveloppées dans les flots.* Le si-
gnal pour la passer se connoît lorsque la direction étend son bras pour en donner l'ordre, ou
pour assurer de la vocation divine ; & que le Seigneur a tellement desséché l'ame, qu'il a réduit
tout à néant dans elle : ou bien lorsqu'il la fait
passer lui-même d'autorité absolue au défaut de
la direction, l'ame ayant pleinement consenti à
tout ce qu'il voudroit faire d'elle, soit qu'il lui
fut connu ou inconnu.

CHAPITRE XV.

v. 1. *Chantons au Seigneur, parce qu'il a fait éclater*
la grandeur de sa gloire. Il a précipité dans la mer
le cheval, & le cavalier.

C'EST véritablement au sortir de la mer rouge que l'ame est en état de *chanter au Seigneur*
un cantique d'actions de graces, mais un cantique nouveau & un cantique de pureté, qui

se chanté (a) en préfence de l'Agneau, criant à haute voix : C'eft à notre Dieu, qui eft affis fur le trône, & à l'Agneau, qu'eft due *la gloire de nous avoir fauvé.* C'eft alors que les fideles abandonnés connoiffent le bonheur de leur délivrance ; car jufques à ce tems là, quoiqu'ils euffent vu quantité de prodiges d'une providence extraordinaire, ils n'avoient pas encore les yeux affez ouverts pour voir toutes ces merveilles en Dieu même, & ils n'étoient pas en état de chanter ce cantique nouveau : auffi ne leur avoit-il pas encore été infpiré. Alors ils favent attribuer tout à Dieu, & lui rendre fidélement toute la gloire de ce qu'il a fait en leur faveur.

v. 2. *Le Seigneur eft ma force & ma louange, & il s'eft rendu mon falut. C'eft lui qui eft mon Dieu ; & je publierai fa gloire : c'eft le Dieu de mon pere ; & je releverai fa grandeur.*

L'ame qui a été affez fidelle pour s'abandonner à Dieu fans bornes & fans réferve, connoît au fortir de cet heureux naufrage, que c'eft *en Dieu* qu'eft toute *fa force*, & non dans les appuis créés, ni dans elle-même. Elle retrouve en Dieu tout ce qu'elle croyoit avoir perdu ; & ravie d'admiration, elle s'écrie : j'ai perdu toute force propre, & c'eft par cela même que j'ai trouvé que Dieu étoit toute *ma force.* J'ai perdu tout pouvoir de le *louer ;* & il eft devenu lui-même *ma louange.* J'ai rifqué & perdu mon falut en tant que fondé fur quelque bien poffible, envifagé dans la créature ; & c'eft pour cela qu'*il s'eft fait lui-même mon falut.* O c'eft à préfent que je puis dire, qu'*il eft mon Dieu,* & que je l'honore en Dieu. Maintenant je connois qu'il eft de la forte

(*a*) Apoc. 5, v. 13.

le Dieu de mon pere ; c'eſt pourquoi je le glorifierai par lui-même, & ce ſera en lui-même que je releverai ſa grandeur.

v. 11. *Qui d'entre les forts eſt ſemblable à vous, ô Seigneur ? Qui vous eſt ſemblable, à vous qui êtes tout éclatant de ſainteté, terrible, & digne de toute louange, & qui faites des prodiges ?*

Cette amante mieux inſtruite n'eſtime plus tant la force & la ſainteté des autres ames fortes & ſaintes ; parce qu'elles ne ſont pas fortes & ſaintes en Dieu. Auſſi dit-elle : Que l'on voie *entre ces forts* & prudens, s'il y a une *force pareille à celle* qui eſt *en Dieu* ſeul ? Quelle eſt *la ſainteté* qui puiſſe être comparée à la magnificence de celle qui eſt toute réunie en Dieu ? Y a-t-il rien qui mérite *louange*, ſinon ce que Dieu fait ?

v. 13. *Vous 'avez conduit dans votre miſéricorde le peuple que vous avez racheté ; & vous l'avez porté par votre force juſqu'au lieu de votre demeure ſainte.*

Cette ame ſe voyant délivrée des dangers preſſans où ſon abandon l'avoit expoſée, elle aſſure que ce n'a été que par la bonté de Dieu, & que c'eſt lui qui *par ſa miſéricorde conduit ſon peuple* intérieur. Ce qui paroît dans un tems une rigoureuſe juſtice de Dieu exercée ſur ſes ſerviteurs, ſe voit enſuite être une grande *miſéricorde*. Ce peuple paroiſſoit vendu au péché ; mais vous l'avez, ô Seigneur, *racheté : vous l'avez porté par votre force en* vous-même, qui eſt *votre ſainte demeure.*

v. 17. *Vous les introduirez, ô Seigneur, & vous les établirez ſur la montagne de votre héritage, ſur cette demeure très-ferme que vous vous êtes préparé vous-même; dans votre sanctuaire, ô Seigneur, que vous vous êtes formé de vos propres mains.*

Ce verset fait bien voir qu'il est parlé de l'état de *confirmation* en Dieu, ou de l'immobilité, représentée par *la montagne de l'héritage*; car autre est l'héritage, autre est la montagne de l'héritage. Arriver en l'héritage, c'est arriver en Dieu: mais être sur la montagne, c'est être établi en Dieu. C'est pourquoi il est dit : *Vous les introduirez*: ce qui exprime l'entrée de l'état; puis, *vous les établirez:* ce qui est la confirmation dans l'état, confirmation qui est bien représentée par la confirmation dans l'état Chrétien qui se donne après le baptême, & qui est la reception du S. Esprit, ainsi que les Apôtres (*a*) l'ayant reçu avec plénitude, furent confirmés en grace. C'est pourquoi l'Ecriture appelle cette montagne une *demeure très-ferme*; parce que c'est alors un lieu fixé & permanent pour l'ame qui y est arrivée : mais c'est une demeure *que Dieu seul a faite; un sanctuaire que ses mains ont établi*, sans la participation d'aucune créature.

v. 18. *Le Seigneur régnera éternellement, & au-delà.*

Comment Dieu peut-il *regner* plus que *l'éternité?* Ce mot, *au-delà*, s'entend qu'encore que son regne sur ses ames, qui lui sont si parfaitement acquises, soit éternel & invariable pour jamais; toutefois il se peut toujours augmenter, de même que leur anéantissement & leur étendue se peuvent toujours accroître par l'extension la plus grande qui s'en peut faire.

v. 22. *Moïse ayant fait partir les Israëlites de la mer*

(*a*) Actes 2. v. 4. *item* 8, v. 17.

rouge, ils entrerent dans le désert de Sur : & après avoir marché trois jours dans la solitude, ils ne trouverent point d'eau.

Ce n'est pas sans raison que Moïse prie Dieu de confirmer son peuple dans un état où il a besoin de toute la fermeté possible pour passer ce qui reste du chemin intérieur, beaucoup plus effrayant que tout ce qui s'est vu jusqu'ici. Mais hélas! la fin de cet état est encore bien loin, & peut-être n'y arriveront-ils jamais. Dès que l'on a *passé la mer rouge*, on croit durant long-tems être à bout de toutes les miseres ; parce qu'ayant reçu une vie nouvelle, & jouïssant d'un bonheur ineffable, il semble que tout soit fait : mais c'est faute de considérer qu'ayant trouvé Dieu, ce n'est pas encore pour en jouïr & le posséder ; mais pour se laisser posséder à lui-même. Cet état demande une grande pureté d'amour : aussi est-ce une chose étonnante, que de tant de personnes qui ont assez de courage pour passer la mer rouge, il s'en trouve si peu qui en aient assez pour passer ce qui suit, comme on le verra ; parce qu'il faut être affranchi de tout intérêt actif & passif, & ne rien reprendre de ce que l'on a quitté.

Pour mieux faire entendre ceci, il faut savoir, que dans tous les états de la vie intérieure, il y a le sacrifice, l'abandon & le délaissement, propres à chaque état.

Dans la passiveté de lumiere & d'amour savoureux, l'ame y entre par le sacrifice qu'elle fait elle-même à son Dieu ; ensuite elle s'abandonne à lui ; puis elle se délaisse à lui-même, mais pour cet état seulement, selon la capacité & la vue qui lui est alors donnée.

Ce

Ce délaissement de l'état passif étant arrivé à la perfection, elle en sort pour entrer dans l'état mystique, ou de foi nue. Dès l'entrée de cet état, elle se trouve si différente de l'autre, qu'elle se voit obligée de faire un nouveau sacrifice; après s'être ainsi nouvellement sacrifiée, elle s'abandonne aussi à Dieu pour toute l'étendue de ce sacrifice; puis, elle se délaisse, jusques à ce qu'elle arrive au bout de ce même état.

Dans l'état de perte en Dieu, ou de vie divine, il faut un nouveau sacrifice, & plus grand & plus étendu que les autres qui ont précédé : mais l'ame se trouvant impuissante de le faire, à cause qu'étant toute fondue en Dieu, il ne lui reste plus aucun mouvement d'elle-même, ni rien qui lui soit propre ; elle voit seulement qu'on la sacrifie, & que le souverain Sacrificateur, à qui elle s'est tant de fois sacrifiée & redonnée, l'immole lui-même à toutes ses volontés : elle se trouve aussi ensuite abandonnée pour ce sacrifice ; & enfin, elle y est délaissée.

Lorsque ce délaissement est consommé, l'ame est mise dans l'état de pure enfance : car lorsqu'elle entre en Dieu, elle fut bien mise dans l'état d'innocence ; mais non encore dans l'état d'enfance pure & connue : pendant que l'homme croît, il sort toujours plus de l'enfance ; au contraire lorsqu'il s'approche le plus de sa perfection intérieure, il revient toujours plus dans l'enfance, & dans la plus petite enfance, jusques (*a*) à renaître de nouveau.

Or je dis, que dans tous ces états il est des personnes qui font bien le sacrifice & l'abandon ; mais peu, & moins que l'on ne peut dire, se délais-

____

(*a*) Jean 3. v. 3.

fent : & tels fe délaiffent pour un degré, qui ne fe délaiffent pas pour un autre. C'eft ce qui fait que de tant de perfonnes qui s'adonnent à la vie intérieure, il en eft très-peu qui arrivent à leur origine, parce que la plupart fe reprennent après s'être donnés, ou fe retiennent toujours en quelque chofe.

Ceci fuppofé, je dis qu'il y a après la *mer rouge* un *défert* encore plus étrange à paffer que tout ce qui s'eft vû ; parce que la mer rouge s'eft paffée par facrifice, & par abandon, qui font des actions promptes, & des efforts de courage, où l'ame a beaucoup de part ; mais la longueur du délaiffement fera déformais fi ennuyante, que la plupart s'en lafferont. Cependant l'ame n'a plus ici nulle poffeffion pour elle, quoiqu'elle foit pleine de Dieu : c'eft pourquoi rien ne la fatisfait, & elle fe trouve dans un vafte *défert fans eau :* elle croit mourir de foif ; parce que la divifion des deux parties étant faite, il ne tombe plus rien des eaux de la fupérieure fur l'inférieure, & cela eft très-pénible pour la nature.

v. 23. *Ils arriverent à Mara ; & ils ne pouvoient boire des eaux de ce lieu, parce qu'elles étoient ameres.*

24. *Alors le peuple murmura contre Moïfe, difant : Que boirons-nous ?*

S'il coule quelque *eau* du plus haut de l'ame, elle eft fi *amere*, que la partie fenfible *n'en peut boire*, & elle meurt d'angoiffe. La nature donc ainfi délaiffée à elle-même tombe dans des rages & des défefpoirs fi extrêmes, qu'elle fe laiffe aller à des murmures : ce qu'elle ne faifoit pas auparavant : c'eft pourquoi la volonté n'y a point de part ; & il eft certain que plufieurs ne péchent

point dans ces empórtemens, tant à caufe qu'ils
fe font dans la nature animale, & non dans l'efprit, qui eft caché & protégé en Dieu ; que parce
que c'eft Dieu même qui les livre à ces foibleffes
enfuite de leur abandon.

Il eft néanmoins à craindre que la nature n'attire enfin l'efprit après elle, & ne faffe *parler* la
volonté : ce qui ne peut arriver qu'en fortant de
l'abandon, & qui n'arrivera jamais dans le délaiffement. La raifon en eft, que tant que cette
volonté demeure unie à celle de Dieu, & féparée
de tout ce qui fe paffe dans le bas de la nature,
elle ne peut y prendre aucune part, ni par conféquent pécher. Or par le délaiffement, la volonté
de la créature demeure toujours unie à celle de
Dieu, dont elle ne peut fortir qu'en fe reprenant,
& fortant de l'abandon.

v. 25. *Moïfe cria au Seigneur, qui lui montra un bois,
qu'il jetta dans les eaux ; & auffitôt elles devinrent douces.*

Le *bois* de la croix, envifagé ou *jetté* dans les
amertumes, a le pouvoir de les adoucir ; parce
qu'en Jéfus-Chrift la croix a été glorifiée & rendue moins rude ; & Dieu pour foulager ces ames
dans cet horrible défert, leur donne un peu de la
douceur de la croix. Ceci fera difficile à entendre
à qui n'en aura pas l'expérience.

Il faut donc favoir, que l'état de rien dans le
défert de la foi, où l'ame n'a ni peine, ni plaifir, eft quelque chofe de fi difficile à porter, que
pour foulager l'ame il lui faut quelque fouffrance,
l'amour propre étant fi envieux de poffédeur,
qu'il aime mieux fouffrir que de n'avoir rien, &
fouffrir un mal bien douloureux, que de ne fen-
tir ni bien ni mal. Ceux qui en font ici, avoue-

ront que je dis la vérité ; des perſonnes mêmes
moins avancées le ſavent par leur expérience. Il
n'y a rien de ſi affreux que le néant ; & pourvu
que l'on ſubſiſte en quelque choſe, fût-ce dans
les plus horribles peines, l'on eſt content.

C'eſt là la ſeule douceur que Dieu donne aux
ames de ce degré, & que par la ſouffrance même
il les abreuve de quelque conſolation.

v. 25. Là le Seigneur éprouva ſon peuple,

*26. Et il lui dit : - ſi vous gardez mes préceptes , je ne vous
frapperai point de toutes les langueurs dont j'ai frappé
l'Egypte ; parce que je ſuis le Seigneur qui vous guéris.*

*27. Les enfans d'Iſraël vinrent enſuite en Elim , où il y
avoit douze fontaines & ſoixante & dix palmiers :
& ils camperent auprès des eaux.*

Dieu *éprouva* lui-même *ſon peuple* pour voir ſa
fidélité, leur promettant de *ne les frapper d'aucune des plaies dont il avoit frappé l'Egypte*, qui étoient
des plaies des pécheurs ; quoiqu'il doive encore
l'exercer par beaucoup de travaux & d'afflictions, qui ſont ordinaires aux juſtes ; mais dont
le Seigneur les *guérit*, les convertiſſant toutes en
amour, & en couronnes pour l'éternité.

Il les fit aller enſuite dans *un lieu* de rafraichiſ-
ſement, *où il y avoit des fontaines, & des palmiers.*
Comme c'eſt le propre de Dieu de donner quelque relâche après l'épreuve de la croix, l'ame
qui n'eſt pas aſſez expérimentée dans ſes voies,
croit avoir déja obtenu la victoire : mais elle ne
voit pas que c'eſt le *Seigneur* qui *l'éprouve* ſeulement ;
pour faire voir, que dans cet état les Démons n'y
ont plus que faire, ayant été engloutis pour jamais
dans la mer rouge. Il y a *douze fontaines*, afin que
chaque tribu aye ſa ſource pour ſe rafraîchir :

mais comme ces douze tribus ne font qu'un peuple intérieur, aussi ces douze fontaines ne font qu'une seule source en Jésus-Christ.

CHAPITRE XVI.

v. 2. *Dans ce désert* [de Sin] *tous les enfans d'Israël murmurerent contre Moïse & Aaron.*

COMBIEN est grande la foiblesse d'une nature laissée à elle-même & séparée de l'esprit? Ses folies sont incroyables. C'est pourquoi il faut que les directeurs ayent une patience extrême à les supporter. Une horrible infidélité empêche ces ames de demeurer dans le délaissement : elles ne peuvent porter cette si extrême nudité : elles s'en prennent à leurs directeurs, regrettant la bonne chere qu'elles faisoient dans l'état de passiveté de lumiere, & de la douceur des affections, où sous prétexte de ferveur, elles étoient nourries d'une maniere encore fort sensuelle.

v. 3. *Plût-à-Dieu que nous fussions morts en Egypte par la main du Seigneur, lorsque nous étions assis auprès des marmites de viande, & quand nous pouvions-nous rassasier de pain ! Pourquoi nous avez-vous amenés dans ce désert pour faire mourir tout le peuple ?*

Peuple *de chair*, que vous avez de peine à devenir esprit, & vous contenter de la foi nue ! Souvent ces personnes sortent de l'abandon pour quelques momens, & souvent aussi leur volonté n'a point de part à ces extravagances : c'est la seule nature, qui destituée de son esprit, se plaint

plaint comme une bête brûte. Le directeur dif-
cerne aifément cet état lorfqu'il eft éclairé.

Plufieurs d'entre ceux qui y entrent, & prefque
tous, font fi aveugles, qu'ils regrettent de *n'être pas
morts* dans le tems de leur abondance, croyant
qu'en ce tems-là leur falut auroit été plus affuré.
Ce mot *d'être affis*, fignifie le repos qu'ils prenoient
dans leurs lumieres & dans leurs douceurs.

v. 4. *Le Seignéur dit à Moïfe : Je vous ferai pleuvoir du
pain du Ciel : Que le peuple en aille amaffer ce qui fuffira pour chaque jour, afin que j'éprouve s'il marche
dans ma loi ou non.*

O bonté de mon Dieu, vous récompenfez *de
la manne* toute *célefte* le murmure de ce peuple!
Cette récompenfe même, ou cette nourriture
qué Dieu leur donne [nonobftant leur murmure,]
fait affez voir que la volonté n'y avoit point de
part. O directeurs qui avez en votre charge des
perfonnes de cette forte, ayez-en compaffion!
car elles en font bien dignes : traitez - les comme
Dieu les traite; & furtout, ne leur ôtez point
la fainte Euchariftie. Plus vous les voyez foibles,
plus vous la leur devez donner, pour les nourrir & les fortifier, cette force divine leur étant
très - néceffaire. Ne voyez - vous pas comment
Dieu veut qu'ils la reçoivent tous les jours, tant
que durera leur befoin, afin, dit - il, *que j'é-
prouve s'ils marchent dans ma loi, ou non ?* Dieu ne
veut point d'autre épreuve de ces ames fidelles,
dans le tems de leurs plus extrêmes délaiffemens,
que la réception d'un fi grand bien. Il eft vrai
qu'elles font fouvent tentées de s'éloigner de la
Sainte table, à caufe de leurs miferes : mais qu'elles ne le faffent pas, fi ce n'eft par obéiffance.

Dieu veut les éprouver, & voir si elles seront fidelles à le recevoir chaque jour. C'est par là qu'il éprouve leur obéïssance, & c'est la pierre de touche pour connoître si cet état est de grace, savoir, lorsqu'elles obéïssent malgré les répugnances de la nature, & qu'elles sont fidelles à dire leurs répugnances à la personne qui les conduit.

v. 5. *Mais au sixieme jour ils en réserveront pour garder chez eux, & ils en recueilleront deux fois autant qu'un autre jour.*

Il vient certains jours de repos auxquels l'ame est empêchée par Dieu même de *recueillir* cette manne, la provision étant faite ; mais il faut que cet état passe comme le reste ; & la même providence, qui l'a amené pour quelques heures, l'enleve pour lui faire succéder le travail & la refection ordinaire. Cependant cette ame ne laisse pas de vivre de sa manne cachée, & d'en recevoir même une double grace, ce repos en Dieu lui en donnant plus que son travail.

v. 7. *Demain matin vous verrez éclater la gloire du Seigneur, parce qu'il a ouï votre murmure qui s'est fait contre lui.*

13. *Le soir il vint un grand nombre de cailles, qui couvroit tout le camp ; & le matin il tomba une rosée tout autour du camp ;*

14. *Et l'on vit paroître quelque chose de menu, & comme pilé au mortier, qui ressembloit à la bruine gelée sur la terre.*

La patience de Dieu, si admirable envers ces ames, apprend bien aux directeurs combien ils en doivent avoir pour elles. C'est une marque assurée de l'avancement d'une (*a*) personne, que de ne

(*a*) D'un Directeur.

s'étonner, ni ne fe fâcher de femblables foibleffes, & d'en juger felon la vérité : au lieu que d'autres non éclairés les chargent de reproches, & les accablent de pénitences , & que leur faifant enfin tout quitter, ils mettent un obftacle invincible à leur perfection.

v. 16. *Voici ce que le Seigneur ordonne : Que chacun en ramaffe autant qu'il lui en faut pour manger, un Homer pour chaque perfonne.*

17. *Les enfans d'Ifraël firent ce qui leur avoit été commandé ; & ils en amafferent les uns plus , & les autres moins.*

18. *Et l'ayant mefuré à la mefure du Homer , celui qui en avoit plus recueilli n'en avoit pas davantage ; & celui qui en avoit moins ramaffé , n'en avoit pas moins : mais il fe trouva que chacun en avoit amaffé felon qu'il en pouvoit manger.*

O figure admirable de l'Euchariftie ! Si l'on veut vous expliquer davantage, on vous obfcurcira en quelque maniere. Qui ne voit ici le miracle ineffable par lequel celui qui n'en reçoit qu'une petite efpece, *n'a pas moins* de la réalité du Sacrement que celui qui le reçoit fous une plus grande : & celui qui en prend une plus grande partie, n'en a pas davantage que celui qui communie fous la moindre, chacun n'en recevant ni plus ni moins qu'il en peut manger, à favoir Jéfus-Chrift tout entier, tout fous la plus petite, comme fous la plus grande efpece ; parce que dans ce Sacrement adorable, ô Seigneur, vous vous donnez tout à tous !

C'eft auffi la figure de l'état divin, où tous en ont la plénitude, chacun néanmoins felon fa capacité ; & un petit eft plein comme un grand : quoique celle du grand foit plus étendue que celle du petit, il tient plus Dieu; mais c'eſt le même Dieu qui eſt tout en tous, & tout en chacun d'eux, & qui peut ſeul faire leur plénitude & leur vrai raſſaſiement.

CHAPITRE XVII.

v. 5. *Le Seigneur dit à Moïſe : Allez juſqu'à la pierre d'Horeb.*

6. *Je ſerai là préſent moi-même devant vous : vous frapperez la pierre, & il en ſortira de l'eau, afin que le peuple boive. Moïſe fit devant les Anciens d'Iſraël ce que le Seigneur lui avoit ordonné.*

L'AMOUR-propre paroît ici par la peine de la ſoif qu'il faut ſouffrir en ce chemin. Ce peuple ſi choiſi & ſi chéri *murmure* contre Dieu : mais Dieu par une bonté infinie ne ſe laſſe point de faire des miracles en ſa faveur. *La pierre donne les eaux* de la grace pour les ſoulager; & *Dieu* ſe tient deſſus cette pierre, parce qu'il eſt la ſource de cette grace. L'on a bien de la peine à ſe délaiſſer pleinement dans ſe ſacrifice pur : & où en trouvera-t-on, qui ne ſe reprennent de tems à autre ? Cependant Dieu fait *ſortir l'eau du rocher*, pour preuve de l'immobilité de ſes bontés envers les perſonnes mêmes qui lui ſont quelquefois infidelles.

v. 7. *Il appella ce lieu-là, Tentation, à cauſe du murmure des enfans d'Iſraël, qui tentèrent là le Seigneur, en diſant : Le Seigneur eſt-il au milieu de nous, ou non ?*

Moïſe donne un véritable nom à la faute de ce peuple, l'appellant *Tentation* : parce qu'ils diſoient, *nous verrons ſi le Seigneur eſt avec nous, ou s'il n'y eſt*

pas. On ne peut s'empêcher de vouloir des témoignages , particulierement lorfqu'on a été conduit
par cette voie. C'eft ce qui fait que pour l'ordinaire on ne fait que faire & défaire , ne pouvant
fe laiffer dénuer entierement : cela rend le défert
fi long ; & c'eft la caufe que prefque tous meurent
en chemin avant que d'arriver à la terre promife.

v. 8. *Amalec vint combattre contre Ifraël.*

11. *Lorfque Moïfe élevoit les mains en haut , Ifraël étoit
victorieux : mais lorfqu'il les abaiffoit un peu , Amalec
avoit l'avantage.*

12. *Ils mirent une pierre fous Moïfe , fur laquelle il fe
tenoit affis ; & Aaron & Hur lui foutenoient les
mains , l'un d'un côté , & l'autre de l'autre.*

Les perfécutions font inévitables dans tous les
états. Les créatures *font la guerre à ce peuple,* & le
veulent détruire : mais lorfque *Moïfe leve les mains,*
c'eft-à-dire , pendant que l'on eft fidele à demeurer élevé à Dieu par l'abandon & par la foi ,
& que l'on eft ferme à ne regarder que Dieu ,
quelques ennemis que l'on puiffe avoir, on en
remporte aifément *la victoire :* & lorfque *Moïfe
baiffe les mains,* c'eft-à-dire , pendant que l'on retombe en foi-même par la réflexion , on eft
d'abord vaincu ; la créature fe trouvant plongée
dans fa foibleffe , eft entortillée dans fes vains
retours , dès qu'elle confent à fe regarder foi-
même. C'eft l'infidélité de cet état. Dès-lors on
entre dans le doute & dans l'héfitation , dans la
peine & dans le trouble , qui mettent tout en
déroute , & qui font qu'*Amalec,* (qui défigne la
nature & l'amour-propre , les feuls ennemis qui
reftent en ce degré) a d'abord l'*avantage.*

Pour éviter ce défordre , il n'y a qu'à demeurer *affis fur la pierre,* fe tenir ferme dans le

délaissement & demeurer dans le repos de l'abandon , pendant que la foi & la confiance, comme
des mains élevées vers Dieu , *soutiennent* l'ame dans
son délaissement.

CHAPITRE XVIII.

℣. 19. *Jethro dit à Moïse : Servez le peuple en ce qui*
regarde Dieu.

20. *Et apprenez-lui la voie par laquelle il doit marcher ,*
& ce qu'il doit faire.

21. *Et choisissez des hommes fermes , & qui craignent*
Dieu.

22. *Qui seront occupés à rendre la justice en tout tems.*

CE *conseil de Jethro* est excellent pour les directeurs ; & ils doivent ici apprendre deux regles
importantes de leur conduite ; l'une de Jethro ;
l'autre de Moïse. De Jethro ; que leur affaire n'est
pas de se mêler du temporel des ames qu'ils conduisent ; mais seulement de soigner *à ce qui regar-*
de la gloire de *Dieu* en elles , & leur perfection ,
se déchargeant du temporel sur d'autres, lorsqu'on
voudroit le leur confier, tant pour n'être pas
surchargés de ce fardeau , qui leur déroberoit le
tems qu'ils devoient employer à des choses de
conséquence & éternelles ; que parce que Dieu ne
demandant pas cela d'eux , ils ne doivent pas s'y
ingérer. De Moïse : qu'ils apprennent par son
humble acquiescement aux sages avis de son beau
pere, quoique Moïse fut si plein de l'esprit de
Dieu , & que Jethro ne fut pas même de son peuple, qu'il faut recevoir la vérité & les bons con-
seils de quelqu'autre part qu'ils viennent, Dieu
aimant souvent à les faire donner par des person-

nes beaucoup inférieures en dignité & en grace, pour humilier par-là les plus grands directeurs ; & faire comprendre que c'est lui seul qui est l'auteur de toute bonne lumiere.

CHAPITRE XIX.

v. 3. *Moïse monta à Dieu : & le Seigneur l'appella de la montagne, & lui dit : Voici ce que vous direz à la maison de Jacob, & ce que vous annoncerez aux enfans d'Israël.*

LA providence de Dieu donne toujours un directeur aux personnes qu'il conduit en foi, afin qu'il leur déclare les volontés du Seigneur. Aussi faut-il qu'ils aient une obéissance aveugle pour se laisser conduire ; car ne pouvant s'arrêter à nulle chose qui leur soit donnée, hors de la direction & de la providence, il est nécessaire qu'ils fassent à l'aveugle ce que le directeur éclairé leur enseigne, Dieu leur donnant pour l'ordinaire un guide fidelle pour les conduire sûrement dans le désert ténébreux de la foi.

v. 5. *Si donc vous écoutez ma voix, & si vous gardez mon alliance, vous serez celui de tous les peuples qui me sera singulierement acquis : car toute la terre est à moi.*

Ceci exprime très-bien, comment, quoique tous les peuples soient à Dieu, toutefois le peuple intérieur est à lui d'une façon toute particuliere. Dieu dit que ce *peuple* intérieur lui appartiendra en propre, & *lui sera singulierement acquis.* Cela signifie, que s'il se laisse bien anéantir, il deviendra tellement propre & *acquis* à Dieu, que nul autre que lui n'y aura aucune part; nulle autre voie que celle-ci ne peut avoir cet avantage. Auſſi Dieu, dit-il, qu'il lui ſera choiſi *d'entre touſ les peuples.* Qui dit tout, n'excepte rien.

Or ce que Dieu demande de ce peuple ſi cher pour arriver à un état ſi ſublime, eſt ſeulement, qu'il lui obéiſſe, & qu'il demeure dans le délaiſſement. Ce mot, *gardez mon alliance,* eſt comme qui diroit, demeurez dans mon union.

v. 6. *Vous me ſerez un royaume Sacerdotal, & une nation ſainte. Voilà ce que vous direz aux enfans d'Iſraël.*

Le *royaume* marque, même ſelon la lettre, le pouvoir abſolu que Dieu a ſur les ames abandonnées qui ne lui réſiſtent plus en rien. Il eſt ſi ſouverainement maître chez elles, que l'on ne peut pas l'être plus. Il n'en eſt pas de même des autres qui ſe poſſédent; à cauſe qu'étant libres de leur propre liberté, & pleines de volontés propres, elles veulent mille bonnes choſes que Dieu ne voudroit pas, & qu'il n'accorde qu'à leur foibleſſe : mais il regne en ſouverain ſur ceux qui n'ont plus de volonté. C'eſt pourquoi lorſqu'il apprenoit à ſes diſciples à prier, & qu'il leur diſoit, de demander que (a) ſon regne vint, c'eſt-à-dire, qu'il régnât abſolument ſur eux, [il y ajoute, & que ſa volonté fût faite ſur la terre comme dans le ciel;] comme ſi par-là ils euſſent voulu dire : lorſque cela ſera, Seigneur, votre volonté ſe fera ſur la terre comme les bienheureux la font dans le ciel, ſans réſiſtance, ſans héſitation, ſans exception & ſans délai. Pour cette raiſon dans l'Evangile, ces deux demandes ſont compriſes dans un même verſet.

(a) Matth. 6. v. 10.

Le Seigneur ajoute à Moïfe, que fon peuple lui fera *un royaume facerdotal;* parce que ce royaume eft fait de Sacrificateurs, & d'Apôtres. De plus, que ce lui *fera une nation* vraiemeñt *fainte;* à caufe que toute la malignité de l'homme étant détruite en elle, il n'y reftera plus que la fainteté de Dieu. Alors elle fera fainte *pour* Dieu, & non pour elle-même : auffi Dieu ne dit-il pas fimplement; vous ferez une nation fainte; mais vous *me ferez une nation fainte.* Et *voilà,* ajoute-t-il à ces directeurs, *ce que vous devez dire* à mes chers abandonnés.

v. 8. *Tout le peuple répondit comme d'une voix : nous ferons tout ce que le Seigneur a ordonné.*

Ce confentement, que *tout le peuple* donne fi unanimément, exprime le don & le facrifice que les ames font d'elles-mêmes pour les voies qu'on leur propofe. Dieu eft fi bon, qu'il en ufe toujours de la forte envers ceux qu'il veut faire entrer dans les voies d'obfcurité & de croix : il les leur propofe auparavant, & il demande leur confentement. Car quoiqu'il foit le dominateur fouverain, il nous gouverne (*a*) avec une grande réferve, comme s'il refpectoit notre liberté. Mais hélas! qu'il eft rare d'en trouver qui fe délaiffent pleinement, lorfque l'état eft venu! Prefque tous oublient alors leur confentement & leur facrifice. Il arrive auffi que la ferveur & la promptitude avec laquelle ces perfonnes font leur facrifice, font caufe qu'ils oublient leurs foibleffes & leurs miferes, & qu'ils *répondent* comme ce *peuple; Nous ferons tout :* mais s'ils confideroient alors & leur impuiffance & leur abandon, ils verroient que celle-là leur perfua-

(*a*) Sageffe 12. v. 18.

dant qu'ils ne peuvent rien par eux-mêmes, &
que par celui-ci ils fe font dépouillés de toute
volonté pour fe laiffer entierement à Dieu, ils
devroient plutôt dire ; „ Que le Seigneur nous
„ faffe tout faire ; & nous ferons tout : car no-
„ tre fidélité eft en lui, comme tout le refte ; &
„ de nous-mêmes , nous ne fommes que foiblef-
„ fe & que péché". Cette confiance & cet appui en foi-même étant une fecrette préfomption, eft toujours fuivie de quelque chûte, ou
grande, ou petite, felon qu'elle eft plus ou moins
étendue.

v. 9. *Le Seigneur dit à Moïfe : Je vais venir à vous
dans l'obfcurité d'une nuée, afin que le peuple m'en-
tende lorfque je parlerai à vous, & qu'il vous croye
en toutes chofes.*

L'obfcurité d'une nuée marque que Dieu veut que
fon peuple intérieur croye fur la feule foi, que
c'eft lui qui parle par la direction, & non fur
les témoignages.

v. 10. *Allez trouver le peuple, & fanctifiez-le aujour-
d'hui & demain, & qu'ils lavent leurs vêtemens.*

Cette *fanctification* que Dieu veut, eft une pureté nouvelle pour entrer dans un état nouveau
d'une nouvelle loi de pur amour.
Moïfe, qui avoit paffé l'état de mort eft introduit fur la montagne où eft Dieu, qui eft
l'origine de cet état de pur amour. Pour lui
comme étant déja purifié, il eft conduit jufques
à la fource.

v. 12. *Que nul d'entre vous ne foit fi hardi que de
monter fur la montagne, ou d'en approcher tout au-*

*tour. Quiconque touchera la montagne, sera puni de
mort.*

v. 13. *La main d'aucun homme ne le touchera pour le
tuer, mais il sera lapidé, ou percé de fléches.*

Mais pour tout autre, il faut qu'il lui en coute
la vie pour *approcher* seulement *la montagne ou pour
la toucher*, ainsi que le Seigneur dit : (*a*) Nul homme ne me verra tant qu'il sera vivant.

Mais de quelle *mort* mourra-t-il? Ah, ce ne
sera *point par la main de l'homme :* ce sera par *les
coups des fléches* que vous ferez décocher contre
ce cœur qui ne peut encore vous aimer purement, ô Dieu de mon cœur, sans perdre sa vie
propre : vous l'accablerez *de pierres*, à cause que
son cœur ne s'étant pas laissé détruire & fondre à
tant de bontés dont vous l'avez prévenu, ce n'est
qu'un cœur de pierre; & il est nécessaire que,
comme vous l'avez dit par un Prophête, vous
(*b*) lui ôtiez ce cœur de pierre pour lui en donner
un de chair pour vous aimer purement, un cœur
pliable & maniable, un cœur pur & nouveau.

v. 16. *Le troisieme jour étant arrivé, sur le matin,
comme le jour étoit déja grand, on entendit tout d'un
coup les tonnerres, on vit briller les éclairs, & une
nuée fort épaisse couvrit la montagne, dont tout le
peuple qui étoit dans le camp fut effrayé.*

On se persuade que la parole de Dieu est toute
douceur; & cela est vrai, si on la considere en
elle-même, ou bien lorsqu'elle est accompagnée d'une tendre effusion de graces; ce qui fait
que dans les commencemens de la vie spirituelle,
elle est toute douce & très-agréable : mais pour

(*a*) Exod. 33. v. 20. (*b*) Ezéch. 11. v. 19.

les

les ames de ce degré, hélas! elle eſt pleine de terreur, & elle n'a rien que d'amer. C'eſt pourquoi elle fut entendue de S. Jean de la même ſorte : & lorſqu'il reçut le nom nouveau après avoir ouï cette parole foudroyante, il fut appellé (*a*) fils du tonnerre.

v. 18. *Tout le mont de Sinaï jettoit de la fumée, à cauſe que le Seigneur y étoit deſcendu en feu : & la fumée montoit en haut comme celle d'une fournaiſe; & toute la montagne cauſoit de la terreur.*

Lorſque Dieu apparut à Moïſe la premiere fois, il ne ſouffroit pas qu'il approchât du feu où il étoit ſans ſe déchauſſer : & aujourd'hui, il l'introduit dans le feu même, à cauſe de la pureté de ſon amour, qui s'eſt accrue preſque à l'infini. Quand il apparut l'autre fois à ce fidele miniſtre, ce fut auſſi dans le feu, pour lui donner ſa charité & ſon pur amour. A préſent qu'il veut donner la loi du pur amour, il paroît auſſi aux enfans d'Iſraël *dans le feu* même de l'amour, puiſqu'il eſt l'amour même. Il ne falloit pas un moindre feu pour embraſer tant de cœurs.

Mais d'où vient, ô mon Amour, que vous paroiſſez ici ſi *terrible*? Ah! c'eſt à ceux qui ne vous voyent que par déhors & dans les effets de votre amour, qui, à regarder les choſes dans la ſuperficie, paroît tout cruel envers les ames qui ſe dévouent à lui : mais il eſt ſûr qu'au dedans, & en lui-même il eſt tout agréable au cœur bien abandonné.

v. 19. *Le ſon de la trompette s'augmentoit auſſi peu-à-peu, & devenoit plus fort & plus étendu. Moïſe parloit, & Dieu lui répondoit.*

(*a*) Marc 3. v. 17.

20. *Le Seigneur étant defcendu fur le fommet de la mon-*
　　tagne de Sinaï, il appella Moïfe au lieu le plus haut.
　　Moïfe y monta.

O converfation admirable ! Dieu parle à l'ame ,
& l'ame l'écoute ! L'ame parle à Dieu , & Dieu l'é-
coute auffi ! Mais il y a bien d'autre commerce
entre Dieu & l'ame dont il ne faut point de té-
moin. Dieu pour cet effet fait *monter* cette ame
choifie *fur le fommet de la montagne* d'amour, fur
le plus haut dégré de la pure charité ; elle eft
reçue en Dieu même, mais d'une maniere fi fublime & fi ineffable , que tout ce qu'on en peut
dire ne l'égale point.

C'eft alors que tout ce qui reftoit dans l'extérieur même, ou dans la partie baffe de l'homme ,
eft changé & renouvellé par la pureté de cet
amour : c'eft alors que cet homme eft rendu divin , non feulement au dedans, mais même pour
le déhors. O feu facré ! tu as le pouvoir de (a) renouveller toute la terre. Ces ames , ou plutôt
cette ame unique entre tant de millions de faints ,
ne monte pas feulement fur cette montagne ; mais
auffi *fur le plus haut* de fon élévation ; parce qu'il
falloit qu'elle fit provifion de ce pur amour &
pour elle , & pour les autres. Il étoit néceffaire
qu'elle puifât dans cette fource de feu , afin d'être
comme une fournaife qui pût fournir & diftri-
buer ce feu facré à un fi grand peuple. O Moïfe ,
vous avez bien changé d'état ! Autrefois, étant
dans votre humilité de fainte pratique , vous vous
eftimiez indigne de parler à un roi , & au peuple
d'Ifraël : & maintenant, dans votre profond
anéantiffement, vous n'avez point de peine ni de
répugnance de *monter* au plus haut dégré en Dieu,
de lui parler fi familierement ; & d'être fon vafe

(a) Pfaum. 103. v. 30.

choisi plein de lui-même. C'est que l'anéantissement fait que l'homme ne se regarde plus, & n'en-
visage plus sa bassesse ; & étant au dessous de toute
bassesse, il est par là-même au dessus de toute hau-
teur.

*v. 24. Le Seigneur dit à Moïse : allez, descendez. Vous
monterez, vous & Aaron avec vous ; mais que les prêtres & le peuple ne passent point les limites, & qu'ils ne
montent point où est le Seigneur, de peur qu'il ne les
fasse mourir.*

Ah ! qu'il fait bon être uni à ces ames si saintes !
Elles obtiennent pour la personne unique qui
leur est associée, ce qu'elles ont pour elles-mêmes.
Quoique tout le peuple fut uni à Moïse ainsi que
des enfans à leur pere ; toutefois *Aaron* l'étoit d'u-
ne façon particuliere, étant comme associé à la
paternité même de Moïse ; & nul autre que lui ne
l'étoit de la sorte. Il y a aussi des personnes que
Dieu lie de cette maniere entre deux seulement,
en union de paternité : & tous les autres qui leur
sont unis, quoiqu'ils soient leurs enfans, ne leur
sont pas néanmoins égaux dans le ministere, quels
qu'ils soient. Car il y avoit beaucoup *de Prêtres* selon l'ordre d'Aaron ; mais *Aaron seul monta avec
Moïse*, pendant que les autres n'osoient pas même
toucher la montagne. Cependant Aaron ne fut
pas en tout égal à Moïse, ni élevé à un pareil dégré : la communication de Dieu même, en Dieu
même d'une maniere si sublime fut pour Moïse
seul.

CHAPITRE XX.

*v. 2. Je suis le Seigneur votre Dieu qui vous ai tiré de
l'Egypte, de la maison de servitude.*

3. *Vous n'aurez point d'autres Dieux que moi —.*

5. *Vous ne les adorerez point, & vous ne les honorerez pas du culte qui m'est dû ; car je suis le Seigneur votre Dieu, le Dieu fort, & le Dieu jaloux, qui venge l'iniquité des peres sur les enfans, jusqu'à la troisieme & quatrieme génération dans tous ceux qui me haïssent.*

Dieu voulant soumettre l'homme à sa loi, lui repréfente d'abord les graces qu'il lui a faites, afin qu'il ne trouve pas cette loi difficile, & qu'il ait une vive confiance que ce *Dieu* si bon, qui l'a *tiré de la servitude*, ne veut pas le mettre de nouveau sous le joug : au contraire, qu'il donnera la grace & la force néceffaire pour garder ses divins préceptes, ainfi qu'il le promet clairement dans un autre endroit : (a) Je mettrai, dit-il, mon Efprit au milieu de vous, & je vous ferai marcher dans mes préceptes & garder mes ordonnances & faire de bonnes œuvres ; jufques-là qu'il accomplira lui-même sa loi dans ceux, qui s'abandonnant parfaitement à lui, le laifferont agir en eux sans nulle réfiftance.

Pour cette raifon, son premier commandement eft de *n'avoir point d'autre Dieu que lui :* ce qui veut dire, de ne s'appuyer sur nulle force étrangere pour obferver sa loi ; mais sur la fienne feule : parce que comme il eft *un Dieu fort* qui peut tout par son pouvoir fouverain ; il eft auffi *un Dieu jaloux*, qui ne veut pas que perfonne préfume de partager avec lui ce même pouvoir, ni que l'on puiffe attribuer à aucune autre force que la fienne, l'obfervation de ses commandemens, ni à fidélité, ni à effort, ni à induftrie, ni à chofe quelconque. Pourvû que l'on demeure dans cette juftice envers Dieu, en ne lui dérobant rien

______
(a) Ezéch. 36. v. 27.

du fien , la loi devient.aifée, à caufe qu'elle n'eft
plus envifagée en elle-même : car étant prife par
cet endroit, on la trouveroit très-difficile ; mais
elle eft regardée en Dieu, où elle eft vûe avec
le pouvoir divin qui furmonte toute difficulté.

C'eft pourquoi le Seigneur ajoute, que *ceux
qui le haïffent*, (ce mot *hair*, ne fe doit prendre
ici que pour un détour ; car tous ceux qui violent en quelque chofe la loi de Dieu, n'entendent pas de le haïr ;) ceux donc qui fe détour-
nent de lui pour fe regarder eux-mêmes , & qui
par là fe rendent efclaves de la loi, ô ceux-là pour
l'ordinaire péchent contre la loi même : & leur
faute ne venant que de ce qu'ils font tombés dans
une fubtile & fecrette idolâtrie, s'attribuant la
force de Dieu, le Seigneur ne leur pardonne
rien , & il veut que cette loi foit étendue fur toutes leurs œuvres. Et c'eft la caufe pour laquelle
ces perfonnes font fi gênées & rétrécies , favoir,
parce que Dieu recherche leurs péchés *jufqu'à
la troifieme & quatrieme génération* ; c'eft-à-dire ,
que toutes leurs œuvres font rendues captives
par l'affujettiffement de leurs retours en eux-
mêmes.

v. 6. *Je fais miféricorde jufqu'à mille générations en
faveur de ceux qui m'aiment , & qui gardent mes préceptes.*

Mais dans ceux qui *aiment*, ô (a) l'amour feul
eft l'accompliffement de la loi : & Dieu leur fait
des *graces à milliers :* ce mot de *graces*, ou de *miféricorde*, eft pris ici pour la remife de mille chofes appartenantes à la loi, auxquelles Dieu ne regarde pas : car voyant la droiture de leur cœur

(a) Rom. 13. v. 10.

(*a*) & l'envie qu'ils ont de lui plaire, il se contente de l'amour de la loi, les délivrant de l'esclavage
de la loi.　C'est pourquoi il est dit, (*b*) qu'il n'y a
point de crainte dans l'amour; mais le parfait
amour bannit la crainte; parce que l'ame est si fort
prise de l'amour de son Dieu, qu'elle ne peut envisager que ce même amour, sans penser à tout le
reste : & par l'excès de cet amour souverain, oubliant la loi elle accomplit parfaitement la loi même, pénétrant son esprit au travers de la lettre.

v. 8. *Souvenez-vous de sanctifier le jour du Sabbat.*
10. *Le septieme jour est le jour du repos consacré au Seigneur votre Dieu.*

Se souvenir du repos, c'est demeurer en repos :
& il n'y a point d'autre *sanctification* que de se reposer dans le repos même, parce que c'est *le repos de Dieu* en lui-même, de Dieu en l'ame anéantie, & de l'ame en Dieu :

Ces trois repos sont différens; & ils doivent
être expliqués.

Le premier repos est, celui de Dieu en l'ame
lorsqu'elle est arrivée à l'union à la volonté de
Dieu, à l'état mystique; où il demeure dans l'a-
me & y repose, ainsi que l'assure le fils de Dieu :
(*c*) Si quelqu'un m'aime, dit-il, il gardera ma parole; & mon pere l'aimera, & nous viendrons à
lui, & nous ferons notre demeure en lui.

Le repos de l'ame en Dieu est après la résurrection, par laquelle elle est reçue en Dieu.
Alors elle trouve son repos parfait en lui, ses
peines & ses troubles étant passés pour toujours:
car auparavant Dieu trouvoit bien son repos en
l'ame, à cause qu'elle étoit vide de péché, &

(*a*) Rom. 8. v. 15. (*b*) 1 Jean 4. v. 18. (*c*) Jean 14. v. 23.

que fa volonté étoit conforme à celle de Dieu ;
mais l'ame ne trouvoit pas encore fon repos en
Dieu, puifqu'elle marchoit par un chemin plein
d'incertitudes, de peines & d'inquiétudes. Elle
ne trouve fon véritable repos que lorfqu'elle eft
arrivée en Dieu, où elle demeure dans un état
tranquille & durable, qui n'eft plus fujet à aucune viciffitude. Elle y trouve cependant un repos
encore propre, & il y a là, encore quelque
chofe pour elle ; puifque ce repos s'apperçoit, &
eft réellement un repos de la créature en fon Dieu,
apperçû & reconnu comme repos de la créature.

Mais le repos de Dieu en lui-même, eft le repos qu'il prend dans une ame bien anéantie, où
tout ce qui étoit de la créature étant difparu, il
ne refte que Dieu feul, qui fe repofe en lui-même ; non plus pour cette créature, qui étant
toute paffée en Dieu, ne fait plus un repos diftinct de celui de Dieu, mais pour lui-même :
car ayant repris par le parfait anéantiffement de la
créature, tout ce qui étoit à lui, il demeure toutes chofes en tous, dans les termes (a) du grand
Apôtre : & c'eft là le repos de Dieu en Dieu.

v. 18. *Tout le peuple entendant les tonnerres & le fon*
de la trompette, & voyant les lampes ardentes, &
la montagne toute couverte de fumée, & étant faifi
de crainte & d'effroi, fe retira bien loin.

19. *Et ils dirent à Moïfe : parlez-nous vous-même, &*
nous vous écouterons : mais que le Seigneur ne nous
parle point, de peur que nous nè mourions.

L'ame qui fe voit approcher de Dieu, craint
beaucoup *la mort*, fachant bien qu'il faut mourir
pour le voir. Dès que l'état de mort commence,

(a) I Cor. 15. v. 28.

V 4

qui dure longtems, elle entre dans des tranfes
étranges ; & elle diroit volontiers : J'aime mieux
n'aller pas plus avant, que de paffer par des
épreuves fi rudes. Elle *s'en tient éloignée*, & tâche
de fe défendre de la mort, croyant même s'approcher de Dieu lorfqu'elle aime à demeurer dans
fon éloignement : & trompée qu'elle eft par l'a-
mour propre, elle aime mieux conferver fa propre vie, que de fe la laiffer enlever par une fainte
mort, qui la feroit heureufement reffufciter en
Dieu. Cela la porte à dire au Directeur, (bien plus
par fes réfiftances réelles que par fes feules paroles :) *parlez-moi vous-même ;* parce que tant qu'il n'y
aura que vous qui me parlerez, & que je me tien-
drai aux paroles de l'homme & aux moyens hu-
mains, ou du moins compris par la raifon, je ne
mourrai point : mais d'aller fur la feule parole
de Dieu & fous fa conduite particuliere dans
l'obfcurité d'une foi très-nue, je ne faurois m'y
réfoudre, *de peur de la mort* & de la perte.

v. 20. *Moïfe répondit au peuple : ne craignez point ;*
car Dieu eft venu pour vous éprouver.

Cet excellent Directeur affure fon peuple qu'il
n'eft pas encore tems de *craindre*, puifque ce n'eft
pas ici l'endroit de la mort, mais feulement *une*
épreuve que Dieu veut faire de fes amis intérieurs,
pour voir s'ils auront le courage d'entrer dans la
voie de mort.

v. 21. *Le peuple donc fe tenoit bien loin ; mais Moïfe*
entra dans l'obfcurité dans laquelle étoit Dieu.

Ce *peuple*, quoique déja bien avancé dans la
voie intérieure, *fe tenoit* encore *bien loin*, à caufe
qu'il craignoit la mort : *mais Moïfe*, qui avoit

paſſé la mort & étoit reſſuſcité en Dieu, ne pouvoit plus mourir : c'eſt pourquoi il ne craignoit
point : Dieu ne lui étoit plus étranger, étant
autant Moïſe même qu'il étoit Dieu même, ſelon
l'unité de la vie divine ; de ſorte que ce qui faiſoit mourir les autres, donnoit la vie à Moïſe,
à cauſe de ſon état de réſurrection myſtique en
Dieu. Il n'*entre* cependant ici que *dans l'obſcurité*
dans laquelle eſt Dieu ; pour nous apprendre que
quelque manifeſtation que Dieu faſſe de lui-même
en cette vie, c'eſt toujours une obſcurité pour
la créature, qui n'en peut avoir qu'une connoiſſance bornée & limitée , & couverte du voile de
la foi.

CHAPITRE XXIII.

℣. 20. *Je vais envoyer mon Ange, afin qu'il marche de-*
vant vous, qu'il vous garde dans le chemin , & qu'il
vous introduiſe dans la terre que je vous ai préparée.

Dieu ne manque point de nous donner cet
Ange tant qu'il nous eſt néceſſaire. C'eſt le directeur, qui nous *garde dans la voie ;* mais il ne
peut que nous *introduire au lieu qui nous eſt préparé ;*
après quoi, c'eſt Dieu même qui eſt le conducteur.

v. 21. *Reſpectez-le , & obéiſſez à ſa voix , vous gardant*
bien de le mépriſer ; car mon nom eſt en lui.

Le Seigneur nous commande de *reſpecter* ce
directeur, de *lui obéir* & de ne pas le condamner,
parce que ſon nom eſt en lui ; ce qui veut dire, qu'il
repréſente ſa perſonne, il porte ſa parole & agit
par ſon autorité.

*v. 23. Mon Ange ira devant vous, & il vous introduira
dans la terre des Amorrhéens. ---*

Il le répete encore, pour faire mieux voir que
la direction eſt néceſſaire juſqu'à ce que l'on ſoit
arrivé dans la terre promiſe, qui eſt l'état de repos
en Dieu ſeul.

CHAPITRE XXIV.

*v. 1. Dieu dit à Moïſe : montez vers le Seigneur, vous
& Aaron, Nadab & Abiu, & les ſoixante-dix anciens
d'Iſraël, & vous adorerez de loin.*

*2. Moïſe ſeul montera juſqu'où eſt le Seigneur ; mais
les autres n'approcheront point, & le peuple ne montera point avec lui.*

AARON avoit bien été ſur la montagne ; ce qui
eſt un grand avancement en comparaiſon de
l'état du peuple : mais pour arriver au ſommet,
cela n'étoit que pour *Moïſe ſeul :* parce que nul
autre n'étoit parvenu à un état auſſi ſublime, & à
un amour ſi pur. Il étoit la fontaine d'où la
ſource ſe déchargeoit en faveur des autres.

v. 4. Moïſe écrivit toutes les paroles du Seigneur.

*5. Et il envoya des jeunes gens d'entre les enfans d'Iſraël
offrir des holocauſtes, & immoler des victimes pacifiques au Seigneur.*

Il *écrit les paroles du Seigneur,* parce qu'il les
doit laiſſer à la poſtérité. Dieu fait écrire à ſes
ſerviteurs ce qu'il leur a communiqué de ſes vérités divines & cachées ; afin qu'elles demeurent,
& qu'elles profitent à pluſieurs.

Moïſe *envoie* auſſi *les plus jeunes des enfans d'Iſraël
ſacrifier au Seigneur des Victimes pacifiques.* C'eſt le

propre des jeunes ames de facrifier de la forte :
leur facrifice n'eft que paix & douceur. Il n'en
eft pas ainfi des ames avancées : il faut qu'elles
offrent des *holocauftes*. Mais comme parmi les
enfans de grace il en eft de deux fortes , les uns
qui font nouveaux-venus dans l'efprit & dans la
voie ; & d'autres qui font redevenus enfans par
l'excès de leur avancement dans la même voie :
auffi Moïfe diftingue deux facrifices ; l'un de
paix , propre aux premiers enfans ; & l'autre
d'holocauftes , qui convient aux derniers.

v. 6. *Moïfe prit la moitié du fang , qu'il mit dans des*
baffins , & il répandit l'autre fur l'autel.

7. *Il prit enfuite le livre de l'alliance , & il le lût devant*
le peuple , qui dit : Nous ferons tout ce que le Seigneur
a dit , & nous ferons obéïffans.

8. *Alors prenant le fang , il le répandit fur le peuple ,*
en difant : Voici le fang de l'alliance que le Seigneur
a faite avec vous , afin que vous accompliffiez toutes
ces chofes.

Lorfque *Moïfe lût la loi* , il remarqua que le
peuple promettoit de la garder avec beaucoup de
promtitude & d'affurance : mais, comme directeur expérimenté , il reconnut bien qu'il y avoit
en cela une fecrete préfomption ; à caufe qu'ils
s'appuyoient fur leurs propres forces , & qu'ils
n'entroient pas affez en défiance d'eux-mêmes,
pour attendre toute leur fidélité de la bonté de
Dieu. Il *répandit* donc *fur eux le fang qui étoit dans*
les baffins ; parce que c'étoit la figure du fang de
Jéfus-Chrift ; pour leur faire entendre, que toute
la force qui eft néceffaire pour accomplir la loi ,
dépendoit de ce fang ; & qu'il falloit qu'ils en
fuffent lavés & revêtus : les affurant de plus , que
toute alliance entre Dieu & les hommes s'éta-

blissoit en vue de ce sang , & qu'il n'y en pouvoit
avoir d'autre.

v. 15. *Moïse étant monté , la nuée couvrit la montagne.*
16. *Et la gloire du Seigneur reposa sur Sinaï , le couvrant
d'une nuée pendant six jours ; & le septieme jour Dieu
appe'la Moïse du milieu de cette obscurité.*
18. *Et Moïse passant au travers de la nuée , monta sur
la montagne , & y demeura quarante jours & quarante nuits.*

Moïse fut en Dieu , mais toute la *montagne
étoit couverte d'obscurité* pour les autres. Cet état
est terriblement obscur pour ceux qui n'y sont
pas ; & ils ont peine à croire ce peu qu'on leur
en dit, quelque témoignage qu'ils en aient, jusqu'à ce que l'expérience soit venue.
Quoique Moïse eût déja tant été avec Dieu
& conversé avec lui d'une maniere si éminente,
& qu'il le gratifiât d'une familiarité si singuliere,
qu'elle fait douter s'il a vu dès cette vie l'Essence
divine pour quelques momens ; toutefois il fallut
encore qu'il fût *six jours* dans l'attente , & comme
dans une espece de purgatoire , avant que d'entrer si avant dans Dieu , & traiter si familierement avec lui. O que Dieu est pur ! *Le septieme
jour Dieu l'appella du milieu de la nue ;* & Moïse y
étant entré, *monta* tout-à-fait , & y fit un séjour
durable de *quarante jours & quarante nuits.* Il en
revint ensuite tout renouvellé & tout transformé ,
& toujours plus divinifé. Dieu va par degrés,
aussi-bien dans les communications de lui-même
que dans celles de ses graces , étendant la capacité de la créature peu à peu , & non tout à coup ;
parce qu'elle ne pourroit supporter une telle opération. Voyez comme quoi Moïse ne fait pas un

pas par lui-même , & qu’il n’avance rien par son
propre mouvement; mais il ne fait les choses
qu’à mesure que Dieu les lui fait faire , & ponc-
tuellement selon qu’elles lui sont ordonnées : ce
qui est la fidélité nécessaire dans tout l’état passif,
mais sur-tout dans l’anéantissement, où une ame
morte à elle-même se doit ainsi appliquer à tout
ce que Dieu veut d’elle, sans le prévenir ni lui
résister.

CHAPITRE XXV.

v. 8. *Ils me feront un Sanctuaire , & j’habiterai au
milieu d’eux.*

10. *Vous ferez aussi une arche de bois de Setim.*

CE *Sanctuaire* représente le fonds & le centre
de l’ame , qui est le lieu de la demeure du Seigneur , dans lequel se fait l’union suressentielle
& inexplicable , & où l’adorable Trinité réside
& se découvre. Il faut le garder pour le Seigneur ,
& pour cet effet se tenir vide de tout le reste, afin
que le Seigneur y *habite* & s’y manifeste : ce lieu
sacré est pour lui seul.

L’*arche* étoit dans ce Sanctuaire ; parce que
c’étoit d’elle que devoit sortir l’oracle de la parole de Dieu. Jusques à présent Dieu avoit parlé
à son peuple comme de loin, & sans s’arrêter à
un lieu certain ; désormais il veut parler & *habiter au milieu d’eux* , & se faire connoître & entendre
dans le Sanctuaire du centre de leurs ames.

v. 17. *Vous ferez aussi le propitiatoire d’un or très-pur.*

L’or pur & fin marque la pureté que doit avoir
ce fonds de l’ame pour que Dieu y paroisse & y

rende ſes oracles; & comment avant que de ſervir de *propitiatoire*, elle doit avoir été épurée par le feu, de toute terre & de toute impureté, & avoir paſſé par la coupelle & ſous le marteau.

v. 18. *Vous ferez de plus deux Chérubins d'or, que vous mettrez aux deux extrêmités de l'oracle.*

20. *Leurs ailes ſeront étendues des deux côtés du propitiatoire, & elles couvriront l'oracle, & ils ſe regarderont l'un l'autre.*

La foi nue & l'abandon total, ſont les *deux Chérubins* qui couvrent l'arche de *l'oracle*, c'eſt-à-dire, qui ſont le *propitiatoire*, d'où Dieu rend ſes oracles. La foi couvre l'ame, l'empêchant de s'examiner & de rien voir de tout ce qui lui eſt propoſé: l'abandon la cache auſſi d'un autre côté, l'empêchant de ſe regarder elle-même pour voir ou ſa perte ou ſon avantage, l'obligeant à ſe délaiſſer à l'aveugle: mais cette foi & cet abandon *ſe regardent entr'eux*, ainſi que les deux Chérubins qui étoient ſur le couvercle de l'arche; parce qu'ils ne peuvent être l'un ſans l'autre dans une ame bien ordonnée; & que la foi répond auſſi parfaitement à l'abandon, que l'abandon eſt ſoumis à la foi.

v. 22. *Ce ſera de là que je vous donnerai mes ordres, & je vous parlerai de deſſus le propitiatoire.*

Le Seigneur veut dire, que déſormais ce ſera de ce centre & du fond de l'ame, comme de ſon *oracle*, & non plus des puiſſances, qu'il ſe fera entendre. Les perſonnes d'expérience comprendront cette différence des communications divines, que l'on trouvera même expliquée ailleurs, autant que l'on peut donner de jour à une choſe inexplicable.

v. 40. *Confidérez bien, & faites tout felon le modele qui vous a été montré fur la montagne.*

Ce *modele* eft Dieu même, en qui font les idées éternelles de toutes chofes; & Jéfus-Chrift, fon Verbe, qui les exprime. Il faut que tout ce qui fe fait pour la fanctification des ames, fe regle fur ce modele.

CHAPITRE XXVI.

v. 33. *Le voile féparera le Sanctuaire d'avec le Saint des faints.*

DIEU veut que *le Sanctuaire* foit *féparé du Saint des faints.* Le *Sanctuaire* eft le centre de l'ame, & le *Saint des faints* eft Dieu même. Ils font unis & féparés : ils font unis, en ce que le centre eft en Dieu & Dieu eft dans le centre ; & ils font féparés par une différence d'état ; car poſſéder Dieu dans le centre, eft quelque chofe de bien grand ; mais que Dieu demeure en lui-même pour lui-même, c'eft un degré encore plus fublime. On a expliqué ci-deſſus (*) ce que c'eft que Dieu en nous, nous en Dieu & Dieu en lui-même.

Ce *voile* de divifion entre le Sanctuaire & le Saint des faints repréfente auffi la diftinction fubftantielle qui demeure éternellement entre Dieu & fa créature avec l'unité inexplicable d'amour & de transformation, qui fe fait par l'anéantiſſement de l'ame en elle-même & fon recoulement en Dieu. Dieu demeure Dieu réellement diftinct de l'ame transformée, quoique l'ame divinifée par cette union ineffable devienne, (*a*) une même chofe avec Dieu.

(*) Chap. 20. v. 8. (*a*) Jean 17. v. 21. 1 Cor. 6. v. 17.

CHAPITRE XXVII.

v. 21. *Aaron & ses enfans prépareront les lampes, afin qu'elles luisent jusqu'au matin devant le Seigneur. Ce culte se perpétuera parmi les enfans d'Israël.*

LA *lampe* de la charité doit toujours être ardente, & *luire* sans interruption en la préfence du Seigneur.

CHAPITRE XXVIII.

v. 30. *Vous graverez ces deux mots fur le Rational du jugement : Doctrine & Vérité.*

CES trois chofes fe peuvent diftinguer dans le *Rational* myftérieux, *jugement*, *doctrine & vérité*. Le *jugement* eft quelque chofe de moins fûr que la doctrine, puifqu'il dépend de la perfonne qui juge, & que c'eft une application qu'elle fait de la doctrine à la chofe dont elle doit juger : *la doctrine* eft plus affurée que le jugement, étant l'ufage de la fcience & l'expérience par laquelle on doit juger : mais *la vérité* eft au-deffus de tout cela. Et parce qu'elle eft la derniere à laquelle fe rapportent le jugement & la doctrine, comme c'eft auffi la fource d'où ils fortent ; il faut paffer par ces deux degrés pour entrer dans la vérité. Or cela étoit *gravé fur le Rational*, pour faire voir que notre raifon s'exerce par le jugement ; qu'elle fe foumet & s'inftruit par la doctrine ; mais qu'elle reçoit toute fa lumiere de la Vérité. Le jugement fe trouve en nous : la doctrine fe communique aux autres pour attirer leur

obéiffance

obéiffance & leur foumiffion; mais la vérité demeure en Dieu, & il faut être en Dieu pour être dans la vérité : & c'eft pour cette raifon que le St. Efprit eft appellé (*a*) Efprit de Vérité.

v. 36. *Vous ferez auffi une lame d'or très-pur, fur laquelle vous graverez ces mots :* LA SAINTETÉ EST AU SEIGNEUR.

Il falloit que le Nom de Dieu fut gravé fur le front; car ce nom eft tout de Dieu; &, CELUI QUI EST, ou bien, toute SAINTETÉ EST À CELUI QUI EST.

v. 38. *Cette lame fera continuellement fur fon front, afin que le Seigneur lui foit favorable.*

Or l'ame porte ce Nom fur la fuprême partie, défignée par *le front* ; à caufe qu'elle ne peut, fans être arrivée à un état très-éminent, connoître le tout de Dieu & le rien de la créature tel qu'il eft. Plufieurs croient avoir toute cette connoiffance, qui ne l'ont qu'en fuperficie. Le feul anéantiffement en peut donner la conviction expérimentale.

Pourquoi l'écriture ajoute-t-elle : *afin que le Seigneur lui foit favorable ?* C'eft que Dieu ne peut être contraire à une ame qui eft mife dans la vérité du tout de Dieu & de fon néant. Par cette juftice, qu'elle rend à fon Créateur, elle attire fur foi fes regards les plus benins. Et c'eft cette vérité qu'elle porte en figure fur le Rational, & en réalité *fur le front* : car la vérité de Dieu comme Dieu, ne peut tomber fous la raifon qu'en fuperficie & en figure : mais elle eft réellement gravée dans la fuprême partie de l'ame, où elle fut mife par la création, d'où elle fut comme

(*a*) Jean 14. v. 17.

Tom. I. Exode.　　　　X

effacée par le péché, & où elle est rétablie avec surcroît par Jésus-Christ dans les ames anéanties.

CHAPITRE XXIX.

v. 21. Vous prendrez du sang qui est sur l'autel, & de l'huile d'onction; & vous en ferez l'aspersion sur Aaron & ses vêtemens, sur ses enfans & leurs vêtemens.

IL falloit que le Prêtre pour être consacré à Dieu fût oint : or *l'huile* de la consécration étoit *l'onction* du St. Esprit, qu'il répand lui-même sur les personnes apostoliques par sa divine infusion. *Le sang* qui se verse sur eux, nous apprend qu'ils ne peuvent avoir nulle autorité sur les ames que par Jésus-Christ ; & que c'étoit en son sang que dès lors se faisoit toutes chofes ; toute sainteté, & tout sacerdoce étant consacré par l'effusion de ce sang.

v. 25. Vous recevrez toutes ces chofes de leurs mains, & vous les brûlerez sur l'autel en holocauste pour une odeur très-agréable devant le Seigneur, parce que c'est son oblation.

Tous les autres sacrifices sont mêlés de quelque intérêt : ils se font ou pour obtenir le pardon des péchés, ou pour être délivré de la peine, ou pour appaiser la colere de Dieu, ou pour impetrer quelque grace de sa bonté. Tous se réservent quelque chofe, & sont encore imparfaits. Il n'y a que *l'holocauste* où tout est consumé. C'est ce sacrifice parfait qui représente l'anéantissement, & qui est tout pour Dieu seul : aussi est-il appellé *le sacrifice du Seigneur qui répand une odeur très-agréable devant lui.*

CHAPITRE XXXI.

v. 18. *Le Seigneur donna à Moïſe ſur la montagne de Sinaï les deux Tables du témoignage, qui étoient de pierre, & qui étoient écrites du doigt de Dieu.*

Dieu grave ſa loi *de ſon doigt ſur la pierre*, lorſque l'ame eſt arrivée à l'immobilité divine : alors elle n'a plus la loi autrement que gravée dans le cœur. Cette loi lui eſt pour lors tellement imprimée, qu'elle lui devient comme naturelle. Alors l'ame ſe trouve, comme un rocher, où cette loi eſt *écrite* ; mais écrite *du doigt de Dieu*, enſorte qu'il l'accomplit lui-même en elle à ſon gré. Et cette ame étant alors dans l'amour pur, elle eſt par état dans la perfection de la loi & dans ſon plus réel accompliſſement, l'amour (*a*) étant la perfection de la loi : c'eſt donc par lui que l'ame parfaitement ſoumiſe à Dieu, ſans penſer à la loi, la ſuit fidelement en tout point ; parce qu'elle eſt unie à la volonté de Dieu, & transformée en elle (*b*) au-deſſus de toute loi par la charité parfaite.

CHAPITRE XXXII.

v. 1. *Le peuple voyant que Moïſe tardoit long-tems à deſcendre de la montagne, s'aſſembla contre Aaron, & lui dit : Venez, faites-nous des Dieux qui marchent devant nous : car pour ce qui eſt de ce Moïſe, de cet homme qui nous a tirés de l'Egypte, nous ne ſavons ce qui lui eſt arrivé.*

(*a*) Matth. 22 v. 40.　(*b*) Matth. 12. v. 7.

LE feul endroit par où l'homme abandonné à
Dieu, & déja auffi avancé que nous l'avons
vû dans la figure de tout ce peuple, péche & fort
de fon état, eft l'IDOLATRIE. Mais ceci pouvant
être expofé à la cenfure des favans, il faut l'expliquer avec un peu d'étendue.

Il faut donc fuppofer, que comme l'idolâtrie
totale & groffiere & impie fe commet en déniant
au feul & vrai Dieu le culte fuprême qui lui eft
dû, ou l'attribuant à la créature pour l'adorer
comme Dieu, ou reconnoiffant plufieurs Di-
vinités; (ce qui eft proprement n'en reconnoître
aucune;) auffi, partager ce qui eft dû à Dieu par
la réligion fouveraine qui lui eft refervée, pour
en donner quelque partie à la créature, fe peut
appeller une idolâtrie partiale & fecette : & faire
ce tort au vrai & unique Dieu, c'eft dans quelque bon fens, IDOLATRER & vouloir unir quelque culte étranger avec le fien.

Or cela fe fait (hors de l'infidélité, qui en eft
la premiere efpece & la plus criminelle,) ou
avec une notable malice, qui fuffit pour que ce
foit un crime femblable, en quelque maniere, à
celui des idolâtres infideles, ainfi que St. Paul
(a) dit qu'il y en a qui fe font leur Dieu de leur
ventre ; & que l'avarice eft une idolâtrie : ou
avec une moindre faúte, qui s'appelle propriété,
par laquelle l'homme retient pour foi-même une
partie du culte qu'il devroit rendre à Dieu pour
l'adorer parfaitement : ce qui fe fait, ou fe re-
fervant quelque chofe dans la donation qu'il
lui doit faire de foi-même, ou fe reprenant en
quelque point après s'être donné à lui. L'idolâtrie
d'infidélité criminelle dans laquelle le peuple

(a) Philipp. 3. v. 19. Coloff. 3. v. 5.

Juif commence ici à tomber & tombera enfuite
fi fouvent, eft la figure de l'idolâtrie d'infidélité
propriétaire, dans laquelle font engagés plus ou
moins tous ceux dont l'amour n'étant pas tout à
fait épuré, eft encore intéreffé; & tous ceux auffi,
qui après avoir fait de grands progrès dans
la voie de l'efprit par le facré abandon, retom-
bent en eux-mêmes en fe reprenant ; & par-là
même, ou par-là feulement, donnent occafion
à de grandes chûtes.

Cela pofé ; avant ce tems toutes les foibleffes
de ce peuple n'avoient point paffé devant Dieu
pour des péchés notables : tous leurs murmures
& toutes leurs plaintes n'avoient été comptées
que comme pour rien : Dieu les avoit même toujours comblés de nouveaux bienfaits. Mais
ce péché qui fe commet ici, fait fortir l'ame en-
tiérement de fon état ; & elle n'y rentre gueres
fans un miracle de miféricorde. Cette idolâtrie
fe commet quand l'homme retire fa volonté de
l'union avec Dieu, où elle étoit, pour fe mettre
dans un état forgé, & retourner à fes propres inventions : fe laffant d'un état fi nud, il fort de
fon délaiffement & de fa perte en Dieu, & va
chercher dans les inventions des créatures ce
qu'il ne pouvoit trouver qu'en Dieu feul.

v. 4. *Aaron fit un veau de fonte : & les Ifraëlites dirent :*
   Voici vos Dieux, ô Ifraël, qui vous ont tirés de
   l'Egypte.

5. Ce qu'Aaron ayant vû ; il dreffa un autel devant le
   Veau, & il fit crier par un hérault : demain fera la fo-
   lennité du Seigneur.

Cette ame infidelle qui fe retire de Dieu, attribue à la créature, & jufqu'à des bêtes, c'eft-
à-dire, à fes efforts & à fes pratiques, toutes les

graces qu'elle avoit reçues auparavant; difant que ce font elles *qui l'ont tirée de la captivité* : ce qui eft joindre le blafphême à l'idolâtrie. Se détournant donc de Dieu lorfqu'elle étoit le plus à lui, elle redevient propriétaire ; & par cette idolâtrie elle tombe peu à peu dans tous les défordres.

L'homme retire premierement fon efprit du culte fouverain qu'il doit à Dieu, qui eft une adoration fuprème, par laquelle il le reconnoît au deffus de tout être, ce culte étant dù à Dieu feul ; & cette premiere partie de l'adoration appartient à l'efprit. L'autre partie de l'adoration eft l'amour de préférence pour Dieu ; & c'eft l'adoration du cœur, de laquelle l'homme fe détourne quand il aime la créature d'un amour oppofé à celui qui eft dû fouverainement à ce Créateur. Ces deux parties font effentielles à l'adoration, & elles ne peuvent en être féparées : de forte que fi je reconnois un pouvoir fouverain autre que Dieu, j'idolâtre d'efprit ; & fi j'aime quelque chofe plus que Dieu, j'idolâtre de cœur. Retirer fon efprit de la dépendance où il doit être à l'égard de Dieu & de cette perte en lui, (par laquelle l'ame par une adoration fecrette & non apperçue reconnoît fon pouvoir fuprème, fe laiffe conduire & s'abandonne à lui, fans fe mettre en peine de foi, Dieu lui fuffifant pour toutes chofes, & la créature défaillant à tout ;) c'eft idolâtrer en matiere de vie intérieure par l'efprit. Retirer volontairement fon cœur de Dieu, pour aimer la créature hors de l'ordre de Dieu même, ou en quelque chofe qui lui foit oppofé, c'eft idolâtrer par le cœur. Par cette idolâtrie l'ame redevient propriétaire, & de fon efprit & de fon cœur, les retirant de la foumiffion à Dieu, (où ils étoient par l'abandon qui lui en avoit été fait, (

& de l'amour pur, qui étoit l'union parfaite à la volonté de Dieu.

Or je dis, que les ames de ce degré ne peuvent rentrer dans la voie du péché, ni pécher, du moins notablement, que par là ; parce que tant que l'esprit ne sort point de son abandon, ni sa volonté de son union à celle de Dieu, quelque foibleffe que cet homme puiffe avoir, il ne peut pécher ; puifque s'il péchoit, il cefferoit par-là-même d'être uni à la volonté de Dieu, lui devenant contraire par son péché ; & ce n'eft que pour s'être retiré de cette conformité qu'il péche, la volonté de Dieu étant entierement incompatible avec le péché. S. Jean a touché affez clairement cette vérité lorfqu'il a écrit : (a) Nous favons que quiconque eft né de Dieu ne péche point : mais la naiffance qu'il tient de Dieu le conferve, & le méchant ne le touche point. C'eft être né de Dieu que de lui dèmeurer attaché en unité d'efprit & de cœur par un parfait abandon : tant que l'homme eft dans ce centre de fûreté, ni le péché ni le méchant ne le touchent point ; mais fitôt qu'il en fort, il eft percé des fléches du péché & du méchant, & c'eft par la propriété qu'il en fort. Toute perfonne d'expérience m'entendra.

v. 7. *Le Seigneur dit à Moïfe : Allez, defcendez ; car votre peuple, que vous avez tiré de l'Egypte, a péché.*

Dieu appelle ce peuple *le peuple de Moïfe*, & non plus le fien, comme auparavant, à caufe du *péché*. Sitôt que l'ame unie à Dieu péche, elle eft rejettée de lui : Sitôt que ce peuple eut idolatré, il fut abruti, enforte qu'il changea entierement,

(a) I. Jean 5. v. 18.

& que perdant toute intelligence il provoqua la colere de Dieu.

v. 9. Le Seigneur dit encore à Moïse : Je vois que ce peuple a la tête dure.

10. Laissez - moi faire, afin que ma fureur s'enflamme contr'eux & que je les extermine ; & je vous ferai le chef d'un autre grand peuple.

11. Mais Moïse supplioit le Seigneur son Dieu, en disant : Pourquoi, Seigneur, votre fureur s'enflamme-t-elle contre votre peuple que vous avez tiré de l'Egypte avec une grande force & une main puissante.

Moïse qui étoit innocent, se mettoit entre Dieu & le peuple, comme une digue qui empêchoit que le torrent de sa colere ne vînt fondre sur eux. O qu'une ame bien anéantie a de pouvoir proche de Dieu, & qu'il fait de grandes choses en sa faveur, jusques là, que Dieu ne semble-t-il pas prier Moïse ? *Laissez - moi faire*, lui dit-il. L'homme ami de Dieu, l'empêche d'allumer sa colere, comme si Dieu n'étoit pas tout puissant : mais c'est qu'une ame qui s'est défaite d'elle-même, & qui n'a plus que Dieu, use en quelque maniere du pouvoir de Dieu. Le Seigneur étoit vraiment alors *le Dieu de Moïse*, qui le conjuroit en disant : *Seigneur, pourquoi votre fureur s'enflamme-t-elle contre votre peuple?* Il le fait souvenir, que c'est son peuple & non le peuple de Moïse ; & il lui représente les grands biens qu'il lui a faits, afin que tant de graces ne demeurent pas inutiles.

v. 12. Que les Egyptiens ne puissent pas dire : Il les a attirés avec adresse pour les faire mourir sur les montagnes, & pour les exterminer de la terre. Que votre colere s'appaife, & pardonnez l'iniquité de votre peuple.

Les prieres & les remontrances que les Directeurs font à Dieu pour les ames qu'il leur a confiées, lorfqu'elles fe retirent de leur voie, fe font pour intéreffer la gloire de Dieu dans leur retour. Seigneur, difent-ils, fi vous les rejettez après leurs péchés, cela décriera votre plus pure voie, & l'on dira à leur occafion : Voyez à quoi fe terminent ces voies d'abandon ? Il faut bien qu'elles ne vaillent rien puifque l'on y périt : il ne fait pas bon fe fier tout à Dieu : il peut y avoir de l'excès ; & il eft beaucoup mieux de travailler par foi-même.

v. 13. Souvenez-vous d'Abraham, d'Ifaac & d'Ifraël, vos ferviteurs, auxquels vous avez juré par vous-même, en difant : Je multiplierai votre race comme les étoiles du ciel, & je donnerai à votre poftérité toute la terre dont je vous ai parlé, & vous la poffederez pour toujours.

14. Alors le Seigneur s'appaifa, & il réfolut de ne point faire à fon peuple le mal qu'il lui vouloit-faire.

Il le fait encore *fouvenir* de la fidélité de fes promeffes, par lefquelles il s'eft engagé, que fi l'on fuivoit le chemin de la foi nue, du facrifice pur, & de l'abandon parfait, l'on arriveroit à la *terre promife*, qui eft l'union à Dieu & fa poffeffion véritable & fonciere. Mais, ò bonté d'un Dieu, d'arêter fa jufte vengeance à la feule parole d'un de fes ferviteurs, lorfqu'il eft anéanti, & qu'il n'a plus d'intérêt propre, & ne regarde en toutes chofes que la feule gloire de Dieu ! Il ne fe plaint ni de la peine que ce peuple lui fait, ni de la douleur qu'il auroit de le voir périr, ni de ce que l'on diroit de lui, ni de tout ce dont

on pourroit l'accufer ; il craint feulement qu'on
ne s'en prenne à Dieu. O que c'eft une admirable
chofe qu'une ame fans intérêt !

v. 25. *Moïfe voyant que le peuple étoit réduit à la nudité, à caufe qu'Aaron l'avoit dépouillé par cette abomination honteufe, & l'avoit laiffé tout nud au milieu de fes ennemis.*

Ce terme, *réduit à la nudité*, exprime très-bien
l'état de ce peuple déchu ; car il avoit déja perdu
fa propre force lorfqu'il fut préparé pour être
conduit en Dieu, cela étant néceffaire afin qu'il
pût être revêtu de la force de Dieu même. Dans
cet état donc, où il péche, il fe trouve double-
ment *dépouillé* ; perdant fa force en Dieu par fon
péché, & ne trouvant plus fa force en foi : c'eft
ce qui fait qu'il eft fi difficile que ces perfonnes
fe convertiffent : car, felon S. Paul, il eft prefque (a) impoffible que ceux qui ont été une fois
éclairés, qui ont goûté le don du ciel, & qui
ont reçu le S. Efprit, & qui font déchus, fe re-
nouvellent encore par la pénitence. Non qu'ils
ne puiffent encore être fauvés ; mais c'eft qu'il
eft très-difficile qu'ils reviennent au degré d'où
ils font tombés ; à caufe que la maniere dont ils
doivent faire pénitence, eft bien différente de
celle qui eft néceffaire aux autres pécheurs qui
n'ont jamais été parfaitement convertis, ni avancés dans les voies de l'efprit.

Moïfe voyant fon peuple ainfi dépouillé, attribue ce dépouillement à Aaron, parce qu'il leur
avoit *forgé* l'objet de leur idolâtrie : mais il ajoute
(auffi) qu'il a été *dépouillé par une abomination honteufe* ; parce que tout ce qui eft étranger à Dieu
n'eft qu'ordure ; & qu'il n'y a pas un plus grand

(a) Heb. 6. v. 4.

péché que l'idolâtrie : & ainſi elle eſt l'ignominie de l'ordure & de l'excrément des autres pé-chés ; & par ce péché, commis dans ce dégré, l'ame infidele tombe dans l'état le plus déplo-rable. Car ayant été dépouillée depuis long-tems de ſa propre force & étant ici deſtituée de la force de Dieu, elle eſt miſe *toute nue entre les mains de ſes ennemis*, qui ſe vengent avec plaiſir de la lon-gue privation du pouvoir qu'ils avoient autrefois ſur elle, n'ayant pu lui nuire pendant qu'elle étoit en Dieu comme dans une citadelle im-prenable.

v. 26. *Il ſe mit à la porte du camp, & il dit tout haut : Quiconque eſt au Seigneur, qu'il ſe joigne à moi. Et tous les enfans de Levi s'aſſemblerent autour de lui.*

Moïſe veut voir ceux qui dans un péché ſi uni-verſel ont conſervé quelque reſte de ce qu'ils étoient, ou ne ſe ſont pas laiſſé corrompre par cet-te générale idolâtrie. Il les exhorte *à ſe joindre à lui* : & *toute la tribu de Levi*, deſtinée au ſacerdoce, lui obéit. Ces Sacrificateurs du Très-haut, qui repréſentent les ames du ſacrifice pur, ſe tiennent dans leur ſacrifice, & n'en ſortent point pour la chûte malheureuſe des autres ; auſſi méritent-ils par cette rare fidélité d'être unis à Moïſe dans l'office du ſacerdoce.

v. 27. *Et il leur dit : Voici ce que commande le Seigneur Dieu d'Iſraël : Que chacun de vous mette ſon épée à ſon côté : paſſez & repaſſez à travers le camp d'une porte à l'autre, & que chacun tue ſon frere, ſon ami & ſon plus proche.*

Mais à quel prix ces ames fideles ſe diſtingue-ront-elles d'entre leurs freres ? *En tuant* tout ce

qui pourroit encore les faire idolatrer dans la
suite, *sans épargner, ni frere, ni ami*, ni rien de
ce qui leur eſt le plus cher. Ces fideles Levites
donnerent par-là, à ceux qui échapperent à cette cruelle vengeance, l'exemple de la pénitence
qu'ils devoient faire ; parce que ceux qui ſont
tombés dans ce dégré, doivent ſans miſéricorde
ſe ſacrifier de nouveau ; & ſans s'arrêter pour
leur chûte, quelque lourde & énorme qu'elle
ſoit, ſe donner à Dieu pour ſervir éternellement
à ſes volontés, tombant en lui ſeul par la claire
connoiſſance de leur impuiſſance, qui les faiſant déſeſpérer, les porte à ſe perdre en Dieu
par la défiance d'eux-mêmes, cauſée par cette
funeſte expérience de leur fragilité, quoique
dans un état déja fort avancé : enſorte que tuant
de toutes leurs forces & ſe défaiſant ſans pitié de
l'occaſion de leur chûte, ils deviennent les meur-
triers de l'amour propre & du propre intérêt, qui
les ont fait idolatrer. Il faut de plus que par un
ſacrifice nouveau, & extrêmement pur, ils re-
mettent même entre les mains de Dieu le pardon
de leur faute, l'abandonnant à ſa volonté, ſelon
qu'il ſera le plus pour ſa gloire, ſans le prétendre en aucune maniere, ni vouloir s'aſſurer s'il
leur fera miſéricorde.

v. 28. *Les enfans de Levi firent en ce jour-là ce que Moïſe*
leur avoit ordonné ; & en ce jour il y eut environ
vingt-trois mille hommes de tués.

29. *Moïſe dit : Vous avez aujourd'hui conſacré vos mains*
au Seigneur, chacun de vous ayant tué ſon fils & ſon
frere, afin que la bénédiction vous ſoit donnée.

Les ames qui tombent dans la vie active, ſe
donnent à la miſéricorde de Dieu ; & la confian-

ce qu'elles ont en elle, leur fait obtenir le pardon de leur péché par les travaux de la pénitence commune : mais celles de ce degré en doivent ufer avec défintéreffement, fi elles veulent fe relever par la pénitence qui leur eft propre, & fe tirer de leur chûte, même avec avantage & avec un notable accroiffement d'amour. Il faut qu'elles fe facrifient à la divine juftice, même pour n'être jamais exemtes de la punition qu'elles méritent , & encore plus loin, autant que le comprennent ceux qui en ont le rayon par un excès de charité, qui fans demander à Dieu la remiffion des péchés, mais feulement fa volonté & fa plus grande gloire, (a) couvre infailliblement & en un moment la multitude des plus grands péchés ; facrifiant ainfi fans miféricorde tout propre intérêt, fignifié par *le fils, le frere, & l'ami.*

Comme cette forte de pénitence a le pouvoir de rétablir l'ame dans le degré d'où elle étoit déchue, & qu'elle appartient proprement à cette chûte des perfonnes ou paffives, ou myftiques, toute autre pénitence pourroit bien affurer leur falut, mais non jamais les rétablir dans leur degré : au contraire, elle les en éloigneroit toujours plus, les faifant entrer plus avant & fubfifter avec plus d'attache dans leur propre intérêt.

Or cette maniere de pénitence après la chûte de ces ames, eft quelque chofe de fi difficile, & de fi pénible à l'amour propre encore vivant en elles, & aigri par leurs péchés, que telles perfonnes aimeroient mieux fe laiffer écorcher toutes vives que de demeurer fidelement dans cette forte de pénitence, buvant à longs traits la peine de leur faute, & fe laiffant dévorer par l'ardeur brûlante de leur confufion. Cependant cette

(a) 1. Pier. 4. v. 8.

même pénitence est d'autant plus glorieuse à
Dieu qu'elle est plus anéantissante pour l'homme ; & elle est si pure, qu'il n'y rentre pas plutôt, qu'il est rétabli dans l'état d'où il étoit tombé, avec des avantages qu'il n'avoit pas auparavant.

C'est de cette pénitence que se peut entendre,
ce qui est dit par le Sage : (*a*) *Si l'esprit de celui
qui a puissance se leve sur vous, ne quittez point votre
place ; parce que les remedes qui vous seront appliqués
vous guériront des plus grands péchés.* La place de
chaque ame est le lieu où Dieu l'avoit mise avant
sa chûte : quelque misérablement qu'elle soit
tombée, elle ne doit point la quitter ; mais reprenant son premier train, continuer sa course,
avec confiance, que pendant qu'elle demeurera
paisible dans son abjection, sacrifiée à tous les
desseins de Dieu sur elle, il lui appliquera les
remedes les plus souverains, par lesquels les
péchés cesseront, & elle en sera guérie, même
avec surcroit de graces.

Et parce que cet avis est d'une extrême conséquence dans un pas si dangereux, il est très-né-
cessaire que les Directeurs le comprennent bien,
afin que loin de s'étonner des chûtes des plus
grandes ames, ils les soutiennent dans leur déso-
lation, & les animent d'un nouveau courage, leur
faisant espérer un heureux retour à Dieu, si elles
sont fidelles à ne pas se remuer pour retourner à
leurs premieres pratiques, & à aimer leur confusion pour rehausser d'autant plus la gloire de
Dieu, faisant une pénitence paisible & passive,
dans le lieu même de la voie intérieure, où elles
sont tombées. Telle fut la pénitence de David,
mais si heureuse, que le S. Esprit ne laissa pas de

(*a*) Ecclesiaf. 10. v. 4.

parler par fa bouche, & lui dicter les Pfaumes
après fon péché comme auparavant. Telle fut la
pénitence de S. Pierre, qui ne renònça point par
fa chûte à la dignité de Vicaire de Jéfus-Chrift,
chef de l'Eglife, & prince des Apôtres, qu'il avoit
reçue auparavant, & qu'il exerça même peu de
jours après avec un courage tout divin. Ni l'un ni
l'autre de ces grands pénitens ne quitterent point
le rang que Dieu leur avoit donné dans fon Eglife : ce qui nous apprend, qu'il ne faut pas non plus
quitter pour quelque offenfe que ce foit le dégré
de l'intérieur, où l'on étoit arrivé ; puifque le
divin Médecin a des remedes convenables à tous
nos maux & felon tous nos états ; & que loin
qu'il veuille que nous retournions en arriere ,
fous prétexte, de recommencer une autre car-
riere pour être tombés en un beau chemin, il
veut même que nous doublions le pas ; & que
lui donnant la main d'une parfaite confiance &
d'un total abandon, nous avancions encore davantage. Car quoique le péché foit le plus grand
de tous les maux, il eft néanmoins certain que
par la confufion qu'il nous caufe, & par l'expérience qu'il nous fait faire de notre foibleffe, il
nous délivre (en écrafant notre propre fuffifan-
ce & l'amour de nous-mêmes,) d'un grand obftacle à notre anéantiffement & à notre recoulement en Dieu. C'eft pourquoi Dieu a permis de
pareilles chûtes dans plufieurs de fes Saints pour
les conduire enfuite, & plus vìte & plus fûrement en lui feul.

Mais cette même pénitence des fpirituels déchus eft fi douloureufe, à caufe qu'elle ôte plutôt toute affurance que d'en donner, qu'il en eft
peu qui foient affez fideles pour y demeurer : &
pour la même raifon, il en eft peu qui après de

pareilles chûtes foient rétablis dans leur état.
Mais fi ces perfonnes étoient fermes & conftan-
tes à porter le poids de ce joug, fans vouloir fe
foulager par leurs propres inventions, ô quel
avantage pour elles, & quelle gloire pour Dieu!

ϒ. 30. *Le lendemain Moïfe dit au peuple : Vous avez com-*
mis un très-grand péché. Je monterai vers le Seigneur
pour tâcher de vous obtenir le pardon de votre crime.

Le caractere d'un vrai pafteur eft la charité :
il commence par reprendre le peuple de fon *pé-*
ché, & le lui faire connoître ; enfuite il prie Dieu
pour lui en *obtenir le pardon*, s'offrant même à
porter la peine dûe à un fi grand crime.

v .31. *Seigneur, ou pardonnez leur cette faute ;*
32. *Ou, fi vous ne le faites pas, effacez-moi de votre livre*
que vous avez écrit.

O que cette parole eft admirable, & un effet
infigne de la charité de Moïfe ! *Seigneur*, dit-il,
ou pardonnez à ce peuple ; ou effacez-moi de votre li-
vre que vous avez écrit. Ce livre eft le livre de vie,
où Moïfe favoit qu'il avoit été écrit par fa pré-
deftination. C'eft cette maniere de prier qui force Dieu de pardonner. Car comment une charité
fi pure & fi défintéreffée n'obtiendroit-elle pas
toutes chofes ? S. Paul, ce grand conducteur des
ames, en faifoit autant, lors (*a*) qu'il défiroit
d'être anathême pour le falut de fes freres. Ils
favoient tous deux par leur expérience jufqu'où
fe peut étendre le facrifice d'un parfait amour.

(*a*) Rom. 9. ϒ. 3.

CHAPITRE

CHAPITRE XXXIII.

v. 1. *Le Seigneur dit à Moïse : Allez, sortez de ce lieu vous & votre peuple que vous avez tiré de l'Egypte, & allez en la terre que j'ai promise avec serment à Abraham, Isaac, & Jacob, en disant : Je donnerai cette terre à votre race.*

VOUS voulez, Seigneur, malgré le péché donner des récompenses à ce peuple ingrat & infidele, à cause de la fidélité de votre parole, & en faveur de la foi, du sacrifice, & de l'abandon qu'ils ont exercés autrefois. Mais permettez-moi de vous dire, que ces récompenses mêmes sont d'effroyables punitions : puisque ce qui s'accorde au sens, doit nuire à l'esprit.

v. 2. *J'envoyerai un Ange pour être votre précurseur.*

3. *Vous entrerez dans une terre où coulent le lait & le miel. Car je n'y monterai pas avec vous, de peur que je ne vous consume en chemin, à cause que vous êtes un peuple d'une tête dure.*

Vous voulez bien, ô Dieu, leur donner des *douceurs*, des consolations, des choses extraordinaires, comme des *Anges* visibles, *qui les accompagnent* en leur voie de lumiere, vous voulez faire des miracles en leur faveur : ce sont la de grandes choses, que les ames ignorantes estiment fort ; mais elles ne voyent pas la punition horrible, qui est renfermée là-dedans. C'est qu'en les accablant de vos dons, vous les privez de vous-même. O horrible menace ! ôtez tout le reste, & donnez-vous vous-même, & cela suffit. C'est là le châtiment dont vous frappez un peuple ingrat, charnel & intéressé.

Il faut remarquer que ces mots : *Car je ne mon-*
terai pas avec vous, expriment très-bien comme
Dieu accorde ſes dons au lieu de lui-même : &
que ſouvent l'on prend pour récompenſe, ce qui
eſt une véritable punition. Il ajoute que c'eſt *à*
cauſe de leur dureté qu'il ne veut point aller avec
eux ; parce qu'il ſeroit obligé de *les conſumer* &
anéantir, s'il les conduiſoit dans la voie pure &
nue, par laquelle ſeule on peut aller à lui plus
parfaitement, vû qu'ils ne ſont pas capables de
cette épreuve.

v. 4. *Le peuple, entendant ces paroles ſi fâcheuſes , ſe*
mit à pleurer : & nul d'entr'eux ne prît ſes habits & ſes
ornemens accoutumés.

Ce peuple, à qui le crime n'avoit pas fait oublier tout-à-fait la voie de là vérité, en uſa avec
bien de la ſageſſe. Il s'affligea d'une propoſition
ſi déſavantageuſe : & ſans faire cas de tous ces
dons, ils ne voulurent ſe vêtir d'aucune parure ;
pour faire voir à Dieu, qu'ils aimoient mieux
être dépouillés de tous biens, pour avoir le bonheur de le poſſéder au milieu d'eux. C'eſt une
maniere d'agir toute propre à gagner Dieu.

v. 5. *Le Seigneur dit à Moïſe : Dites aux enfans d'Iſraël :*
Vous êtes un peuple d'une tête dure : ſi je viens une
fois au milieu de vous , je vous conſumerai. Quittez
tout à l'heure tous vos ornemens , afin que je ſache
comment je dois vous traiter.

Dieu veut éprouver ce peuple, afin de voir ſi
c'eſt véritablement lui, ou ſeulement ſes dons,
qu'il ſouhaite. Il les menace de lui-même d'une
maniere terrible : *Si je viens une fois au milieu de*
vous, leur dit-il, *je vous anéantirai. Dépouillez-vous*
tout à l'heure de ce qui vous reſte de mes faveurs,

& je verrai ce que je ferai. Combien est-il de personnes qui sur une semblable proposition diroient: Que l'Ange nous conduise : que les dons nous demeurent, & que Dieu ne vienne pas avec nous? Mais ce peuple bien instruit dans cette occasion, fait le contraire réellement plutôt qu'il ne le dit : & dans son silence il fait voir, que quoiqu'il en coûte, il préfere Dieu à tout le reste, se dépouillant d'abord de tous ses ornemens.

Mais pourquoi l'Ecriture, ayant dit peu auparavant, qu'ils *n'avoient point pris leurs ornemens accoutumés,* dit-elle maintenant, *qu'ils s'en dépouillent?* Cela s'entend en cette sorte. Ils ne se vêtirent point des graces que Dieu leur vouloit donner au lieu de lui-même ; au contraire, ils les mépriserent ; & pour lui faire voir encore ici que c'est lui-même qu'ils désirent, & non ses dons, ils se dépouillent même de ceux qui leur restoient & qu'ils avoient reçus auparavant, préférant l'anéantissement à tout le reste, pourvu que Dieu les conduise.

v. 6. Les enfans d'Israël quitterent leurs ornemens près de la montagne d'Horeb.

7. Et Moïse prenant le Tabernacle le dressa bien loin hors du camp : & l'appella le Tabernacle de l'alliance. Et tout le peuple qui avoit quelque différent, sortoit hors du camp, pour aller au Tabernacle de l'alliance.

Ils n'eurent pas plutôt fait ce généreux dépouillement, que Moïse *dressa* devant eux *le Tabernacle de l'alliance ;* comme pour leur faire connoître, que Dieu viendroit lui-même avec eux. Aussi Moïse ne fut pas plutôt entré dans le Tabernacle, que le Seigneur y apparut lui-même, & lui parla dans la nue comme auparavant.

v. 9. *Quand Moïse étoit entré dans le Tabernacle de l'al-*
liance, la colonne de nuée descendoit, & se tenoit à la
porte; & le Seigneur parloit à Moïse.

10. *Et tous voyant que la colonne de nuée se tenoit à l'en-*
trée du Tabernacle, se tenoient aussi eux-mêmes à l'en-
trée de leurs tentes, & y adoroient le Seigneur.

C'étoit donc là que ces pauvres criminels trou-
voient leur refuge, & où ils demandoient à Dieu
tout ce dont ils avoient besoin. Ils ne connurent
pas plutôt par *la colonne de nuée* que Dieu étoit
avec eux, qu'ils *l'adorerent de leurs tentes*, c'est-à-
dire, du lieu de leur repos : car l'ame bien passive,
fait faire cela en toute chose sans sortir de son repos ; & cette maniere d'adorer, est plus parfaite
que nulle autre. Ils adorent de loin, & *se tenant*
debout; parce que l'adoration parfaite, qui se fait
en esprit & en vérité par la foi & par l'amour,
pénètre toute distance, & surpasse toute disposition du corps, s'élevant à Dieu au-dessus de tout
moyen. Quoique cette adoration d'un peuple
spirituel, bien que pénitent dans son degré, fut
déja fort avancée, toutefois elle n'approchoit pas
de celle dont Moïse savoit adorer.

v. 11. *Le Seigneur parloit à Moïse face à face, comme*
l'homme a accoutumé de parler à son ami.

Cet *ami* de Dieu, élevé au-dessus de tout, choisi
& unique, *parle à Dieu face à face*, dans l'union la
plus intime de toutes les unions, dans l'union
étroite, essentielle, & élevée au-dessus des puissances. Dieu ayant élevé la capacité de la créature & s'étant abaissé lui-même, pour qu'il y
eut quelque proportion d'amitié, il lui parle

face à face, traitant avec elle d'une façon si familiere, qu'elle mérite d'être comparée à celle dont un ami en agit avec son ami le plus intime, ne lui cachant rien, & le rendant en quelque maniere égal à lui-même : car l'amitié intime rend les amis égaux.

v. 11. *Lorsque Moïse retournoit au camp, le jeune Josué, fils de Nun, qui le servoit, ne sortoit point du Tabernacle.*

C'est la coutume des *jeunes* ames, qui commencent d'entrer dans la vie intérieure, d'être continuellement en oraison : elles en sont si charmées, qu'elles n'en peuvent sortir. Un amour doux & pénétrant, qui les saisit, les fait demeurer enfoncées en elles - mêmes ; & une préfence de Dieu vive & forte, qui leur est infuse, les concentre si doucement au - dedans d'elles comme dans un *tabernacle*, qu'*elles ne* sauroient *le quitter*. Le sage Directeur, à l'exemple de Moïse, les y doit laisser ; car il n'est pas tems de les en tirer.

v. 12. *Moïse dit au Seigneur : Vous me commandez d'emmener ce peuple, & vous ne me dites pas qui vous devez envoyer avec moi, quoique vous m'ayez dit : Je vous connois par votre nom, & vous avez trouvé grace devant moi.*

13. *Si donc j'ai trouvé grace devant vous, montrez-moi votre visage, afin que je vous connoisse, & que je trouve grace devant vos yeux : regardez favorablement cette grande multitude qui est votre peuple.*

Cette priere de Moïse paroîtroit hardie, injurieuse à Dieu, & inutile, si elle n'étoit toute mystérieuse. Elle seroit hardie : car qui est l'homme

vivant dans un corps mortel, qui doive afpirer
à la claire *vifion de Dieu?* Elle feroit injurieufe à
Dieu, prétendant qu'il découvre *fon vifage*, quoi
qu'il ait protefté que cela ne fe fait point en cette
vie : & elle feroit inutile, puifque l'Ecriture dit,
qu'il lui parloit face à face. Mais il n'en eft pas
de la forte. La demande de Moïfe étoit jufte
dans cette occafion, où il ne s'agiffoit pas de lui-
même, mais d'un fi *grand peuple* intérieur. Moïfe
veut donc favoir, & que fon peuple fache auffi,
fi ce fera Dieu même, & non fon Ange, qui les
conduira: & qu'ils foyent perfuadés, que Dieu
feul peut les conduire en lui-même par l'effroyable chemin qui leur refte encore à faire; & qui eft
d'autant plus dangereux qu'il eft plus près de fa
fin.

Moïfe veuloit donc voir fi c'étoit Dieu même
qui conduiroit ce peuple, afin de juger par là de
fon rétabliffement en grace, & de la fureté du
chemin qu'il alloit tenir. De plus, il fignifie que
ce n'eft pas affez au Conducteur de parler à Dieu
avec tant de familiarité ; cela étant une grace
pour lui-même, mais qu'il faut outre cela qu'il
voie le vifage de Dieu, c'eft-à-dire, qu'il ait la vue
& la claire intelligence des paroles qui lui font
dites, afin de les pouvoir enfeigner fans errer.

Il eft bien remarquable, que tel a la jouiffance
& l'intelligence d'une chofe pour lui-même, qui
n'a pas néanmoins la lumiere & la facilité de l'expreffion pour la faire comprendre aux autres.
C'eft pourquoi S. Paul (a) a diftingué comme
deux dons différens celui de parler diverfes lan-
gues, & celui de les interprêter : & entre les
dons du S. Efprit, il y a bien de la différence (b)
entre la Sageffe, l'intelligence, & le confeil.

(a) 1 Cor. 12. v. 10. (b) Ifa. 11. v. 2.

La fageſſe, eſt le diſcernement des vérités divines avec le goût expérimental qui en eſt donné:
l'intelligence les fait bien concevoir & pénétrer
plus vivement, telles qu'elles ſont en elles-mêmes,
avec plus d'étendue & de diſtinction : mais le conſeil eſt la facilité de les exprimer avec juſteſſe
pour le bien des autres. Pour cette même raiſon
le grand Apôtre & Directeur ſi choiſi diſoit, que
le viſage de Dieu lui avoit été découvert : (a)
pour nous, dit-il, en qui *le viſage* du Seigneur découvert imprime ſa gloire comme dans un miroir.

Moïſe, afin de faire encore plus voir que cette
priere qu'il faiſoit, ne le regardoit pas lui-même,
ajoute ; *regardez favorablement votre peuple ;* car c'eſt
en ſa faveur que je vous fais cette demande.

v. 14. *Le Seigneur lui dit : mon viſage vous précédera,*
  & je vous donnerai un lieu de repos.
15. *Moïſe lui répliqua : Si vous ne marchez vous-même*
  devant nous, ne nous faites point ſortir de ce lieu.

Dieu continue d'aſſurer ce Directeur admirable de ſa protection particuliere pour lui-même,
& lui promet *un lieu de repos ;* c'eſt-à-dire, que
pour lui il trouvera toujours Dieu, & ſon parfait repos en lui, & qu'il ne ſe mette point en
peine d'autre choſe. Mais le grand cœur de
Moïſe, qui s'oublie de tout propre intérêt pour
ne penſer qu'à celui de ſon troupeau, n'accepte
pas ce parti : il continue de faire inſtance à ſon
Dieu, lui proteſtant, que s'il ne le voit marcher lui-même à la tête de ſon peuple, il ne peut
ſouffrir qu'il le faſſe ſortir de ce lieu.

(2) 2 Cor. 3, v. 18.

v. 16. *Car comment pourrons-nous savoir, moi & votre peuple, que nous avons trouvé grace devant vous, si vous ne marchez avec nous, afin que nous soyons en gloire & en honneur parmi tous les peuples qui habitent sur la terre ?*

Comment espérerons-nous le pardon ? Comment aurons-nous l'avantage sur nos ennemis ? Comment marcherons-nous en assurance, *si vous ne venez* vous-même *avec nous ?* Ah, une telle ame aime mieux tout perdre, que de perdre son Dieu ! O que marcher sous la conduite de Dieu est marcher sûrement ! Mais tout autre marcher est exposé à des dangers infinis.

v. 17. *Le Seigneur dit à Moïse : Je ferai ce que vous me demandez, car vous avez trouvé grace devant moi , & je vous connois par votre nom.*

Dieu *accorde* à ce charitable Pasteur *ce qu'il demande*, parce qu'il *le connoît par son nom*, vrai & légitime pasteur, plein de charité ; & qu'à cause de son pur & violent amour, il ne peut lui rien refuser. C'est cela même qu'il appelle, *trouver grace devant lui.* Mais il ne lui accorde encore ici que la Victoire sur ses ennemis : non qu'il ne veuille lui accorder aussi le reste ; mais il se fait un plaisir de le faire languir dans la poursuite d'un si grand bien, qui mérite assez d'être précédé de quelque peine, & recherché avec un ardent désir.

v. 18. *Moïse lui dit : Montrez-moi votre gloire.*
19. *Le Seigneur lui répondit : Je vous montrerai tout bien, & (*) j'appellerai devant vous au Nom du Sei-*

(*) *Je prononcerai* (ou ferai retentir) *devant vous , mon Nom ,* CELUI QUI EST.

gneur. Je ferai miféricorde à qui je voudrai, j'uferai de clémence envers qui il me plaira.

Une telle ame ne fe contente pas d'une récompenfe temporelle ou d'un bien limité. Moïfe redemande avec inftance la même faveur, quoique fous des termes différens : *Montréz-moi votre gloire*, lui dit-il : comme s'il lui difoit : Je ne ferai jamais content que je ne voie votre gloire & ce que vous êtes en vous-même. Dieu lui promet enfin, qu'il lui *montrera tout bien* s'il fe découvre à lui, fe faifant voir lui-même, qui eft le bien fouverain & le centre de tous biens.

Il le lui promet, néanmoins d'une maniere qui femble témoigner qu'il trouve mauvais que Moïfe lui faffe de fi ardentes pourfuites, lorfqu'il lui dit : *Je ferai miféricorde à qui je voudrai; & j'uferai de clémence envers qui il me plaira.* Mais, ô Moïfe, que cette rudeffe apparente ne vous rebute point : ce fera un plus grand bien pour vous que toutes les careffes précédentes : c'eft même un figne que le Seigneur par un excès de fon amour pour vous, vous accorde tout ce que vous voulez. Lorfque Dieu promet fes plus grandes graces à fes ferviteurs, il le fait avec mille témoignages de fon affection; mais lorfqu'il s'agit du Souverain bien, il l'accorde comme en rebutant : il chaffe en attirant; & lorfqu'il rejette au déhors, c'eft pour introduire au-dedans comme (*a*) lorfque Jéfus-Chrift refufe la Cananéene, c'eft pour l'exaucer avec plus de miféricorde. Il faut que la créature foit détruite en elle-même avant que d'être reçue en Dieu, & qu'elle fache, que c'eft de la pure bonté de Dieu qu'elle doit attendre cette grace ineffable; vû que, comme ajoute S. Paul, expliquant ce mê-

(*a*) Matth. 15. v. 24.

me endroit de Moïſe, (*a*) il ne dépend pas de celui qui veut ou qui court, mais de Dieu qui fait miſéricorde.

v. 20. *Dieu lui dit encore : Vous ne pourrez voir mon viſage ; car nul homme ne me verra étant vivant.*

Le deſſein de Dieu dans ce refus eſt d'inſtruire Moïſe de la diſpoſition néçeſſaire pour jouir pleinement de Dieu. *Nul ne peut le voir*, ni jouir pleinement de lui, s'il n'eſt véritablement mort & défailli à toute *vie propre*, ſoit de nature ou de grace, & de tout ce qui n'eſt point Dieu. Auſſi ne dit-il pas : nul ne me verra ſans mourir ; mais *nul ne me verra étant vivant ;* pour nous faire comprendre, qu'une ſeule mort ne ſuffit pas, ni même pluſieurs, pour arriver à ce bonheur ſuprême ; mais qu'il ne doit reſter aucun brin de vie propriétaire pour petit qu'il ſoit.

Il y a pluſieurs morts ſpirituelles, toutes néceſſaires pour la purgation de l'ame : celle des ſens, celle des puiſſances, celle du centre ; & chacune de ces morts ne s'opére que par la perte d'une infinité de *vies*, à cauſe qu'il y a une infinité d'attaches & d'appuis aux choſes créées dans leſquelles l'homme ſubſiſte propriétairement. Pour *voir Dieu*, pour être uni à lui de l'union la plus intime, il eſt abſolument néceſſaire d'être privé de toutes ces vies : & ſi la ſacrée flamme du pur amour ne les anéantit pas toutes en ce monde, il faudra que le feu purifiant les dévore en l'autre.

v. 21. *Le Seigneur ajouta : Il y a un lieu auprès de moi où vous vous tiendrez ſur la pierre.*

22. *Et lorſque ma gloire paſſera, je vous mettrai dans*

(*a*) Rom. 9. v. 16.

l'ouverture de la pierre, & je vous couvrirai de ma main jufqu'à-ce que je fois paſſé.

23. *J'ôterai enfuite ma main, & vous me verrez par derriere ; mais vous ne pourrez voir mon vifage.*

Ce *lieu*, deftiné pour la jouiffance de Dieu, *eſt auprès de lui ;* puifqu'il eft en lui-même, & que lui-même eft ce lieu. Il faut pour avoir ce bien ineftimable, être établi *fur la pierre* de l'immobilité divine ; & *lors*, dit le Seigneur, *que ma gloire paſſera, je vous couvrirai de la main* de ma protection, afin que vous puiffiez foutenir une fi grande faveur que celle - ci, qui autrement vous confumeroit. Cependant *vous* ne *me verrez* que comme *par l'ouverture* étroite, ou l'extrêmité *de la pierre*, qui eft la plus fubtile pointe de l'efprit ; & *lorfque* cet état majeftueux de ma gloire, que l'on ne peut voir en cette vie mortelle que comme un éclair, *fera paſſé, je retirerai ma main*, qui couvroit ma gloire, vous empêchant de la voir de peur que votre ame ne fe féparât du corps, la nature étant trop foible pour foutenir le poids d'un fi grand bien : & alors *vous me verrez*, vous comprendrez en quelque maniere avec une vue finguliere de ma Divinité, dont je veux vous gratifier, que JE SUIS CELUI QUI SUIS & que tout eft en moi : mais vous me verrez feulement *par derriere*, c'eft-à-dire, en ce qui peut tomber fous la compréhenfion de l'homme élevé à la grace la plus éminente, qui n'eft que comme *voir par derriere*, & appercevoir la furface de ce qui eft Dieu : mais Dieu en lui-même eft abfolument incompréhenfible, felon que S. Denis l'a dit fi profondément : (a) fi quelqu'un ayant vû Dieu a compris ce qu'il a vû, ce

____

(a) Epift. I. à Cajus.

n'eſt point Dieu qu'il a vu ; mais ſeulement quelqu'une des choſes qui ſont par lui, & qui peuvent tomber ſous la connoiſſance de l'homme.

CHAPITRE XXXIV.

v. 1. *Le Seigneur dit enſuite à Moïſe : Faites-vous tailler deux tables de pierre comme les premieres ; & j'y écrirai les paroles qui étoient ſur les tables que vous avez rompues.*

4. *Moïſe ſe levant avant le jour, monta ſur la montagne de Sinaï, portant avec lui les tables.*

Dieu regarde Moïſe d'un œil de bienveillance ſinguliere, ou plutôt, il ſe laiſſe voir à lui, mais c'eſt à condition que ſa loi ſera gravée ſur des *tables de pierre* qui ne ſeront plus rompues ; pour marquer, qu'il déſire la graver ſur des cœurs qui, par leur immobilité centrale, ſoient à couvert de toute infidélité.

v. 5. *Le Seigneur étant deſcendu dans la nuée, Moïſe demeura avec lui, & il invoqua le nom du Seigneur.*

6. *Et lorſque le Seigneur paſſoit devant Moïſe, il lui dit : Seigneur Dieu, dominateur, miſéricordieux & plein de clémence, patient, riche en miſéricorde, & véritable.*

7. *Qui conſervez votre miſéricorde juſqu'en mille générations.*

Les expreſſions de Moïſe lorſqu'il a le bonheur de voir Dieu ſur la montagne, ſont aſſez voir les agréables tranſports dont une ame eſt ſaiſie dans la réception d'une ſi grande grace. Elles nous marquent auſſi, comment ceux qui ſont viſités de Dieu dans leur fond intérieur, ſentant ces touches délicieufes, ne peuvent qu'ils ne laiffent évaporer le feu de l'amour (dont ils fe fentent embrafés) par mille & mille louanges qu'ils donnent à leur Dieu. De plus, nous apprenons que c'eft dans ces précieux momens que l'Epoufe reçoit une plus claire connoiffance de Dieu, par la manifeftation qu'il lui fait de lui-même. Elle l'appelle *Seigneur*, *Dieu*, *véritable*, *miféricordieux*, *patient ;* & admirant fes divins attributs, & ne pouvant affez les louer, elle les aime tous également, autant fa juftice que fa miféricorde, & fa puiffance comme fa vérité ; parce que n'y cherchant aucun propre intérêt, elle eft ravie que ce foient les perfections de fon Dieu qui éclatent ou en lui-même, ou à l'égard de fes créatures.

v. **8.** *Et auffi-tôt Moïfe fe profternant contre terre, adora Dieu.*

9. *Et lui dit : Seigneur, fi j'ai trouvé grace devant vous, marchez, je vous fupplie, avec nous ; afin que vous nous pardonniez nos péchés & nos iniquités, & que vous nous poffédiez.*

Moïfe fe fert de l'occafion de ces faveurs pour obtenir de Dieu ce qu'il fouhaite. Il *l'adore* premierement ; lui rendant ce devoir de religion : puis *il le fupplie* d'être lui-même le *Conducteur du peuple*, afin, dit-il, *que vous nous pardonniez, & que vous nous poffédiez :* car la marque la plus fûre du pardon des péchés, c'eft d'être poffédé de Dieu, & de le pofféder auffi au-dedans de foi ; vû que Dieu ne peut habiter où le péché fubfifte. Il faut qu'à mefure que Dieu pardonne les péchés, il rentre en poffeffion du cœur, & le rétabliffe en lui, comme il y étoit avant fa mort par le crime.

v. 10. *Le Seigneur lui répondit : Je ferai alliance à la vue de tout le monde, & je ferai des prodiges qui n'ont jamais été vus sur la terre.*

Dieu promet à Moïse ce qu'il souhaite, l'assurant qu'il lui fera de plus grandes graces que toutes celles qu'il a reçues. Lorsque Dieu veut venir dans une ame, il faut que par l'anéantissement mystique elle soit dépouillée de toutes ses graces ; mais lorsqu'il est venu, étant l'auteur de toutes les graces, il en apporte avec lui de celles que la créature n'*avoit jamais éprouvées*, & qui, comme les ornemens de sa cour intérieure, ne peuvent être sans lui.

v. 12. *Prenez garde de ne vous lier jamais d'amitié avec les habitans de cette terre ; car ce seroit la cause de votre ruine.*

Ce conseil se donne aux ames spirituelles, à savoir, de ne plus avoir commerce avec les ames qui sont en elles-mêmes, & qui marchent dans des voies propriétaires : de peur qu'elles ne les retirent de leur état de perte en Dieu, & que par leurs réflexions elles ne les fassent retourner à elles-mêmes, & par-là même, *causent leur ruine.*

v. 14. *N'adorez point de Dieu étranger. Le Seigneur s'appelle jaloux, le Dieu qui veut être aimé uniquement.*

Il leur recommande encore de *n'adorer point de Dieu étranger*, comme ils ont fait ; car son nom est *le Dieu jaloux.* O bonté de mon Dieu, vous avez une sainte jalousie du cœur de vos créatures & de leur esprit ! Vous voulez qu'ils soient à vous *seul*, & qu'ils se gardent bien de jamais retourner à aucune idolatrie semblable à celle dont ils se sont laissés séduire.

v. 16. *Vous ne donnerez point pour femmes à vos fils les filles de ce pays-là ; de peur que s'étant corrompues elles-mêmes avec leurs Dieux , elles n'entraînent aussi vos fils à la même fornication.*

C'est avec justice qu'il défend ces alliances , & qu'il appelle l'idolatrie *fornication* ; car l'ame étant à Dieu, elle ne doit appartenir qu'à lui seul ; & sitôt qu'elle se tire de lui pour se mettre en quelqu'autre chose , elle commet un adultere , ainsi que le S. Esprit le déclare (*a*) par S. Jaques.

v. 30. *Aaron, & les enfans d'Israël voyant que le visage de Moïse jettoit des rayons , n'osoient approcher de lui.*

Ces *rayons du visage de Moïse* étoient une marque sensible de son recoulement & de sa transformation sublime en Dieu seul, dont la plénitude regorgeoit sur *le dehors.*

v. 34. *Lorsqu'il parloit au Seigneur , il ôtoit son voile , jusqu'à ce qu'il en sortit.*

35. — *Mais il couvroit de nouveau son visage lorsqu'il parloit au peuple.*

Cette sage conduite de Moïse nous apprend, que les personnes de ce degré ne doivent pas manifester aux autres qui n'en sont pas capables, les secrets qu'ils y découvrent, ni ce qu'ils y éprouvent ; à cause que cela ne feroit que les effrayer & rebuter. Cela ne doit être connu que de Dieu seul & des directeurs, ou de ceux qui sont dans le même état : pour les autres , tout est *couvert d'un voile* impénétrable à leur esprit, quelque perçant qu'ils le croient ; & si ce voile étoit levé, ils ne pourroient supporter l'éclat qui en sortiroit de ces personnes divinisées.

(*a*) Jacq. 4. v. 4.

CHAPITRE XXXV.

v. 3. *Vous n'allumerez point de feu dans toutes vos maisons au jour du Sabbat.*

C E commandement exprime même à la lettre le repos des ames que Dieu a fait entrer dans son *Sabbat* divin, qui est le *repos* myſtique! Elles ne doivent rien faire par elles-mêmes, mais demeurer ſimplement comme on les fait être. *Allumer le feu*, n'eſt autre choſe que d'émouvoir un peu l'affection pour l'échauffer de l'amour divin ſenſible ou apperçu. Cela eſt permis dans d'autres degrés, où il faut encore être dans l'activité, & ſe ſoutenir par quelque témoignage : mais il ne ſe doit plus faire *au jour du Sabbat* ou du repos en Dieu; & qui le voudroit encore faire, violeroit la ſainteté du Sabbat, interrompant le repos divin. Que les perſonnes donc qui ſont appellées à ce ſacré repos, & qui en ſont même aſſurées par la direction, y entrent & y demeurent ſans crainte, reſpectant religieuſement la Majeſté de Dieu, qui veut être adoré parfaitement en eux par le ſilence & par le repos ; ſe reſſouvenant que c'eſt là *le Sabbat* qui nous reſte dans la loi de grace ; Sabbat que le peuple de Dieu le plus choiſi doit célébrer dès cette vie pour toujours, ſitôt qu'il y eſt introduit, pour le continuer enſuite éternellement dans le Ciel, ſelon l'explication qu'en donne (*a*) S. Paul.

v. 5. *Mettez à part chez vous ce que vous avez réſolu de commencer d'offrir au Seigneur. Que chacun le lui offre de tout ſon cœur, & d'une pleine volonté.*

(*a*) Heb. 4. v. 9.

Ces

Ces *premieres offrandes* que Dieu demande , font les premieres des bonnes œuvres, & ce commencement de la vie fpirituelle que l'ame naiffante à fon amour peut alors lui confacrer, puifqu'elle peut agir par elle-même : toutes fes actions fe doivent referer à Dieu , fans qu'elle en retienne chofe quelconque : & par cette *offrande* (*a*) *très-volontaire* de tout ce qui eft à fon pouvoir, Dieu fanctifie & fe confacre tout le refte par la donation très-libre qu'elle fait à Dieu de fa *volonté* ; & il s'empare fi fort de toute elle-même , qu'il en difpofe après en Souverain. Et c'eft là le moyen le plus fûr & le plus court, ou plutôt, c'eft l'unique moyen d'acquerir la perfection, à favoir, d'abandonner fon *cœur* & tout ce qui en dépend à la puiffance de Dieu , afin qu'il le rende lui-même tel qu'il le veut, ainfi qu'il nous eft recommandé dans (*b*) un Pfaume. Les perfonnes qui font affez généreufes pour le faire, s'étant ainfi défaits d'eux - mêmes , fe font défaits du plus grand ennemi de leur perfection ; & étant heureufement remis entre les mains de Dieu , ils ont perdu tout pouvoir fur eux-mêmes.

Mais ils ne l'ont perdu que par l'*offrande volontaire* qu'ils en ont faite à Dieu , ne pouvant faire un ufage plus faint , plus jufte, ni plus avantageux de leur liberté, qu'en la rendant , & confacrant à leur Dieu qui les en a gratifiées , quoique abfolument ils foient toujours en état de la reprendre par infidélité , & qu'il n'y en ait trèspeu qui en faffent une donation parfaite, la plupart y apportant toujours , ou quelque referve, ou quelque reprife. Mais fi ce parfait facrifice fe faifoit tout à coup , l'on feroit à l'inf-

______

(*a*) Pf. 53. v. 8. (*b*) Pf. 47. v. 14.

tant parfait ; vû que nulle imperfection ne peut
rester là où la volonté de Dieu agit & regne sans
résistance.

Ces offrandes donc matérielles de la loi sont
la figure des sacrifices spirituels que Dieu veut
de nous : & heureux cent mille fois ceux qui en
pénètrent l'esprit, qui en aiment la pratique, &
qui en goûtent la vérité !

v. 20. *Tous les enfans d'Israël —*

21. *Firent leur offrande au Seigneur avec une volonté*
prompte & pleine d'affection, pour tout ce qu'il y avoit
à faire au Tabernacle du témoignage.

25. *Les femmes aussi qui étoient habiles au travail don-*
nerent ce qu'elles avoient filé, d'hiacinte, de pourpre,
d'écarlate, de fin lin,

26. *Et donnerent tout de grand cœur.*

Il ne faut qu'offrir *au Seigneur* ces prémices de
notre volonté, & le droit libre que nous avons
sur nous-mêmes, afin qu'il fasse en nous *l'ou-*
vrage du Tabernacle. Dieu par Moïse dans ce désert & dans le repos qu'y prend son peuple,
instruit tous les spirituels & tous les Directeurs
sous ces figures sensibles, de la maniere dont ils
doivent s'y prendre pour réussir dans le travail
de leur perfection Chrétienne : & quiconque aura
lumiere pour le pénétrer à travers les ombres,
le verra avec ravissement.

Le *Tabernacle* est la demeure de Dieu ; & c'est
lui-même qui bâtit cette demeure en nous, dès
que nous lui avons cédé nos droits. Sitôt que
l'homme par le doux & fort recueillement s'é-
loigne des créatures, & vit (*a*) solitaire avec

(*a*) Thren. 3. v. 28.

Dieu au dedans de foi-même, & que s'élevant au deffus de fa propre fragilité il s'élance en Dieu pour y trouver tout ce qui lui eft néceffaire, Dieu commence à faire fon œuvre en lui ; mais avec tant de bonté, qu'il fe fert de toutes chofes pour conftruire fon palais intérieur, faifant (*a*) que tout confpire au bien de ceux qui l'aiment, & qui felon fa réfolution font appellés à la fainteté. La mauvaife volonté des créatures qui s'y oppofent, fert comme autant de coups de marteau pour polir le dehors de cet édifice par les croix qu'elles leur caufent, pendant que Dieu travaille lui-même au dedans, & y fait fon *tabernacle*. Mais il faut que tout foit *offert librement, & d'un cœur franc*, ainfi que l'Ecriture dit, que *tous donneront de leur plein gré*, pour faire voir que Dieu ne viole point la liberté ; mais qu'il difpofe le cœur par fon amour, afin qu'il lui donne franchement ce qu'il lui doit offrir.

CHAPITRE XXXVI.

v. 4. *Les ouvriers furent obligés*

5. *De venir dire à Moïfe : Le peuple offre à Dieu plus qu'il n'eft néceffaire.*

Les meilleures chofes ont leur tems & leur faifon où elles doivent finir. Y a-t-il rien de meilleur que d'offrir à Dieu ce que l'on poffède ? Pourquoi donc l'Ecriture dit-elle, que l'on *offre* ici *plus qu'il n'eft néceffaire* ? C'eft que lorfqu'on s'eft offert à Dieu librement, & qu'on lui a même fait un don irrévocable de sa liberté, il n'est plus nécessaire de l'offrir, puisque cela ne nous appartient plus : & il faudroit se reprendre pour s'offrir de nouveau.

L'on me dira, que l'on peut toujours offrir de nouvelles vertus. Il est vrai que l'on peut toujours offrir de nouveaux fruits tant que l'on possede l'arbre : Mais dès que l'on a donné le fonds, ce seroit une ridiculité de vouloir encore à tout coup en offrir les fruits; puisqu'il est assez clair qu'ils appartiennent au Maître du fonds, & qu'on ne peut vouloir les lui redonner sans s'en rendre en quelque maniere propriétaire.

Que si de bonnes ames réïtérent souvent cette donation, comme il est assez ordinaire dans les commencemens, c'est, ou parce qu'elle n'a pas été faite dès le commencement dans toute sa perfection ; ou pour retrancher les reserves qui sont restées ; ou pour renoncer les reprises qui se font faites par infidélité ; ou par un épanchement amoureux du cœur, qui se plait à ratifier ce qu'il a fait pour son Dieu; ou enfin par un mouvement de Dieu même, qui aime à voir renouveller plusieurs fois ce sacrifice d'amour.

v. 6. Alors Moïse fit déclarer publiquement par la voix d'un hérault, que ni homme, ni femme, n'offrît plus rien pour les ouvrages du Sanctuaire. Et ainsi tous cesserent d'offrir des dons.

Ce sage directeur bien instruit dans la science mystique, fit défense *que ni les hommes*, qui signifient les ames les plus fortes & les plus avancées, *ni les femmes*, qui représentent les moins

purifiées & les plus foibles, n'*offriſſent plus de dons* :
parce que l'offrande qui s'eſt faite de tout ſoi-
même ſuffit pour laiſſer agir Dieu , & pour
qu'il dreſſe lui-même ſon ſanctuaire , ſelon ſon
deſſein éternel.

v. 7. *Ce que l'on avoit déja offert ſuffiſoit ; & il y en avoit*
même plus qu'il n'en falloit.

On avoit déja excédé l'ordonnance que Dieu
avoit faite. C'eſt que l'amour de la propre activité porte d'ordinaire à ſe donner lorſque l'on
ne le doit plus faire. Et l'on feroit toujours de
la ſorte , ſi les vrais directeurs ne le défendoient
avec autant de patience que de force ; ou ſi
Dieu ſe ſervant du droit qu'il a acquis ſur la
créature par ſa libre donation , ne la mettoit
dans l'impuiſſance de le faire , deſſéchant lui-
même ſes puiſſances , & faiſant tarir ſon activité.

CHAPITRE XL.

v. 31. *Après que ces choſes furent achevées ,*
32. *Une nuée couvrit le Tabernacle du témoignage , & la*
gloire du Seigneur le remplit.

LE *Tabernacle* n'eſt pas plutôt *achevé* ſelon l'ordre de Dieu , qu'il vient inceſſamment *le rem-*
plir de ſa préſence , & y donner des marques
ſenſibles de ſa Majeſté. Ce qui veut dire , que
notre intérieur , étant préparé au point que Dieu
le ſouhaite , il vient auſſi-tôt y faire ſa demeure ; quoique dans *la nuée* , c'eſt-à-dire , ſous l'obſcurité de la foi.

v. 33. *Moïse ne pouvoit entrer dans la tente de l'alliance, parce que la nuée couvroit tout ; & que la Majesté de Dieu éclatoit de toutes parts.*

Mais lorsque ce tabernacle intime, ou le centre de l'ame, est plein de Dieu même ; rien n'y peut entrer, pas même les plus saintes choses, tout se fondant en Dieu à mesure qu'il s'en approche si c'est quelque chose de Divin, sans pouvoir le distinguer ; & tout ce qui lui est opposé demeurant dehors. Car quoique cette *nuée* ne soit pas Dieu, toutefois Dieu même est dans cette *nuée*. Il faut donc que le sanctuaire intérieur soit entierement vide , afin que la Majesté de Dieu s'y repose.

F I N *du livre de l'*E X O D E.

DATE DUE

MAY 07 2000